Aus dem Programm Huber
Psychologie Sachbuch

Wissenschaftlicher Beirat:
Prof. Dr. Dieter Frey, München
Prof. Dr. Kurt Pawlik, Hamburg
Prof. Dr. Meinrad Perrez, Freiburg (Schweiz)
Prof. Dr. Hans Spada, Freiburg i.Br.

Helga E. Schachinger

Das Selbst, die Selbsterkenntnis und das Gefühl für den eigenen Wert

Einführung und Überblick

Zweite, überarbeitete und ergänzte Auflage

Verlag Hans Huber
Bern · Göttingen · Toronto · Seattle

Adresse der Autorin:
Dr. Helga E. Schachinger
Brunnengasse 76/12
A-1160 Wien

Lektorat: Monika Eginger
Umschlag: Atelier Mühlberg, Basel
Druck und buchbinderische Verarbeitung: AZ Druck und Datentechnik, Kempten
Printed in Germany

Bibliografische Information der Deutschen Bibliothek
Die Deutsche Bibliothek verzeichnet diese Publikation in der Deutschen Nationalbibliografie;
detaillierte bibliografische Daten sind im Internet über http://dnb.ddb.de abrufbar.

Anregungen und Zuschriften bitte an:
Verlag Hans Huber
Hogrefe AG, Bern
Länggass-Strasse 76
CH-3000 Bern 9
Tel: 0041 (0)31 300 4500
Fax: 0041 (0)31 300 4593
E-Mail: verlag@hanshuber.com
Internet: http://verlag.hanshuber.com

2., überarbeitete und ergänzte Auflage 2005
© 2002/2005 by Verlag Hans Huber, Hogrefe AG, Bern
ISBN 3-456-84188-4

Inhaltsverzeichnis

Aus dem Vorwort zur 1. Auflage

Die Vielfalt an Einsichten und wissenschaftlichen Erkenntnissen über das Selbst „unter einem Dach zusammenzuführen" und zu vereinheitlichen ist ein Ziel dieses Buches. Eine auf das Wesentliche verdichtete Zusammenschau kann und soll einen Orientierungs- und Ausgangspunkt für mögliche Anwendungsfelder in der Praxis und weitere Forschungsarbeiten bilden. Darüber hinaus wird auch den individuellen Gegebenheiten entsprechende Aufmerksamkeit geschenkt. Mit Fragen und Übungen zur Selbsterforschung wird als weiteres Ziel verfolgt, dass die Leserinnen und Leser durch Nachdenken über sich selbst zu interessanten Selbsteinsichten, vielleicht sogar zu Selbsterkenntnis gelangen. Doch soll keineswegs eine allzu einseitig gelagerte Fixierung auf das eigene Selbst die Sicht auf andere verstellen. Als drittes und besonders wichtiges Ziel soll das vorliegende Buch daher auch das Verständnis und die Akzeptanz für andere Menschen fördern.

Wien, im September 2001 Helga E. Schachinger

Vorwort zur 2. Auflage

Ich freue mich, dass die erste Auflage meines Buches bereits verkauft und ein Nachdruck erforderlich wurde. Diese Gelegenheit habe ich genutzt, um einige, wohl unvermeidliche, aber doch bedauerliche (Flüchtigkeits-) Fehler zu korrigieren und darüber hinaus die erste Auflage um interessante Forschungsergebnisse zu erweitern und auf den neuesten Stand zu bringen. Das Selbst in seinen zahlreichen Facetten ist ein überaus fruchtbares Forschungsgebiet, zu dem alljährlich zahlreiche neue Publikationen erscheinen. Aus diesem Grund habe ich viele Kapitel (z.B. Kulturelles Selbst, Soziales Selbst, Selbstwert, Gesundheit und Wohlbefinden) ergänzt und das Literaturverzeichnis mit neueren Veröffentlichungen aktualisiert. Gekürzt oder herausgestrichen wurde nichts, sodass die zweite Auflage um fast zwanzig Seiten im Vergleich zur ersten angewachsen ist.

Wien, im Oktober 2004 Helga E. Schachinger

Einige unverbindliche Empfehlungen zum Lesen dieses Buches

1. *Vorliegendes Buch ist nicht zum Schnelllesen gedacht, sondern sollte, damit es für Sie von nachhaltigem Nutzen ist, **langsam studiert** und immer wieder von Phasen der Selbstreflexion und Diskussion unterbrochen werden.*

2. *Wenn Sie sich trotzdem einen **raschen Überblick** verschaffen möchten, können Sie zunächst die allgemeinen Einstimmungen am Anfang und die Zusammenfassungen am Ende der Kapitel durchgehen. Zahlreiche untergeordnete Überschriften bieten darüber hinaus eine Orientierung über die konkreter behandelten Themengebiete.*

3. *Die einzelnen Kapitel können je nach Interesse voneinander unabhängig, sozusagen kreuz und quer, gelesen werden. Entsprechende **Querverweise**, auf die mit einem Pfeil (→) mitsamt Kapitelnummer und Kapitelüberschrift hingewiesen wird, ermöglichen ein der eigenen Wissbegierde folgendes Durchlesen und Durcharbeiten.*

4. *Wundern Sie sich nicht, wenn beim Lesen zunächst mehr **neue Fragen** auftauchen, als alte beantwortet werden. Das ist Absicht. Schließlich sollen Sie ja das ganze Buch lesen und nicht schon nach einem Kapitel das Gefühl haben, bereits alles Wissenswerte erfahren zu haben.*

5. *Versuchen Sie, die jedem Kapitel beigefügten Übungen bzw. Fragen zur **Selbsterforschung** auch mit Freunden, Freundinnen, dem Partner bzw. der Partnerin oder sonstigen Ihnen wichtigen Menschen zu besprechen. Wissen und Erkenntnis über sich selbst erweitern und vertiefen sich in der Regel im Gespräch. Vergessen Sie dabei nicht, dass die Selbsterforschung eigentlich nie wirklich abgeschlossen werden kann, sondern – wie das Leben – ständig im Fluss ist.*

Das Selbst:
Annäherungen an ein Phänomen

Die Beschäftigung mit dem Selbst hat eine sehr alte Tradition. Man kann sagen, diese ist so alt wie die Menschheit selbst. Philosophie und Theologie beschäftigen sich seit ihren Anfängen mit dem Wesen des Menschen. Das Selbst als Kern der menschlichen Existenz offenbart sich aber auch im künstlerischen Schaffen, etwa in der bildenden Kunst und Literatur. Darüber hinaus findet sich das Selbst in mannigfachen Variationen in unserer (Alltags-) Sprache.

Bevor wir uns der psychologischen Betrachtungsweise zuwenden, wollen wir also eine vergleichsweise breit angelegte Annäherung an das komplexe und vielgestaltige Phänomen des Selbst versuchen. Aus verschiedenen Perspektiven werden einzelne Schlaglichter auf das Selbst geworfen. Bei aller Kürze soll eine erste Ahnung davon vermittelt werden, was das Selbst sein könnte. Neuartige Sinn- und Bedeutungszusammenhänge mögen erkennbar und wesentliche Aspekte menschlichen Daseins erfahrbar werden.

1. Eine interdisziplinäre Annäherung an das Selbst

Nachfolgend sollen einige – zugegebenermaßen – laienhafte Betrachtungen über das Selbst aus dem Blickwinkel anderer Fachdisziplinen angestellt werden.

Einige laienhafte philosophische Bemerkungen über das Selbst

Man sagt, dass die Philosophie dort ihren Anfang nimmt, wo der Mensch entweder ins Staunen oder ins Zweifeln gerät. Aus „Liebe zur Weisheit" begibt sich der philosophierende Mensch auf die Suche nach Erkenntnis in den grundsätzlichen Fragen des Daseins und des Menschseins.

Das materielle Selbst
Der Körper des Menschen ist Teil der materiellen Natur – und den Gesetzmäßigkeiten des Werdens und Vergehens unterworfen. Die Endlichkeit der menschlichen Existenz ist stets ein wichtiger Ausgangspunkt für das philosophische Fragen und die Suche nach Weisheit und auch Trost gewesen (z.B. bei Augustinus). Das Leben zum Tod hin setzt unserem Dasein und Wirken eine Grenze, die uns zum sinnvollen und ernsthaften Handeln in der uns nur begrenzt zur Verfügung stehenden Zeit nachgerade zwingt.

Das geistige Selbst
Im Gegensatz zum materiellen Selbst wird der Geist als eine im Ewigen und Unendlichen verankerte Substanz gesehen. Das geistige Selbst erhebt den Menschen über die bloße Körperhaftigkeit. Im Unterschied zum vergänglichen und sterblichen Körper wird dem Geist Unsterblichkeit zuerkannt. Die Ewigkeit seines Geistes kann den Menschen über die Vergänglichkeit seines Körpers hinwegtrösten.

Das sich selbst erkennende Selbst
Dass die Wahrheit nur durch Selbst- und Innenschau ergründbar ist, lehrt uns schon der Orakelspruch zu Delphi: ERKENNE DICH SELBST! Der christliche Philosoph Augustinus, der im 4. Jahrhundert gelebt hat, erhebt in seiner Selbstbiographie „sein Selbst und Gott zu erkennen, sonst nichts" zur obersten Maxime. René Descartes' oft und in vielen Variationen zitierter Ausspruch „ich denke, also bin ich" weist uns darauf hin, dass erst durch das Denken (das bei ihm auch Fühlen und Wollen umfasst) eigentliche Selbstgewissheit und Selbst-

bewusstheit erlangt werden. Ein zentraler Aspekt ist dabei die „Aufspaltung" des Selbst- (Bewusstseins): Das Selbst wird unterteilt in ein Ich und ein Mich. Das Ich (als Subjekt) macht sich selbst (Mich als Objekt) zum Gegenstand seiner Betrachtung: Anschauende und Angeschaute bzw. Anschauender und Angeschauter sind getrennt und doch eins.

Das gefühlvolle, unverfälscht natürliche Selbst
Als Gegenbewegung zur rationalen und vernunftorientierten Aufklärung mit ihrem unbeirrbaren Fortschrittsglauben „erhebt" etwa Jean Jacques Rousseau das gefühlvolle Selbst mit seinen natürlichen, unverfälschten Instinkten über den Verstand. Die Wahrheit ist für ihn eine Gewissheit des Herzens und liegt primär im Fühlen und nicht im Denken. In jedem Menschen sieht er ein angeborenes und naives Gutsein und Glücklichsein, das jedoch durch die gesellschaftlichen Einrichtungen zerstört werde. Ziel jeder Erziehung müsse es daher sein, dem ursprünglich Guten und Natürlichen im Selbst wieder zum Durchbruch zu verhelfen.

Das existenzialistische Selbst
Die Existenzialisten (etwa Camus, Heidegger, Kierkegaard und Sartre) decken die „Untiefen" der menschlichen Existenz auf und stellen die Sinnfrage angesichts des menschlichen Scheiterns und des unvermeidlichen Todes. Sorge, Angst, ja Verzweiflung prägen das Selbst, wenn es nicht die positiven Chancen von Freiheit und Verantwortung erkenne. Kierkegaard sieht eine mögliche Sinnstiftung für den Menschen in seiner Bindung an Gott. Im Gegensatz dazu nehmen Albert Camus und Jean Paul Sartre ein der Welt und Gott entfremdetes, von allen Bindungen befreites, absurdes Selbst an, das ohne Sinn und Bedeutung – einem zufälligen und vereinzelten Irrgänger gleich – durch das Leben treibt.

Vom übermenschlichen zum unmenschlichen Selbst
Nietzsche ruft den Übermenschen aus. Augenscheinlich braucht er ihn, weil er Gott gleichsam abgeschafft hat und der Mensch offenbar ohne eine höhere Macht nicht auszukommen vermag. Befindet sich diese Macht nicht außerhalb (eben in einem göttlichen Wesen), so hat sie also im Menschen zu sein. Das Selbst wird bei ihm überdimensional, exorbitant und anmaßend. Und genau da liegt die Gefahr. Ein

Mensch, dem jede Demut und Bescheidenheit fehlt, der hochmütig und überheblich, selbstgefällig und selbstherrlich ist, stellt ein potentielles Risiko dar. Die Geschichte hat uns (hoffentlich) gelehrt, was an Unheil geschehen kann, wenn sich in ganzen Völkern die vermessene Idee ausbreitet, sich selbst als übermenschlich zu betrachten. Wie das Naziregime und andere totalitäre Regime aufs schrecklichste bewiesen haben, ist es nur ein kleiner Schritt vom Übermenschen zum Unmenschen, der durch sein unheilvolles Tun unsägliches Leid über andere Menschen bringt.

Einige laienhafte theologische Bemerkungen über das Selbst

In der Theologie wird das Selbst stets in Verbindung mit Gott gedacht. Das Selbst ist der göttliche Kern des Menschen, die unsterbliche und unvergängliche Seele, die von Gott gegeben wird und mit dem Tod wieder in Gott und die Ewigkeit zurückkehrt (z.b. bei Augustinus und Thomas von Aquin). Die Erhöhung der Seele in ein göttliches Selbst findet sich in der einen oder anderen Form in allen Religionen der Welt. Der göttliche Funke kann allen belebten Wesen gleichermaßen eingehaucht sein und sie zu einer allumfassenden Einheit verschmelzen, wie dies etwa in den östlichen Religionen der Fall ist. Im Christentum hingegen kommt dem Menschen eine ausgezeichnete Rolle vor Gott zu. Der Mensch ist aufgrund seiner außerordentlichen Gaben die Krone der Schöpfung und die Erde mit all ihren Pflanzen und Tieren ist ihm untertan (im Sinne von anvertraut und „geliehen").

Durch Selbstlosigkeit zu Gott finden
Ein Selbst, das losgelöst von Gott einzig seine eigenen egoistischen Ziele verfolgt, wird im Christentum, aber auch in den anderen Weltreligionen verurteilt. Selbstsucht ist Sünde und führt geradewegs in die Verdammnis (Hölle). Selbstlosigkeit, Opferbereitschaft, Demut und Bescheidenheit gelten dagegen als zentrale Tugenden. Die angestrebte Vereinigung mit und in Gott wird durch Selbstaufgabe möglich. Der Mensch sieht sich in Anbetracht der unermesslichen und unergründlichen Größe Gottes als bedeutungsloses und unwürdiges Wesen. Gott wird in den Mittelpunkt des Denkens und Handelns gestellt. Der Mensch rückt an die Peripherie und nimmt sich selbst nicht mehr so wichtig, wodurch sich viele Probleme und Sorgen zumindest relativieren, wenn nicht ganz auflösen.

Tiefer Glaube als Kraftquelle

Ein geschwächter, aber tief glaubender Mensch kann in verzweifelten Stunden durch die Anrufung (z.b. durch ein Gebet) eines mächtigen, allumfassenden Gottes in eine Kraftquelle eintauchen, die je nach Sichtweise in oder außer uns liegt. Religiosität kann etwa die Anfälligkeit für depressive Symptome reduzieren und die Wirkung stressreicher Lebensereignisse abschwächen (s. Smith, McCullough & Poll, 2003). In einer von Wink und Dillon (2003) durchgeführten Langzeitstudie konnte gezeigt werden, dass sich Spiritualität und Religiosität positiv auf das Wohlbefinden älterer Menschen auswirken, indem durch spirituelle und religiöse Aktivitäten persönliches Wachstum, (Lebens-) Weisheit und positive zwischenmenschliche Beziehungen gefördert werden. Ein starker Glaube vermag als gleichsam unerschöpfliche Energiequelle auch dann noch positiv auf den Menschen zu wirken, wenn die eigenen Kräfte bereits zu Ende gehen, etwa bei schwerer Erkrankung oder nahendem Tod. Nach diesem ist erst die endgültige Erlösung von allem irdischen Leid möglich. Bei richtiger und gottgefälliger Lebensführung erwartet den Menschen im Elysium (Paradies, Himmel) die Erlösung.

Ein kurzer Streifzug durch die schöngeistige Literatur[1]

Autobiographische Schriften sind wohl der deutlichste Ausdruck des Selbst und der Selbstdarstellung in der Literatur (vgl. Mummendey, 1995). Aber auch in den Romanfiguren spiegelt sich viel von der spezifischen Selbstsicht des Autors bzw. der Autorin und der allgemein gesellschaftlichen Sichtweise des Menschen wider. Tragische und heroische Selbstkonzepte finden sich in großer Zahl in Drama und Prosa: Die Königsdramen von Shakespeare und die Heldengeschichten Schillers sind nur ein winziger Ausschnitt einer ungeheuren Vielfalt. Das komische Selbst in der Komödie und Persiflage bildet den ausgleichenden Gegenpol zu den ernsten und tragischen Erzählungen der Literaturgeschichte. Molière und Nestroy sollen hier als singuläre Beispiele für viele andere stehen. Entwürfe eines nach Erleuchtung und Wahrheit suchenden Selbst finden sich in der romantischen Literatur. Bei Peter Handke wird der (naive) Wahrheitssucher bzw. Fragesteller im ausgehenden 20. Jahrhundert zu einem zeitgemäßen Leben er-

---

[1] Meine persönlichen Lesegewohnheiten bilden die Grundlage für dieses Kapitel.

weckt. Das individualisierte, nach geistiger Größe strebende Selbst finden wir in den Romanen von Hermann Hesse (etwa im „Steppenwolf" und „Glasperlenspiel") und von Thomas Mann (z.B. im „Dr. Faustus"). Diese asketischen Außenseiterfiguren halten sich vom eigentlichen Leben fern, um dieses aus der so gewonnenen (emotional abgekühlten) Distanz umso sorgfältiger mit dem „Geisteswerkzeug" sezieren und analysieren zu können. Die von Hermann Hesse und Thomas Mann ebenfalls sehr plastisch und anschaulich porträtierte Gegenposition enthüllt sich im Suchen nach sinnlicher Verbundenheit mit der Welt und den Menschen. Dieses sinnliche Selbst setzt sich bereitwillig den emotionalen Stürmen des Lebens aus und ist, mit den treffenden Worten Thomas Manns gesprochen, „nicht angekränkelt von des Geistes Blässe". Dieser Gegensatz – hier der asketische Geistesmensch, da der genussfreudige Sinnesmensch – mag heute künstlich anmuten, und doch bringt diese Gegenüberstellung sehr deutlich zwei mögliche Lebensauffassungen und Selbstsichten insbesondere von künstlerisch und intellektuell schaffenden Menschen zum Ausdruck. Thomas Bernhard beschreibt als später Autor des 20. Jahrhunderts bereits mit schonungsloser Schärfe das Scheitern von Geistesmenschen mit ihren „naturgemäß" allzu hehren Zielen: Das Selbst wird in seinem Streben nach geistiger Größe ad absurdum geführt; es will zwar dieses Ziel erreichen, aber es gelingt ihm nicht. Das Selbst straft sich daher mit enormer Selbstverachtung, die immer wieder hinter einer vorgeschobenen Fassade aus Menschen- und Weltverachtung hervorbricht.

Ein kurzer Ausflug in die bildende Kunst

Die bildende Kunst kann uns – wie jede andere Kunstform auch – etwas über den Künstler bzw. die Künstlerin oder aber über uns selbst sagen. Selbstporträts etwa sind vielsagende Selbstoffenbarungen, die einen unmittelbaren Zugang in die Innenwelt der Künstler und Künstlerinnen erlauben. Aber auch Kunstwerke, die nicht den Künstler bzw. die Künstlerin selbst zeigen, sondern andere, beliebige Sujets in welchem Abstraktionsgrad auch immer darstellen, lassen Rückschlüsse auf das Selbstverständnis des künstlerisch schaffenden Menschen zu. Dem Betrachter und der Betrachterin können sie etwa Auskunft darüber geben, welches allgemeine Bild bzw. Verständnis eine Malerin, ein Zeichner oder Bildhauer von der Welt, den Gegenständen sowie den Menschen hat und welche Einsichten und Botschaften er bzw. sie damit verbindet. In der Betrachtung von Kunstwerken eröffnet sich den Betrachtenden aber auch ein Spiegel ihrer selbst, in dem sich genauer zu betrachten ein sehr lohnendes und bereicherndes Unterfangen sein kann: Was sagt mir ein Kunstwerk? Welche Erinnerungen, Gedanken, Gefühle usw. löst es bei mir aus?

Das Spiralmotiv
Die Spirale ist ein uraltes Formmotiv, das wir über alle Zeiten und Kulturen immer wieder finden. Spiralen symbolisieren die Wesenheit des Menschen. Das Spiralmotiv als Symbol der Seele bzw. des Selbst markiert Expansion und Konzentration gleichermaßen. Je nach Betrachtungsweise expandiert eine Spirale entweder von der Mitte, dem Ausgangspunkt, nach außen oder sie verläuft von außen nach innen und konzentriert sich im Kernpunkt. Auch der Mensch bewegt sich in seinem Leben zwischen den vermeintlichen Gegenpolen aus Expansion und Entwicklung sowie Konzentration und gebündelter Verinnerlichung. Veräußerlichung und Verinnerlichung sind zwei mögliche Seins-Äußerungen, die einander wechselseitig bedingen. In der Expansion umkreist der Mensch diesen innersten Kern, der in Theologie und Philosophie zum Göttlichen und Unsterblichen erhöht wurde. Gleichzeitig bilden diese Außenkurven einen Sicherheitswall um die innere, besonders verletzliche und schutzbedürftige Kernzone (vgl. Hofmann, 1983).

2. Eine begriffliche Annäherung an das Selbst

Nach einem kurzen, blitzlichtartigen Einblick in das Selbst in Philosophie, Theologie, Literatur und bildender Kunst wollen wir uns dem Selbst auf einer begrifflichen Ebene annähern. Wir betrachten das Selbst in der Alltagssprache und in einigen Metaphern, im Zusammenhang mit den verwandten Begriffen Bewusstsein und Identität und beschäftigen uns abschließend mit der Frage, ob das Selbst nun ein Faktum oder aber eine Erklärungsfiktion sei.

Das Selbst in der (Alltags-) Sprache

In unserer Sprache gibt es unzählige Wortverbindungen mit dem Wortstamm „Selbst". Eine Auswahl davon wird im nachstehenden Textkasten wiedergegeben.

Selbstgefühl, Selbstbeobachtung, Selbstbesinnung, Selbstversunkenheit, Selbstvergessenheit, Selbstbezogenheit, Selbstbefangenheit, Selbstzweck, Selbstgerechtigkeit, Selbstsucht, Selbstüberwindung, Selbstbeschränkung, Selbstgenügsamkeit, Selbstlosigkeit, Selbstaufgabe, Selbstsuche, Selbstfindung, Selbstbekenntnis, Selbstgespräch, Selbstbestimmung, Selbstbefreiung, Selbstentfaltung, Selbsterfahrung, Selbsterkenntnis, Selbstverwirklichung, Selbstentfremdung, Selbstisolierung, Selbständigkeit, Selbstbehauptung, Selbsthilfe, Selbstverteidigung, Selbststeuerung, Selbstkontrolle, Selbstdisziplin, Selbstbeherrschung, Selbstzucht, Selbstbeurteilung, Selbstbewertung, Selbsteinschätzung, Selbstachtung, Selbstwert, Selbstzufriedenheit, Selbstvertrauen, Selbstbewusstsein, Selbstsicherheit, Selbstbeständigkeit, Selbstbefleckung, Selbstbeschuldigung, Selbstbestrafung, Selbsterniedrigung, Selbsterhöhung, Selbstgefälligkeit, Selbstbeweihräucherung, Selbstüberhebung, Selbstverherrlichung, Selbsttäuschung, Selbstbetrug, Selbstironie, Selbstbejahung, Selbstmitleid, Selbstverleugnung, Selbstkritik, Selbstvorwurf, Selbstverachtung, Selbsterhaltungstrieb, Selbstschutz, Selbstbefriedigung, Selbstheilung, Selbstliebe, Selbsthass, Selbstzerstörung, Selbstverstümmelung, Selbstvernichtung, Selbstmord, Selbstverständnis, Selbstdarstellung, Selbstoffenbarung, Selbstenthüllung, Selbstbild, Selbstideal, ...

Diese Wortverbindungen mit dem Selbst sind im alltäglichen Sprachgebrauch von einem mehr oder minder präzisen Bedeutungs- und Vorstellungsraum umgeben. Manche Begriffe sind auch in der Forschung und Theoriebildung relevant geworden und werden uns noch im weiteren Verlauf des Buches beschäftigen.

Eine erste Übung zur Selbsterforschung

Interessierte Leserinnen und Leser können oben stehende Wortliste durchgehen und eine erste Selbstbefragung und Selbsterforschung betreiben. Folgende Fragen dienen dabei zur Hilfestellung:

- Welchen Wörtern können Sie eine inhaltliche Bedeutung beimessen, welche sind hingegen nichtssagend für Sie?
- Welche Begriffe üben eine schwache, welche eine starke und welche eine gleichgültige Wirkung auf Sie aus? Welche Schlüsse lassen sich daraus ziehen? Welche Interpretationen erscheinen Ihnen plausibel?
- Welche Wörter erleben Sie als angenehm und anziehend; welche empfinden Sie als unangenehm und abstoßend - warum ist das wohl so?
- Wählen Sie 10 Lieblingswörter aus und bringen Sie diese in eine Rangreihe. Überlegen Sie, welche Bedeutung diese Wörter in Ihrem Leben einnehmen (können).

Wer noch keine Selbsterforschung vornehmen möchte, kann über folgende Fragen nachdenken:

- Kann die Vielzahl an „Selbstbegriffen" als Ausdruck dafür gelten, wie selbstbezogen, selbstherrlich und selbstsüchtig die Menschen unserer Zeit sind? Oder sind all diese Ausdrücke ganz einfach ein Zeichen dafür, wie wichtig und bedeutungsvoll das Selbst ist?
- Worin können Vorteile und Nachteile einer intensiven Beschäftigung mit dem eigenen Selbst liegen?
- Im Gegensatz zu früher, wo Wortverbindungen mit dem Selbst häufig negativ besetzt waren, wie etwa „selbstsüchtig", gibt es heute viele Sprachverbindungen mit dem Wortstamm „Selbst", die positive Werte ausdrücken, etwa Selbstverwirklichung, Selbstwert etc. – Welche Wortverbindungen glauben Sie, sind heute gesellschaftlich eher positiv und welche eher negativ besetzt?

Metaphern als Sinnbilder des Selbst

Sinnbilder und Gleichnisse werden häufig als „Königsweg" zu einem
vertiefenden Verständnis eines Gegenstandes und Sachverhaltes gesehen. Hinter Metaphern werden Welt- und Menschenbilder ersichtlich,
die je nach dominierenden gesellschaftspolitischen Strömungen und
vorherrschenden wissenschaftlichen Erkenntnissen recht unterschiedlich ausfallen können. Sie haben gleichermaßen beschreibenden wie
normativen Charakter. Metaphern des Selbst offenbaren Normen und
Wunschvorstellungen davon, wie der Mensch idealerweise sein sollte.
Das gottgefällige Menschenbild des Mittelalters wurde etwa in der
Aufklärung vom Bild des Menschen als einem rational-vernünftigen
Wesen abgelöst. Diese Sichtweise wurde wiederum von Sigmund
Freud zerstört, der den Menschen als ein von dunklen und destrukti-
ven Impulsen des Unbewussten angetriebenes (Un)Wesen zeichnet
und damit die Wunschvorstellungen vom Menschen als einem ver-
nunftbegabten und/oder gottgefälligen Wesen gleichsam Lügen straft.
Ein anderes Beispiel wäre das Menschenbild des homo oeconomicus:
Der Mensch sei ein nach dem Nutzenprinzip wirtschaftendes Wesen,
was bereits von Karl Marx postuliert worden ist. Oder aber der
Mensch wird – wie in einer Reihe psychologischer Theorien – als
Laienwissenschaftler angesehen. Wie man an diesen Beispielen erkennen kann, greifen Metaphern in ihrer mitunter einseitigen Betonung einzelner Aspekte oft zu kurz, weil sie gleichzeitig andere, genauso wichtige und bedeutsame Bereiche des Selbst vernachlässigen
(müssen). Der Mensch in seiner (unergründlichen?) Vielgestaltigkeit
wird letztendlich von allen nur erdenklichen Metaphern und Sinnbil-
dern etwas in sich bergen. Mag sein, dass bei manchen Menschen einzelne Aspekte stärker ausgeprägt sind als andere. Dennoch können wir
davon ausgehen, dass zumindest die Möglichkeiten verschiedenster
Sinnbilder und Metaphern in uns schlummern und – wenn Zeit und
Gelegenheit dafür reif sind – zum Leben erweckt werden können.

Strommetapher

William James (1890) hat die Strommetapher dazu herangezogen, um das (scheinbare) Paradoxon des Selbst als einzelnes Ganzes, das aber dennoch sehr verschiedene, sogar widersprüchliche Teile in sich bergen kann, verständlich zu machen. Mit der Strommetapher umschreibt er den auftauchenden Bewusstseinsstrom, der für ein Gefühl der Kontinuität und Einheit sorgt. Im Bild des Stromes liegt auch ein bewegtes Element verborgen, das jedoch in der Regel ein eher langsames, zähes Fließen meint, aus dem nur selten so etwas wie ein reißender Strom entsteht. Die Strommetapher steht auch in engem Zusammenhang mit der bildlichen Darstellung vom Leben als einem Fluss. In ständiger Bewegung, von der Quelle bis zur Mündung in die Weite des Meeres, durchströmt der Fluss verschiedenste Landschaften und wird dabei immer breiter und mächtiger. Dennoch bleibt er stets Teil des Ursprünglichen.

Maschinen- bzw. Computermetapher

Der Vergleich des Selbst mit einem Computer bzw. einer Maschine wurde wohl aus einer gewissen Technikverliebtheit heraus getätigt. Insbesondere bei kognitiven Prozessen der Informationsverarbeitung, der Speicherung und des Abrufens von Wissen, ist dieser Vergleich, wenngleich simplifizierend, durchaus naheliegend (→9.Kognitives Selbst). Diese Metapher umfasst natürlich nur eine Facette des Menschlichen und ist eigentlich keine schöne Bezeichnung für eine hoch komplexe und feinst differenzierte Fertigkeit, die in der Qualitätsklasse gewiss nur dem Menschen eigen ist. Das menschliche Gehirn ist der Funktionsfähigkeit einer elektronischen Rechenmaschine immer noch haushoch überlegen. Gewiss, ein Computer ist uns bei aufwendigen Rechenarbeiten an Schnelligkeit und Genauigkeit überlegen. Wenn es aber nur um eine für den Menschen vergleichsweise einfache Aufgabe geht, wie etwa das (Wieder-) Erkennen von menschlichen Gesichtern, erweist sich der Computer dem Menschen schon als unterlegen. Er muss mit aufwendigsten Programmen „gefüttert" werden und verbraucht eine enorme Rechen- und Speicherkapazität für eine Leistung, die einem Säugling beim Wiedererkennen der Mutter schon in den ersten Lebenswochen gelingt.

Metaphern für den Selbstwahrnehmungsprozess

Robins und John (1997) beschreiben vier Varianten, wie Menschen sich selbst sehen und verstehen können:

I. Der Wissenschaftler bzw. die Wissenschaftlerin begibt sich auf die leidenschaftliche Suche nach der eigenen inneren Wahrheit. Er bzw. sie will sich und die Welt verstehen und sie kontrollierbar und vorhersagbar machen. Die gefundenen Wahrheiten dürfen auch negativ sein. Die begleitenden, möglicherweise unangenehmen Gefühle spielen eine untergeordnete Rolle. Das Bedürfnis nach Wahrheit ist größer als das Bedürfnis nach angenehmen, den Selbstwert erhöhenden Gefühlen (→10.Motivationales Selbst; akkurate Selbsteinschätzung; →12.Selbstwert).

II. Der Konsistenzsucher bzw. die Konsistenzsucherin will bereits existierende Meinungen über die eigene Person bestätigen und das eigene Selbstbild auch in Zukunft gleichbleibend erhalten. Stabilität und Kontinuität des Selbst sollen gewährleistet sein und Sicherheit in verschiedensten Situationen vermitteln. Inkonsistente bzw. zum eigenen Selbstbild widersprüchliche Informationen werden vermieden oder aber dermaßen verzerrt wahrgenommen, dass die bestehenden Selbstbilder nicht verändert werden müssen. Auch selektive Erinnerungen und Rekonstruktionen der Vergangenheit werden in den Dienst der Bestätigung bereits existierender Selbstbilder gestellt (→10.Motivationales Selbst; Selbstkonsistenz; →12.Selbstwert).

III. Die Politikerin bzw. der Politiker strebt nach Popularität und Beliebtheit. Sie bzw. er will beim Publikum einen guten Eindruck hinterlassen und orientiert sich daher an dessen Wünschen und Bedürfnissen. Das Verhalten variiert je nach situativen Anforderungen und Gegebenheiten. Nicht das wahre Selbst mit klaren Prinzipien und Werthaltungen ist wichtig, sondern einzig der Gewinn von sozialer Anerkennung. Um den Ansprüchen der anderen optimal gerecht zu werden, drehen sie sich sozusagen wie ein Blatt im Wind (→5.Soziales Selbst; Selbstdarstellung).

IV. Die Egoistin bzw. der Egoist will Selbst und Selbstwert schützen und – wenn möglich – erhöhen, indem die Selbstwahrnehmung und Selbsteinschätzung in eine positive Richtung verzerrt wird. Dies resultiert in angenehmen Gefühlen, die mit verschiedenen, den Selbstwert erhöhenden Strategien aktiv herbeigeführt werden (→10.Motivationales Selbst; Selbsterhöhung; →12.Selbstwert).

→ Überlegen Sie: Welcher Metapher würden Sie sich am ehesten zuordnen? Warum? Welche Metaphern lehnen Sie für sich selbst eher ab? Warum?

Das Selbst und andere, verwandte Begriffe

Dem Selbst sinnverwandte Begriffe sind Bewusstsein und Identität. Der Versuch einer knappen Darstellung von Überschneidungen und denkbaren Abgrenzungen soll nachfolgend unternommen werden.

Selbst und Bewusstsein

Der Begriff Bewusstsein birgt ein reiches und vielfältiges geistesgeschichtliches Erbe in sich und weist einige Überschneidungen mit dem Selbstbegriff auf. Bewusstsein meint die Vergegenwärtigung innerer Prozesse und betrifft Wahrnehmungen, Gedanken und Gefühle (vgl. Städtler, 1998), denen auch im Selbst ein wichtiger Stellenwert eingeräumt wird. In den unterschiedlichen Bewusstseinstiefen (Wachheit bis Tiefschlaf und Koma) kommt jedoch in der Bewusstseinsforschung eine Dimension ins Spiel, die in der Selbstforschung (noch) nicht abgedeckt ist. Entsprechende Anknüpfungspunkte wären diesbezüglich noch zu suchen. In unserem Kontext wird vor allem das Ich-Bewusstsein von Bedeutung sein, das auch „Selbst-Bewusstsein" heißen könnte, wenn dieser Begriff nicht im alltäglichen Sprachgebrauch die Bedeutung von Selbstsicherheit hätte. Ein sogenannter selbstbewusster Mensch ist eine selbstsichere Persönlichkeit, die von sich selbst überzeugt ist und keine Selbstzweifel hegt. Unter Ich-Bewusstsein wird jedoch etwas wie Selbst-Bewusst*heit* verstanden, weshalb das Wort „Selbst" in nachfolgender Aufzählung auch in Klammern beigefügt wird (vgl. Guttmann & Langer, 1991).

> *Bereiche der Ich (Selbst)-Bewusstheit*
>
> *I. Ich (Selbst)-Vitalität. Ein Gefühl der Lebendigkeit in der Erfahrung des eigenen Selbst.*
>
> *II. Ich (Selbst)-Aktivität. Das Gefühl, Akteur bzw. Akteurin des eigenen Handelns und selbstbestimmt anstatt fremdbestimmt zu sein.*
>
> *III. Ich (Selbst)-Kohärenz. Ein innerer Zusammenhang wird erlebt, man erfährt sich als zusammengehöriges Ganzes.*
>
> *IV. Ich-(Selbst)-Demarkation. Ich-Grenze und Abgrenzung zum Nicht-Ich.*
>
> *V. Ich-(Selbst)-Identität. Das Erleben von Beständigkeit seiner selbst über einen gewissen Zeitraum.*
>
> *VI. Ich-(Selbst)-Stärke. Integration aller Ich (Selbst)-Aspekte, manifestiert sich beispielsweise im Durchsetzungsvermögen.*

Entsprechende Defizite im Ich-Bewusstsein haben in die psychiatrische Symptomdiagnostik Eingang gefunden. Defizite in der Ich-Vitalität und Ich-Aktivität werden bei depressiven Störungen als Antriebslosigkeit geortet. Störungen der Ich-Kohärenz, Ich-Demarkation und Ich-Identität finden sich in der schizophrenen Psychose (→16.Gesundheit und Wohlbefinden; dysfunktionales Selbst). Es wird also davon ausgegangen, dass ein „gesundes" Ich (Selbst) ein Empfinden von Kohärenz, Konsistenz, Aktivität und gleichbleibender Identität aufweist – eine Forderung, die in Zeiten permanenter Veränderung nicht immer leicht zu erfüllen ist und auch überholt erscheint. Vom veränderbaren Selbst wird weiter unten noch genauer die Rede sein (→3.Selbstmodelle; →9.Kognitives Selbst; →16.Gesundheit und Wohlbefinden).

Selbst und Unbewusstes
Das Selbst ist mehr, als man mit sprachlich-logischen Mitteln erfassen kann. Eine systematische und quasi rationale Beschreibung des Selbst in Form eines Selbstkonzeptes kann nur ein Ausschnitt des Gesamten sein. Auch Vorsprachliches und Unbewusstes muss berücksichtigt werden, um zu einer ganzheitlichen Sicht vorzudringen. Sigmund Freud vergleicht das Unbewusste anschaulich mit einem kolossalen, unter Wasser liegenden Eisberg, von dem nur eine kleine Spitze (das Bewusstsein) herausragt. Wenn das Selbstkonzept jene Selbstanteile betrifft, welche wir von uns selbst kennen und die wir auf die Frage „welche Person bist du, wie würdest du dich beschreiben?" aufzählen, so umfasst das Unbewusste all das, was wir über uns selbst *nicht* wissen bzw. was längst in Vergessenheit geraten und nicht mehr bewusst ist. Natürlich sind die Übergänge von Bewusstem (d.h. das, was gewusst wird) und Unbewusstem (i.e. das, was nicht gewusst wird) fließend. Vieles ist uns gleichsam halb bewusst bzw. vorbewusst, vieles ahnen und spüren wir bloß, können es aber (noch) nicht begreifen und in entsprechende Worte fassen. Das Unbewusste enthält im Gegensatz zum Selbstkonzept das nicht eigentlich mit Worten beschreibbare, das Unaussprechliche, Unglaubliche und manchmal auch Tabuisierte. Immer ist das Unbewusste mehr- und vieldeutig. Der Versuch Teile des Unbewussten mit Worten zu beschreiben, endet oft mit der Wittgensteinschen Erkenntnis: „Das Gegenteil ist immer auch wahr". Die Psychoanalyse nach Sigmund Freud geht nun im Wesentlichen davon aus, dass die Quelle von psychischen Störungen im Unbewussten, also

auf der im Dunkeln liegenden Seite des Selbst verborgen liegt. Ein wesentlicher Schritt zur Besserung des psychischen Wohlbefindens stellt daher der Prozess der Bewusstmachung dieser krankmachenden unbewussten Inhalte dar (→16.Gesundheit und Wohlbefinden).

Selbst und Identität

In eine Selbstterminologie übersetzt, könnte Identität etwa mit dem eigenen Selbstverständnis und Selbstverhältnis, dem Verhältnis zu sich selbst, gleichgesetzt werden (vgl. Straub, 2000). Der wesentlichste Unterschied zwischen Selbst und Identität liegt darin, dass Identität der in der Soziologie gebräuchlichere Begriff ist und das Selbst mit all seinen Wortverbindungen die in der Psychologie vorherrschende Begrifflichkeit ist. Im Grunde überwiegen eher die Gemeinsamkeiten. Im Identitätsbegriff findet sich ebenso ein stabiles, unveränderbares Element im Sinne einer Kernidentität analog zum Kernselbst sowie ein rollenspezifisches Element im Sinne einer Wechselidentität analog zum situationsabhängigen, variablen und veränderbaren Selbst (→3.Selbstmodelle). Die derzeitige „Forschungskonjunktur" dürfte nicht zuletzt deshalb eher das Selbst und damit in Zusammenhang stehende Konstrukte begünstigen, weil der Selbstbegriff mit seinen vielfältigen Wortverbindungen auch flexibler verwendet und anpassungsfähiger gehandhabt werden kann. Im Grunde steckt der Identitätsbegriff an sich in einer Krise. Das Ungenügen an der althergebrachten Verwendung des Wortes Identität lässt sich etwa daran erkennen, dass im modernen Sprachgebrauch mittlerweile der Identitätsbegriff schon häufiger im Plural, also Identität*en,* als im Singular verwendet wird. Man denke beispielsweise an die wechselnden Identitäten, die eine Person in den „chatrooms" der Internet-Gemeinde annehmen kann (vgl. Figueroa-Sarriera, 1999).

Das Selbst: Faktum oder Erklärungsfiktion?

Eine Frage drängt sich nachgerade für einen (nebulosen) Forschungsgegenstand wie das Selbst auf: Existiert das von der Wissenschaft Entdeckte überhaupt, bevor sie es geschaffen hat oder wäre es nicht ratsamer, im Sinne Karl Poppers einfach von Kreativität bzw. Erklärungsfiktion anstatt von Entdeckung zu sprechen? Das Selbst besitzt keine eigentliche Substanz, die man suchen und als Beweis für seine Existenz vorlegen könnte, sondern ist ein Abstraktum bzw. – um einen psychologischen Terminus zu verwenden – ein hypothetisches Konstrukt. Wie gehen nun Natur- und Geisteswissenschaften an diesen abstrakten bzw. hypothetischen Forschungsgegenstand heran?

Das Selbst in der naturwissenschaftlich orientierten Psychologie
Da sich die Psychologie als Naturwissenschaft versteht und sie mit deren Methoden Zusammenhänge und Gesetzmäßigkeiten im menschlichen Erleben und Verhalten zu finden hofft, kann ein umfassender und unscharfer Begriff wie das Selbst nichts weiter als eine unerforschbare Erklärungsfiktion sein, über die gleichsam achselzuckend hinweggegangen werden muss. Es liegt im Wesen der Naturwissenschaften, dass auf dem Weg zu einem allgemeinen Verständnis komplexer Zusammenhänge Denkmodelle mit vereinfachenden Annahmen geschaffen werden müssen. So gesehen muss auch das Selbst auf erforschbare kleinere Einheiten reduziert werden, etwa das Selbstkonzept, welches beispielsweise als Einstellung einer Person zu sich selbst definiert wird (z.B. Mummendey, 1995; 2000). Solcherart rigoros „zurechtgestutzte" Fragestellungen können mit den gängigen Methoden ziemlich genau und präzise erforscht und beantwortet werden. Selbstredend betreffen diese aber nur sehr spezifische Phänomene, über die uns allerdings sehr detaillierte Erklärungen von zugrunde liegenden Mechanismen und Prozessen geliefert werden. Allgemeine und weiter gefasste Sinn- und Bedeutungszusammenhänge, die gerade einer Humanwissenschaft wie der Psychologie sehr gut anstehen würden, finden in dieser Forschungstradition so gut wie keinen Platz.

Das Selbst in der geisteswissenschaftlich orientierten Forschung
Die Geisteswissenschaften als verstehende Wissenschaften, allen voran die Philosophie, gehen an ihre Forschungsfragen nicht mit dem Anspruch naturwissenschaftlich-statistischer Exaktheit heran, sondern zielen auf inhaltliche Aspekte und versuchen Sinn- und Bedeutungszusammenhänge herzustellen. Das Selbst wird in diesem Kontext zu einem hoch interessanten Forschungs- und Untersuchungsgegenstand. Wenn der Mensch als Wesen definiert wird, welches der Welt Bedeutung und Sinn verleiht, um sich in ihr zurechtfinden und zielgerichtet handeln zu können, so ist das Selbst nicht mehr länger ein unangreifbarer, nebuloser Substanzbegriff, sondern umfasst spannende und bedeutende Menschheitsfragen und Probleme (→Menschheit und Gesellschaft).

Eine Synthese aus Natur- und Geisteswissenschaften in der Selbstforschung?
Die eingangs gestellte Frage, ob das Selbst nun ein Faktum oder aber eine Erklärungsfiktion ist, kann demnach ganz einfach beantwortet werden: Das Selbst ist beides – sowohl Erklärungsfiktion als auch Faktum. Erklärungsfiktion ist es aus der Sicht der Naturwissenschaften, Faktum aus dem Blickwinkel der Geisteswissenschaften. Es wäre daher im Sinne einer wechselseitigen Inspiration und Befruchtung sehr zu befürworten, wenn sich parallel zur naturwissenschaftlich erklären-wollenden Psychologie verstärkt eine verstehen-wollende Psychologie etablierte, die auch mit den Methoden der Geisteswissenschaften verschiedensten Forschungsfragen auf den Grund geht. Durch eine kombinierte Anwendung beider Wissenschaftstraditionen können völlig neue Wege zu einem besseren und vertieften Verständnis menschlicher Belange und der Welt gefunden werden (vgl. Greve, 2000; Laucken, 1994; Solomon et al., 1991).

Über den Zugang zum Selbst im vorliegenden Buch
Dieses Buch möchte keine eigentliche Theorie des Selbst abgeben. Das wäre vermessen und der Komplexität des Gegenstandes unangemessen. Zur Verdeutlichung sei folgendes Beispiel angeführt: Man stelle sich etwa vor, eine Psychologin betrachtet die Menschen nur nach der auf die griechische Antike zurückgehende Persönlichkeitstypologie, der zufolge jemand entweder Melancholiker, Choleriker, Sanguiniker oder aber Phlegmatiker sei. Damit kann man gewiss einen (winzigen!) Teil eines Menschen durchaus treffend charakterisieren, sofern er nicht ein Mischtyp ist (was sogar meistens der Fall ist), aber ein Großteil der Persönlichkeit wird damit wohl weiterhin im Dunkeln verborgen bleiben. Mit diesem Buch soll daher ein möglichst breites Spektrum an Theorien, Modellen und Betrachtungsweisen des Selbst eröffnet werden. Aus ihrer sinnfälligen Anordnung ergibt sich ein vergleichsweise vielumfassendes, aber immer noch unvollständiges Bild des Menschen.

3. Eine erste psychologische Annäherung an das Selbst

Einen ersten Einblick in die psychologische Selbstforschung wollen wir mit einigen Selbstmodellen gewinnen, die bereits zentrale Aspekte berücksichtigen, auf die wir im Folgenden noch genauer zu sprechen kommen werden. Doch zunächst soll mit einer Definition von Selbst und Selbstkonzept begriffliche Klarheit geschaffen werden.

Ein knapper Definitionsversuch

I. Selbst = ein (ganzheitliches) Mysterium

Das Selbst ist weniger ein (natur)wissenschaftlich fundiertes Konstrukt als ein vager und damit durchaus treffender Begriff für eine - in welcher Form auch immer - ganzheitliche Betrachtung des Menschen. Ein Mysterium ist das Selbst insofern, als letzte Wahrheiten stets unerforschlich bleiben und mit der gängigen naturwissenschaftlichen Methodik nicht ergründet werden können. Unter dem Selbst wird also eine grundsätzliche Sichtweise, ein sowohl umfassendes als auch tiefgründiges Bild des Menschen auf theologisch-philosophisch-psychologischer Ebene verstanden.

II. Selbstkonzept = Selbstbild

Selbstkonzept wird als eher naturwissenschaftlich-psychologischer Ausdruck für das auch umgangssprachlich häufig gebrauchte Wort „Selbstbild" verwendet. Mit Selbstkonzept wollen wir den üblichen Sachverhalt beschreiben, dass Menschen sich im Allgemeinen von sich selbst, wie auch von allen anderen Dingen der Welt, ein Bild machen. Im Rahmen der Selbstkonzeptforschung geht es demnach um die Frage, wie Menschen sich selbst sehen und beschreiben und welche Auswirkungen diese individuellen Selbstbilder auf ihr Denken, Fühlen und Handeln haben (→9.Kognitives Selbst).

III. *Diese Unterscheidung von Selbst und Selbstkonzept soll verdeutlichen, dass das Selbst eine abstrakte und nicht greifbare Wesenheit ist, während das Selbstkonzept (Selbstbild) eine im wörtlichen Sinn recht anschauliche Sache darstellt.*

Selbstmodell I: verschiedene Sichtweisen des Selbst

Folgende Auflistung wurde nach Schneewind (1977) erstellt („Selbst und Andere" wurde von mir ergänzt). Es werden verschiedene Sichtweisen des Selbst präsentiert, wobei diese nicht in jedem Fall scharf von einander abgrenzbar sind. Sie können aber einen ersten Eindruck von unterschiedlich gelagerten Schwerpunkten in Forschung und Theoriebildung vermitteln.

Selbst als Persönlichkeit

Diese Sichtweise kommt aus der Tradition der Persönlichkeitsforschung. Die Persönlichkeitspsychologie fasst die Menschen anhand verschiedener Kriterien und nach individuellen Merkmalsausprägungen in unterschiedliche Gruppen zusammen (z.b. Extravertierte und Introvertierte). Gemäß dieser Betrachtungsweise wäre das Selbst ein weitgehend stabiles und unveränderbares Eigenschaftskonzept, welches mit psychologischen Tests gemessen und beschrieben werden kann. Daraus würde weiter resultieren, dass diese individuellen und stabilen Persönlichkeitsmerkmale das Verhalten von Personen relativ unabhängig von Situation und Zeitpunkt beeinflussen. Auch wenn dies für einige zentrale und besonders wichtige Merkmale einer Person durchaus zutreffend sein kann, handelt es sich dennoch nur um eine Seite der Medaille. Individuellen Entwicklungsverläufen, situativen Variationen und möglichen Veränderungen wird mit diesem Konzept nicht Rechnung getragen, was auch immer wieder heftig angegriffen und kritisiert wird (z.B. Mischel, 1968). Unter diesem Gesichtspunkt erscheint es durchaus sinnvoll, den bereits „in die Jahre gekommenen" Begriff der Persönlichkeit durch den Selbstbegriff zu ersetzen, weil dieser nicht nur die stabilen, sondern auch die variablen und veränderbaren Aspekte der Person mit einschließt (→3.Selbstmodell IV).

Selbst als Rolle

Das Selbst im Erwachsenenalter wird von unterschiedlichsten Rollen und damit verbundenen Verpflichtungen und Erwartungshaltungen geprägt (z.B. Mutter- und Vaterrolle). Unterschiedliche Rollenanforderungen sind in das Selbst zu integrieren und bilden rollenspezifische Selbstkonzepte. Je nach beruflichen und privaten Rollen, die zu erfüllen sind, ändern sich auch die entsprechenden Selbstkonzepte. Stimmungen, Befindlichkeiten und selbstbezogene Meinungen und Wert-

urteile können je nach Zeitpunkt, Ereignis und Situation recht unterschiedlich ausfallen. Situations- und zeitabhängige Variabilität stehen
im Vordergrund und bestimmen das jeweils dominierende Selbstkonzept und den daraus resultierenden Selbstwert (→3.Selbstmodell IV; →5.So-
ziales Selbst; →12.Selbstwert).

Selbst als Potential
Das Selbst als Potential zeigt Entwicklungsmöglichkeiten auf und ist
daher in die Zukunft gerichtet. Es beinhaltet Motivationsfaktoren wie
Selbststandards, selbstbezogene Ziele und Pläne. Begriffe wie Wachstum und Selbstverwirklichung stehen mit dem Selbst als Potential in
engem Zusammenhang. Potentiale des Selbst sind im psychotherapeutischen, aber auch im schulischen und beruflichen Umfeld von vorrangiger Bedeutung und werden beispielsweise von der humanistischen Psychologie prominent vertreten (→6.Entwicklung des Selbst; →10.Moti-
vationales Selbst; →14.Schule und Ausbildung; →16.Gesundheit und Wohlbefinden).

Selbst als Porträt
Das Selbst besitzt die Fähigkeit zur Selbstreflexion. Es kann über sich
selbst nachdenken und persönliche Erlebnisse in zeitliche, örtliche und
soziale Zusammenhänge einbetten. Damit werden Erfahrungen orga-
nisiert, Lebensgeschichten konstruiert und dem bisherigen Lebenslauf
Bedeutung und Sinn zugeschrieben. (→7.Inhalte des Selbst).

Selbst als Prozess
Hier geht es um die Ausübung von inneren (i.e. verdeckten) Funktio-
nen des Selbst, welche etwa Handlungsfähigkeit und Positivität des
Selbstbildes betreffen. Beispiele für diese Sichtweise des Selbst sind
Prozesse der Informationsverarbeitung (→9.Kognitives Selbst) und Selbst-
bewertung (→12.Selbstwert).

Selbst als Akteur
Dieser Blickwinkel richtet sich auf Verhaltensaspekte des Selbst. Im
Handeln und aktiven Gestalten werden Ergebnisse und Wirkungen erzielt, die nicht nur auf unsere Umgebung, sondern im Gegenzug auch
auf uns selbst zurückwirken. Nicht nur im Nachdenken, sondern auch
beim aktiven Tun können wir uns selbst erfahren und kennen lernen.
Selbstregulation, Selbstwirksamkeit (→11.Handelndes Selbst) und selbst-
zerstörerisches Verhalten (→16.Gesundheit und Wohlbefinden; dysfunktionales
Selbst) sind Beispiele für das Selbst als Akteur.

Selbst und Andere

Unter diesem Blickpunkt rückt die soziokulturelle Bedingtheit des Selbst in den Mittelpunkt des Interesses. Es geht um das Selbst im kulturellen und sozialen Spannungsfeld, um wechselseitig bedingte Abhängigkeiten und Einflüsse sowie um den Austausch mit anderen Personen (→4.Kulturelles Selbst; →5.Soziales Selbst).

Selbstmodell II: Außensicht und Innensicht des Selbst

Außen(an)sicht I: Was formt und prägt den Menschen im Allgemeinen?

Die Entwicklung eines Menschen wird einerseits von der genetischen Ausstattung geprägt und andererseits von Faktoren beeinflusst, die aus dem jeweiligen soziokulturellen Umfeld erworben werden. Erbanlagen lösen aber nicht zwangsläufig ein bestimmtes Merkmal (sei es eine Krankheit oder was auch immer) aus, sondern bilden eine Veranlagung (Disposition), welche bei gegebenen Umweltbedingungen mit einer bestimmten Wahrscheinlichkeit zur Ausprägung gelangt. Das genetische Programm läuft also nicht im Sinne einer strengen Gesetzmäßigkeit ab, sondern es eröffnet im Zusammenspiel mit dem Umfeld bestimmte Möglichkeiten und schließt gleichzeitig andere aus. Darüber hinaus üben auch natürliche Umweltfaktoren wie etwa geographische Beschaffenheit und Klimaregion einen Einfluss auf den Menschen aus (→6.Entwicklung des Selbst).

Außen(an)sicht II: Wie wird jemand beschrieben? - Fremdbilder

Fremdbilder im Sinne einer Beschreibung und Beurteilung eines Menschen durch andere Personen können wissenschaftlich fundiert oder aber von Laien gebildet sein. Im Rahmen der psychologischen Forschung gehen diese Fremdbilder mit dem Anspruch einher, möglichst objektiv Eigenschaften und Verhaltensweisen einer Person zu beschreiben, zu erklären und auch vorherzusagen. Den Meinungen und Urteilen von Laien wird die Objektivität im Sinne von Richtigkeit in der Regel nicht zugestanden, wenngleich es ein Kriterium für eine gewisse Treffsicherheit sein kann, wenn viele voneinander unabhängige Beobachter und Beobachterinnen zum gleichen Urteil über eine Person kommen (→5.Soziales Selbst; →7.Inhalte des Selbst).

Außen(an)sicht des Selbst → relative Objektivität	Innen(an)sicht des Selbst → relative Subjektivität
I. Objektive Einflussfaktoren Geographische Faktoren (Klima, Region, Stadt/Land usw.); Historische Faktoren; Kulturelle Faktoren (Religion, politisches System usw.); Soziale Faktoren (Familie, Freunde usw.); Genetische und biologische Faktoren.	**I. Selbstbild (= Selbstkonzept)** Physische Merkmale (Alter, Geschlecht, Aussehen, Größe, Hautfarbe usw.); Psychische Merkmale (Fähigkeiten, Werte, Motive, Einstellungen usw.); Soziale Rollen (Beruf, Status, Beziehugen usw.).
II. Fremdbild Psychologische Tests und Studien; Laienhafte Beschreibung und Einschätzung durch andere Personen.	**II. Selbstwert** Resultiert aus der Bewertung des Selbstbildes.

Tab. 1: Außen- und Innensicht des Selbst

Innen(an)sicht I und II: Selbstkonzept und Selbstwert
Die Art und Weise, wie eine Person sich selbst beschreibt – welches Selbstkonzept sie von sich selbst hat – bildet die subjektive (Innen-) Ansicht des Selbst. Aus der Bewertung der individuellen Selbstbilder ergibt sich das Selbstwertgefühl einer Person. Die Innen(an)sicht einer Person ist das Resultat aus Nachdenken und Reflektieren über das eigene Selbst. In diesem Zusammenhang wird oft vom Selbst als Objekt (im Sinne von Gegenstand) im Gegensatz zum Selbst als Subjekt (im Sinne von Akteur bzw. Akteurin) gesprochen. Wenn das Selbst zum Objekt der eigenen Betrachtung wird, so sind Denker bzw. Denkerin und Denkinhalt identisch – ein Phänomen, das in der Literatur häufig als „Zwei-in-einem-Paradoxon" bezeichnet wird und mit dem sich vor allem die Philosophie intensiv auseinandergesetzt hat (→1.Interdisziplinäre Annäherung an das Selbst).

Besondere Wichtigkeit der subjektiven Innensicht in der Psychologie
Ein Großteil der psychologischen Selbstforschung beschäftigt sich mit der subjektiven Innensicht, also mit dem Bild, das eine Person von sich selbst hat. Dieser Schwerpunkt ist einerseits gut nachvollziehbar, da das Selbstbild in vielen Fällen stärker auf Verhalten und psychisches Wohlbefinden einwirkt als äußere, relativ objektive Gegebenheiten. Eine Person, die felsenfest davon überzeugt ist, eine Versage-

rin zu sein, wird in ihrem Denken, Fühlen und Handeln mehr von dieser negativen Selbsteinschätzung beeinflusst als von den gesammelten Aussagen anderer Personen, die das Gegenteil davon zu behaupten versuchen. Andererseits kann eine Außensicht mit Berücksichtigung sogenannter objektiver Faktoren gerade im psychotherapeutischen Kontext eine wichtige Rolle für Erklärung, Verständnis und Veränderung von unangemessenen und/oder schädigenden Selbstkonzepten spielen (→12.Selbstwert; →16.Gesundheit und Wohlbefinden).

Selbstmodell III:
das Selbst im Spannungsfeld von Umwelt und Verhalten

Wenn man – in alltäglicher Sprache formuliert – das Seelenleben eines Menschen mit Denken, Fühlen, und Wollen beschreibt, so kann das Selbst als ein Konstrukt gesehen werden, das in diese psychischen Kernfunktionen gleichsam eingebettet liegt. Das Selbst bildet die zentrale Instanz, welche im wechselseitig verflochtenen Bedingungsgefüge von Umwelt, inneren (verdeckten) Personvariablen (Denken, Fühlen, Wollen) und Verhalten eine zentrale Rolle spielt (→8.Emotionales Selbst; →9.Kognitives Selbst; →10.Motivationales Selbst).

Das Selbst als aktive und passive Instanz
Als passive Instanz ist das Selbst verschiedenen Einflüssen ausgesetzt: Natürliche Gegebenheiten (z.B. geographische Region), kulturelle Faktoren (etwa Religion, politisches und ökonomisches System) und das unmittelbare soziale Umfeld (Familie, Schule, Arbeitsplatz usw.) sowie genetische und biologische Dispositionen „fügen" das Selbst in bestimmte vorgezeichnete – besser: vorskizzierte – (Lebens-) Läufe ein. Der Mensch ist in seinem Handeln nur bedingt frei. Trotzdem ist sein Schicksal bei der Geburt nicht endgültig besiegelt: Die Offenheit und Flexibilität von individuellen Lebensläufen ist heutzutage vor allem in der westlichen Welt groß. Das Selbst ist eine aktive Instanz – und dies mit fortschreitender Entwicklung immer mehr. Es greift ein, gestaltet, formt und übt Einfluss auf seine Umgebung aus. Durch sein wie auch immer geartetes Verhalten – wie bewusst und unbewusst es auch sein mag – hinterlässt es auch seine unauslöschlichen Spuren (→5.Soziales Selbst; →6.Entwicklung des Selbst; →11.Handelndes Selbst).

Selbstmodell IV: stabiles Kernselbst und variables Rollenselbst

Forschungsarbeiten gibt es in der Sozialpsychologie sowohl zum stabilen als auch zum variablen Selbst. Haben früher eher Theorien dominiert, die von einem stabilen Selbstbild bzw. einem Bedürfnis danach ihren Ausgangspunkt genommen haben, etwa Konsistenztheorien und Theorien der Selbstbestätigung (z.B. Pelham, 1991) (→10.Motivationales Selbst), so scheinen heute eher solche Forschungsarbeiten die Überhand zu gewinnen, die eine Variabilität des Selbst ins Zentrum des Forschungsinteresses rücken (z.B. Hannover, 1997, 2000; Markus & Wurf, 1987).

	Stabiles Kernselbst = Selbst als Stabilitätsfaktor	Variables Rollenselbst = Selbst als Entwicklungspotential
Merkmale	Stabil Konsistent und gleichbleibend Einheitlich Widerspruchsfrei Zentral Situationsübergreifend wirksam	Variabel und dynamisch Veränderbar und fluktuierend Spezifisch Widersprüchlich Peripher Situationsspezifisch wirksam
Auswirkungen	Vorhersagbarkeit ↑ Kontrollierbarkeit ↑ Sicherheit ↑ Ungewissheit ↓ Robustheit ↑ Widersprüche ↓ Flexibilität ↓ Informationsverarbeitung ↑	Vorhersagbarkeit ↓ Kontrollierbarkeit ↓ Sicherheit ↓ Ungewissheit ↑ Empfindlichkeit ↑ Widersprüche ↑ Flexibilität ↑ Informationsverarbeitung ↓

Tab. 2: stabiles Kernselbst und variables Rollenselbst

Stabilität und Veränderbarkeit: ein Widerspruch?
Nach logischen Kriterien mag hier ein Widerspruch vorliegen, der aus der Welt zu schaffen ist. Wie kann etwas gleichzeitig stabil und veränderbar sein? Entweder es gilt das Eine oder das Andere, könnte sich so mancher Lesende denken. Aber ist es unbedingt notwendig, diesen Sachverhalt als unvereinbaren Widerspruch zu sehen? Betrachten wir stabiles Kernselbst und variables Rollenselbst doch einfach als zwei gegensätzliche Pole, die einander zum Ganzen bzw. Vollständigen ergänzen. Damit haben wir eine Polarität, wo eines nicht ohne das ande-

re existieren kann – ähnlich wie es der Unlust bedarf, um Lust erleben zu können. Gäbe es den Kontrast nicht, würden wir weder das eine noch das andere empfinden und kennen.

Wozu brauchen wir ein stabiles Kern- und ein variables Rollenselbst?
Das stabile Kernselbst zeichnet für Kontinuität, Einheit und Widerspruchsfreiheit verantwortlich, das variable Rollenselbst dagegen für situative Angemessenheit, Dynamik und Veränderbarkeit. Anteile des peripheren, variablen Selbst können durch häufige Aktivierung (d.h. „Verwendung") stabil werden. Im stabilen Kernselbst finden sich Merkmale, die mit hoher Sicherheit vertreten werden und denen eine große Wichtigkeit beigemessen wird. Als zentraler Schwerpunkt wird das stabile Kernselbst in vielen unterschiedlichen Situationen wirksam und zeichnet für konsistentes Verhalten verantwortlich. Das variable Rollenselbst kann, gleichsam peripher um das Kernselbst lagernd, gesehen werden und wird nur in bestimmten Situationen und unter vergleichsweise spezifischen Gegebenheiten handlungsleitend. Umgebungsfaktoren wie beispielsweise momentan ausgeübte Tätigkeiten, gegenwärtig relevante Beziehungen und Gruppenzugehörigkeiten bestimmen, welche (Bruch-) Teile des Selbstkonzeptes aktiviert werden und dadurch ein situationsangemessenes und angepasstes Verhalten ermöglichen. Menschen können sich nicht zuletzt aufgrund des variablen Rollenselbst widersprüchlich verhalten, weil bestimmte Inhalte und Aspekte des Selbstkonzeptes voneinander unabhängig ins Bewusstsein gelangen (→9.Kognitives Selbst).

Wie viel Stabilität und wie viel Veränderbarkeit braucht der Mensch?
Aus einer ganzheitlichen Sichtweise betrachtet, braucht der Mensch sowohl Veränderbarkeit und Variabilität als auch Stabilität und Kontinuität. Für die richtige Mischung gibt es kein allgemein gültiges „Kochrezept", etwa 4 Teile Variabilität und 6 Teile Stabilität. Das jeweils richtige Verhältnis wird für jeden einzelnen Menschen je nach Erfahrungshintergrund und Bedürfnissen woanders liegen; die eine braucht viel Veränderung und Abwechslung, ein anderer wiederum benötigt ein hohes Ausmaß an Stabilität und Kontinuität, um im Leben gut zurechtzukommen. Ein Mensch mit einem vorherrschenden stabilen Kernselbst wäre sozusagen ein Gewohnheitstier, für einen Menschen mit überwiegend veränderbaren Selbstanteilen mag hingegen eher das Motto „Gewohnheit ist tödlich (langweilig)" gelten. Als

grundlegende Einsicht kann festgehalten werden, dass für einen ausgewogenen inneren Seelenhaushalt, für die Ausschöpfung des eigenen
Entwicklungspotentials sowie für eine optimale Anpassung an die
Umgebung die Ausbalancierung beider Pole (in welchem Verhältnis
auch immer) unumgänglich ist. Der Mensch braucht ebenso Stabilität,
Sicherheit und Kontrollierbarkeit (alles Merkmale des Kernselbst) wie
Veränderbarkeit, Dynamik und Flexibilität (alles Kennzeichen des
veränderbaren Rollenselbst). Ohne die Wandlungs- und Anpassungsfähigkeit des variablen Selbst wäre ein Überleben ebenso undenkbar
wie ohne die – Kontinuität und Sicherheit bietenden – Faktoren des
stabilen Selbst. Jeder Mensch muss also seine individuelle Balance
aus Stabilität und Entwicklung, aus Sicherheit und Ungewissheit, aus
Kontinuität und Veränderung finden und im Idealfall beides zur harmonischen Vereinigung bringen (→16.Gesundheit und Wohlbefinden).

Verändern sich stabiles und veränderbares Selbst mit der Zeit?
Es wird davon ausgegangen, dass die Anteile des variablen Selbst mit
der Zeit etwas kleiner, die Anteile des stabilen Selbst hingegen größer
werden. Je jünger jemand ist, desto leichter verändert er sich noch.
Experimentierphasen mit verschiedenen Lebensformen und Lebensentwürfen finden eher in der Jugend statt; im Erwachsenenalter wird
in der Regel das Bedürfnis nach Stabilität, Sicherheit und Kontinuität
größer (vgl. Gergen, 1982) (→6.Entwicklung des Selbst). Wenn Flexibilität
und Veränderungsbereitschaft aber sehr schwach ausgeprägt sind,
kann das Selbst starr und rigide werden. Veränderungen werden dann
nur in vergleichsweise kleinen und behutsamen Schritten möglich
oder durch krisenhafte Ereignisse (z.B. Trennung, Arbeitsplatzverlust)
bewirkt. Obwohl Veränderungen vielfältige Chancen zur Neuorientierung in sich bergen und häufig die Verwirklichung ansonsten brach-
liegender Potentiale und Fertigkeiten erst ermöglichen, machen sie
vielen Menschen Angst und rufen manchmal massive Widerstände
hervor (→15.Wirtschaft und Beruf; →16.Gesundheit und Wohlbefinden).

Einige Fragen zur Selbsterforschung

- Welche Stabilitätsfaktoren gibt es in Ihrem Selbst, die Ihnen Sicherheit geben und ein Gefühl der Beständigkeit vermitteln?
- Wo liegen Ihre Veränderungsbedürfnisse und -bereiche?
- Wie schätzen Sie das Verhältnis von Stabilitäts- und Veränderungsfaktoren bei sich ein (50/50; 60/40; 80/20 usw.)? War das immer so? Wie war es früher? Wie soll es in Zukunft sein?

Ein kurzes Abschlussresümee zum Nachdenken und Diskutieren

Unser Selbst ist weit davon entfernt perfekt zu sein. Es ist im Ganzen genommen widersprüchlicher als uns lieb sein kann. Es ist insgesamt weniger stabil, als den Sicherheitsfanatikern unter uns recht wäre und es ist alles in allem weniger veränderbar, als den Machbarkeitsfanatikern angenehm wäre.

Psychologische Facetten des Selbst

Der Großteil der im folgenden Abschnitt besprochenen Forschungsarbeiten und Theorien kommt aus der Sozialpsychologie. Der Übersichtlichkeit halber wird das reichhaltige Forschungsmaterial nach psychologischen Grundfunktionen (Emotion, Kognition, Motivation, Verhalten) gegliedert, auch wenn bekannt ist, dass diese in komplex verwobener wechselseitiger Abhängigkeit und Bedingtheit zueinander stehen. Bevor wir uns aber den psychischen Kernfunktionen zuwenden, wird noch auf kulturelle und soziale, entwicklungsbedingte und inhaltliche Aspekte des Selbst näher eingegangen.

4. Kulturelles Selbst: Vielfalt und Einheit

Zur Einstimmung: Traumziel oder Schreckensvision?

Auf der ganzen Welt sieht es praktisch gleich aus. Egal auf welchem Kontinent Sie sich aufhalten, Sie finden sich in jedem Fall zurecht. Die Städte mit ihren Hochhäusern und geometrisch angelegten Straßenzügen gleichen einander wie ein Ei dem anderen. Multinationale Konzerne produzieren und liefern an alle Orte der Welt die gleichen Lebensmittel, Kleider und sonstigen Dinge des persönlichen Bedarfs in nicht voneinander unterscheidbare Supermärkte. Die Menschen leben in nach wissenschaftlichen Kriterien genormten Einheitshäusern und -wohnungen. Überall gelten die gleichen Gesetze und werden die gleichen Regeln des Zusammenlebens befolgt. Die alten Weltreligionen existieren nicht mehr. Es hat sich eine einzige Weltreligion durchgesetzt, in der sich Elemente aller vorherigen wieder finden. Es gibt auch eine Einheitsphilosophie, nach deren wohl überlegter Rezeptur für alle Menschen Glück auf Erden erreichbar ist. Die Freizeitgestaltung wird zentral geplant und gesteuert, sodass alle Menschen gleiche Filme sehen, gleiche Musik hören und sonstige gleiche (Freizeit-) Aktivitäten treiben. Es wird auch bereits eifrig daran gearbeitet, dass alle Menschen dieselbe Sprache sprechen und alle anderen Sprachen damit überflüssig werden. Die Einheitswelt wird vollständig realisiert sein und die Menschheit ihr Ziel erreicht haben.

Überlegen und diskutieren Sie: Ist das ein attraktives Ziel oder eher ein Angst erregendes Zukunftsszenario?

Seele ist verinnerlichte Kultur. Kultur nach außen gekehrte Seele
Unter Kultur wollen wir das über Zeit und Raum verdichtete menschliche Schaffen und Wirken verstehen. In unserer Seele findet sich ein Schatz an kulturellen Werten, welcher uns in seiner Selbstverständlichkeit oft gar nicht ausreichend bewusst wird. Als allgemeine Werthaltungen und Traditionen in Form von Metaphern, Bildern, Geschichten, Mythen, Symbolen, Sprichwörtern, sprachlichen Gewohnheiten etc. bilden sie die uns vertraute Lebenswelt, die häufig nicht mehr in Frage gestellt wird. Gestaltung und Organisation des Zusammenlebens von Menschen beruhen auf philosophischen, wirtschaftlichen und politischen Weltanschauungen, die in konkreten Gesetzen und Normen ihren Niederschlag finden. Diese regeln wiederum das alltägliche Leben der Menschen (z.B. Arbeitsverhältnisse, Heirat, Ruhestand usw.). Die vorherrschende Kultur manifestiert sich aber nicht

nur im politischen System, im Wirtschafts-, Rechts- und Schulsystem, sondern auch in Kunst, Religion und Wissenschaft. Der uns umgebende kulturelle Rahmen ist maßgeblich daran beteiligt, was wir als angemessen, moralisch, richtig, falsch, gut oder schön empfinden.

Kulturelle Werte vermitteln Sicherheit und Stabilität
Als Allgemeingut und gültiges Alltagswissen, das in einem Kulturkreis mit vielen bzw. den meisten anderen geteilt wird, bieten kulturelle Werte dem einzelnen Menschen Orientierung, Halt und Verankerung. Sie helfen dem Selbst, sich in einer komplexen Welt zurechtzufinden (vgl. Markus et al., 1996). Radikale kulturelle Umwälzungen und Veränderungen bringen daher auch die (scheinbar) fest gefügte Welt des bzw. der Einzelnen ins Wanken und können entsprechende Ängste und Widerstände auslösen (vgl. Solomon et al., 1991). Eine sukzessive und behutsame Veränderung von kulturellen Werten kann aber auch wohltuend für die Menschen sein. Nicht alles, was einmal gut und sinnvoll gewesen ist, bleibt dies zu allen Zeiten. Ein überholtes oder gar nachteiliges System beizubehalten, nur weil die Menschen an es gewöhnt sind und Angst vor Veränderungen haben, ist gewiss nicht der Weisheit letzter Schluss (→13.Gesellschaft und Menschheit).

Wie sehr wir von einer bestimmten, uns wohlbekannten Kultur geprägt sind, wird uns in der Regel erst bewusst, wenn wir unser vertrautes Umfeld verlassen (müssen) und mit einer anderen Kultur in Kontakt kommen. Schon der Wechsel von einem kleinen Dorf, wo jemand seine Kindheit und Jugend verbracht hat, in eine Großstadt kann einen „Kulturschock" auslösen. Man stelle sich erst vor, man kommt in ein anderes Land, wo eine andere Sprache gesprochen und völlig andere Bräuche und Sitten herrschen. Bisher als selbstverständlich betrachtete Lebensweisen und Gewohnheiten gelten plötzlich nicht mehr. Stattdessen herrschen Regeln und Normen, die als fremdartig, neu und vielleicht auch unverständlich wahrgenommen werden. Das ansonsten normale Selbstverständnis wird erschüttert und das eigene Denken, Fühlen und Handeln wird vielleicht als unpassend empfunden (vgl. Markus et al., 1996, 1997; Smith & Bond, 1993). Der Mensch muss umlernen und sich die neue Lebensart oft erst mühsam aneignen und vertraut machen. Wenn es der Person gelingt, sich für die neue Kultur zu öffnen, wird ihr auch die eigene Kultur in einem neuen und schärferen Licht erscheinen. Annahme und Akzeptanz der fremden Kultur gehen mit erhöhtem Verständnis für die eigene Kultur einher. Die andere Kultur kann als Besonderheit angenommen werden, ohne dass dabei die eigene kulturelle Identität bedroht gesehen wird. Die Erkenntnis, dass die kulturelle Herkunft letztendlich nur ein Teilaspekt des Selbst ist und dem Selbst eine große Entwicklungskapazität innewohnt, kann schließlich zu gesteigerter Selbstsicherheit und einem gestärkten Selbst-Bewusstsein führen (→3.Selbstmodelle; →5.Soziales Selbst).

Individualismus und Kollektivismus

Individualismus und Kollektivismus sind zu wichtigen und zentralen Begriffen in der kulturübergreifenden Psychologie geworden (vgl. Kagitçibasi, 1997; Smith & Bond, 1993). Das individualistische Selbst spiegelt auf der psychologischen Ebene den Begriff des Individualismus wider und das kollektive Selbst den Begriff des Kollektivismus. Eine knappe Unterscheidung geben Simon und Mummendey (1997): Das kollektive Selbst meint die Selbst-Interpretation als austauschbares Gruppenmitglied (die „Wir-Form") im Gegensatz zum individuellen Selbst, das die Selbst-Interpretation als einzigartiges Individuum („Ich-Form") beschreibt. Markus und Kitayama (1991) stellen der independenten (i.e. unabhängigen) Selbstkonstruktion, wie wir sie in individualistisch geprägten Gesellschaften finden, eine interdependente (i.e. von anderen Menschen abhängige) Selbstkonstruktion gegenüber, die in kollektivistischen Kulturen vorherrschend ist.

Die akademische Psychologie mit ihren zumeist im westlichen Kulturkreis aufgewachsenen und lebenden Forscherinnen und Forschern weist eine kulturell bedingte Verzerrung in Richtung Individualismus auf, die in vielen Theorien ihren Niederschlag findet. So beschreiben beispielsweise die meisten Selbsttheorien ein individualistisches Selbst, wie es im „Westen" und vor allem in den USA vorherrschend, in anderen Kulturkreisen aber weitgehend fremd ist. Streng genommen muss also davon ausgegangen werden, dass diese Forschungsergebnisse nur Personen des westlichen Kulturkreises angemessen beschreiben (s. Markus & Kitayama, 1991; Smith & Bond, 1993).

Kollektivismus	Individualismus
▪ Die Gruppe bildet das Fundament der Gesellschaft und gilt als primärer Wert.	▪ Das Individuum bildet das Fundament der Gesellschaft und gilt als primärer Wert.
▪ Der bzw. die Einzelne ist untrennbar mit der Gruppe verbunden.	▪ Individuen sind frei und grundsätzlich unabhängig von anderen.
▪ Gruppeninteressen stehen über individuellen Interessen; gruppenbezogenes Denken und Handeln stehen im Vordergrund.	▪ Individuelle Interessen stehen über Gruppeninteressen; individuelles Denken und Handeln stehen im Vordergrund.
▪ Aufrechterhaltung von harmonischen Beziehungen; Demut, Gehorsam und Pflichterfüllung als zentrale Werte.	▪ Recht auf persönliches Glück und Gültigkeit des individuellen Lustprinzips.
▪ Kollektive Leistungsfähigkeit und kollektive Verantwortung; Konsequenzen einer Handlung betreffen die gesamte Gruppe.	▪ Betonung von Autonomie und individueller Verantwortlichkeit; Konsequenzen einer Handlung betreffen nur das Individuum.
▪ Hohe Bereitschaft zur Kooperation und vergleichsweise geringe Wettbewerbsorientierung.	▪ Schwerpunkt liegt auf individueller Leistungsfähigkeit und auf Wettbewerbsorientierung.
▪ Konfliktvermeidung und gruppenkonformes Denken und Handeln; wenig Bedürfnis nach Einzigartigkeit.	▪ Sozialem Druck zur Konformität soll nicht nachgegeben werden; starkes Bedürfnis nach Einzigartigkeit.
▪ Der Schutz der Gruppe wird gesucht; Sicherheit durch Gruppensolidarität.	▪ Eigene Kompetenz, Stärke und Macht geben Sicherheit.

Tab. 3: Merkmale des Kollektivismus und Individualismus

Das individualistische Selbst: unabhängig und einzigartig

Das individualistische Selbstverständnis ist noch nicht besonders alt. Lange Zeit wurde der Mensch nicht als einzigartiges Individuum gesehen, sondern mit seiner gesellschaftlichen Rolle identifiziert. Die gesellschaftliche Funktion (z.B. als Bauer, Edelmann, Graf, König usw.) war ihm in der Feudal- und Adelsherrschaft durch die Geburt praktisch unveränderlich zugewiesen. Das Denken des Menschen kreiste um Gott und nicht um das eigene Selbst. Selbstsucht und Selbstherrlichkeit galten als große Sünde. Die Wurzeln des Individualismus liegen in der Französischen Revolution mit ihrer Forderung nach individuellen Bürgerrechten („Freiheit, Gleichheit, Brüderlichkeit"), in der Industrialisierung und im Aufkommen der freien Marktwirtschaft. Der protestantische Glaube in Form des Calvinismus zeichnet insbesondere für die spezifisch amerikanische Form des Individualismus verantwortlich (vgl. Baumeister, 1997, 1998a; Kagitçibasi, 1997).

Jeder ist seines eigenen Glückes Schmied.

Grundlegende Werte des individualistischen Selbst

In einer individualistisch geprägten Kultur stellen Unabhängigkeit, Autonomie und individuelle Entwicklung grundlegende Werte dar. Eine gesunde Person entwickelt sich vom abhängigen Kind zu einem unabhängigen und autonomen Erwachsenen, was auch durch entsprechende Erziehungspraktiken gefördert wird: Kinder dürfen beispielsweise selbst entscheiden, was sie anziehen wollen und werden häufig um ihre Meinung gefragt. Sie bekommen möglichst bald ein eigenes Zimmer und schlafen getrennt von den Erwachsenen (s. Dennis et al., 2002; Markus, Mullally & Kitayama, 1997). Entwicklung wird gleichgesetzt mit Abgrenzung und Ablösungsprozessen.

Der Mensch wird als Einzelwesen beschrieben, das sich aufgrund seiner nur ihm angehörigen inneren Gedanken und Gefühle, Eigenschaften und Fähigkeiten maßgeblich von anderen Menschen unterscheidet. Herausragende Leistungen, die Einzelpersonen aus der Masse hervorheben, werden positiv bewertet und bilden wesentliche Quellen des Selbstwerts. Das Ausschöpfen der (inneren) Potentiale, die Verfolgung eigener Ziele und die kontinuierliche Weiterentwicklung der eigenen Fähigkeiten und Talente sowie Selbstbehauptung und Selbstverantwortung stellen zentrale Aufgaben für jedes Individuum dar. Die Rolle des sozialen Umfeldes bemisst sich nach den für das Individuum bereitgestellten Möglichkeiten, seine eigene Persönlichkeit darin entfalten bzw. ausdrücken zu können. Das individualistische Selbst versucht Einfluss auf seine Umgebung zu gewinnen. Es will gestaltend eingreifen und Kontrolle ausüben.

Lust und Last des individualistischen Selbst

Gerade in der westlichen Welt, der „Hochburg" des individualistischen Selbst, werden immer wieder Stimmen laut, welche vor einem als maßlos empfundenen Egoismus und Individualismus mahnen. Den Vorteilen des Individualismus werden beträchtliche Kosten des individuellen „way of life" gegenübergestellt. In einer individualistischen Gesellschaft sind die Bande zwischen den Menschen nur sehr lose geknüpft, sodass ein Mangel an gemeinsamen Werten und Erfahrungsinhalten entstehen kann. Einsamkeit, Entfremdung und ein Gefühl der Leere sind die möglichen Folgen. Mit Freizeitvergnügungen und Konsumverheißungen können die sozialen Defizite nicht wettgemacht werden, welche durch einen fehlenden Zusammenhalt und eine zunehmende Vereinzelung der Menschen entstehen (vgl. Baumeister, 1991) (→5.Soziales Selbst).

Das individualistische Selbst als Ersatzreligion oder eigenes Projekt (vgl. Rose, 1996) wird mit Freiheit, Flexibilität, Chancen und Gelegenheiten zur Selbstverwirklichung in Zusammenhang gebracht. Die Beschäftigung mit dem eigenen Selbst kann uns helfen, eigene Potentiale zutage zu fördern und ein positives (gegenwärtiges und zukünftiges) Selbstbild zu entwerfen. Jedoch stellt die größere Vielfalt an denkbaren Lebensentwürfen auch eine Last für das Selbst dar. Verhaltensunsicherheiten, fehlende Stabilität und Kontinuität können daraus resultieren. Der Druck, etwas Außergewöhnliches aus dem eigenen Leben zu machen, kann zur Belastung werden. Wenn unsere erbrachten Leistungen und erzielten Erfolge nicht unseren eigenen Idealvorstellungen oder den Erwartungen wichtiger anderer Personen entsprechen, können Gefühle des Versagens und der Enttäuschung entstehen (→8.Emotionales Selbst; Selbstdiskrepanztheorie). Durch das Gewahrwerden eigener Schwächen und Mängel wird die Beschäftigung mit dem eigenen Selbst zum schmerzhaften Unternehmen, das man mitunter zu vermeiden sucht. Erschwerend kommt noch hinzu, dass in der westlichen, individualistisch geprägten Kultur, die Ursache von Problemen, Leid und Unglück in erster Linie im Individuum und nicht in der Gesellschaft gesehen wird. Der einzelne Mensch muss mit seinen Belastungen, Ängsten und Unsicherheiten allein fertig werden und sein Leben selbst meistern. Zur Unterstützung werden Psychologinnen und Psychologen sowie Psychotherapeuten und -therapeutinnen beigestellt. Die Gesellschaft und ihre Institutionen und Organisationen werden dabei weitgehend ihrer Verantwortung enthoben und bleiben unverändert (→13.Gesellschaft und Menschheit; →16.Gesundheit und Wohlbefinden).

Kollektivistisches Selbst: Anpassung und Harmonie

Kollektivistische Inhalte finden sich in der europäischen Philosophie bereits bei Jean-Jacques Rousseau und Karl Marx im 19. Jahrhundert, wo von (freiwilliger) Unterordnung unter den allgemeinen Willen, von sozialer Moral und ethischem Sozialismus die Rede ist. Das Gemeinsame wird über das Einzelinteresse gestellt und das Glück des Menschen liegt im „Aufgehen" im gesellschaftlichen Ganzen. In den östlichen Philosophien und Religionen (Konfuzianismus, Taoismus, Buddhismus, Hinduismus) finden sich bereits Jahrhunderte vor Christi Geburt kollektive Tugenden wie wechselseitige Verbundenheit, Unterordnung und Demut. Der Mensch ist aus derselben Substanz wie die Natur und bildet daher mit ihr eine unauflösliche Einheit. Das Selbst als ein Teil der belebten und unbelebten Natur soll zu einer harmonischen, allumfassenden Einheit mit der Außenwelt verschmelzen.

> *Der reife Reis neigt sich zu Boden.*
> *Ein hervorstehender Nagel wird eingeschlagen.*

Grundlegende Werte des kollektivistischen Selbst

In kollektivistisch orientierten Kulturen ist das Selbstverständnis eng an die zu erfüllenden sozialen Rollen gebunden und wird durch diese weitgehend festgelegt und definiert. Soziale Anforderungen sind für den jeweiligen Kontext und die darin erforderliche Rolle genau festgelegt und gewähren nur wenig individuelle Freiräume und Gestaltungsmöglichkeiten. Man ordnet sich unter und fügt sich harmonisch ein. Die Aufrechterhaltung von harmonischen Beziehungen hat allerhöchste Priorität. Das Gefühl und Wissen um die Abhängigkeit von Gruppen und wichtigen Personen wird nicht als negativ empfunden, sondern mit Dankbarkeit und Demut angenommen. Das optimale Ausfüllen der eigenen Rolle mit den damit verbundenen Pflichten und Verantwortlichkeiten verschaffen dem kollektivistischen Selbst jene Bedeutung und Geltung, die es erst als vollständiges Selbst erscheinen lassen. Gleichzeitig wird ein Versagen bei der Erfüllung der eigenen Verpflichtungen gegenüber der zentralen Bezugsgruppe als extrem negativ empfunden, weil damit Balance und Harmonie der sozialen

Beziehungen nachhaltig gestört werden (vgl. Goodwin, 1999; Kagitçibasi, 1997).

Autoritätshörigkeit des kollektivistischen Selbst?

Kritische Mündigkeit wird als eines der Leitziele für die Bildung unserer Kinder betrachtet. Selbständiges Denken und die Fähigkeit Konflikte konstruktiv auszutragen, gilt nicht nur in der Wirtschaft als Schlüsselqualifikation. Dies ist auch sinnvoll, denn Unterordnung und Anpassung an Gruppen und Gemeinschaften birgt auch vielerlei Gefahren in sich. So kann etwa das Erkennen von Fehlentwicklungen innerhalb einer homogenen Gruppe erschwert werden und die individuelle Leistungsbereitschaft abnehmen. Diesen Risiken kann aber auch entgegenwirkt werden. Gruppen, die zum Beispiel abweichende Meinungen zulassen anstatt mit massiven Sanktionen zu drohen, nutzen die Potentiale ihrer Mitglieder besser und sind in der Zielerreichung erfolgreicher als Gruppen, die blind dem Diktat und Befehl ihrer Anführer und Anführerinnen Gehorsam leisten (vgl. Nemeth, 1997). Erst aus einer Meinungsvielfalt und der Betrachtung unterschiedlicher Perspektiven können in der Regel angemessene Entscheidungen getroffen und zielführende Lösungen zum Nutzen aller entwickelt werden (→5.Soziales Selbst; →13.Gesellschaft und Menschheit; →15.Wirtschaft und Beruf).

Zusammenschau: individualistisches und kollektivistisches Selbst

Stark vereinfachend kann man davon ausgehen, dass sich Unterschiede zwischen dem westlichen Kulturkreis und anderen Kulturkreisen (z.B. asiatischen, arabischen, afrikanischen) im individualistischen und kollektivistischen Selbst widerspiegeln. Dabei ist aber zu bedenken, dass weder die westliche noch die asiatische, afrikanische oder arabische Kultur gleichförmige Einheiten darstellen, sondern bei genauer Betrachtung vielfältige und bunt schillernde Facetten erkennen lassen. Die Vereinfachung soll uns aber dazu dienen, jene Grundmuster zu erkennen, die einen bestimmenden kulturellen Trend ausmachen können.

Unterschiedliches Denken

Das Denken im westlichen Kulturkreis ist vom Dualismus geprägt: Das Selbst wird vom Objekt als getrennt aufgefasst. Markus und Kitayama (1991) beschreiben dieses Selbstverständnis als independentes (i.e. unabhängiges) Selbstkonstrukt. Das kollektivistische Selbst hingegen sieht sich in einer untrennbaren Verbundenheit mit anderen Menschen und Objekten. Ein unabhängiger Mensch wird als unvollständiger Teil gesehen, dem zur Vollkommenheit jeweils der, die oder das andere fehlt. Markus und Kitayama (1991) beschreiben dieses Selbstverständnis als interdependentes (i.e. abhängiges) Selbstkonstrukt. In kollektivistisch orientierten Gesellschaften werden anstelle von Selbstverwirklichung und Selbstbehauptung in erster Linie harmonische, ganzheitliche Beziehungen angestrebt. Anpassungsfähigkeit, Unterordnung, Bescheidenheit, Respekt und Demut den Menschen und der Natur gegenüber werden vom kollektivistischen Selbst für wichtiger erachtet, als einzigartig zu sein und sich von anderen zu unterscheiden. Natürlich besitzt auch in kollektivistisch geprägten Kulturen jeder Mensch unverwechselbare Merkmale und Eigenschaften, die ihn von den anderen klar unterscheiden. Doch diese spielen im Handeln eine weniger wichtige Rolle als in vorherrschend individualistischen Gesellschaften.

Unterschiedliches Handeln

Das individualistische Selbst orientiert sich im Verhalten stärker an eigenen Interessen, Zielen, Merkmalen und Eigenschaften, die unabhängig vom jeweiligen Kontext das Verhalten bestimmen. Es versucht vergleichsweise konsistent (i.e. widerspruchsfrei) zu handeln. Konsistentes Verhalten in unterschiedlichen Situationen wird im individualistischen Selbstverständnis positiv bewertet und geht mit psychischem Wohlbefinden einher. Cross, Gore und Morris (2003) konnten zeigen, dass kollektivistisch geprägte Menschen konsistentem Verhalten weniger Bedeutung beimessen und dieses für das psychische Wohlbefinden eine geringere Rolle spielt als bei vorrangig individualistisch geprägten Personen. Das Verhalten des kollektivistischen Selbst kann bzw. soll je nach Kontext unterschiedlich ausfallen, weil es vorrangig durch Regeln und Normen gelenkt wird, die für eine spezifische Situation maßgeblich sind. Diese Regeln zu kennen, aber auch angemessenes bzw. gefordertes Verhalten aus Signalen und Zeichen des Umfeldes und der darin agierenden Menschen abzuleiten, ja sogar die Gedanken des Interaktionspartners gleichsam zu lesen, stellen (überlebens-) wichtige Fertigkeiten in kollektivistisch orientierten Gesellschaften dar. Das kollektiv geprägte Selbst ist demnach sehr aufmerksam und einfühlsam gegenüber anderen Personen und es weiß mehr darüber, wie der bzw. die andere denkt, fühlt und zu handeln beabsichtigt, als das individualistische Selbst. Dieses Wissen braucht das kollektivistische Selbst, um sich zugunsten harmonischer Beziehungen besser anpassen zu können. Die Anpassungsleistung zeigt sich auch auf einer weitgehend nicht bewussten Ebene. Baaren und sein Forschungsteam (2003) zeigten beispielsweise, dass Personen mit einem interdependenten, kollektivistischen Selbstverständnis (unbewusst) ihre Gesprächspartner stärker imitierten und nachahmten (z.B. deren Körpersprache, Mimik und Gestik) als Personen mit einem independenten, individualistischen Selbstverständnis, die offensichtlich zur Aufrechterhaltung der eigenen Unabhängigkeit den Einfluss anderer Personen auf das eigene Selbst möglichst gering halten wollen.

Unterschiedliche Emotionalität
Selbstbezogene Emotionen gelten als charakteristisch für das individualistische Selbst; fremdbezogene Emotionen sind typisch für das kollektivistische Selbst. Als selbstbezogene Emotionen werden Zorn, Wut, Frustration und Stolz genannt, da innere Merkmale der Person (z.B. die eigenen Bedürfnisse, Wünsche, Ziele und Fähigkeiten) bei ihrer Entstehung eine maßgebliche Rolle spielen. Als fremdbezogene Emotionen gelten Scham, Sympathie und Gefühle der gemeinsamen Verbundenheit, die vorrangig auf andere Personen gerichtet sind. Die inneren Gefühle zu ignorieren, wird in individualistisch geprägten Gesellschaften oft als mangelnde Authentizität bzw. Verleugnung des wahren Selbst erachtet (→7.Inhalte des Selbst; →8.Emotionales Selbst). Im Unterschied dazu haben für Menschen mit einem kollektivistisch geprägten Selbst die privaten und innersten Gefühle weniger Bedeutung und werden zu Gunsten zwischenmenschlicher Harmonie zurückgestellt. Da beispielsweise Ärger die gegenseitige Verbundenheit massiv stören und beeinträchtigen würde, wird Ärger unterdrückt und weder körpersprachlich noch verbal zum Ausdruck gebracht. Ärger zu zeigen wird z.B. in Japan als unreifes und kindisches Verhalten gesehen. Negative Gefühle dürfen nur außerhalb der eigenen Gruppe, also ge-

gen eine Fremdgruppe, offen bekundet werden (s. Markus & Kitayama, 1991). Im westlichen Kontext ist es hingegen so, dass Gefühle wie Ärger und Wut eher bei Personen zum Ausdruck kommen, denen man sich nahe und eng verbunden fühlt.

Unterschiedliche Motive

Anstelle selbstdienlicher Motive des individualistischen Selbst treten beim kollektivistischen Selbst fremddienliche Motive. Dabei werden eigene Bedürfnisse zugunsten der Bedürfnisse der anderen und eines harmonischen Ganzen zurückgenommen. Typische Motive für das individualistische Selbst wären beispielsweise Erhöhung des eigenen Selbstwertes (→12.Selbstwert), Selbstverwirklichung und Leistungsmotivation (→10.Motivationales Selbst). Im Gegensatz dazu weist das kollektivistische Selbst mehr auf bedeutsame andere Personen und Gruppen bezogene Motive auf, z.B. sich anzupassen und die Erwartungen der Eigengruppe zu erfüllen. Im individualistischen Selbstverständnis lässt sich ein Optimismus-Bias erkennen: Eine Tendenz, für sich selbst und seine Lieben mehr positive und weniger negative Ereignisse zu erwarten als für andere Menschen. Im kollektiven Selbstverständnis zeigt sich hingegen ein Pessimismus-Bias: Für andere werden mehr positive und weniger negative Begebenheiten vorhergesagt wie für sich selbst. Chang und Asakawa (2003) begründen diese kulturell bedingten Variationen in Pessimismus und Optimismus einerseits mit dem Selbsterhöhungsmotiv des individualistischen Selbst und andererseits mit einer Tendenz zur Selbstkritik im kollektivistischen Selbst. Selbstkritik wird als allgemeine Empfänglichkeit für negative selbstbezogene Informationen definiert und als förderlich für ein harmonisches Zusammenleben angesehen. Wenn im westlichen Kulturkreis oftmals andere Personen zum Schutze des eigenen Selbstwertgefühls herabgesetzt werden, so zeigt sich im östlichen Kulturkreis die gegenteilige Reaktion und bildet gleichsam die kulturelle Norm: Das fremde Selbst wird erhöht und das eigene Selbst erniedrigt. Es konnte etwa in Studien aufgezeigt werden, dass in Japan bereits Schulkinder der Grundstufe ein Kind, das sich selbst sehr vorteilhaft darstellt, negativer und weniger kompetent bewerten als ein sich bescheiden präsentierendes Kind. Dagegen ist die vorteilhafte Selbstdarstellung und die Hervorhebung eigener Stärken unter amerikanischen Schulkindern eine übliche und sozial akzeptierte, ja geforderte Verhaltensweise (s. Markus & Kitayama, 1991).

In einer aktuellen Studie gehen Sedikides, Gaertner und Toguchi (2003) von der Annahme aus, dass es auch in kollektivistischen Kulturen ein Selbsterhöhungsmotiv gibt, welches sich allerdings auf anderen Merkmalen und Verhaltensweisen gründet als in individualistischen Kulturen. Werden etwa in individualistischen Gesellschaften Merkmale wie unabhängig, selbständig und einzigartig als wichtig erachtet und zur Selbsterhöhung „verwendet", sind es in kollektivistischen Gesellschaften Merkmale wie loyal, kooperativ und aufopfernd, die als bedeutungsvoll angesehen werden und auch der Selbsterhöhung dienen können.

Verbindendes trotz aller Unterschiede: auf dem Weg zu einer Einheitswelt?

Wir haben einige Unterschiede im Denken, Fühlen und Handeln zwischen dem individualistischen und kollektivistischen Selbst kennen gelernt. Doch sind diese Unterschiede tatsächlich so groß? Nein, nicht wirklich, denn genau genommen handelt es sich nur scheinbar um völlig gegensätzliche und unvereinbare Pole. De facto geht es um fein(st)e Abstufungen, die in einer großen Variabilität im jeweiligen kulturellen Kontext und im einzelnen Menschen vorhanden sein können. Wenn auch in der westlichen Kultur der Individualismus als Strömung vorherrscht, so heißt dies noch lange nicht, dass es sich um Individualismus in „Reinkultur" handelt und alle Menschen ein gleich starkes individualistisches Selbstverständnis besitzen. In den Vereinigten Staaten zeigen etwa Frauen und Angehörige von sozial und ökonomisch benachteiligten Bevölkerungsgruppen sowie Einwanderer aus Lateinamerika und dem asiatischen Raum wesentlich schwächere Ausprägungen im individualistischen Selbst und stärkere Tendenzen in Richtung kollektivistisches Selbst als Männer und Angehörige wirtschaftlich starker Bevölkerungsgruppen (s. Markus et al., 1997; Markus & Kitayama, 1991; Oyserman & Markus, 1993). Darüber hinaus dringt die amerikanisch-westliche Massenkultur (z.B. Popmusik, Filmproduktionen aus Hollywood) immer tiefer in andere Kulturen ein, sodass allgemein der Einfluss westlicher (individueller) Werte auf andere Kulturen zunimmt. Die „Verwestlichung" der Welt durch die zunehmende wirtschaftliche und kulturelle Globalisierung ist bereits so weit vorangeschritten, dass mittlerweile in vielen Teilen der Welt, schon heute moderne westliche Werte mit traditionellen Denkweisen und Gebräuchen mehr oder minder harmonisch koexistieren. Aber nicht nur zwischen Staaten und Bevölkerungsgruppen verwischen sich die Unterschiede zwischen individualistischem und kollektivistischem Selbst, sondern bei gründlicher Selbsterforschung werden wir auch in uns Anteile beider „Spielarten" des Selbst finden. Vielleicht äußert sich das kollektivistische Selbst in manchem von uns im Traum von einer gelungenen Partnerschaft oder aber in einer Sehnsucht nach Verbundenheit und Harmonie mit der belebten und unbelebten Natur, die man schützen möchte. Grundsätzlich kann davon ausgegangen werden, dass sich in jedem Menschen in unterschiedlicher Gewichtung sowohl individualistische, independente (i.e. unabhängige) als auch kollektivistische, interdependente (i.e. von anderen abhängige) Anteile finden[2]. Kühnen und Hannover (2003) verwendeten etwa ein einfaches experimentelles Verfahren, um die situative Zugänglichkeit[3] von independenten oder aber interdependenten Selbstkonstrukten zu erhöhen. Um die Zugänglichkeit von independentem Selbstwissen zu erhöhen, mussten Untersuchungsteilnehmer und -teilnehmerinnen in einem vorgegebenen Text individuelle Pronomen (ich, mein, mir, etc.) kennzeichnen. Um die Zugänglichkeit von interdependentem Selbstwissen zu erhöhen, markierten sie in einem Text kollektive Pronomen (wir, unser, uns, etc.). Personen, bei denen (wohlgemerkt: ohne deren Wissen) das independente, unabhängige Selbstwissen durch diese Übung aktiviert wurde, stimmten in einer anschließenden schriftlichen Befragung stärker individualistischen Wertvorstellungen (z.B. Freiheit, Unabhängigkeit) zu als kollektivistischen. Personen, bei denen hingegen interdependentes, von anderen abhängiges Selbstwissen aktiviert wurde, stimmten stärker kollektivistischen (z.B. Demut, Harmonie) als individualistischen Werten zu (s. Gardner, Gabriel & Lee, 1999).

---

[2] Die von Pöhlmann, Hannover, Kühnen und Birkner (2002) entwickelte Sozial-Autonome Selbstwertskala (SAS) erfasst sowohl independente als auch interdependente Selbstaspekte.
[3] Situative Zugänglichkeit erhöhen heißt, einen bestimmten Inhalt des Gedächtnisses (in unserem Fall des Selbstkonzeptes) sozusagen ins Zentrum der Aufmerksamkeit zu rücken. Dies kann für die Person selbst weitgehend unbemerkt vor sich gehen.

Eine positive Zukunftsvision

Ein lohnendes Ziel könnte sein, eine Versöhnung beider Prinzipien –
des Individualismus und des Kollektivismus – zu erreichen, ohne die
kulturelle Einheitswelt auszurufen. Die Vorzüge des Kollektivismus
(z.b. sozialer Zusammenhalt, Verfolgen gemeinsamer Ziele, das Bemühen um harmonische Beziehungen) könnten mit den Vorteilen des
Individualismus (Ausschöpfen eigener Potentiale, Leistungsstreben,
Eigenverantwortlichkeit) zu einer vielversprechenden Einheit ver-
schmolzen werden. Deaux (1992) plädiert etwa für eine verstärkte individualisierte Sichtweise des kollektiven Selbst und eine vermehrte
kollektive Sichtweise des individualistischen Selbst. Kagitçibasi
(1997) führt den Kommunitarismus als einen denkbaren Ansatz zur
Ausbalancierung von individualistischen Interessen mit kollektivistischen Tugenden an. Verkürzt dargestellt würde dies bedeuten, dass
jedes Individuum nicht nur für sich selbst, sondern auch für das Ge-
meinwohl Verantwortung übernimmt und seinen Anteil am Aufbau
einer solidarischen und gerechten Gesellschaft leistet (→5.Soziales Selbst;
ethisches Selbst; →13.Gesellschaft und Menschheit; →16.Gesundheit und Wohlbefinden).

Interessante Perspektiven für die Forschung

Wie spannend und bereichernd es für die eigene Selbst- und Weltsicht
sein kann, sich mit fremden Kulturen und Weltanschauungen ausein-
ander zu setzen, ist – so hoffe ich – in diesem Kapitel spürbar geworden. In diesem Sinne sollten sich auch faszinierende und spannende
Forschungsmöglichkeiten eröffnen. Die kulturübergreifende Psychologie wird zweifellos noch weiter an Bedeutung gewinnen. Dies nicht
zuletzt deshalb, weil unsere Welt sozusagen zunehmend kleiner wird
und Menschen unterschiedlichster Herkunft und Kultur einander
räumlich immer näher kommen. Für unser Selbstverständnis ergeben
sich dadurch ganz neue Herausforderungen im Hinblick auf Offenheit,
Flexibilität und Toleranz. Welche Faktoren unter welchen Umständen
eine entsprechend positive Haltung gegenüber dem bzw. der Fremden
begünstigen, ist noch vergleichsweise wenig untersucht: Allzusehr
war man bisher in der Forschung noch mit Erklärung und Aufarbeitung negativer Aspekte des kulturellen Selbst, welche sich etwa in
Fremdenfeindlichkeit und Intoleranz äußern können, beschäftigt (vgl.
Graumann, 1997; Mummendey & Simon, 1997; Smith & Bond,
1993). Der Herausarbeitung von Bedingungen für positive Verhal-

tensmodelle sollte demnach in Zukunft noch vermehrt Beachtung geschenkt werden. Ein weiterer wichtiger Ansatz liegt in der genaueren Betrachtung möglicher Verbindungen von individualistischen und kollektivistischen Selbstelementen, wie sie sich beispielsweise bei Frauen und ökonomisch eher benachteiligten Bevölkerungsgruppen gezeigt haben (s. Markus et al. 1997). Faktoren herauszufiltern und zu beschreiben, welche solche Verbindungen begünstigen, kann Gemeinsamkeiten zwischen verschiedenen Kulturen zum Vorschein bringen, die das Verständnis füreinander maßgeblich verbessern können.

Anregungen zur Selbsterforschung

- Denken Sie an den Ort bzw. die Gegend, wo Sie aufgewachsen sind. Welche Werte und Normen waren dort vorherrschend? Inwieweit haben diese Werte und Normen auch heute noch für Sie Gültigkeit?

- Denken Sie an Begegnungen mit anderen Kulturen (z.B. auf einer Reise oder aber in Ihrer Heimatstadt, wo sie „Fremden" begegnet sind). Welche Gedanken und Gefühle hatten Sie? Wie haben Sie sich verhalten?

- Welche Merkmale des kollektiven und welche Merkmale des individuellen Selbst treffen auf Sie zu?

- Welche Mischung aus individuellem und kollektivistischem Selbst sehen Sie für sich und/oder die Gesellschaft am vorteilhaftesten an?

Zusammenfassung

In diesem Kapitel ist davon die Rede, dass unsere Selbst- und Weltsicht keineswegs universell, sondern ein Produkt unseres westlichen Kulturkreises ist. Im Gegensatz zum individuellen Selbst wird ein kollektivistisches Selbst beschrieben, welches in anderen (afrikanischen, arabischen und asiatischen) Kulturen vorherrschend ist. Das kollektivistische Selbst erlebt sich als Teil einer Gruppe und strebt nach einer harmonischen Einheit mit der belebten und unbelebten Natur. Es will sich nicht über die andern erheben, sondern sich an die Gruppe bestmöglich anpassen. Das individuelle Selbst sieht sich vorrangig als unabhängig und ist bestrebt sich als einzigartiges Wesen zu verwirklichen. Individualistische und kollektivistische Tendenzen können sich innerhalb eines Menschen und einer Kultur auch vermischen. Hier liegen entsprechend positive Entwicklungspotentiale für alle Menschen verborgen.

*Kulturelle Vielfalt bedeutet einerseits Schönheit und Bereicherung durch mannigfache Ausformungen künstlerischen und geistigen Schaffens, andererseits führen Menschen wegen unterschiedlicher Religionen, Weltanschauungen und Gesellschaftssysteme gegeneinander Kriege. Einheitlichkeit mag Konfliktpotentiale verringern und das Zusammenleben erleichtern, bringt aber eine Verarmung an Kulturgütern und einen Mangel an Wachstums- und Entfaltungsmöglichkeiten mit sich. Daher geht es nicht um ein Entweder-Oder, sondern um ein Sowohl-als-auch. Es geht um die Erhaltung einer kulturellen Vielfalt bei gleichzeitiger Schaffung einer gemeinsamen Verständigungsbasis, die ein Band zwischen den Menschen knüpft, das über unterschiedliche Denkweisen und kulturelle Traditionen hinweg alle Menschen miteinander verbindet. Nicht Vielfalt **oder** Einheit, sondern Vielfalt **und** Einheit muss das Ziel sein (→ Menschheit und Gesellschaft).*

5. Soziales Selbst:
zwischen Gemeinschafts- und Eigen-Sinn

Als Einführung

Der Mensch ist von der Wiege bis zur Bahre ein soziales Wesen. Ohne andere Menschen kann das Individuum nicht überleben. Nicht nur das Kind ist auf eine fürsorgliche Umgebung angewiesen, um sich entwickeln zu können; auch der Erwachsene ist in der Regel in eine Vielzahl von notwendigen und wichtigen Verbindungen beruflicher und privater Natur eingebunden. Unsere Beziehungen zu anderen Menschen können Quell des höchsten Glücks, aber auch Ursache für unsägliches Leid sein. Ohne befriedigende familiäre, partnerschaftliche und freundschaftliche Bindungen erscheint das Leben nur allzu leicht als sinnlos und wertlos. Gefühle der Einsamkeit und Verlassenheit zählen für viele Menschen zu den unangenehmsten Erfahrungen.

Begegnungen mit anderen spielen sich in einem Spannungsfeld ab zwischen dem Wunsch nach Verbundenheit und Gemeinsamkeit auf der einen Seite und dem Bedürfnis nach Einzigartigkeit und Eigen-Sinn auf der anderen Seite. Der Wunsch nach Verbundenheit verlangt uns oftmals Zugeständnisse ab, die uns in unserer Individualität mehr oder minder stark beschneiden können. Das Bedürfnis nach Einzigartigkeit und das kompromisslose Verfolgen individueller Ziele müssen mitunter mit dem hohen Preis eines einsamen Lebens erkauft werden. Gemeinschafts- und Eigen-Sinn in einem harmonischen Gleichgewicht zu vereinen, stellt demnach einen maßgeblichen Beitrag zu einem geglückten Leben dar (→16.Gesundheit und Wohlbefinden).

Der Mensch wächst, indem er im Sozialen sich entfaltet
Schon sehr frühe Konzepte des Selbst räumen der sozialen Bedingtheit des Menschen eine vorrangige Bedeutung ein. William James, Charles H. Cooley, James M. Baldwin und George H. Mead haben betont, dass sich das Selbstbild aus den unzähligen Begegnungen und Erfahrungen mit anderen Menschen entwickelt. Meinungen und Einstellungen über das eigene Selbst resultieren aus den Beziehungen zu anderen Personen. Aus deren verbalen und nonverbalen Reaktionen lernen wir uns selbst kennen (→7.Inhalte des Selbst). James (1890) spricht etwa davon, dass jeder Mensch so viele soziale Selbst (-Bilder) hat als es Menschen gibt, die ihn kennen. Darauf aufbauend entwickeln die Forscherinnen Andersen und Chen (2002) ihre Theorie des relationalen Selbst, in der sie insbesondere den Beziehungen zu signifikanten

(i.e. wichtigen) anderen Personen (z.B. Eltern, Geschwister, Freunde und Freundinnen, usw.) eine vorrangige Bedeutung einräumen. Cooley (1902) verwendet den Begriff des Spiegelbild-Selbst (looking glass self). Andere Menschen halten uns einen Spiegel vor, in dem wir uns (hoffentlich!) wieder erkennen. Wenn jemand sich selbst mit den Augen anderer betrachtet, so heißt das auch, dass jemand sich letztendlich so sieht, wie er oder sie von anderen Menschen gesehen wird.

Das soziale Selbst zwischen Passivität und Aktivität
Unser Selbst wird von seiner sozialen Umgebung geprägt und geformt (vgl. Markus & Cross, 1990; Oyserman & Markus, 1993). Die soziale Konstruktion des Selbst zeigt sich in der (unbewussten) Aneignung von Einstellungen, Werthaltungen und Normen, die in unserem sozialen und kulturellen Umfeld vorherrschend sind, ferner im Einfluss, den einerseits Vergleiche mit anderen[4] und andererseits ausgewählte Vorbilder auf unsere Ziele und Standards haben, sowie darin, wie unmittelbare Reaktionen und Rückmeldungen von anderen Personen unser Erleben und Verhalten bestimmen. Unser Selbst ist den äußeren Einflüssen aber nicht nur passiv ausgeliefert, sondern es hat auch unmittelbaren Einfluss auf sein soziales Umfeld. Von totaler Passivität kann beim Menschen tatsächlich nie gesprochen werden. Auch wenn der Mensch (scheinbar) nichts tut, ist er dennoch aktiv, indem er etwa denkt oder mit seiner Körpersprache Signale aussendet, die auf andere Personen eine bestimmte Wirkung ausüben und deren Handlungen und Reaktionen beeinflussen. Das soziale Selbst, wie auch immer es sich darstellt, ist einerseits ein individuell ausgestaltetes Abbild seiner Umgebung und andererseits bildet es die Folie bzw. das Werkzeug, mit dem Beziehungen zu anderen eingegangen und gestaltet werden (→6.Entwicklung des Selbst).

Selbstbilder und Fremdbilder

Das Selbstbild beinhaltet all das, was ich von mir selbst weiß und womit ich meine Person beschreibe. Das Fremdbild stellt die Außensicht auf eine Person dar. Wenn ich mir von anderen Menschen ein Bild mache, so handelt es sich um ein Fremdbild; ebenso, wenn andere Menschen sich von mir ein Bild machen. Ein Fremdbild beinhaltet

---

[4] Soziale Vergleichsprozesse sind insbesondere für den Selbstwert von Bedeutung (→12.Selbstwert).

all das, womit eine Person von anderen beschrieben wird (deren subjektive Überzeugungen und Meinungen über diese Person) (→3.Selbstmodelle).

Im Folgenden wird der Begriff Selbstrealität eingeführt, um auf einige Zusammenhänge zwischen Selbst- und Fremdbild hinzuweisen.

Selbstrealität I: eigene Selbstbilder und eigene Fremdbilder

Wie sehe ich mich selbst und wie sehe ich die anderen? Bilder, die wir uns von anderen Menschen machen, stehen in einem engen Zusammenhang mit unseren eigenen Selbstbildern. Dies zeigt sich deutlich in der Wahrnehmung anderer Personen, wo etwa zentrale Selbstmerkmale zur Beurteilung anderer Personen herangezogen werden. Ist einer Person beispielsweise Ehrlichkeit besonders wichtig, so wird sie verstärkt auf ehrliches bzw. unehrliches Verhalten bei anderen achten. Die wahrgenommene Ähnlichkeit mit anderen Menschen in wichtigen selbstbezogenen Eigenschaften hat auch Einfluss auf erlebte Sympathie und Antipathie. Ein uns ähnlicher Mensch wirkt in der Regel sympathischer auf uns als ein vergleichsweise unähnlicher (vgl. Baumeister, 1998a). Gleichzeitig werden, wie Sigmund Freud schon vor fast 100 Jahren feststellte, unerwünschte Merkmale, die man an sich selbst nicht wahrhaben will, besonders gerne auf andere Personen projiziert: Böse sind die anderen und nicht man selbst. Das eigene Selbstbild wird von negativen Eigenschaften „entleert", indem diese auf andere abgeleitet werden.

Selbstrealität II: eigene Selbstbilder und Fremdbilder über uns

Wie sehe ich mich selbst und wie werde ich von den anderen gesehen? Andere Menschen können mich ganz anders oder aber relativ ähnlich sehen wie ich mich selbst. Beim Vergleich von Selbst- und Fremdbild geht es jedoch nicht um richtig oder falsch, sondern um übereinstimmende oder nicht übereinstimmende Beurteilungen und Einschätzungen. Dabei muss betont werden, dass auch eine Übereinstimmung zwischen Selbst- und Fremdbild noch keine endgültige Aussage über deren Richtigkeit zulässt. Schließlich können sich auch viele Menschen irren, obwohl sie einer Meinung sind. Grundsätzlich kann davon ausgegangen werden, dass eine weitgehende Übereinstimmung von Selbst- und Fremdbild als positiv erlebt und auch angestrebt wird

(→10.Motivationales Selbst). In Studien,[5] an denen ich im Rahmen meines
Forschungsaufenthaltes an der Columbia University in New York mit-
arbeitete, konnten wir unter anderem zeigen, dass Personen eher Interaktionspartner auswählen, die ihre eigene Selbstsicht teilen, unabhängig davon, ob es sich um positive oder negative Eigenschaften handelt. Durch diese selektive Interaktion werden einzelne Selbstaspekte
entsprechend stabilisiert (vgl. Swan, 1983, 1990). Die Theorie der in-
terpersonellen Kongruenz (Backman, 1988) beschäftigt sich mit dem
Streben der Menschen nach kongruenten zwischenmenschlichen Beziehungen. Das heißt: Es werden jene Kontakte bevorzugt und als attraktiver eingeschätzt, bei denen Selbst- und Fremdbild zu einer Deckung gebracht werden können. Kongruente Kontakte und Beziehungen bestehen dann, wenn die anderen Personen mit ihren Verhaltensweisen, Eigenschaften und Einstellungen zentrale Aspekte des eigenen
Selbst bestätigen. Dazu ein Beispiel: Einer Person ist es wichtig, klug
und kompetent zu sein. Sie liest viel und bildet sich laufend fort. Sie
bevorzugt Kontakte zu Gleichgesinnten, schließt sich Projekt- und
Lerngruppen an und schätzt es, wenn sie von Kolleginnen und Freunden um Rat gefragt und in spannende fachliche Diskussionen verwi-
ckelt wird. Mit diesem Sozialverhalten wird die Stabilität des Selbst-
aspektes von Kompetenz auch im zwischenmenschlichen Bereich gestützt. Die betreffende Person wird sich nicht nur selbst als kompetent
erleben, sondern wird auch von den anderen als kompetent wahrgenommen werden. Selbst- und Fremdbild bezüglich Kompetenz stimmen überein.

Selbstrealität III: vermutete und tatsächliche Fremdbilder über uns
Wie glaube ich, dass mich die anderen sehen? Wie wirke ich auf die
anderen tatsächlich? Das vermutete Fremdbild beeinflusst das Verhalten stärker und nachhaltiger als das tatsächliche Fremdbild. Ein Mann,
der aus welchen Gründen auch immer, zur Überzeugung gelangt ist,
dass ihn eine verehrte Dame nicht leiden kann, wird seine Liebesbe-
mühungen als vergeblich einstufen und auf Distanz gehen. Was die
Angebetete wirklich denkt, ist dabei unerheblich. In der Regel sind
Menschen in der Einschätzung, was andere Personen von ihnen denken, nicht besonders treffsicher. Die vermuteten Fremdbilder stimmen

---

[5] (Hardin, Higgins, & Schachinger, 1995 zit. nach Hardin & Higgins, 1996).

nur selten genau mit den tatsächlichen Fremdbildern überein. Machen Sie sich selbst ein Bild!

Übung zur Selbst- und Fremdbilderforschung

Überlegen Sie sich, wie Ihre Freundin oder Ihr Kollege oder irgendjemand anderer Sie beschreiben würde. Anschließend bitten Sie diesen Menschen um eine Beschreibung Ihrer Person. Vergleichen Sie Ihr vermutetes mit dem tatsächlichen Fremdbild und besprechen Sie das Ergebnis.

Ursachen für die mangelnde Übereinstimmung
Der naheliegendste Grund für die mangelnde Übereinstimmung von Selbst- und Fremdbild liegt im Informationsvorsprung, den wir vor anderen haben. Kein Mensch kann uns so gut kennen wie wir uns selbst. Darüber hinaus wird durch mangelnde Offenheit eine korrekte Einschätzung von Fremdbildern erschwert (vgl. Felson, 1993; Swan et al., 1992). Insbesondere im beruflichen Kontakt geht man (meist) höflich miteinander um und scheut davor zurück Unangenehmes oder Nachteiliges unmissverständlich und direkt anzusprechen. Aus oftmals falscher Rücksichtnahme werden einer Person ehrliche Rückmeldungen vorenthalten. Sie wird über ihre Wirkung nach außen im Unklaren gelassen. Durch die fehlende Offenheit können unangenehme und belastende Situationen für beide Seiten entstehen. Unausgesprochene Vorwürfe und Kritik liegen oft „in der Luft" und werden zwar „atmosphärisch" gespürt, können aber nicht konkret benannt werden. Falschen Vermutungen und Spekulationen werden damit Tür und Tor geöffnet. Fehlen klare und präzise Aussagen, nimmt man der Person darüber hinaus auch die Möglichkeit, sich zu verändern und zu verbessern (→15.Wirtschaft und Beruf). In langjährigen engen Beziehungen ist es oft umgekehrt. Da wird häufig nur Negatives bekrittelt und das Positive stillschweigend als Selbstverständlichkeit hingenommen.

Auswirkungen einer mangelnden gemeinsamen Selbstrealität:
Entfremdung und Einsamkeit
Die Bedeutung, welche einer Übereinstimmung von Selbst- und Fremdbild zukommt, darf nicht unterschätzt werden. In meiner Dissertation (Schachinger, 1996) konnte ich die klinische Relevanz mangelnder Übereinstimmung von Selbstbildern und (vermuteten) Fremdbildern aufzeigen. Fehlt es an einer gemeinsamen Selbstrealität, d.h. deckt sich das Selbstbild nicht oder nur wenig mit relevanten Fremd-

bildern, so fühlt sich der Mensch unverstanden. Er erkennt sich in den Spiegeln nicht wieder, die ihm von anderen vorgehalten werden. Diese mangelnde gemeinsame Selbstrealität steht mit erhöhter Verletzbarkeit und Anfälligkeit (Vulnerabilität) für Gefühle der Einsamkeit und Entfremdung in einem statistisch signifikanten Zusammenhang.[6]

Von Einsamkeit wird dann gesprochen, wenn ein Gefühl der Verbundenheit fehlt. Ist das Gefühl der Verbundenheit mit einem oder mehreren Menschen intakt, so fühlt man sich auch dann nicht einsam, wenn diese viele tausend Kilometer entfernt sind. Die betroffene Person kann sich in diesem Fall zwar allein fühlen, doch sie ist nicht einsam. Alleinsein gilt als neutraler Begriff, der noch nichts über die Befindlichkeit der Person aussagt. Jemand kann das Alleinsein etwa nach anstrengenden Arbeitstagen sehr genießen und als erholsam erleben. Sich einsam zu fühlen geht hingegen mit einer negativen und gedrückten Stimmung und begleitenden Gedanken der eigenen Verlassenheit einher. Der einsame Mensch glaubt etwa, von niemandem gemocht und geliebt zu werden (vgl. Hojat & Crandall, 1989; Peplau & Perlman, 1982).

Wenn Vertrautes plötzlich fremdartig wird, sprechen wir von Entfremdung. Ehepartner, die wie Fremde nebeneinander leben und sich nichts mehr zu sagen haben, sind sozusagen entfremdet. Entfremdung im Zusammenhang mit dem eigenen Selbst ist als Gegenteil von Selbstfindung und Selbsterkenntnis zu betrachten. Karen Horney (1974) beschreibt Entfremdung als Verlust der Wahrnehmung eigener innerster Gefühle und Bedürfnisse. Man spürt nicht mehr, was man wirklich mag und braucht, was einem wohl tut und was nicht (→16.Gesundheit und Wohlbefinden).

Was fördert die Übereinstimmung von Selbstbild und Fremdbild?

Vor dem Hintergrund negativer Auswirkungen von lückenhafter gemeinsamer Selbstrealität erscheint es nachgerade vorrangig, sich auch über die Erhöhung der Übereinstimmung von Selbst- und Fremdbild Gedanken zu machen.

---

[6] Bei der untersuchten Stichprobe handelt es sich um 360 Studentinnen und Studenten der Columbia University, N.Y., deren Einsamkeits- und Entfremdungsgefühle mit verschiedenen Fragebögen (MMPI, UCLA Loneliness Scale, usw.) gemessen wurden. Die gemeinsame Selbstrealität wurde durch einen Vergleich von aktuellen, idealen und normativen Selbstbildern mit vermuteten Fremdbildern von wichtigen anderen Personen (Vater, Mutter, bester Freund) erhoben.

Gemeinsame Realität
Hardin und Higgins (1996) argumentieren, dass wechselseitiges Verstehen auf gemeinsam geschaffener Realität beruht. Sie sprechen von gemeinsamer Realität (shared reality) als sozialer Basis unserer Gedanken, Erfahrungen und Empfindungen. Wird eine Erfahrung nicht mit einem sozialen Umfeld geteilt, so bleibt sie zufällig, vereinzelt und unbedeutend. Wird eine Erfahrung hingegen von anderen bestätigt und mit ihnen geteilt, ist sie nicht mehr länger ein subjektives Ereignis, sondern erhält eine sozusagen objektive(re) Gültigkeit. Ein Gefühl der Verbundenheit, das der Einsamkeit entgegenwirkt, wird erleichtert durch ein gemeinsames Verständnis, eine gemeinsame soziale Realität. Dieses gemeinsame Verständnis ist nicht nur für „objektive" Sachverhalte, sondern auch für subjektive Merkmale und Empfindungen, welche die eigene Person bzw. wichtige Interaktionspartner betreffen, von vorrangiger Bedeutung (s. auch Higgins, 1996b).

Selbstoffenbarung begünstigt den Aufbau einer gemeinsamen Realität
Ein wechselseitiges Verständnis wird durch Kommunikation im Allgemeinen („beim Reden kommen die Leute zusammen") und Selbstoffenbarung im Besonderen begünstigt. Selbstoffenbarung meint die vertrauensvolle Öffnung gegenüber einer anderen Person. Menschen können voneinander nicht alles erahnen und erfühlen; um Missverständnisse zu vermeiden und ein wechselseitiges Verständnis zu erhöhen, sollten daher wichtige persönliche und zwischenmenschliche Aspekte offen angesprochen werden (→5.Das Selbst in Paarbeziehungen).

Genauigkeit der Selbst- und Fremdwahrnehmung
Wie genau die Selbstbilder mit den Fremdbildern übereinstimmen ist nicht nur von unserer Bereitschaft zur Selbstöffnung abhängig, sondern wird auch maßgeblich von anderen Menschen und deren Fähigkeit und Motivation zur akkuraten Menschenkenntnis bestimmt. Ist jemand bemüht und befähigt, sich ein genaues und eingehendes Bild von einer Person zu machen, so wird es in der Regel auch weniger durch subjektive Meinungen und Fehlinterpretationen verzerrt sein. Man wird sich nicht so sehr auf vorgefasste (falsche) Annahmen verlassen und eher geneigt sein, die eigene Sichtweise wieder zu verändern (vgl. Funder & Colvin, 1997). Auch wenn ein umfassendes zwischenmenschliches Verständnis kaum zu erreichen sein wird, weil Empfindungen und Erfahrungen schwer mitteilbar sind und darüber

hinaus sehr unterschiedlich interpretiert werden, kommt einem Bemühen um wechselseitige Einfühlung für ein angenehmes Miteinander
eine große Bedeutung zu. Dabei mag gelten: Der Wille (zu verstehen
und sich einzufühlen) „geht" fürs Werk. Durch ein Ringen um Verständnis wird dem Gesprächspartner bzw. der Gesprächspartnerin
ernstgemeintes Interesse, Respekt und Wertschätzung vermittelt.

Sich von selbst erfüllende Prophezeiungen

Wie Fremdbilder, die andere von uns haben, unser Verhalten beeinflussen und in entsprechenden Selbstbildern ihren Niederschlag finden
können, zeigen eindrucksvoll Forschungsarbeiten zum Phänomen der
sich von selbst erfüllenden Prophezeiungen (self-fulfilling prophecies)
(vgl. Jussim, 1986; Manstead & Hewstone, 1995; Osborne, 1996).
Sich von selbst erfüllende Prophezeiungen sind vorgefasste Erwartungen und Meinungen (z.B. Vorurteile und Stereotype) über eine andere
Person oder Gruppe, welche das Verhalten dieser Person oder Gruppe
gegenüber beeinflussen. Die vergleichsweise willkürliche Annahme
über die andere Person veranlasst diese schließlich zu einem Verhalten, das die ursprünglich unberechtigte Annahme bestätigt. Dazu ein
Beispiel: Wenn wir etwa davon überzeugt sind, dass unser Nachbar
ein unfreundlicher Mensch ist, so werden wir uns wenig freundlich
ihm gegenüber verhalten. Unfreundliches Verhalten wird jedoch beim
Nachbarn kaum eine freundliche Reaktion auslösen. Wer hat schon
Lust nett zu sein, wenn der andere es nicht ist? Unsere Erwartung,
dass der Nachbar ein unfreundlicher Mensch ist, wird also umgehend
bestätigt. Der Einfluss der sich von selbst erfüllenden Prophezeiungen
und die Verkettung von Zuschreibungen, begleitendem Verhalten und
daraus resultierenden Reaktionen gehen für die Beteiligten weitgehend unbemerkt vor sich.

Sich von selbst erfüllende Prophezeiungen werden durch folgende
Faktoren begünstigt (vgl. Manstead & Hewstone, 1995; Snyder,
1992): (1) *Kognitive Rigidität (Starrheit) und Stärke der Überzeugung.* Menschen, die in ihrem Denken wenig flexibel und eher starr
sind, tendieren dazu, auf ihren „vorgefertigten" Meinungen zu beharren, auch wenn diese falsch sind und widerlegt werden können. (2)
Unklare Selbstkonzepte. Insbesondere junge Menschen mit unsicheren
und eher unklaren Selbstkonzepten sind für soziale Einflüsse emp-
fänglich. Menschen mit sicheren und klaren Selbstkonzepten dagegen

sind auch weniger geneigt, die vorgefassten Annahmen anderer (unbewusst) zu erfüllen. (3) *Neue Situationen.* Alte Selbstkonzepte sind häufig in neuen Situationen (z.B. Eintritt ins Berufsleben) nicht mehr passend. Durch die daraus resultierende Unsicherheit werden Menschen mitunter anfälliger für soziale Einflüsse und fügen sich bereitwilliger in vorgegebene Erwartungshaltungen.

Sich von selbst erfüllende Prophezeiungen funktionieren nicht nur bei der Zuschreibung negativer Merkmale, sondern auch für positive Eigenschaften, wie Sie an folgender Übung erkennen werden.

Übungen zur Selbsterforschung

I. Gehen Sie einmal davon aus, dass alle Menschen, denen Sie morgen auf der Straße, am Arbeitsplatz oder im Supermarkt begegnen werden, freundliche und liebenswürdige Menschen sind. Versuchen Sie Ihr Wissen, dass es nicht nur umgängliche und höfliche Menschen gibt, einfach beiseite zu schieben und verfahren Sie ebenso mit vergangenen negativen Erfahrungen. Stellen Sie sich stattdessen möglichst intensiv sympathische Menschen vor und reagieren Sie auf alle Personen, die Ihnen begegnen, mit der Freundlichkeit, welche liebenswürdigen Menschen zukommt. –

Sie können sich gewiss lebhaft ausmalen, was passieren wird. Mag sein, dass der eine oder die andere erstaunt ist, weil ihn oder sie Ihre Freundlichkeit überrascht. Doch lassen Sie sich davon nicht beirren. Bleiben Sie weiterhin lieb und nett. Sie werden sehen: Der „Umsatz" an freundlichen Worten und angenehmen Gesten wird sich auf beiden Seiten sprunghaft erhöhen!

II. Überlegen Sie, mit welchen Erwartungen und (vorgefassten) Meinungen Sie auf andere Menschen bzw. auf bestimmte Personen zugehen. Überprüfen Sie dies kritisch. Haben Sie wirklich recht? Versuchen Sie bei der Überprüfung das Gegenteil von dem, was Sie glauben, anzunehmen und verhalten Sie sich danach. Wenn Sie beispielsweise denken, jemand sei dumm, gehen Sie einmal davon aus, er sei gescheit und suchen Sie ernsthaft nach Beweisen dafür. Sie werden in vielen Fällen erleben, dass meist auch die gegenteilige Annahme ihre Berechtigung hat.

Verhalten beeinflusst das Selbstbild

Wenn ich mich häufig freundlich verhalte, werde ich zu der Überzeugung gelangen, ein freundlicher Mensch zu sein. Wenn ein Kind häufig aggressiv reagiert – etwa weil es in einem aggressionsfördernden Milieu aufwächst – kann es schließlich die Selbstsicht gewinnen, ein schlimmes Kind zu sein, das harte und strenge Bestrafungen „verdienen" würde. Die innere Überzeugung ein bestimmter Mensch zu sein, fördert entsprechendes Verhalten. Verhalten beeinflusst das Selbstbild, das Selbstbild wiederum wirkt auf das Verhalten. Eine kreisförmige, sich selbst verstärkende Reaktion wird in Gang gesetzt. Bei günstigen Eigenschaften ist dieser selbstverstärkende Mechanismus von Vorteil, bei störenden Merkmalen stellt er jedoch einen gravierenden Nachteil dar und sollte daher unterbrochen werden (→11.Handelndes Selbst; →16.Gesundheit und Wohlbefinden).

Selbstdarstellung und individuelles Eindrucksmanagement

Zur Einstimmung

Wir alle kennen Menschen, die es hervorragend verstehen, ihre eigene Person gleichsam zu vermarkten und zu verkaufen und die in uns den Eindruck erwecken, begnadete Selbstdarsteller und Selbstdarstellerinnen zu sein. Personen des öffentlichen Lebens (z.B. Künstler und Künstlerinnen, Politiker und Politikerinnen) werden häufig zu diesen Menschen gezählt. Sie erwecken viel Aufmerksamkeit und wissen sehr gut darüber Bescheid, wie man sich wo am besten in Szene setzt. Für eine gekonnte Selbstdarstellung werden nicht nur für politisch Aktive und Kunstschaffende, sondern auch für Spitzenkräfte aus der Wirtschaft Medien- und Imageberatungen angeboten. Expertinnen und Experten für marktgerechtes Auftreten heben einige Merkmale der Person gezielt hervor, bilden ein Kernimage, um welches – je nach Bedarf – das eine oder andere persönliche „Accessoire" geschickt gruppiert wird. Aber nicht nur für sogenannte Berühmtheiten ist professionelle Selbstdarstellung ein Thema. Jeder Mensch kommt dann und wann in eine Situation, wo ein gekonnter Auftritt, eine geschickte Selbstdarstellung, von Vorteil ist. Als Paradebeispiel gilt das Vorstellungsgespräch, mit dem sich jemand um einen Job bewirbt. In speziellen Bewerbungstrainings werden etwa Arbeitslose für den Stellenmarkt „fit" gemacht. Dabei wird so wenig wie möglich dem Zufall überlassen. Passende Kleidung und „richtiger" Händedruck werden ebenso thematisiert wie die Verwendung möglichst vorteilhafter Formulierungen, um sich über „unschöne Flecken" im Lebenslauf (z.B. eine zu lange Studiendauer) geschickt hinwegzumanövrieren. Die Kunst der richtigen Selbstdarstellung dürfte also für alle interessant sein.

Unter den Begriffen Selbstdarstellung, Eindrucksmanagement bzw. Impression-Management werden in der Fachliteratur eine Fülle von Forschungsarbeiten[7] zusammengefasst, in denen von der Annahme ausgegangen wird, dass Personen den Eindruck, den andere von ihnen gewinnen sollen, aktiv zu steuern und zu kontrollieren versuchen (s. Mummendey, 1995). Der Ausdruck Selbstdarstellung kann wörtlich genommen werden, denn der „Gegenstand", der dargestellt und präsentiert wird, ist das eigene Selbst. Es wird angenommen, dass der Selbstdarsteller bzw. die Selbstdarstellerin in der Regel bestimmte (eigennützige) Ziele und Absichten verfolgt, die er bzw. sie mit dem „selbstdarstellerischen" Verhalten erreichen will. Vorteile und Nutzen für die eigene Person stehen im Vordergrund. Der Selbstdarstellung wird häufig auch der Wunsch zugrunde gelegt, einen positiven Eindruck auf (wichtige) andere Personen zu hinterlassen, um deren Akzeptanz und Anerkennung zu gewinnen.

Öffentliches Selbst
Im Unterschied zum privaten Selbst, das gleichsam verdeckte Gedanken und Gefühle beinhaltet, welche nicht unmittelbar der Beobachtung durch andere offen stehen, findet sich im öffentlichen Selbst all das, was nach außen sichtbar ist und von Außenstehenden direkt bewertet und beurteilt werden kann. Öffentlich gezeigtes Verhalten wird im Gegensatz zu privatem Verhalten als wichtiger, verbindlicher, einschränkender und physiologisch aktivierender beschrieben (vgl. Schlenker & Weigold, 1992). Die resultierenden Spannungen, die sich auch zu Ängsten auswachsen können (z.B. Redeangst vor Publikum), werden auf erwartete, möglicherweise negative Bewertungen (z.B. harsche Kritik) durch die Zuhörerschaft zurückgeführt. Wohlwollende Reaktionen des Publikums können natürlich entsprechend anregend und positiv stimulierend wirken. Welcher Selbstaspekt in den einzelnen Situationen dargestellt wird, ist einerseits von vermuteten Ansprüchen und Forderungen anderer Personen bzw. des Publikums, andererseits von eigenen Standards, Wunschvorstellungen und Zielen abhängig. Wird versucht, vermeintlichen Fremderwartungen zu entsprechen, handelt es sich im Wesentlichen um sozial erwünschtes

---

[7] Wichtige und tonangebende Forschungsarbeiten zum Impression-Management stammen unter anderem von E. E. Jones (z.B. Jones & Pittman, 1982); H. D. Mummendey (1995); B. R. Schlenker (1980); M. Snyder (1987) und J.T. Tedeschi (z.B. Tedeschi & Norman, 1985).

Verhalten. Eine Person, die im Sinne von sozialer Erwünschtheit Impression-Management betreibt, macht ihre Selbstdarstellung vom jeweiligen soziokulturellen Umfeld abhängig. Wird dagegen ein eigenes Selbstideal präsentiert, dient die Selbstdarstellung dem Aufbau einer gewünschten Identität, die vom Publikum erkannt und idealerweise auch anerkannt werden soll (vgl. Baumeister, 1998a). Ein solches Selbstideal könnte etwa Perfektionismus sein. Jemand präsentiert sich anderen als perfekt und makellos und verheimlicht Schwächen und Fehler. Diese perfektionistische Selbstdarstellung bringen Hewitt und sein Forschungsteam (2003) mit einer Reihe von negativen Gefühlen, wie Stress, soziale Ängste, depressive Symptome, usw. in Zusammenhang (→14.Schule und Ausbildung; →16.Gesundheit und Wohlbefinden).

Selbstdarstellung und Eindrucksmanagement mittels Symbolen
Eine Theorie, die sich mit der Darstellung von Selbst- bzw. Identitätszielen mittels Symbolen beschäftigt, legen Wicklund und Gollwitzer (1985) vor. Sie sprechen von „symbolischer Selbstergänzung", wenn eine Person durch Zur-Schau-Stellung von passenden Symbolen ein gewünschtes Image des idealen zukünftigen Selbst nach außen präsentiert. Die Strategie der Selbstergänzung durch Symbole (z.B. Statussymbole) und symbolische Handlungen (z.B. bestimmte idealisierte Selbstbeschreibungen) wendet jemand vor allem dann an, wenn er ein wichtiges selbstbezogenes Ziel noch nicht erreicht hat und überdies in der Annäherung an dasselbe relativ erfolglos bleibt. Mit relevanten Symbolen jeglicher Art wird eine Zielerreichung gewissermaßen vorgetäuscht. Dass diese Strategie erfolgreich sein kann, werden gewiss viele Leser und Leserinnen aus eigenen Alltagsbeobachtungen bestätigen können. Menschen sind häufig allzu schnell geneigt, den bloßen Schein für „bare Münze" zu nehmen und etwa zu glauben, dass jemand, der ein teures Auto fährt, tatsächlich eine erfolgreiche Geschäftsfrau oder ein erfolgreicher Geschäftsmann sein müsse (s. Gollwitzer et al., 1999; 2002).

Selbstdarstellung als Persönlichkeitsdisposition
Snyder (1987) beschreibt mit seinem differentialpsychologischen Konstrukt der Selbstüberwachung (self-monitoring) Selbstdarstellung als Persönlichkeitsdisposition. Unter Selbstüberwachung wird die Kontrolle und Steuerung des eigenen Sozialverhaltens im Sinne eines möglichst vorteilhaften Impression-Managements verstanden. Perso-

nen, die gewohnheitsmäßig in vielen unterschiedlichen Situationen Eindrucksmanagement betreiben, werden als hoch selbstüberwachend beschrieben. Menschen, denen ihre inneren Werthaltungen, Prinzipien und Grundsätze wichtiger sind als die Erweckung eines vorteilhaften Eindrucks, werden als niedrig selbstüberwachend bezeichnet. Berufsgruppen wie Schauspieler und Schauspielerinnen, Politiker und Politikerinnen, Diplomaten und Diplomatinnen gelten in der Regel als Personen mit einer starken Selbstüberwachungstendenz. Auch Führungskräfte werden häufig zum Personenkreis mit einer starken Selbstüberwachungstendenz gezählt, weil sie fähig sein müssen, ihr Verhalten an unterschiedlichste Situationen und Menschen anzupassen. Eby, Cader und Noble (2003) konnten in ihrer Studie beispielsweise zeigen, dass Personen mit einer starken Selbstüberwachungstendenz in (informellen) Kleingruppen eher Führungsaufgaben übernehmen als Personen mit einer schwach ausgeprägten Selbstüberwachungstendenz. Dass sich das Verhalten von selbstüberwachenden Personen auch weitgehend unbewusst abspielen kann, belegt eine Studie von Cheng und Chartrand (2003): Personen mit einer starken Selbstüberwachungstendenz imitierten (unbeabsichtigt) die subtile Körpersprache (Fußbewegung) ihres Gegenübers mehr, wenn dieses Gegenüber für sie wichtig war. Personen mit einer schwachen Selbstüberwachungstendenz imitierten im Gegensatz dazu bei allen gleich viel. Zusammenfassend kann festgehalten werden, dass Menschen mit einer starken Selbstüberwachungstendenz stets flexibel und wendig darum bemüht sind, den jeweiligen Anforderungen der Umgebung (bestmöglich) gerecht zu werden und dafür – falls notwendig – auch eigene Prinzipien und Wertvorstellungen zu opfern.

Situative Determinanten der Selbstdarstellung
Situationen, die Impression Management relativ unabhängig von persönlichen Dispositionen begünstigen, sind Erstkontakte, vor allem mit mächtigen und/oder begehrten Personen, die über erstrebenswerte Ressourcen (z.B. Arbeitsplatz, Geld, Einfluss) verfügen. In langfristigen Beziehungen wird Selbstdarstellung eher an Bedeutung verlieren, da sie (1) aufgrund von Vorinformationen leichter durchschaubar wird und (2) mehr Möglichkeiten der Überprüfung bestehen. Es werden demnach – dies auch schon bei nur erwarteten langfristigen Interaktionen – eher realistische als ideale Selbstdarstellungen erfolgen. Denn

wenn eine Person ihr mitunter unerreichbares Idealbild als wahres
Selbst präsentiert, wird sie den Partner bzw. die Partnerin früher oder
später enttäuschen. Wenn sich dagegen jemand darum bemüht, anstelle einer unrealistischen Idealvorstellung das eigene Selbst von seiner
besten Seite zu präsentieren, so wirkt dies natürlicher und ist auch in
einer langfristigen Beziehung weniger gefährdet, wie eine schöne Sei-
fenblase zu zerplatzen. Die beste Seite meiner selbst findet sich bereits
im Selbstkonzept, wenngleich sie als peripherer Aspekt noch eher
schwach ausgeprägt sein mag. Durch häufige Aktivierung kann sie
aber stärker verankert und zu einem zentralen und stabilen Merkmal
werden (vgl. Schlenker & Pontari, 2000).

Selbstdarstellung: kritische Anmerkungen

Zugrundeliegendes Menschenbild

Nachdem Impression-Management in knappen Zügen skizziert wurde,
gilt es jetzt zu überlegen, welches Menschenbild eigentlich hinter diesen Grundannahmen steht? Der Mensch wird streng genommen als ein
in erster Linie dem Eigeninteresse und Eigennutz dienendes Subjekt
vorgeführt, das zur Erreichung seiner Ziele taktiert und mitunter auch
täuscht. Hinter diesem Menschenbild stehen die Werthaltungen des
für die westliche Welt charakteristischen Individualismus (→4.Kulturelles
Selbst). Überspitzt formuliert könnte dies etwa heißen: „Jeder Mensch
ist sich selbst der nächste". Wir haben es hier mit einem Forschungsansatz zu tun, der in der Form nur in der wettbewerbsorientierten
westlichen Gesellschaft entstehen konnte. Es wird erkennbar, wie eng
die psychologische (und sonstige) Forschung mit den vorherrschenden
gesellschaftspolitischen Strömungen verzahnt ist. Psychologische Forschung kann einerseits vorhandene Phänomene beschreiben und erklären, andererseits werden durch diese Beschreibungen und Erklärungen, auch wenn sie noch so wertfrei erfolgen, allzu oft einzelne Verhaltensweisen übertrieben in den Vordergrund gerückt und durch das
ihnen zukommende Forschungs- und Medieninteresse weiter stabilisiert und gefestigt. Andere, ebenfalls vorhandene Verhaltenstendenzen
werden dagegen vernachlässigt und bleiben weitgehend unberücksich-
tigt.

Mögliche andere Motive für Selbstdarstellung

Neben den genannten egoistischen Motiven sind auch die zutiefst menschlichen Bedürfnisse nach sozialer Akzeptanz und Wärme als Ursache für Impression-Management zu berücksichtigen. Der Wunsch, anerkannt und gemocht zu werden, veranlasst viele Menschen dazu, ihre Person in einem möglichst vorteilhaften, jedoch nicht unbedingt wahrhaften Licht darzustellen. Hinter diesem Verhalten wird oft die persönliche Überzeugung erkennbar, dass man, so wie man ist, nicht liebenswürdig genug sei und man sich daher verstellen müsse, um akzeptiert und geliebt zu werden. In diesem Falle wird Selbstdarstellung mit mangelnder Selbstliebe und Selbstsicherheit sowie labilem Selbstwert erklärbar (→12.Selbstwert). Natürlich sind auch entsprechende soziokulturelle Rahmenbedingungen dafür verantwortlich, was als positiv und wertvoll anerkannt wird. Diesen auch durch die Medien transportierten Idealbildern kann bzw. muss sich die Einzelperson mehr oder minder bereitwillig unterordnen, wenn sie ein geschätztes Mitglied ihrer Gruppe sein möchte (→10.Motivationales Selbst; →13.Gesellschaft und Menschheit; →16.Gesundheit und Wohlbefinden).

Interessante Perspektiven für die Forschung

Alles in allem steht bei den Arbeiten zum Impression-Management der Schein und nicht das Sein des Menschen im Zentrum der Aufmerksamkeit. Es geht darum, wie ein Mensch sich nach außen zeigt und präsentiert und nicht darum, wie er wirklich ist bzw. zu sein glaubt. Es wird im Rahmen des Impression-Managements auch keine Aussage darüber getroffen, ob es so etwas wie ein wahres Selbst überhaupt gibt oder nicht (→7.Inhalte des Selbst). Fragen solcher Art werden von vielen empirisch forschenden Psychologen und Psychologinnen als „philosophische Spekulation" achtlos zur Seite geschoben (→2.Begriffliche Annäherung an das Selbst). Natürlich kann die Problemstellung, ob es ein wahres Selbst gibt, nicht endgültig gelöst werden. Sehr wohl kann aber die Frage, ob eine Person an so etwas wie ein wahres Selbst glaubt, beantwortet werden. Von dieser Fragestellung können nun einige interessante Schlussfolgerungen abgeleitet werden, die auch eine lohnende Forschungsperspektive ergeben.

Forschungsprämisse I: Es gibt ein wahres Selbst (Kernselbst)

Wird von der Annahme ausgegangen, dass es ein wahres Selbst gibt, ein sogenanntes Kernselbst (→3.Selbstmodell IV), so hat eine Person zwei Möglichkeiten: (1) Sie kann ihr wahres Selbst hinter einer Fassade versteckt halten, z.b. eine wahre Einstellung oder eine echte Überzeugung verschweigen und sich stattdessen (rein äußerlich) der allgemein vorherrschenden Gruppenmeinung anschließen. Dieser Mensch betreibt nach dem derzeit vorherrschenden (Forschungs-) Verständnis „klassische" Selbstdarstellung im Sinne von Selbstverstellung und wird sich als Schauspieler oder gar unehrliche Person fühlen. (2) Jemand präsentiert je nach vermuteten sozialen Erfordernissen die eine oder andere Facette seines vielfältig differenzierten Selbstkonzeptes und agiert daher in der Situation durchaus authentisch und wahrhaftig. Er oder sie hat in der Folge nicht das Gefühl, eine Rolle gespielt oder sich verstellt zu haben, sondern handelt gleichermaßen im Einklang mit dem eigenen Selbst. In diesem Fall betreibt die Person streng genommen keine Selbstdarstellung, sondern Selbstoffenbarung.

Forschungsprämisse II: Es gibt kein wahres Kernselbst, sondern nur ein variables Rollenselbst

Unter der Annahme, dass es kein wahres Selbst, keinen stabilen Persönlichkeitskern, sondern nur ein Konglomerat von sich ständig verändernden, flexiblen Rollenidentitäten (→3.Selbstmodell IV) gibt, kann eine Person weder (1) Selbstdarstellung im Sinne von Selbstverstellung oder Selbstbeschönigung betreiben noch (2) Aspekte eines wie auch immer gearteten wahren Selbst offenbaren. Unter dieser Voraussetzung kann es weder Selbstdarstellung noch Selbstoffenbarung geben.

Forschungsprämisse III: Es gibt ein wahres Kernselbst und ein variables Rollenselbst

Gehen wir davon aus, dass ein wahres Kernselbst mit vergleichsweise stabilen Persönlichkeitsmerkmalen und ein veränderbares Rollenselbst existieren (→3.Selbstmodell IV), so eröffnet dies weitere Möglichkeiten für die selbstdarstellende Person. (1) Ist das dargestellte Verhalten neu und scheint es relevant zu sein, so kann die Person sich etwa eine neue, zum Verhalten passende Einstellung bilden und das eigene Selbstkonzept damit um einen zusätzlichen Aspekt erweitern (→7.Inhalte des Selbst). (2) Widerspricht das gezeigte Verhalten einem bereits vorhandenen Selbstaspekt und wird es als relevant erachtet, so kann man einen Teil des Selbstkonzeptes ändern und die Einstellung dem zur Schau gestellten Verhalten angleichen.[8] (3) Wird das Verhalten hingegen als irrelevant betrachtet, wird man erst gar nicht versuchen, es auf welche Art auch immer ins Selbstkonzept zu integrieren. In diesem Fall kann die Person, wenn es ihr günstig erscheint, eine Scheinanpassung nach außen vornehmen – also Selbstdarstellung im Sinne von Selbstverstellung betreiben.

Herausarbeitung gesellschaftlicher und persönlicher Einflussfaktoren
In der Selbstdarstellungsforschung sollte die gesellschaftliche Bedingtheit von vorherrschenden Idealbildern und Modellen, die allgemein als erstrebenswert und nachahmenswert gelten, noch vermehrt berücksichtigt werden. Darüber hinaus sind persönliche Determinanten und tiefenpsychologische Motive, etwa mangelnde Selbstliebe und Selbstsicherheit, noch deutlicher herauszuarbeiten. Durch die Klärung von zugrundeliegenden Wünschen und Bedürfnissen kann das Verständnis für eine Person vertieft werden. Dies gilt nicht nur für die wissenschaftliche Forschung, sondern auch für den alltäglichen – beruflichen wie privaten – Umgang mit Menschen.

Selbstdarstellung und Selbstwert
Mit Selbstdarstellung wird in der Literatur häufig auch Selbstwert (→12.Selbstwert) in Zusammenhang gebracht. Dieser wird zumeist in der Art und Weise postuliert, dass erfolgreiches Impression-Management, das die erwünschten Resultate (z.B. soziale Akzeptanz) zeigt, mit einer Stabilisierung bzw. Erhöhung des Selbstwertes einhergeht. Gemäß obigen Schlussfolgerungen müssen die möglichen Zusammenhänge differenzierter gesehen werden. (1) Wenn eine Person meint, mit ihrer Selbstdarstellung ihr Publikum „hinters Licht geführt" und getäuscht zu haben, so wird die Selbstwertsteigerung bei Erfolg bestenfalls kurzfristig sein. Mit der Zeit wird – insbesondere beim Kontakt mit Menschen, die man sympathisch findet – eher ein schlechtes Gewissen die

---

[8] Ein Verhalten, das durch die Theorie der „kognitiven Dissonanz" näher erklärt werden kann. Es geht dabei um Kognitionen (z.B. Einstellungen) und deren Beziehungen (Relationen) zueinander, die harmonisch und angenehm oder aber gespannt und dissonant sein können. Ist eine „kognitive Dissonanz" gegeben, entsteht das Bedürfnis, diesen Spannungszustand zu beseitigen oder aber zumindest zu reduzieren. Dazu gibt es verschiedene Möglichkeiten: Einstellungs- und/oder Verhaltensänderung, Rationalisierungen (i.e. unrealistische Rechtfertigungen) usw. Näheres ist in gängigen Lehrbüchern der Sozialpsychologie nachzulesen (z.B. Herkner, 1991).

Folge sein. Bei einem unsympathischen und/oder mächtigen Gegenüber wird der Selbstdarsteller bzw. die Selbstdarstellerin eher Genugtuung über das gelungene Schauspiel empfinden. (2) Nur wenn eine Person ihrer Ansicht nach Aspekte ihres wahren Selbst präsentiert und eine mehr oder minder umfangreiche Selbstoffenbarung betreibt, kann das Resultat dauerhafte Selbstwerterhöhung bzw. –stabilisierung sein. Sie fühlt sich in ihrem wahren Selbst erkannt und muss kein schlechtes Gewissen haben, weil sie vorspielt oder vortäuscht, denn sie offenbart ja Merkmale ihres wahren Selbst (→7.Inhalte des Selbst).

Einige Thesen zur Selbstdarstellung, die auch als Tipps zu lesen sind:

- *Permanente Selbstdarstellung im Sinne von Selbstverstellung führt zunächst zu Selbstentfremdung und in der Folge zur Entfremdung von anderen Personen und einer steigenden Beziehungsunfähigkeit. Es erscheint daher günstiger, sich von seiner besten Seite zu präsentieren und damit aufrichtig zu sich selbst und zu anderen zu sein, als sich zu verstellen und damit unaufrichtig zu sich selbst und zu anderen zu sein. Sich häufig von seiner besten Seite zu zeigen, führt üblicherweise auch dazu, dass dieses Verhalten keiner Anstrengung mehr bedarf, sondern ganz von selbst „funktioniert", indem es Teil des stabilen Kernselbst geworden ist (→3.Selbstmodell IV).*

- *Periphere und noch schwach ausgeprägte Merkmale werden durch häufigen „Gebrauch" gefestigt. Aus kurzfristig vorteilhaftem Verhalten kann ein langfristig sich entfaltender persönlicher Reifungsprozess werden, wenn manche Taktiken und Strategien aufhören, nur Mittel zum Zweck zu sein. Wenn Verhaltensweisen stattdessen Schritt für Schritt in das Kernselbst integriert werden, sind sie nichts Aufgesetztes und Fremdartiges mehr, sondern werden integraler Teil des Selbst (z.B. anstelle kompetent zu erscheinen, kompetent zu werden bzw. zu sein).*

- *Ein „Auftritt" wirkt umso authentischer und natürlicher, je mehr er von persönlichen Überzeugungen und wahren, inneren Persönlichkeitsmerkmalen geprägt ist.*

- *Eine grundlegende, in der eigenen Persönlichkeit verankerte Werthaltung des Vertrauens, der Offenheit und Wertschätzung gegenüber allen Menschen wirkt in jedem Fall überzeugender als etwa gespielte Freundlichkeit gegenüber wichtig erscheinenden Personen.*

→ *„Sei bzw. werde wie Du scheinen willst!"*

Das Selbst in (Paar-) Beziehungen

Das Eingehen und die Aufrechterhaltung von befriedigenden Partnerschaften und freundschaftlichen Beziehungen stellt ein zentrales Anliegen und grundlegendes Bedürfnis aller Menschen dar (vgl. z.B. Baumeister, 1998b; Goodwin, 1999; Ryan 1998). Zwischenmenschliche Verbundenheit offenbart sich in wechselseitiger Anteilnahme, im Einfühlen und Sorge-Tragen für andere und in der Gewissheit, dass andere sich ebenso um uns bemühen und kümmern. Geliebt zu werden und Lieben zu können sind grundlegend für ein glückliches, zufriedenes und auch gesünderes Leben. Das Sprichwort „Liebe heilt alle Wunden" weist uns etwa darauf hin, dass (einzig) durch Liebe alles wieder gut werden kann.

Beziehungsarten: Freundschaft und Liebesbeziehungen
Freundschaften sind geprägt von Zuneigung, Vertrauen, Offenheit und starker Sympathie und können mit mehreren Personen gleichzeitig bestehen. Wright (1982, zit. nach Dwyer, 2000) unterscheidet instrumentelle von expressiven Freundschaften. Instrumentelle Freundschaften basieren auf gemeinsamen Aktivitäten privater als auch beruflicher Natur und werden vorzugsweise von Männern eingegangen. Frauen scheinen hingegen eher expressive Freundschaften zu bevorzugen, in welchen es vorrangig um den Austausch von inneren Gefühlen, Gedanken, Erlebnissen und Erfahrungen geht. Intime Liebesbeziehungen sind ebenso wie enge Freundschaften durch Vertrautheit, Offenheit und starker Sympathie charakterisiert, unterscheiden sich von ihnen aber darin, dass sie in der Regel exklusiv auf eine einzige Person gerichtet und mit starken Emotionen sowohl positiver als auch negativer Art verbunden sind. Die heftigen, manchmal extrem schwankenden Gefühle („himmelhoch jauchzend – zu Tode betrübt") treten vor allem in der Phase der Verliebtheit auf und klingen mehr oder minder rasch wieder ab. Nach Sternberg (1986) bedarf es zur „vollkommenen" Liebe zwischen zwei Menschen neben Leidenschaft, Intimität und Vertrauen einer willentlichen Entschlussfassung für eine langfristige Bindung an den Partner bzw. die Partnerin (z.B. Ehe oder Lebensgemeinschaft) (s. auch Fehr, 2001). Die begrenzte Dauer der Leidenschaft hat jedoch zur Folge, dass auch die vollkommene Liebe kein immerwährendes Ereignis ist, sondern fortwährender Beziehungsarbeit bedarf.

Am Anfang einer Beziehung ...

... stehen in der Regel Sympathie und wechselseitige Anziehung. Faktoren, welche außerdem den Aufbau von Beziehungen begünstigen, sind räumliche Nähe, körperliche Attraktivität, ähnliche Vorlieben, Eigenschaften und Einstellungen sowie Komplementarität (wie gut ergänzen einander die Partner?) und Kompetenz (wie gut ist der Partner bzw. die Partnerin?) (vgl. Dwyer, 2000; Lösel & Bender, 2003). Doch aus vorhandener Sympathie und sonstigen begünstigenden Faktoren muss sich nicht zwangsläufig eine langfristige (Liebes-) Beziehung entwickeln.

Niedriger Selbstwert als Handicap

Angst vor möglicher Zurückweisung verhindert insbesondere bei Personen mit einem niedrigen und labilen Selbstwertgefühl die Annäherung an einen potentiellen Intimpartner. Soziale Ablehnung stellt eine starke Belastung für den Selbstwert dar und schon die Vorwegnahme einer Abweisung wird in der Regel als große Selbstwertbedrohung erlebt, gegen die man den ohnehin labilen Selbstwert besonders schützen muss (→12.Selbstwert). Die Person entwickelt daher eine besondere Sensitivität für mögliche Signale einer Zurückweisung. Erhöhte Sensitivität für Zurückweisung (rejection sensitivity) liegt dann vor, wenn Signale der Akzeptanz und Zuneigung weniger wahrgenommen werden als Anzeichen einer möglichen Abweisung (s. Downey & Feldman, 1996). In der Anfangsphase einer Paarbeziehung kann daher ein innerer Konflikt zwischen Annäherungstendenzen, getragen vom Wunsch nach liebender Zuwendung, und Vermeidungsverhalten aus Angst vor einer Zurückweisung entstehen (vgl. Murray & Holmes, 2000). So beginnen zurückweisungssensible Personen oft erst dann, sich vermehrt auf einen potentiellen Partner einzulassen, wenn sie sich einigermaßen sicher fühlen, dass ihre Gefühle auch erwidert werden. Daraus kann sich die ungünstige Konstellation ergeben, dass beide Seiten weitgehend inaktiv bleiben, weil sie aus übertriebener Vorsicht auf eindeutige Zeichen der Zuneigung des jeweils anderen warten – unter Umständen sogar vergeblich. Menschen mit einem stabilen und angemessen hohen Selbstwertgefühl nehmen dagegen eher Anzeichen von Akzeptanz und Zuwendung als Signale der Ablehnung wahr. Sie können auch eher das Risiko eingehen, durch Zurückweisung verletzt zu werden, weil sie sich trotzdem liebenswert fühlen.

Übung zur Selbsterforschung

Wie gehen Sie mit (befürchteten) Zurückweisungen und Trennungen um?

Denken Sie sich: „Ich bin nichts wert. Ich bin nicht liebenswürdig genug. Niemand mag mich. Keiner liebt mich." Oder meinen Sie: „Wir hätten uns mehr um einander bemühen sollen." Oder folgern Sie: „Wir haben nicht zusammen gepasst. Wir waren zu verschieden. Das konnte nicht gut gehen." Oder aber schlussfolgern Sie: „Schlussstrich. Schwamm drüber. Der bzw. die nächste kommt bestimmt."

Was denken Sie sich? Welches Verhalten resultiert aus Ihrer Einstellung?

Aufrechterhaltung von (Liebes-) Beziehungen

Enge (Liebes-) Beziehungen gehen in der Regel mit häufigen, regelmäßigen, langfristigen und intensiven Kontakten einher und mit der Zeit kristallisieren sich sogenannte Beziehungsschemata heraus (vgl. Klauer, 2000). Diese beinhalten neben Selbstschemata (→9.Kognitives Selbst) und Partnerschemata typische Verhaltensmuster und Verhaltensabläufe der Beziehung. Durch bestimmte Auslöser werden sie aktiviert und nehmen auf Verhalten, Gedanken und Gefühle weitgehend unbewusst Einfluss. Die daraus resultierenden charakteristischen Handlungsabfolgen sind oft nur schwer zu durchbrechen und bringen Vor- und Nachteile mit sich. Als positive Verhaltensskripts tragen sie zum reibungslosen Ablauf von Begegnungen bei, vermitteln Sicherheit im Umgang mit dem bzw. der anderen und dienen der Stabilisierung und Aufrechterhaltung von Beziehungen. Als negative Verhaltensmuster bilden sie aber Beziehungsfallen, wie etwa immer wiederkehrende und gleichartig ablaufende Streitigkeiten und Grundsatzdiskussionen, aus denen sich beide Seiten häufig nur schwer befreien können. Wenn hier nicht – mit oder ohne professionelle Hilfe – entsprechend gegengesteuert wird, kann dies die Beziehungsqualität beeinträchtigen und die Unzufriedenheit mit dem Partner erhöhen, wodurch die Stabilität der Beziehung über kurz oder lang gefährdet wird.

Idealisierung des Partners

Insbesondere in der Anfangsphase wird noch eine Idealisierung des Partners vorherrschen. Diese Verklärung schmeichelt dem Selbstwert und bewirkt ein überaus positives Selbstempfinden. Mit der Zeit wird die Idealisierung aber mehr und mehr den realen Gegebenheiten des

Beziehungsalltags weichen. Auf die Idealisierung kann eine (relative) Abwertung des Partners folgen oder aber dieser wird weiterhin positiv verklärt gesehen. Der Partner ist in der Regel der Mensch, über den man – abgesehen von der eigenen Person – am meisten nachdenkt und am besten Bescheid weiß. Ebenso wie man sich selbst in positiv überhöhender Art betrachten kann (→10.Motivationales Selbst; →12.Selbstwert), wird auch der idealisierte Partner besser und vorteilhafter gesehen als andere, weniger wichtige Personen und als er selbst tatsächlich ist (vgl. Baumeister, 1998b; Felser, 2003; Murray & Holmes, 2000; Simpson et al., 2001). Anstelle einer Überhöhung des Partners kann man ihn aber auch mit all seinen Schwächen und Fehlern einfach so akzeptieren, wie er wirklich ist und ihn *trotzdem* lieben.

Eigene ideale Selbstbilder und der (vermeintlich) bessere Partner
Eine weitere interessante Facette bezüglich Idealen in Partnerschaften beleuchten Herbst, Gaertner und Insko (2003): Sie postulieren, dass ein (potentieller) Partner, der Ähnlichkeiten mit dem eigenen idealen Selbst (i.e. wie man selbst gerne sein möchte) aufweist, attraktiver eingestuft wird, als ein dem eigenen Selbstideal unähnlicher Partner. Menschen bringen demnach jenen Personen besondere Sympathie entgegen, die ihren Idealen nahe kommen bzw. diese sogar übertreffen. Dabei kann es allerdings zu einem unangenehmen Nebeneffekt kommen. Der Vergleich mit einer „besseren" Person („sie kann oder ist etwas, was ich auch gerne wäre") stellt eine Bedrohung für den eigenen Selbstwert dar und wird daher emotional belastend erlebt (z.B. Neidgefühle, Eifersucht, Feindseligkeit). Die Folge kann ein Distanzierungsbedürfnis von der Partnerin bzw. vom Partner sein. Um diesem Dilemma zu entkommen, muss das Selbstwertgefühl des bzw. der Betroffenen entsprechend gestärkt werden (→12.Selbstwert; →16.Gesundheit und Wohlbefinden).

Selbstoffenbarung: Schaffung eines gemeinsamen Verständnisraumes
Selbstoffenbarung bedeutet die Offenlegung privater und vertraulicher Gefühle, Gedanken, Merkmale und Erfahrungen, die üblicherweise unter Verschluss gehalten werden (vgl. Derlega, 1989; Derlega et al., 1993). Selbstoffenbarung kann von der zuhörenden Person mit der Preisgabe ebenfalls vertraulicher Mitteilungen erwidert werden. Distanz wird hingegen durch Verschlossenheit und Verschweigen zum Ausdruck gebracht. Bevor sich eine Person öffnet, braucht sie in der

Regel ein entsprechendes Grundvertrauen zur anderen Person und die innere Gewissheit, dass die Bekenntnisse nicht missbraucht und Gefühle nicht verletzt werden (vgl. Dindia, 1997). Als bewusster und willentlicher Entschluss trägt die Selbstoffenbarung zur Herstellung von Nähe und zur Vertiefung einer Beziehung bei (vgl. Grau, 2003). Geständnisse können darüber hinaus sehr erleichternd wirken („es fällt ein Stein vom Herzen"). Gleichzeitig wird die Liebe des Partners auf die Probe gestellt. Der dahinter liegende Wunsch könnte etwa lauten: „Lieb mich so wie ich bin, auch mit meinen Unzulänglichkeiten und schwachen Seiten." Das Risiko der Selbstoffenbarung liegt nun darin, dass dieser Wunsch nicht in Erfüllung geht, weil der Partner sich zurückzieht. Jeder Mensch muss für sich selbst ermessen, ob er dieses Risiko in Kauf nehmen will oder kann. Nicht nur in intimen Partnerschaften, sondern auch in Alltagsbeziehungen wird immer wieder ein Abwägen zwischen Tendenzen zur Selbstöffnung und dem Wunsch nach Selbstschutz stattfinden. Verschließe ich mein Selbst, so schütze ich meine Intimsphäre und bin weniger leicht angreifbar und verwundbar. Gleichzeitig lasse ich aber auch keine wirkliche Nähe und Offenheit zu, sondern bleibe immer auf sicherer Distanz. Dies kann die Entwicklung von Freundschaften und engen Beziehungen behindern. Öffne ich mich (in Maßen), werde ich als Person greifbarer und sympathischer, weil ich Nähe zulasse und dem anderen Vertrauen schenke. Freundschaften und intime Partnerschaften können auf dieser Basis möglich werden. Wechselseitige Selbstöffnung und Selbstoffenbarung, gepaart mit einem Ringen um ein gemeinsames Verständnis, bergen in jedem Fall die (wertvolle) Chance für eine tiefe und innige Beziehung in sich.

Selbstexpansion
Ein Grund Beziehungen aufrechtzuerhalten, wird von Aron und Aron (1997) in der sogenannten Selbstexpansion[9] gesehen. Das eigene Selbst kann expandieren und sich ausweiten, indem es das Selbst des anderen einschließt. Durch eine derartige Verschmelzung werden etwa Glück und Leid des Partners wie eigenes Glück und Leid erlebt. Bei Verlust des Partners geht das Gefühl der Ganzheit verloren; ohne Partner fühlt man sich nicht mehr vollständig. Im ersten Trennungs-

---

[9] Zur Messung der Selbst-Expansion wird die „Inclusion of Other in the Self (IOS) Scale" verwendet, welche Gefühle und Verhaltensweisen von Nähe und Verbundenheit misst.

schmerz können Menschen etwa fühlen, als ob ihnen „ein Teil des Herzens herausgerissen worden sei". Die Erweiterung des eigenen Selbst betrifft nicht nur immaterielle Aspekte, sondern auch materielle Ressourcen des Partners – gleichzeitig werden auch die eigenen mit dem Partner geteilt. Gemeinsam wird man stärker und mächtiger, indem man voneinander lernt, einander hilft und unterstützt. Als Paar können Erfahrungen gemacht werden, die allein nicht möglich wären (s. auch Aron, Aron & Norman, 2001).

Am Ende von Beziehungen ...

... stehen häufig Kummer und Leid, aber auch Chancen für einen Neubeginn. Nicht selten enden Liebesbeziehungen tragisch und mit vielen schmerzhaften Gefühlen (vgl. Kersting & Grau, 2003). Freundschaften dagegen laufen zumeist recht unspektakulär aus. Durch Ortswechsel oder berufliche Veränderungen können manche freundschaftliche Beziehungen an Wichtigkeit und Bedeutung verlieren; diese werden nicht mehr entsprechend durch Anrufe und Treffen gepflegt und enden vergleichsweise unbemerkt und schleichend. Neue Beziehungen im veränderten sozialen Umfeld (beruflich, örtlich etc.) werden anstelle der alten aufgebaut. Im Unterschied zu Freundschaften enden Liebesbeziehungen häufig abrupt. Trennungsschmerz muss überwunden werden. Für einen Neubeginn mit einem anderen Partner fehlen zunächst oft Vertrauen und Mut, weil noch Angst vor einem neuerlichen Scheitern vorherrscht (→16.Gesundheit und Wohlbefinden).

Mangelnde Selbstliebe führt zu Zweifeln an der Liebe des Partners
Um aus einer Liebesbeziehung tiefe Befriedigung und Erfüllung schöpfen zu können, sind Selbstakzeptanz und Selbstliebe genauso notwendig wie Akzeptanz und Liebe für den Partner. Personen mit niedrigem und labilem Selbstwert tendieren jedoch zu Selbstzweifeln, die auch das vermutete Fremdbild des Partners ungünstig beeinflussen. Weil sie sich selbst nicht lieben können, zweifeln sie auch an der Liebe des anderen (z.B.: „einen Menschen wie mich kann doch niemand lieben"). Solche Bedenken können zu einer sich von selbst erfüllenden Prophezeiung werden. Zweifel an der aufrichtigen Liebe des Partners wird eigenes liebevolles Verhalten diesem gegenüber in Grenzen halten. Der Partner wiederum wird sich in diesem Fall ebenfalls wenig veranlasst fühlen, Gesten der Zuneigung zu zeigen. Eine

Abwärtsspirale wird in Gang gesetzt. Glaubt man dagegen an die Liebe des Partners und zeigt offen Signale der Zuneigung, so kann sich die Spirale nach oben bewegen. Personen mit mangelnder Selbstliebe und Selbstakzeptanz tendieren auch dazu, die Liebe des anderen vom Erfüllen bestimmter Standards abhängig zu sehen (z.b.: „wenn ich seine Wünsche erfülle, werde ich geliebt"). Personen mit hohem Selbstwert haben hingegen positive und sichere Selbstbilder und empfinden es als selbstverständlich, dass sie es wert sind, geliebt zu werden (trotz aller Schwächen und Fehler). Sie nehmen die Liebe des anderen nicht als etwas wahr, das an bestimmte Bedingungen geknüpft ist, sondern sie fühlen sich als „Ganzes" geliebt (vgl. Felser, 2003; Murray & Holmes, 2000; Murray et al., 2003).

Das Selbst in Gruppen

Jeder Mensch ist in gewisser Hinsicht
*A) Wie **alle** anderen*
*B) Wie **einige** andere*
*C) Wie **kein** anderer*
Kluckhohn & Murray (1948). Personality in Nature, Culture and Society.

Turner (1985, 1987) gliedert das Selbstkonzept in drei Kategorien, die mit dem Ausspruch von Kluckhohn und Murray übereinstimmen. (A) *Menschliche Identität*. Sie beinhaltet das allen Menschen Gemeinsame und alles, was das menschliche von nicht menschlichen Wesen (z.B. Tieren und Pflanzen) unterscheidet. (B) *Soziale Identität*. Das Selbst wird aufgrund verschiedener Gruppenzugehörigkeiten definiert. (C) *Personale Identität*. Sie beinhaltet individuelle Merkmale, die den einzelnen Menschen zu einem unverwechselbaren und einzigartigen Individuum werden lassen. In diesem Kapitel wird Punkt B, der Mensch als Gruppenwesen, erörtert. Als soziales Wesen sucht der Mensch Nähe und Gemeinschaft und schließt sich daher aktiv bestimmten Gruppen (z.B. Vereinen oder einer kirchlichen Gemeinschaft) an. Er gehört aber auch aufgrund mancher seiner Merkmale (z.B. Geschlecht, ethnische Herkunft, Nationalität, Beruf usw.) verschiedenen Gruppen an. Darüber hinaus bestehen situativ bedingte Zugehörigkeiten zu Gruppen (z.B. eine Person, die gerade Auto fährt, gehört zur Gruppe der Autofahrer und Autofahrerinnen, ein Radfahrer zur Gruppe der Radfahrer und Radfahrerinnen, usw.).

Spannungsfeld zwischen Gemeinschaftssinn und Individualität
Obwohl die Menschen von Natur aus verschiedenen Gruppen zugehörig sind und ein Bedürfnis nach Verbundenheit und Gemeinschaft in jedem Individuum vorhanden ist, streben Menschen besonders im westlichen Kulturkreis auch nach weitgehender Unabhängigkeit und Individualität (→4.Kulturelles Selbst). Im Menschen finden sich sowohl das Bedürfnis nach Differenzierung, Unterscheidung und Anders-Sein als auch nach Homogenisierung, Verbundenheit und Einschluss in größere Kollektive bzw. Gruppen (vgl. Brewer, 1991). Eine optimale Balance aus Abgrenzungs- und Zugehörigkeitsbedürfnissen herzustellen, ist nicht immer einfach. Im Spannungsfeld aus Gemeinschafts- und Eigen-Sinn können sich innerpsychische und/oder zwischenmenschliche Konflikte ausbreiten. Um die Akzeptanz, Anerkennung und soziale Unterstützung von wichtigen Bezugsgruppen zu erhalten (z.B. Berufskollegen und -kolleginnen), muss sich die einzelne Person einfügen und eigene Bedürfnisse und Ziele teilweise denen der Gruppe unterordnen (vgl. Mielke, 2000). Werden dagegen vergleichsweise rücksichtslos und auf Kosten anderer eigene Interessen verfolgt, können zwischenmenschliche Spannungen und Konflikte die Folge sein (→13.Gesellschaft und Menschheit; →16.Gesundheit und Wohlbefinden).

Vorrang von individuellen vor kollektiven Selbstaspekten?
Im westlichen Kulturkreis kommt den individuellen Selbstaspekten in der Regel eine höhere Priorität zu als den kollektiven Selbstmerkmalen aufgrund diverser Gruppenzugehörigkeiten. In einer Untersuchung von Gaertner, Sedikides und Graetz (1999) konnte etwa gezeigt werden, dass Personen zur Selbstbeschreibung mehr Aspekte des individuellen als des kollektiven Selbst heranziehen. Eine Gefährdung des individuellen Selbst aufgrund von negativem Feedback wird bedrohlicher erlebt und produziert mehr negative Gefühle als eine Bedrohung des Selbst als Gruppenmitglied. Daraus lässt sich der Schluss ziehen, dass individuellen und unverwechselbaren Selbstmerkmalen ein stärkerer Einfluss auf unser Denken, Fühlen und Handeln zukommt als jenen Selbstmerkmalen, die auf unserer Zugehörigkeit zu bestimmten Gruppen basieren (vgl. Mummendey und Simon, 1997). Diese Vorherrschaft des individuellen Selbst zeigt sich jedoch nicht in den östli-

chen Kulturen (→4.Kulturelles Selbst). Aber auch in der westlich orientierten Kultur kommt der Zugehörigkeit zu Gruppen eine wichtige Bedeutung zu, der wir uns in der Folge zuwenden werden.

Vorzüge von Gruppen
Viele menschliche Errungenschaften wären ohne ein wirkungsvolles Zusammenspiel vieler Personen undenkbar. Kein Wirtschaftsunternehmen, keine staatliche Institution, keine Filmproduktion usw. kann im Alleingang bewältigt werden, sondern bedarf zur erfolgreichen Arbeit einer optimalen Verknüpfung und Koordinierung vieler Einzelpersonen zu effizienten Teams und Organisationen (vgl. Hackman et al., 2000; Schuler, 1993). Menschen, die sich zu Gruppen zusammenschließen und gemeinsame Interessen und Ziele verfolgen, erreichen in der Regel mehr als eine einzelne Person. Fähigkeiten und Ressourcen können gebündelt und durch ein effizientes Zusammenspiel und Zusammenwirken viele Synergien freigesetzt werden (→13.Gesellschaft und Menschheit). Der Zusammenhalt in Gruppen bzw. Teams unterstützt das Individuum und ermöglicht ihm nicht selten eine bessere Entfaltung mancher Potentiale als im unabhängigen Handeln.

Soziale Identität
Die Theorie der sozialen Identität von Tajfel und Turner (1986) beschäftigt sich mit dem Wissen einer Person um ihre Zugehörigkeit zu einer oder mehreren Gruppen und die damit verbundenen Gefühle, Gedanken und Verhaltensweisen. Aus einer Gruppenzugehörigkeit (z.B. zu einer bestimmten Berufsgruppe, einer Kirche oder einem Verein) kann eine starke soziale Identität erwachsen, welche Loyalität und Bindung an die eigene Gruppe maßgeblich stärkt. Mit steigender Identifikation wird das Wohlergehen der eigenen Gruppe zunehmend mit dem eigenen, individuellen Wohlergehen verwoben. Man engagiert sich (insbesondere bei Bedrohungen) überdurchschnittlich für die Gruppe und nimmt dafür mitunter sogar beträchtliche persönliche Opfer in Kauf (s. Ellemers, Spears & Doosje, 2002; Vugt & Hart, 2004).

Stehen gruppenbezogene Merkmale im Vordergrund, so wird ein anderer Mensch vorrangig als Angehöriger bzw. Angehörige dieser sozialen Gruppe wahrgenommen und nicht als einzigartiges und unverwechselbares Individuum. Befindet sich etwa das Merkmal Nation im Zentrum der Aufmerksamkeit, so wird der oder die andere in erster Linie als Chinese oder Chinesin, Mexikaner oder Mexikanerin, Österreicher oder Österreicherin, Türke oder Türkin, usw. wahrgenommen und weniger als Individuum mit einer bestimmten Herkunft und einer unverwechselbaren Biographie. Erfolgt die Einteilung in Gruppen nach noch gröberen Kriterien, so wird der oder die andere beispielsweise nur als Inländer oder Inländerin bzw. als Ausländer oder Ausländerin angesehen.

Man stelle sich einmal vor ...

... man zieht nicht geläufige Merkmale wie etwa Nation, Religionszugehörigkeit oder aber Ausländerin und Ausländer vs. Inländerin und Inländer zur Unterscheidung von Menschen heran, sondern ganz andere Merkmale, z.B. Hobbys, Interessen, Lieblingsfarben. Man könnte etwa Gruppen bilden, die gerne lesen und solche, die nicht gerne lesen oder die Menschheit danach einteilen, ob jemand gelb, rot, blau, grün, schwarz oder weiß als Lieblingsfarbe hat oder aber Gruppen nach der Form der Hände (schmal oder breit) bilden. Die Beispiele sind bewusst trivial gewählt, um zu zeigen, wie willkürlich und beliebig solche Kategorien eigentlich sind. Außerdem könnte man überhaupt alle diese Kriterien weglassen und sagen: „Wir sind alle Menschen. Jeder Mensch hat zwei Augen, eine Nase und einen Mund und ist einmal von einer Mutter geboren worden und wird irgendwann einmal sterben." Doch eine Bewusstmachung der Beliebigkeit solcher Einteilungen ändert noch nichts daran, dass es sie gibt und dass sie zu Problemen im zwischenmenschlichen Zusammenleben führen können. Doch Erkennen kann ein erster Schritt zur Veränderung sein...

Die dunkle Seite von Gruppenzugehörigkeit und sozialer Identität
Zuordnungen zu Gruppen können dazu führen, dass der andere nicht mehr als Individuum und einzigartiges, von allen anderen Menschen verschiedenes Wesen erkannt wird, sondern mit groben Pauschalverurteilungen (Vorurteilen) und unzulässigen Verallgemeinerungen (Stereotypen) abgewertet wird. Warum dies so ist, wird von Tajfel und Turner (1986) mit dem Bedürfnis nach positiver sozialer Identität erklärt. Aus der Zugehörigkeit zu einer bestimmten Gruppe erwächst die soziale Identität, die nach Möglichkeit – ähnlich wie das individuelle Selbstwertgefühl (→12.Selbstwert) – positiv ausfallen soll. Bei sozialen Vergleichen mit anderen Gruppen schneidet demnach die Eigengruppe in der Regel besser ab als die Fremdgruppe. Die eigene Gruppe wird positiv gesehen, die andere, fremde wird dagegen – im günstigsten Fall – etwas weniger positiv oder aber überhaupt negativ bewertet. Die Eigengruppe wird in der Folge bevorzugt und die Fremdgruppe

unter Umständen abgelehnt, benachteiligt und diskriminiert. Eine positive soziale Identität kommt dem kollektiven Selbstwert zugute. Wenn jemand beispielsweise wegen mangelnder Anerkennung und fehlender Erfolgserlebnisse an einem niedrigen (individuellen) Selbstwertgefühl leidet, so hat er durch die Aufwertung der eigenen Gruppe (z.b. Inländer und Inländerinnen) und die gleichzeitige Abwertung der anderen (z.b. Ausländerinnen und Ausländer) einen simplen Weg zur Aufwertung des eigenen Selbst (-Wertes) gefunden (vgl. Mummendey & Simon, 1997). Eine Abwertung anderer Personen und Gruppen funktioniert aber bestenfalls als defensives und vorübergehendes Mittel gegen ein schwaches Selbstwertgefühl. Das Verhalten ist weder sozial erwünscht, noch ist es mit dem Gewissen der meisten Menschen vereinbar, andere herabzusetzen, um selbst besser dazustehen. Abwertung anderer wird daher langfristig sehr wahrscheinlich den eigenen Selbstwert noch stärker belasten und in nachdenklichen Phasen zu einer Selbstabwertung führen. Dagegen wird man sich natürlich zur Wehr setzen und nach neuen Möglichkeiten suchen, den eigenen Selbstwert zu heben. Die gefundene Strategie könnte wiederum in einer Abwertung anderer Personen und Gruppen liegen (vgl. Camilleri & Malewska-Peyre, 1997; Crocker, 1999; Graumann, 1997; Luhtanen & Crocker, 1991) (→12.Selbstwert). Doch es gibt auch konstruktive Strategien zur Reduktion von zwischenmenschlichen Vorurteilen und Abwertungen: (1) Kontaktmöglichkeiten und Kennenlernen zwischen den Mitgliedern unterschiedlicher Gruppen fördern. (2) Gemeinsamkeiten von verschiedenen Gruppen betonen und über Trennendes stellen. (3) Kooperation und Zusammenarbeit von Gruppen durch gemeinsame übergeordnete Ziele fördern (unter besonderer Berücksichtigung von vertrauensbildenden Maßnahmen). (4) Individualität der Gruppenmitglieder hervorheben und „nicht alle über einen Kamm scheren". (5) Alternative Möglichkeiten der (individuellen) Selbstwerterhöhung aufzeigen (vgl. Bourhis et al., 1997; Brewer & Gaertner, 2001; Kramer & Carnevale, 2001).

Ich bin o. k. Du bist o. k. Wir sind o. k. Ihr seid o. k.
Nach dieser Devise „funktioniert" ein „gesunder" Selbstwert. Dieser saloppe Ausspruch bedeutet aber nicht, dass alles, was der oder die andere macht, o. k. ist. Einzelne negative Verhaltensweisen von Menschen können (und müssen sogar) kritisiert werden. Eine Kritik eines

bestimmten, als negativ oder störend empfundenen Verhaltens bedeutet jedoch nicht, dass die ganze Person in Bausch und Bogen verurteilt wird. Die kritische Rückmeldung bezieht sich ausschließlich auf einen konkreten Sachverhalt, ein klar umschriebenes Verhalten, das im Grunde nur einen (winzigen) Ausschnitt aus einem praktisch unendlich großen Verhaltensspektrum darstellt. Jeder Mensch vereint in sich Vorteilhaftes und weniger Vorteilhaftes, Gutes und weniger Gutes. Positives und Nützliches zu fördern und Negatives und Schädliches – so weit als möglich – in Schach zu halten, kann vor diesem Hintergrund zu einem ethischen (Selbst-) Standard werden (→13.Gesellschaft und Menschheit; →16.Gesundheit und Wohlbefinden).

Ethisches Selbst: Verantwortung für sich selbst und für andere

---

Als Einführung

Der Begriff Ethik kommt aus dem Griechischen und bedeutet so viel wie Sitten- und Tugendlehre. Viele ethische Forderungen sind schriftlich festgelegt. Zu den ältesten zählen etwa die 10 Gebote des Alten Testaments. Im Volksmund gilt als Grundregel für ethisches Verhalten: „Was du nicht willst, das man dir tut, das füg' auch keinem anderen zu."

Ethik berührt große Themen wie z.B. Verantwortungsgefühl, Gewissenhaftigkeit, (Menschen-) Würde, Ehrgefühl und Loyalität. Verantwortung übernehmen, mögliche Auswirkungen des eigenen Handelns bedenken und die Rücksichtnahme auf Mitmensch und Natur gelten als zentrale sittlich-moralische Forderungen, die von niemandem ernsthaft in Frage gestellt werden. Regeln für gutes und richtiges Handeln unterliegen aber auch der Veränderung. Kulturen und Gesellschaften erfahren laufende Wandlungen und dies erfordert eine stetige Aktualisierung und Anpassung der Wertmaßstäbe an neue Gegebenheiten und Erfordernisse. So gilt etwa heutzutage Zivilcourage als höherer moralischer Wert als Pflichterfüllung. Dieser Begriff wurde durch das Naziregime besudelt, weil jene, die in diesem menschenverachtenden Regime „brav" ihre Pflicht taten, zu Handlangern der Unmenschlichkeit wurden.

Man kann entweder – wie das in der Verhaltensbiologie zum Teil noch gemacht wird – davon ausgehen, dass der Mensch ein wildes Tier ist, das erst gezähmt werden müsse (auch in der katholischen Kirchenlehre von der „Erbsünde" zeigt sich eine durchaus vergleichbare Haltung). Oder aber man nimmt an, dass der Mensch grundsätzlich gut ist und erst viel Tragisches und Schreckliches geschehen muss, damit aus einem guten ein sogenannter schlechter Mensch wird.

(Menschen-) Würde

Strömungen der humanistischen Psychologie und der Psychoanalyse beschäftigen sich intensiv mit Wert und Würde jedes einzelnen Menschen und legen zum Teil auch fest, welcher Weg der ethisch bzw. moralisch richtige sei. Erich Fromm postuliert in seinen Schriften ein ethisches Selbst, das „die Kunst des Liebens" beherrscht und damit inneren Frieden und Harmonie mit der belebten und unbelebten Welt findet. Viktor Frankl betont in der von ihm begründeten Logotherapie die Freiheit des Menschen zur Verantwortung. Das ethische Selbst findet durch die Übernahme von Verantwortung gleichzeitig auch die Antwort auf die Frage nach dem Sinn des Lebens und des Leidens. Diesem Ansatz wurde auch im Untertitel dieses Kapitels „Verantwortung für sich selbst und für andere" Rechnung getragen.

Werte

Das ethische Selbst bleibt in der akademischen (Sozial-) Psychologie weitgehend unbestimmt. Man geht einfach davon aus, dass jeder Mensch Bereiche hat, die ihm „heilig" sind und auf die er großen Wert legt. Wenn auch viele, insbesondere innerhalb eines Kulturkreises, ähnliche Wertvorstellungen haben werden, gibt es dennoch eine große Vielfalt an möglichen Werthierarchien (vgl. Rohan & Zanna, 2001; Rokeach, 1973). Die unterschiedlichen Werte (z.B. Erfolg, Attraktivität, Beliebtheit, Macht, usw.) werden aber nicht beurteilt, sondern man bleibt neutral und huldigt einer (Fast-) Alles-Ist-Möglich-Mentalität. Betrachtet man nun den Zusammenhang von allgemeinen Wertvorstellungen und konkretem Verhalten, so zeigt sich, dass dieser vergleichsweise gering ist (vgl. Kristiansen & Hotte, 1996). Der (ideelle) Wert von Umweltschutz ist beispielsweise sehr hoch, tatsächlich gezeigtes Umweltschutzverhalten dagegen häufig nur schwach ausgeprägt. Man geht nun davon aus, dass Werte deshalb nur wenig Niederschlag in konkreten Handlungen finden, weil jedes Verhalten von vielerlei situativen Gegebenheiten und aktuellen Umständen (z.B. den sogenannten Sachzwängen) unmittelbar beeinflusst wird. Werte als globale Einstellungen mögen zwar „im Hinterkopf" präsent sein, bestimmen aber aus den unterschiedlichsten Gründen, über die jeder Lesende für sich nachdenken kann, nicht immer unser

Handeln. Dazu kommt noch, dass sehr globale Werte nicht immer einfach in konkretes Verhalten umzusetzen sind. Was bedeutet es, ein liebender Vater zu sein? Wie verhält sich ein solcher gegenüber seinen Kindern? Was macht er und was macht er nicht? Die Bandbreite möglicher Auslegungen und Interpretationen ist enorm und die (große) Herausforderung besteht darin, immer wieder aufs Neue um gültige Antworten auf ethische Fragestellungen zu ringen.

Übung zur ethischen Selbsterforschung: Gerechtigkeit

In der Psychologie wird untersucht, was Menschen als fair und gerecht und was sie als unfair und ungerecht erleben[10]. Dabei lassen sich unterschiedliche Gerechtigkeitsprinzipien erkennen: Manche Menschen erleben es als fair, wenn Personen ihren geleisteten Beiträgen entsprechend entlohnt werden. Je mehr jemand investiert, desto mehr soll er auch bekommen (Prinzip der Beitragsproportionalität). Andere Menschen wieder empfinden es als gerecht, wenn Menschen ihren Bedürfnissen gemäß die Ressourcen zugeteilt bekommen, etwa, der oder die Ärmere und Bedürftigere bekommt mehr als der oder die Reiche (Bedürfnisprinzip). Wieder andere finden, dass alle genau gleich viel erhalten sollen (Gleichheitsprinzip).

Welches der drei Prinzipien ist das Richtigere, das Bessere? Denken Sie an bestimmte Situationen und Lebensbereiche und diskutieren Sie, welcher Grundsatz in genau diesem Fall der am besten geeignete sein könnte.

Aufrechterhaltung der Selbstintegrität

Eine mögliche Erklärung, warum Menschen, obwohl sie sich häufig entgegen ihren Werten und Vorsätzen verhalten, ein recht behagliches Leben, relativ frei von Gewissensbissen führen können, liefert Steele (1988) mit seinen Forschungsarbeiten. Er verwendet den Begriff globale Selbstintegrität, mit dem er die Einschätzung des eigenen Selbst als moralisch einwandfrei und gut beschreibt[11] – eine Selbstbeurteilung, die wohl der Großteil der Leserinnen und Leser auch für das eigene Selbst beanspruchen wird. Der Glaube an das eigene integere Selbst kann nun durch negatives Verhalten erschüttert werden. Durch Rechtfertigungen und Schuldzuweisungen auf ungünstige Umstände oder andere Personen wird man sich nicht immer vor sich selbst herausreden können. Die eigene Selbstintegrität kann nun auch dadurch

---

[10] Für einen Überblick siehe Herkner (1991).
[11] Man beachte, dass je nach vorherrschendem soziokulturellen Kontext ein Gefühl der Selbstintegrität durch andere Werte festgelegt wird (→4.Kulturelles Selbst).

aufrechterhalten werden, indem negative Selbstaspekte mit entsprechend positiven von gleicher Wichtigkeit ausgeglichen werden.[12] Eltern beispielsweise, die wenig Zeit für ihre Kinder haben, können sich etwa sagen, dass sie dafür ihren Kindern einen hohen Lebensstandard bieten. Steele spricht von hoher Plastizität und Flexibilität in der Wiederherstellung der globalen Selbstintegrität. Wohlverhalten auf einem Gebiet kann also Fehlverhalten auf einem anderen wieder gut machen – zumindest in unserer eigenen Sichtweise. Je komplexer und differenzierter das Selbst angelegt ist, desto einfacher wird es sein, einen bedrohten Selbstaspekt mit einem anderen von vergleichbarer Wichtigkeit auszugleichen (→9.Kognitives Selbst). Inwiefern es sich dabei um Selbsttäuschung oder gar Selbstbetrug (→7.Inhalte des Selbst) handelt, kann jeder bzw. jede Einzelne für sich selbst beantworten.

Gemeinschaftssinn, Anteilnahme und Fürsorglichkeit
Ethikmodelle aus der Philosophie, der Kommunitarismus und die Ethik der Anteilnahme und Fürsorglichkeit, werden zunehmend auch in der Psychologie als mögliches Modell für ein ethisches Selbst zitiert (vgl. Mason, 1997; Kagitçibasi, 1997). In diesen Modellen werden alte christliche Werte wie Nächstenliebe und Barmherzigkeit groß geschrieben. Das Individuum übernimmt nicht nur für sich selbst, sondern auch für Schwache und Bedürftige Verantwortung. Ein aktives soziales Selbst mit „wachen" Sensoren für moralische Anforderungen bestimmter Situationen und Rollen bildet die Voraussetzung für ein ethisches Selbst. Dieses zeigt sich in einer offenen Haltung gegenüber anderen Menschen und in einem Mitschwingen und Mitfühlen mit dem oder der anderen. Es wird (zumindest) versucht, die Welt aus der Perspektive des Mitmenschen zu sehen und zu verstehen. Solche Anteilnahme und das begleitende Mitgefühl fördern die Wahrnehmung der Bedürftigkeit anderer Personen und deren angemessene Befriedigung. Batson (1987, 1997) betont etwa, dass „echter" Altruismus[13] im Gegensatz zu instrumentellem (wo der eigene Nutzen im Vordergrund steht) auf der Übernahme der „Opferperspektive" und damit einhergehenden Gefühlen der Empathie beruht. Aus dem Mit-

---

[12] Obwohl Steele in diesem Zusammenhang nicht von Selbstwert spricht, werden dennoch Überschneidungen mit Strategien des Selbstwertschutzes erkennbar (→12.Selbstwert).
[13] Als altruistisch gelten Verhaltensweisen, die vorrangig durch den Wunsch motiviert sind, anderen helfen und nützen zu wollen.

leiden mit dem oder der anderen entsteht der Wunsch zu helfen, ohne an eigene Vor- und Nachteile zu denken (s. auch Hoffman, 2001).

Interessante Perspektiven für die Forschung

Das soziale Selbst, zu dem auch das ethische Selbst gezählt wird, stellt noch ein weites und ergiebiges Feld für zukünftige Forschungsambitionen dar, denen auch unmittelbare gesellschaftliche Relevanz zukommt. Gerade ein ethisches Selbstmodell bietet die Möglichkeit, positive Perspektiven mit Vorbildwirkung für die Entwicklung von Menschen aufzuzeigen. Mason (1997) hat mit ihrer Verknüpfung von Ethikmodellen aus der Philosophie mit der psychologischen Selbstforschung diesbezüglich bereits einen vielversprechenden Ansatz vorgelegt. Auch die Forschungsarbeiten zum Altruismus und zur Empathie (z.B. Batson, 1987, 1997; Hoffman, 2001) lohnen im Kontext der Selbstforschung weitergeführt zu werden.

Anregungen zur Selbsterforschung

- Was bedeutet in Ihrem Leben Selbstoffenbarung? Was brauchen Sie, um sich jemandem vertrauensvoll öffnen zu können? Welche Reaktionen und Verhaltensweisen erwarten Sie sich von Ihrem Zuhörer bzw. Ihrer Zuhörerin, dem bzw. der Sie sich anvertrauen?

- Entwerfen Sie ihr ethisches Selbst so detailliert wie möglich. Verwenden Sie nicht nur globale und allgemeine Begriffe, sondern beschreiben Sie möglichst konkrete Verhaltensweisen, die Ihnen das Gefühl vermitteln, richtig und gut gehandelt zu haben.

- Wie widerstandsfähig, glauben Sie, ist Ihr ethisches Selbst bei sozialem Druck und unter ungünstigen Umständen? Wann könnten Sie Gefahr laufen, Ihre ethischen Prinzipien über Bord zu werfen? Welche (moralische) Unterstützung würden Sie brauchen, um ihren Prinzipien dennoch treu bleiben zu können?

- Welche Bedeutung nimmt in Ihrem Leben Selbstdarstellung ein? Welche Vor- und Nachteile sehen Sie in der Selbstdarstellung?

Zusammenfassung

Dieses Kapitel handelt davon, dass sich im Zentrum unseres Selbsterlebens nicht nur ein Ich befindet – sondern auch ein Du. In funktionierenden Partnerschaften ist die zentrale Einheit nicht mehr das Ich sondern das Wir. Eine geglückte Paarbeziehung ist ein vorrangiges Bedürfnis vieler Menschen. Ein labiles Selbstwertgefühl kann ein Handicap für die Erreichung dieses Zieles darstellen. Personen mit niedrigem Selbstwert zeigen Unsicherheiten und Selbstzweifel, die es ihnen mitunter erschweren, an die aufrichtige Liebe des Partners zu glauben. Erhöhte Sensibilität für Anzeichen einer drohenden Zurückweisung kann durch Aufschaukelungsprozesse zu einer sich von selbst erfüllenden Prophezeiung werden, die das Eingehen neuer Beziehungen behindert und die Aufrechterhaltung bereits bestehender gefährdet.

Gelebte und erlebte Verbundenheit – in Paarbeziehungen und/oder in Gruppen – formt und verändert jeden Menschen nachhaltig. Die Zugehörigkeit zu Gruppen und die Zusammenarbeit in Teams haben viele Vorteile. So manche große Leistung wird erst in gemeinschaftlichen Unternehmungen möglich. Gruppen können aber auch dazu tendieren, Fremdgruppen abzuwerten und zu diskriminieren, um dem Bedürfnis nach positiver sozialer Identität Rechnung zu tragen. Der eigene Selbstwert wird erhöht, indem die andere Person oder Gruppe abgewertet wird. Ein intaktes Selbstwertgefühl wird dagegen in der Einstellung „ich bin o.k., du bist o.k." bzw. „wir sind o.k. und ihr seid o.k." erkennbar. Abschließend wird noch die Bedeutung eines ethischen Selbst hervorgehoben. Verantwortung für sich selbst und für andere zu übernehmen, bildet sozusagen den Kern des ethischen Selbst. Dieses manifestiert sich in einer wertschätzenden Offenheit im zwischenmenschlichen Umgang, im Bemühen um Einfühlung und Verständnis für andere Menschen und im Mitgefühl für Schwächere und Benachteiligte, das uns zu altruistischem Handeln anleitet.

6. Entwicklung des Selbst: Seinsmöglichkeiten und Selbstwerdung

---

Zur Einstimmung

Die menschliche Entwicklung beginnt mit der Zeugung. Aus dem vermengten Erbgut von Mann und Frau entsteht ein unverwechselbares und einzigartiges Geschöpf. Im Tod findet die menschliche Entwicklung ihr natürliches Ende. Es gibt in der Natur kein Wachstum, keine Blütezeit und Hochblüte ohne Verblühen, Welken, Absterben und Erlöschen. Auch wenn die moderne Medizin immer mehr Krankheiten besiegen kann und dem Menschen zu einem immer längeren Leben verhilft, gilt dieses eherne Naturgesetz wie eh und je. Die Entwicklung zum Tod ist uns von Geburt an als „nicht abzuwerfendes Marschgepäck" mitgegeben.

Keine Sorge, in diesem schweren Tonfall soll dieses Kapitel nicht fortgeführt werden! Wir Menschen bezeichnen uns selbst wohl nicht zuletzt deshalb als höhere Wesen, weil wir gelernt haben, das Unabänderliche zu verdrängen und zu vergessen. Wen kümmert der Tod, wenn doch das Leben als unermessliche Weite vor uns, den Jüngeren und nicht mehr ganz so Jungen liegt? – Doch haben Sie schon bedacht, dass unser Leben erst durch den Tod seinen eigentlichen Sinn erhält, dass erst die Begrenztheit unserer Lebenszeit Handeln und Wirken sinnvoll werden lässt? Wer würde eine Unternehmung in Angriff nehmen, wenn er oder sie dies genauso gut in 80000 Jahren machen könnte? Ewigkeit bedeutet Stillstand. So gesehen ist ewiges Leben kein Traum, sondern ein Alptraum!

Leben heißt Entwicklung und Veränderung

In diesem Kapitel wird das Selbst aus einer entwicklungspsychologischen Perspektive betrachtet. Wie entwickelt und verändert sich das Selbst im Laufe des Lebens? Unser Lebensweg kann in verschiedene Richtungen führen und es gibt zahlreiche Abzweigungen, Abkürzungen und Umwege. Die Entwicklungsmöglichkeiten des Menschen vollziehen sich innerhalb bestimmter vorgegebener Grenzen, welche durch personinterne Faktoren (z.B. genetische Anlage, biologische Faktoren, individuelle Lerngeschichte und Erfahrungen) und äußere, in der Umgebung liegende Ein- und Beschränkungen (z.B. Regeln, Gesetze und normative Erwartungen) abgesteckt sind. Reifungs- und Lernprozesse gekoppelt mit den sozialen Strukturen einer Gesellschaft bilden also den Rahmen, innerhalb dessen alters- und zeitgerechte

Entwicklung stattfinden kann. Der Unterscheidung zwischen angeborenen und erworbenen Faktoren kommt bei der menschlichen Entwicklung eine bedeutende Rolle zu. Wie viel liegt in den Genen gleichsam vorprogrammiert und wie viel wird durch Umwelteinflüsse geformt? In aller Kürze kann zu dieser anhaltenden wissenschaftlichen Kontroverse festgehalten werden, dass sowohl Umwelt als auch Veranlagung in einem komplexen dynamischen Zusammenspiel ihre Rolle in der menschlichen Entwicklung spielen. Auch wenn Merkmale wie Intelligenz genetisch „vorprogrammiert" sind, ergibt sich dennoch ein beträchtlicher Spielraum für die tatsächliche Intelligenzentwicklung durch spezifische Umgebungsfaktoren. Das Umfeld eines Kindes kann intellektuelle Veranlagungen fördern oder aber hemmen. Erst durch ein Zusammenwirken und Ineinandergreifen von genetischer Disposition und entsprechenden Umweltbedingungen werden sich bestimmte Merkmale entfalten können.

Intentionale Selbstentwicklung
Auch wenn unserer Entwicklung bestimmte natürliche und gesellschaftliche Grenzen gesetzt sind, bleiben dennoch für die Menschen (zumindest in unserem Kulturkreis (→4.Kulturelles Selbst)) eine Fülle an Seins- und Entfaltungsmöglichkeiten. Heutzutage gibt es mehr Chancen zur aktiven (Mit-)Gestaltung, mehr Entscheidungsfreiheiten und Handlungsalternativen, aber gleichzeitig auch ein größeres Risiko zu scheitern. Veränderungsbereitschaft und Flexibilität sind darüber hinaus zu gesellschaftlichen Forderungen geworden, denen gleichsam entsprochen werden muss (→13.Gesellschaft und Menschheit; →15.Wirtschaft und Beruf). Unser Selbst ermöglicht uns durch seine grundsätzlich vorhandene hohe Plastizität und Formbarkeit eine große Spannbreite an Entwicklungen (→3.Selbstmodelle). Brandtstädter (1999) spricht von einer intentionalen (absichtsvollen) Selbstentwicklung, wobei Selbstreflexion (→7.Inhalte des Selbst), Selbstbewertung (→12.Selbstwert) und selbstkorrigierende Handlungen (→11.Handelndes Selbst) wesentlich sind. Optimale Entwicklung fußt demnach auf drei Grundsätzen: (1) langfristige und altersangemessene Zielauswahl, (2) Kosten-Nutzen-Abwägung der Zielerreichung für verschiedene (gegenwärtige und zukünftige) Lebensbereiche und (3) Beibehaltung möglichst vielfältiger Entwicklungsmöglichkeiten und Vermeidung von „Sackgassen" (vgl. Heckhausen & Schulz, 1998; 1999).

Selbstentwicklung im Säuglingsalter und in der frühen Kindheit

Die Entwicklungsphase zwischen Geburt und Schuleintritt[14] stellt einen gewichtigen Einflussfaktor für das spätere Selbst dar. Dabei ist zu beachten, dass frühkindliche Einflüsse keineswegs als ausschließlich irreversibel zu betrachten sind. „Korrekturen" sind grundsätzlich auch später möglich, wenngleich sie sich möglicherweise sehr zeit- und/ oder kostenaufwendig gestalten.

Auftauchendes Selbstempfinden
Daniel Stern (1992) umschreibt die Selbstentwicklung des Säuglings in den ersten Monaten mit dem Begriff auftauchendes Selbstempfinden. Durch einfache körperbezogene Erfahrungen erlebt der Säugling ein erstes subjektives Empfinden seiner selbst. Wahrnehmungen verschiedener Sinnesorgane werden registriert und im sensorisch-affektiven Gedächtnis gespeichert. Wiederkehrende Empfindungen vermitteln ein Gefühl der Regelmäßigkeit und Geordnetheit. Die Reaktionen des Säuglings basieren teils auf gelernten Verknüpfungen und teils auf biologisch gleichsam vorprogrammierten Strukturen (vgl. Kagan, 1998). Es besteht noch eine enge symbiotische Einheit mit den betreuenden Personen. Auf einer angemessenen Pflege des Säuglings und Befriedigung seiner Bedürfnisse gründet sich nach Erik Erikson (1966) ein Urvertrauen in die Welt.

Kernempfindungsselbst und soziales Selbstempfinden
Die Erfahrung, von anderen Personen und Objekten verschieden zu sein, schreibt Daniel Stern dem Kernempfindungsselbst zu, das sich ab dem 2. Lebensmonat herauszubilden beginnt. Das Baby lernt, dass es mit anderen in Beziehung treten, nicht aber verschmelzen kann. Es reagiert verstärkt auf soziale Stimuli, wie etwa Stimme oder Lächeln der Mutter, und verändert sein Verhalten je nach vorherrschenden Hinweisreizen. Ab dem 10. Monat beginnen Säuglinge ihr Spiegelbild durch Berühren zu erkunden. Aus einem eher diffusen subjektiven Selbstempfinden wird ein erstes Sich-Selbst-Erkennen (vgl. Mascolo & Fischer, 1998). Angeborene äußerliche Merkmale wie etwa Hautfarbe, Geschlecht und Schönheit haben bereits Einfluss auf das soziale Selbstempfinden, weil andere Menschen auf diese Merkmale mehr

---

[14] Altersangaben sind als ungefähre Richtwerte zu lesen.

oder minder bewusst reagieren. So konnte etwa nachgewiesen werden, dass von der Umgebung als schön wahrgenommene Kinder häufiger angelächelt werden als Kinder, die als weniger hübsch eingestuft werden (vgl. Harter, 1993; Hart & Fegley, 1997). Dabei dürfte sich aber vorzugsweise bei der Elternliebe jene Volksweisheit positiv auswirken, nach der schön das ist bzw. wird, was mit den Augen der Liebe betrachtet wird. Da Gott sei dank fast alle Eltern ihre Kinder lieben, finden sie ihre Kinder – zumindest solange sie noch klein sind – in der Regel auch hübsch.

Emotionales Selbstempfinden und Entwicklung des Selbstwertes
Primäre Gefühle wie Lust, Unlust, Angst, Ärger und Wut können bereits beim Säugling beobachtet werden. Emotionale Empfindungen resultieren aus jeder bedeutenden Beziehung des Kleinkindes zur belebten und unbelebten Umgebung. Am Ende des zweiten Lebensjahres vermag das Kind etwa bereits eigene (erfolgreiche) Leistungen zu erkennen. Auch wenn es allein spielt, lächelt es, wenn es beispielsweise einen Baustein in die dafür vorgesehene Öffnung geschoben hat. Solche auf ersten, einfachen Selbstbewertungsprozessen beruhende Emotionen, werden bereits als Stolz bezeichnet (vgl. Barrett, 1997; Mascolo & Fischer, 1998). Selbstbewertungen fließen in den Selbstwert ein, worauf später noch genauer eingegangen wird. Als Hauptquelle für das sich entwickelnde kindliche Selbstwertgefühl gilt die Eltern-Kind-Beziehung. Kinder, die von ihren Eltern in ihren Bedürfnissen angemessen wahrgenommen und liebevoll-einfühlsam betreut werden, können Gefühle des eigenen Selbst-Wertes („es wert zu sein, geliebt zu werden") entwickeln. Kinder, die wenig positive Zuwendung erfahren oder sogar immer wieder Zurückweisung und Ablehnung erleben müssen, werden hingegen ein Gefühl entwickeln, eher unerwünscht und der Liebe anderer nicht wert zu sein (vgl. Harter, 1993; 1996). Carl Rogers (1994) weist auf eine bedingungslose positive Zuwendung als notwendige Voraussetzung für ein solides Selbstwertgefühl hin. Bedingungslose Liebe heißt, dass die Eltern ihr Kind lieben, unabhängig davon, wie es sich entwickelt. Mit bedingungsloser Liebe meint Carl Rogers aber nicht, wie das häufig missverstanden wird, dass man jedes Verhalten des Kindes toleriert und überhaupt keine Grenzen setzt. Natürlich muss ein Kind lernen, dass bestimmte Regeln gelten und ein Verstoß gegen diese (z.B. wenn es anderen Kindern die

Spielsachen kaputt macht) von den Eltern nicht gutgeheißen wird und mit einem strengen Blick oder einem nachdrücklichen „Nein" sanktioniert wird. Die grundsätzliche Liebe zum Kind bleibt aber trotz dieser offenen Missbilligung unangetastet, was das Kind üblicherweise auch spürt (→12.Selbstwert).

Narratives Selbstempfinden
Gilt in der vorsprachlichen Zeit das visuelle Selbsterkennen als Beweis für die kindliche Selbst-Bewusstheit, so kann gegen Ende der Säuglingszeit (ca. 18. Monat) das Kind mit der Nennung des eigenen Vornamens bereits sprachlich kundtun, dass es sich selbst erkennt. Mit der Sprachentwicklung bekommt naturgemäß auch die Selbstentwicklung eine neue Dynamik. Stern (1992) spricht vom narrativen Selbstempfinden, da mit dem Aufkommen der Sprache eine eigene Lebensgeschichte konstruiert werden kann. Das Kind benennt Dinge und Personen, die es wahrnimmt (z.b. Ball, Papa) und kommentiert das eigene Tun (z.B. Ballspielen). Erste gegenwartsbezogene Selbstkonzepte zeigen sich. Zunächst mag sich das Kind noch im Spiegel der Erwachsenen mit recht allgemeinen Attributen wie „ich bin klein" erleben. Die vorerst noch eher einfachen Kategorisierungen werden sich mit zunehmendem Alter differenzierter ausgestalten. Ab dem vierten Lebensjahr zeigen sich Selbstkonzepte der eigenen Kompetenzen und Fähigkeiten (z.B.: „ich kann schon schwimmen und meinen Namen schreiben"), die auch vermehrt Vergleiche mit anderen Kindern beinhalten (z.B.: „ich schwimme schneller als mein Bruder" oder: „ich bin kleiner als meine Freundin"). Solche Vergleichsprozesse können bereits das Selbstwertgefühl beeinflussen (→12.Selbstwert).

Handelndes Selbstempfinden
Um aktiv handeln zu können, muss das Kind Zusammenhänge zwischen dem Selbst und der Welt erkennen lernen. Zusammenhänge zwischen einem bestimmten Verhalten und erzielten Ergebnissen werden in der Psychologie als Kontingenzen bezeichnet. Das Kind speichert bereits am Ende des ersten Lebensjahres einfaches Wissen über Kontingenzen (vgl. Higgins & Silberman, 1998). Sobald das Kleinkind aus seinem spontanen Tun ableitet, dass seine Handlungen (z.B. Lächeln) bestimmte Ergebnisse zeitigen (z.B. Mutter spricht freundlich mit ihm, wenn es lächelt), ist der Grundstein für erste Kontingenz- und Kontrollerfahrungen gelegt und absichtsvolles (i.e. inten-

tionales) und zielgerichtetes Handeln wird möglich (vgl. Brandtstädter, 1999). Verhaltensweisen, die lange Zeit als biologisch „programmierte" Reflexe beschrieben worden sind, wie etwa Lächeln, Zuhören und Zugreifen, werden mittlerweile häufig als zumindest in Ansätzen kontrollierte und zielgerichtete Handlungen interpretiert (vgl. Mascolo et al., 1998, 1999). Das Beobachtungslernen spielt neben dem Erfahrungslernen eine große Rolle beim Aufbau von Handlungs-Ergebnis-Kontingenzen. Eltern, Geschwister und wichtige andere Personen dienen auch als Modelle für das Kind, von denen es mehr oder minder bewusst lernt (vgl. Bandura, 1997). Anregende (Spiel-) Umfelder für den kindlichen Entdeckungsdrang zu gestalten und die natürliche Neugierde des Kindes zu unterstützen, legen den Grundstein für den Glauben des Kindes an die eigenen Möglichkeiten und Fähigkeiten (→11.Handelndes Selbst; →14.Schule und Ausbildung).

Moralisches Selbstempfinden
Nach Kohlberg (1996) besteht ein erstes moralisches Empfinden der Kleinkinder darin, dass sie sich an Belohnung und Strafe orientieren. Ein negativ sanktioniertes Verhalten (z.B. durch Tadel oder Abwendung) tritt in der Folge weniger häufig bis gar nicht mehr auf. Durch Lächeln, Zuwendung usw. belohntes Handeln wird vermehrt ausgeführt. Kinder beginnen schon recht früh den Zusammenhang zwischen ihrem Verhalten, den Reaktionen der Eltern und ihrem Gefühlszustand zu erfassen (z.B. dass der Vater das Spielen abbricht, wenn es Dinge zu Boden wirft). Das Kind lernt, dass gewisse Verhaltensweisen bestimmte Konsequenzen haben und von den Eltern als „gut" oder „nicht gut" erachtet werden. Bereits ab dem vierten Lebensjahr können Kinder einfache moralische Regeln (zumeist die Werthaltungen der Eltern) erkennen und ihr Verhalten danach ausrichten (vgl. Higgins & Silberman, 1998; Nunner-Winkler, 2000).

Selbstentwicklung in der mittleren bis späten Kindheit

Es wird nun eine Entwicklungsspanne betrachtet, die mit dem Eintritt in die Schule anfängt und mit dem Beginn der Pubertät endet. Die Selbstbeschreibungen der Kinder sind in dieser Phase noch überwiegend gegenwartsbezogen, sehr konkret und beziehen sich in der Regel auf bestimmte Situationen. Allgemeine und abstraktere Merkmale sowie vergangene und zukünftige Selbstkonzepte kommen erst in der späteren Kindheit und frühen Jugendzeit vermehrt zur Geltung.

Inhalte des Selbstkonzeptes
Das Selbstkonzept differenziert sich mit zunehmendem Alter in immer mehr Bereiche aus. McGuire und McGuire (1988) erheben etwa in ihrer Untersuchungsreihe mit Schulkindern drei verschiedene Arten von situationsabhängigen Selbstbildern. Die Kinder erzählen über sich selbst (1) in der Schule, (2) zu Hause in der Familie und (3) beim Zusammensein mit Freundinnen und Freunden. Die inhaltsanalytisch ausgewerteten Antworten zeigen, dass die Kinder im familiären Umfeld andere Selbstbilder haben als in der Schule und beim Spielen mit Freunden. In der Schule stehen beispielsweise vermehrt Leistungsaspekte und Vergleichsprozesse im Vordergrund. Es geht darum, wer besser, klüger, schneller usw. ist. Weiter zeigt sich, dass Mädchen in ihren Selbstbeschreibungen insgesamt einen höheren Anteil an sozialen Interaktionen aufweisen als Buben. Knaben hingegen präsentieren sich körperlich aktiver als Mädchen. Die Aufforderung „erzähl uns, was du *nicht* bist" (als ergänzende Frage zu „erzähl uns über dich"), fördert das interessante Ergebnis zutage, dass Kinder sich häufig über eigene Auffälligkeiten und ungewöhnliche Eigenschaften definieren. So erwähnen etwa Übergewichtige in den Selbstbeschreibungen ihr Gewicht wesentlich häufiger als Normalgewichtige und klein gewachsene Kinder nennen als selbstbeschreibendes Merkmal eher ihre Körpergröße als durchschnittlich große Mädchen und Buben. Dunkelhäutige Kinder, die eine Minderheit unter ansonsten hellhäutigen sind, nennen häufiger ihre Hautfarbe als Selbstcharakterisierung; Mädchen in einer Schulklasse mit überwiegend Buben und Knaben in einer vor allem aus Mädchen bestehenden Klasse führen häufiger das Geschlecht in ihren Selbstbeschreibungen an. Diese Untersuchungen von McGuire und McGuire (1988) belegen eindrucksvoll, wie auffällige Eigenschaften, welche ein Kind aus der Gruppe hervorstechen lassen, eine besondere Wichtigkeit und Zentralität im Selbstkonzept einnehmen und mitunter zu prägenden Wesensmerkmalen werden. Kinder mit welcher Auffälligkeit auch immer können sich schnell als Außenseiter fühlen, wenn nicht von Eltern, Lehrern und Lehrerinnen sowie anderen Verantwortlichen gegengesteuert wird. Als Gegenmaßnahme können beispielsweise vorhandene Gemeinsamkeiten der Kinder be-

tont werden, die das auffällige Merkmal vergleichsweise nebensächlich erscheinen lassen. Da jeder Mensch mit einer Fülle von unterschiedlichen Aspekten charakterisiert werden kann, dürfte es bei gutem Willen nicht allzu schwierig sein, Gleichartiges und Wesensverwandtes über (vermeintlich) Trennendes zu stellen (→5.Soziales Selbst; →16.Gesellschaft Menschheit).

Entwicklung des Selbstwertes
Bis etwa zum 7. Lebensjahr tendieren Kinder noch dazu, ihre eigenen Fähigkeiten sehr positiv einzuschätzen. Hier dürfte der Spiegel, den die stolzen Eltern ihren geliebten Sprösslingen in der Regel vorhalten, noch eine maßgebliche Rolle in der Ausformung des Selbstbildes und Selbstwertes spielen. Mit zunehmendem Alter jedoch gründet sich der Selbstwert vermehrt auf sozialen Vergleichsprozessen mit anderen Kindern. Eigene Fähigkeiten und Erfolge im schulischen, sportlichen und sozialen Bereich werden mit den Erfolgen und Fähigkeiten anderer verglichen. Dabei wird beispielsweise ersichtlich, dass manche Kinder bessere Noten erzielen oder beliebter sind. Das Kind lernt seinem soziokulturellen Umfeld entsprechend mit solchen Enttäuschungen umzugehen. Dabei spielen Faktoren wie Wettbewerbsorientierung und Konkurrenzdenken sowie vorherrschende Verhaltensmuster in der Familie eine bedeutende Rolle (→4.Kulturelles Selbst). Extrem fordernde und kritische Eltern lehren das Kind, dass alles, was nicht perfekt ist, einem Versagen gleichkommt. Eltern, die ihre Kinder vernachlässigen, vermitteln ihnen, dass Anstrengung und Mühe keinerlei Bedeutung haben und keinen Unterschied machen. Eltern hingegen, die Interesse und Anerkennung für die schulischen Leistungen und sonstigen Taten ihres Nachwuchses zeigen, gleichzeitig seine Schwachstellen wohlmeinend-unterstützend zu verbessern versuchen oder aber bei Unveränderbarkeit akzeptieren, fördern eine positive Selbstbewertung ihrer Kinder und tragen zum Aufbau robuster Selbstwirksamkeitsüberzeugungen bei (vgl. Bandura, 1997; Harter, 1993; 1996) (→11.Handelndes Selbst; Selbstwirksamkeit).

Selbstregulation und die Entwicklung des moralischen Selbst
Kinder sind im Schulalter bereits imstande, frühe Formen der Selbstregulation (→11.Handelndes Selbst) zu gebrauchen. Erwartungen, Regeln und Standards wichtiger anderer Personen (meist der Eltern) werden internalisiert und leiten als Selbstandards das Verhalten, Denken und

Fühlen. Kinder nehmen vor dem Hintergrund dieser Standards erste Selbstbewertungen ihrer Handlungen und der erzielten Ergebnisse vor (vgl. Higgins & Silberman, 1998) (→10.Motivationales Selbst). Ältere Kinder empfinden bei moralischen Übertretungen vermehrt Reue und Bedauern – sie haben ein schlechtes Gewissen. Schuldgefühle wegen eines Vergehens können das Kind lehren, dass es in seiner „Macht" liegt, ein unduldbares Verhalten zu unterlassen bzw. wiedergutzumachen. Das gelegentliche Erleben von Scham- und Schuldgefühlen kann Regelverletzungen verhindern, weil es bewusst macht, wie richtiges Verhalten auszusehen hat. Erlebt das Kind aber sehr häufig Gefühle der Scham und Schuld, wird es nicht mehr zwischen einzelnen Verhaltensweisen differenzieren können und letztendlich das gesamte Selbst als schlecht bzw. schlimm erleben. Diese massive Selbstabwertung kann zu diversen Verhaltensauffälligkeiten führen (vgl. Barrett, 1997; Bohart & Stipek, 2001; Nunner-Winkler 2000; Tangney, 2001; 2002; Tangney et al., 1996). Insgesamt fördert eine positive Eltern-Kind-Beziehung die Einwilligung in und Befolgung von elterlichen Regeln und Normen. Maccoby und Marin (1983, zit. nach Barrett, 1997) haben etwa herausgefunden, dass Kinder eher geneigt waren, Bitten der Eltern nachzukommen, wenn diese zuvor auf die Interessen der Kinder eingegangen sind. Kinder beispielsweise in kleineren, überschaubaren Bereichen selbst entscheiden zu lassen, begünstigt auf beiden Seiten Verhaltensweisen, die von einem wechselseitigen Aufeinander-Eingehen geprägt sind. Solcherart synchrone Interaktionen fördern nicht nur ein situativ und sozial angemessenes Verhalten, sondern stärken auch ein Gefühl der Selbstsicherheit und Selbstwirksamkeit in den Kindern (→11.Handelndes Selbst; Selbstwirksamkeit).

Das Selbst in der Jugendzeit

Den Beginn der Jugendzeit markieren die körperlichen Veränderungen der Pubertät. Das Ende der Jugendzeit ist weniger leicht festzulegen. Ist die Jugend mit der geschlechtlichen Reife oder mit der persönlichen Reife abgeschlossen? Ist die Jugendzeit dann zu Ende, wenn Unabhängigkeit vom Elternhaus und eine (berufliche) Identität gewonnen worden ist? Oder ist man einfach so lange ein Jugendlicher, solange man sich jung fühlt? Die ansteigende Verklärung und Idealisierung der Jugend führt dazu, dass sich mittlerweile sehr viele Menschen bis ins mittlere Erwachsenenalter und darüber hinaus als jung, jugendlich oder zumindest jung geblieben (etwa im Geiste) sehen und gewiss auch fühlen. Häufig wird die Jugendzeit als Zeit des Erwachsen*werdens* in etwa mit dem 18. Lebensjahr als beendet angesehen. Doch wenn man bedenkt, dass heutzutage Berufsfindung und Familiengründung – nach Erik Erikson (1966) noch klassische Marker des Erwachsenenlebens – sich immer weiter hinausschieben und darüber hinaus noch häufigen Veränderungen im Laufe des Lebens unterliegen, so scheint tatsächlich in vielen Fällen die Jugend als Übergangsphase und Zeit der Orientierung fast zum Dauerzustand zu werden.

Motivation und Handeln des jugendlichen Selbst: Wo soll's lang gehen?
Die Findung einer eigenen beruflichen und privaten Selbstdefinition ist heute schwerer denn je. Wahl- und Entscheidungsmöglichkeiten haben sich vervielfacht und durch Gesellschaft und Familie vorgegebene Lebenspfade existieren im Großen und Ganzen nicht mehr (z.B. Sohn ergreift den Beruf des Vaters). Wir wissen aber, wer die Wahl hat, hat auch die Qual: Was möchte ich werden? Wer möchte ich sein? Wo soll mein Lebensweg hinführen? – Dies können für Jugendliche sehr schwer zu beantwortende Fragen sein (vgl. Baumeister & Tice, 1986). So behilft man sich nach dem Motto „kommt Zeit, kommt Rat" mit Übergangslösungen und Provisorien (z.B. Kurzausbildungen, Praktika, Ferienjobs). Die Übernahme von klar definierten, längerfristigen gesellschaftlichen (Berufs-) Rollen und Verantwortlichkeiten wird dadurch immer weiter in die Zukunft verschoben (→14.Schule und Ausbildung; →15.Wirtschaft und Beruf). Aber nicht nur Berufsrollen stehen lange Zeit zur Disposition, auch die Familiengründung, welche immer eine gesellschaftliche Selbstverständlichkeit gewesen ist, stellt mittlerweile nur noch eine Option unter mehreren dar. Allein zu leben und keine Kinder zu haben, ist heutzutage ebenso denkbar wie zu heiraten und sich um das Aufziehen der Kinder zu kümmern. Der Möglichkeitsraum hat sich für Jugendliche und Junggebliebene also beträchtlich erweitert.

Gedanken- und Gefühlswelt des jugendlichen Selbst
Gravierende Veränderungen, neue Herausforderungen, diverse Versuchungen und Risiken verursachen Stress und nicht selten ein Wechselbad der Gefühle, mit dem Jugendliche irgendwie fertig werden müssen. Dabei kommt einem konstruktiven Umgang mit positiven und vor allem mit negativen Gefühlen und dem Aufbau von entspre-

chenden Selbstkontrollfähigkeiten und Selbstwirksamkeitsüberzeugungen (→11.Handelndes Selbst) eine große Bedeutung zu (s. Bandura et al.,
2003). Aber auch die gerade in der Jugendzeit häufig zu beobachtenden kreativen Ausdrucksformen, wie z.b. Tagebuch- und Gedicht-
schreiben, Malen und Musik-Machen stellen angemessene Formen des
Umgangs mit neuartigen Erfahrungen und damit einhergehenden Gefühlen und Gedanken dar. Die kognitiven Veränderungen und die Zunahme des logischen, systematischen und schlussfolgernden Denk-
vermögens fördern auch selbstreflexive Fähigkeiten und eine differenzierte Selbstsicht, die mitunter sehr selbstkritisch ausfallen kann. Das
Selbst wird aus unterschiedlichen Perspektiven betrachtet, z.B. aus der
Sicht der Eltern, Freunde und Freundinnen, Lehrpersonen usw.
(→8.Emotionales Selbst). Auf der zeitlichen Achse spiegeln sich Vergangenheit und Zukunft in entsprechenden Selbstbildern wider (→7.Inhalte
des Selbst). Das potentielle/zukünftige Selbst zeigt sich zumeist in der
Form idealer Selbstbilder (ich als Schauspielerin, Lehrerin, Mutter).
Als Modelle und Vorbilder üben Freunde, Freundinnen und sogenannte (Super-) Stars aus Sport, der Film- und Musikbranche und natürlich
die Eltern, wenngleich meist mit schwindender Stärke, einen nachhal-
tigen Einfluss auf die Ausgestaltung des (idealen) Selbstbildes aus.
Neben erwünschten und idealen Selbstbildern können aber auch unerwünschte und gefürchtete Selbstbilder auftauchen, die man zu vermeiden trachtet (→10.Motivationales Selbst). Die Selbstkonzepte werden insgesamt komplexer und vielgestaltiger, bleiben aber weiterhin vergleichsweise form- und verformbar (vgl. Harter, 1993; 1996; Pinquart
& Silbereisen, 2000) (→9.Kognitives Selbst; →16.Gesundheit und Wohlbefinden).

Das jugendliche Selbstwertgefühl
Da in der Jugend Freundinnen und Freunde zunehmend an Bedeutung
gewinnen und Familie und Schule nicht mehr die einzigen maßgeblichen Einflussquellen auf den Selbstwert darstellen, darf es nicht verwundern, dass mit der Beliebtheit im Freundeskreis und beim anderen
Geschlecht der Selbstwert der Jugend „steht oder fällt". Insgesamt
scheint dem Selbstwertgefühl all das förderlich zu sein, was Ansehen
und Beliebtheit bei anderen Jugendlichen einbringt. Harter (1993)
konnte in ihren Studien zeigen, wie stark die wahrgenommene eigene
Attraktivität den jugendlichen Selbstwert beeinflusst. Attraktiv zu
sein, bedeutet zum einen nach den gängigen Schönheitsnormen gut

auszusehen und zum anderen, im Freundeskreis beliebt und beim anderen Geschlecht „begehrt" zu sein. Die größten Diskrepanzen zwischen realem und idealem Selbstbild treten hinsichtlich des Körperselbstbildes auf, d.h. junge Frauen erachten sich meist als zu dick, junge Männer als zu wenig männlich und muskulös. Diese Diskrepanzen werden den Selbstwert insbesondere dann schwächen, wenn sie als unveränderbar wahrgenommen werden (→9.Kognitives Selbst; →8.Emotionales Selbst). Crocker und ihr Forschungsteam (2003b) führen 7 Selbstwertquellen[15] bei Studierenden an: (1) Bewertungen eigener Kompetenzen und Fähigkeiten (insbesondere im schulischen und akademischen Bereich), (2) Wettbewerb (wie schneidet jemand im Vergleich zu anderen ab?), (3) Akzeptanz und Anerkennung von anderen, (4) familiäre Liebe und Unterstützung, (5) Aussehen und Attraktivität, (6) Religiosität, (7) moralisch-ethische Werte.

Warum ist das jugendliche Selbstwertgefühl so schwankend?
Pinquart und Silbereisen (2000) führen größere Schwankungen in der emotionalen Befindlichkeit und im Selbstwertgefühl von Jugendlichen auf folgende Einflussfaktoren zurück: (1) Widersprüchliche Verhaltensstandards und Erwartungen von Eltern, Freundinnen und Freunden führen zu vermehrter Unsicherheit. Verhalten, das bei den Gleichaltrigen populär ist, kann Kritik der Eltern einbringen und umgekehrt. (2) Die Freiräume nehmen zu und durch das Ausprobieren verschiedener Möglichkeiten wechseln sich auch Erfolgs- und Misserfolgserlebnisse häufiger ab. (3) Die eigenen Widersprüche werden zwar erkannt, können aber oft nicht aufgelöst und ins Selbstbild integriert werden.

Das Selbstwertgefühl ist aufgrund dieser Schwankungen nicht nur sehr variabel, sondern auch leicht zu verändern. Positive Erfahrungen in einer Partnerschaft oder Erfolgserlebnisse in Schule und Beruf können den Selbstwert rasch aufbauen und auf einem positiven Niveau relativ gleichbleibend halten (→12.Selbstwert).

Das Selbst im Erwachsenenalter

Dieses Kapitel wird übersprungen, weil alle anderen psychologischen Facetten des Selbst (soziale, kulturelle, motivationale usw.) ohnehin das erwachsene Selbst beschreiben.

---

[15] Diese Selbstwertquellen werden mit der von den Forscherinnen entwickelten „The Contingencies of Self-Worth Scale" gemessen (Crocker et al., 2003b).

Das alternde Selbst

Alter mag einen Zuwachs an Erfahrung, Weisheit, Gelassenheit und emotionaler Festigkeit sowie eine gewisse Unabhängigkeit mit sich bringen, gleichzeitig müssen aber auch zunehmender körperlicher, geistiger und psychischer Abbau, die vermehrte Anfälligkeit für Krankheiten und die Zunahme von Verlusterlebnissen, etwa durch den Tod vertrauter Menschen, gemeistert werden. Vor diesem Hintergrund mag es kaum verwundern, dass mit höherem Alter auch steigende Depressionsraten zu verzeichnen sind. Als Faktoren, die hier entgegenwirken können, werden intakte soziale Netzwerke, positive Zukunftsperspektiven, angemessene wirtschaftliche Ressourcen, Kontrollüberzeugungen sowie Problemlöse- und Bewältigungskompetenzen genannt (s. Rothermund & Brandtstädter, 2003a).

Selbstkonzepte älterer Menschen – reich an Vergangenem
mit bescheidenen Wünschen für die Gegenwart und Zukunft
Selbstbeschreibungen älterer Menschen beziehen sich im Gegensatz zu denen von jüngeren häufiger auf die Vergangenheit. Das vergangene Selbst beinhaltet zurückliegende biographische Ereignisse und Erfahrungen, über die nicht selten eine positive oder negative Bilanz gezogen wird. Gegenwärtige Selbstkonzepte drehen sich um eher alltägliche Belange wie Interessen, Hobbys und die Teilnahme am sozialen und kulturellen Leben. Das zukünftige Selbstkonzept älterer Menschen nimmt sich im Vergleich zu jüngeren vergleichsweise bescheiden aus. Es geht ihnen vermehrt darum, den gesundheitlichen, sozialen und materiellen Status Quo zu erhalten ("es soll so bleiben, wie es ist und nicht schlechter werden"). Ältere Menschen zeigen auch entsprechend verringerte Kontrollüberzeugungen (→11.Handelndes Selbst). Sie sehen sich selbst weniger als (Mit-)Verursacher ihres Schicksals (i.e. internale Kontrollüberzeugungen) als Junge. Vermeidung von Bevormundung und Möglichkeiten aktiver Mitgestaltung können diesem Umstand entgegenwirken und ein Gefühl der Kontrolle (teilweise) wiederherstellen. Um ihren Selbstwert intakt zu halten, verwendet die ältere Generation ähnliche Strategien wie die jüngere (→12.Selbstwert). Senioren schreiben sich selbst etwa mehr wünschenswerte Eigenschaften zu als sie dies ihren Altersgenossen und -genossinnen zubilligen. Oder die Vergleichsstandards werden so gewählt, dass man

selbst relativ gut aussteigt („dem oder der geht es ja noch viel schlechter als mir"). Ungünstigen Ereignissen versucht man nichtsdestoweniger positive Aspekte abzugewinnen (vgl. Brandtstädter et al., 1999; Freund, 2000; Fung, Abeles & Carstensen, 1999; Heckhausen & Schulz, 1998).

Selbstregulation im hohen Alter
Selbstregulationsprozessen[16] kommt in Anbetracht von nachlassenden Körper- und Geisteskräften sowie vermehrten Verlusterlebnissen eine besondere Bedeutung zu. Das hohe Alter kann als eine Zeit von schwer zu bewältigenden Übergängen und Veränderungen gesehen werden, die große Anforderungen an die Belastbarkeit und Bewältigungskompetenz stellen. Einer intakten Selbstregulation kommt daher besondere Bedeutung zu. Prozesse der Selbstregulation im Alter werden in der Literatur mit folgenden Modellen beschrieben: (1) SOK-Modell: Selektion, Optimierung und Kompensation (Freund, Li & Baltes, 1999); (2) assimilatives und akkommodatives Coping (→8.Emotionales Selbst; Selbstdiskrepanztheorie) (Brandtstädter et al., 1998, 1999) und (3) OPS-Modell: Optimierung von primärer und sekundärer Kontrolle (Heckhausen & Schulz, 1998). Zunächst geht es bei all diesen Modellen um eine (eingrenzende) Auswahl (Selektion) bestimmter Selbstdefinitionen[17] und Zielbereiche. Anschließend müssen geeignete Mittel und Ressourcen (z.B. soziale Unterstützung, finanzielle Mittel) zur Zielerreichung ausgewählt werden (Optimierung). Prozesse der Kompensation sollen verhindern, dass etwa im Falle von Rückschlägen und Verlusten die Zielverfolgung (resignativ) aufgegeben wird. Durch den Erwerb neuer Mittel und Ressourcen soll die Zielerreichung weiter aufrechterhalten werden. Die Kosten und der betriebene Aufwand für eine Zielerreichung sollten jedoch niemals deren potentiellen Nutzen übersteigen. Ziele und Standards „müssen" gerade im hohen Alter an neue Gegebenheiten flexibel angepasst werden (s. Rothermund & Brandtstädter, 2003b). Durch die Aufgabe von unerreich-

---

[16] Selbstregulationsprozesse umfassen Mechanismen der Selbstkontrolle, mit deren Hilfe Personen ihr eigenes Verhalten, Denken und Fühlen entsprechend ihren Zielen und Standards beeinflussen und modifizieren (→Handelndes Selbst).
[17] Unter Selbstdefinitionen werden jene Bereiche verstanden, die für Menschen von großer Bedeutung und Wichtigkeit sind und für sie einen hohen Verpflichtungscharakter besitzen (i.e. Commitment). Es kommt ihnen eine handlungssteuernde und identitätsstiftende Funktion zu.

baren Zielen werden in der Regel Ressourcen frei, die in der Folge für andere Projekte und Ziele zur Verfügung stehen.

Wenn das Leben sich dem Ende zuneigt ...

Angst vor einem qualvollen Sterben und vor dem Tod – als einem großen, unbekannten Mysterium – nehmen (verständlicherweise) im höheren Alter zu. Fry (2003) geht in seiner Studie davon aus, dass ältere Menschen mit einem starken Glauben an ihre Selbstwirksamkeit sowie an ihre Handlungs- und Kontrollmöglichkeiten weniger Sterbe- und Todesängste haben als Menschen mit einem schwachen Glauben an ihre Selbstwirksamkeit (→11.Handelndes Selbst). Die Überzeugung in sich zu tragen, dass einem im Hinblick auf Krankheit, Sterben und Tod praktische und spirituelle Handlungsmöglichkeiten zur Verfügung stehen, schwächt offensichtlich Todesängste deutlich ab (s. dazu auch Wink & Dillon, 2003). Der Glaube an Gott und das Eingebundensein in eine religiöse bzw. spirituelle Gemeinschaft, welche für die letzten Lebenstage und -stunden eine Reihe von stärkenden und tröstenden Ritualen bereithält, sind eine besonders wertvolle und angstreduzierende Kraftquelle für viele Menschen (→1.Interdisziplinäre Annäherung an das Selbst; Theologie).

Interessante Perspektiven für die Forschung

Die lebenslange Entwicklung des Menschen stellt ein faszinierendes Forschungsgebiet mit zahlreichen interessanten Forschungssträngen dar. In der Kindheit und Jugend etwa sind noch längst nicht alle Selbstwertquellen erschöpfend untersucht. Mechanismen des Selbstwertschutzes in der Kindheit liegen noch weitgehend im Dunkeln. Tatsache ist, dass Kinder seelische Verwundungen häufig recht schnell verwinden können. Wie und warum das so ist, wäre noch genauer zu ergründen, um positive Veränderungsmodelle für die therapeutische Arbeit entwickeln zu können. Das Selbst im hohen Alter ist in deutschen Forschungsteams um Brandtstädter, Carstensen, Freund, Heckhausen, Schulz u. a. unter Aktivitäts- und Bewältigungsaspekten bereits sehr gründlich untersucht worden. Die Selbstforschung im Zusammenhang mit stark nachlassenden Körperkräften und Todesnähe ist dagegen noch vergleichsweise bescheiden ausgebildet. Doch in diesem Bereich wird zunächst noch die Neu- bzw. Weiterentwicklung geeigneter Forschungsinstrumente und -methoden erforderlich sein.

Anregungen zur Selbsterforschung

- Beschreiben Sie prägende Einflüsse (Situationen, Erlebnisse, Personen) in Ihrer Kindheit und Jugend. Inwiefern wirken diese Einflüsse noch in ihrem heutigen Denken, Fühlen und Handeln nach?

- Gibt es auch Erfahrungen und Einflüsse aus Ihrer Kindheit und Jugend, die Sie aktiv überwunden und im wahrsten Sinn des Wortes hinter sich gelassen haben? Wie ist ihnen das gelungen? Warum haben Sie sich von diesen befreit und was haben Sie an ihre Stelle gesetzt?

- Wie soll es in Zukunft weitergehen? Was wünschen Sie sich? Was befürchten Sie, dass sein könnte? Was können Sie dagegen tun?

- Wie stellen Sie sich Ihr Leben im hohen Alter vor? Was wünschen Sie sich? Was befürchten Sie? Was können Sie dagegen tun?

Zusammenfassung

Selbstentwicklung bzw. Selbstwerdung ist ein lebenslanger Prozess, der gleichsam von der Wiege bis zur Bahre stattfindet. Genetisch-biologische und soziokulturelle Einflüsse (z.B. Familie, religiöser, politischer Hintergrund usw.) stecken den (möglichen) Rahmen einer Entwicklung ab. Dabei herrscht weitgehende Übereinkunft, dass dem Selbst bei der Entwicklung eine sehr aktive Rolle und vielerlei Seinsmöglichkeiten zukommen. Die bedeutsamsten und größten Entwicklungsschritte finden in der Kindheit und Jugend statt. Es geht hier um Weichenstellungen für das weitere Leben und um eine erste Selbstfindung. Doch sind diese Weichen im späteren Leben sehr wohl noch korrigierbar (→16. Gesundheit und Wohlbefinden). Dabei ist zu beachten, dass es heute aufgrund der dynamischen gesellschaftlichen Entwicklung schwieriger denn je ist, ein langfristig gültiges Selbstverständnis zu finden. Auch das Erwachsenenalter muss daher sowohl durch entsprechende Stabilität als auch durch flexible Anpassung und Veränderung geprägt sein. Mit zunehmendem – insbesondere im sehr hohen – Alter gewinnt die Kompensation von körperlichen und geistigen Schwächen sowie von sozialen Verlusten zunehmend an Bedeutung. Glückt im hohen Alter eine Anpassung an veränderte Gegebenheiten, so kann auch in Anbetracht des nahenden Todes ein weitgehend positives Selbstbild und Selbstwertgefühl aufrechterhalten werden.

7. Inhalte des Selbst:
von der Selbstkenntnis zur Selbst-Erkenntnis?

Zur Einstimmung

Wer bin ich? Woher komme ich? Wohin gehe ich? Diese Fragen zählen gewiss zu den ältesten Fragen der Menschheit. Theologen und Philosophen haben sich in ihrer Jahrtausende alten Tradition immer wieder aufs Neue darüber Gedanken gemacht, was der Mensch sei und was sein innerstes Wesen ausmache. Doch nicht nur Denker und Dichter haben über Sinn und Bestimmung des Menschseins nachgedacht, sondern jeder Mensch gerät wohl in der einen oder anderen Form manchmal über sich ins Grübeln und stellt sich Fragen nach seinem „Sosein, wie er bzw. sie ist" und dem „Warum" und „Wozu". Nicht selten werden solche Gedanken rasch beiseite geschoben, weil sich ohnehin keine befriedigenden Antworten finden lassen. Das ist schade. Denn wenn auch auf Fragen dieser Art keine endgültigen Antworten zu finden sind, so kann uns die Beschäftigung mit unseren Wurzeln, unserer Herkunft und Kindheit, unseren Sehnsüchten und Zielen doch in unserer Entwicklung und Lebensgestaltung ein beträchtliches Stück vorwärts bringen. Mit der geglückten Beantwortung dieser Fragestellungen sind große Themen wie die Bestimmung des Menschen und der Sinn des Lebens eng verknüpft.

Gleich vorweg: Die Psychologie hält auf Fragen nach Wesen, Bestimmung und Sinn des Menschseins keine vorgefertigten Antworten parat. Mehr noch, sie weigert sich nachgerade, diese Fragen zu beantworten. Zum einen will sie ihrem naturwissenschaftlichen Verständnis zufolge keinen philosophischen Spekulationen anhängen, zum anderen ist sie der Ansicht, dass es auf diese Fragen keine allgemein gültigen Lösungen gibt und jeder Mensch für sich selbst die richtige Antwort finden muss. Die Religion dagegen macht dem Menschen ein Sinnangebot, indem sie die Fragen des Menschseins eng mit dem Göttlichen und Gott verknüpft (→1.Interdisziplinäre Annäherung an das Selbst). Die Psychologie erklärt sich lediglich bereit, in Beratung und Therapie die Suchenden dabei zu unterstützen, die für sie passenden Antworten zu finden. Dennoch hat sich auch die Psychologie mit der Möglichkeit und Unmöglichkeit der Selbst(er)kenntnis beschäftigt. Darum wird es in diesem Kapitel gehen.

Gibt es ein wahres Selbst?

Einerseits wird behauptet, dass Introspektion als Einsicht in das eigene „wahre" Selbst unmöglich sei, weil das suchende Selbst mit dem zu suchenden Selbst identisch sei. Andererseits beruhen dessen ungeachtet zahlreiche Psychotherapien mehr oder minder explizit auf dem Ansatz, dass ein wahres Selbst existiere. Dieses gelte es zu erkennen und zu fördern, um dem Menschen ein erfülltes Leben im Einklang mit sich selbst und seiner Umwelt zu ermöglichen. Geht man von der Annahme eines wahren Selbst aus, das es zu entdecken gebe, kann man darüber streiten, ob man es zur Gänze freilegen könne oder ob einige oder gar viele Bereiche nicht zwangsläufig im Verborgenen bleiben müssen. Das Unbewusste als sozusagen große Unbekannte wird nach wie vor von der naturwissenschaftlich orientierten Psychologie als weitgehend unerforschbar angesehen. In der von Sigmund Freud begründeten Psychoanalyse wird jedoch seit 100 Jahren durchaus erfolgreich versucht, dem Unbewussten über Träume, Fehlleistungen und freien Assoziationen auf die Spur zu kommen. In der jüngeren Vergangenheit findet das Unbewusste aber auch in kleinen Schritten Eingang in die experimentelle (sozialpsychologische) Selbst-Forschung (→2.Begriffliche Annäherung an das Selbst; →12.Selbstwert; strukturelle Merkmale).

In der Folge wollen wir uns aber mit vergleichsweise pragmatischen Fragen beschäftigen: Ob und nach welchen Kriterien kann wahres von falschem Wissen über das Selbst unterschieden werden? Wo hört die Selbst(er)kenntnis auf und wo fängt der Selbstbetrug bzw. die Selbsttäuschung an? Bevor wir uns diesen Fragestellungen zuwenden, wollen wir uns noch damit befassen, auf welchen Wegen Menschen zur Selbstkenntnis gelangen und in welchen Ordnungssystemen dieses Wissen „aufbewahrt" werden kann.

Wege zur Selbstkenntnis

Wissen über das eigene Selbst verwurzelt uns im Dasein. Es vermittelt ein Gefühl der Kontinuität und stellt eine Orientierungshilfe dar. Selbstkenntnis kann als Resultat von privaten (eigenen Gedanken und Gefühlen) und sozialen Prozessen (z.B. Austausch mit anderen) gesehen werden. Nicht alle Menschen bringen ein gleich großes Interesse an Selbsterforschung mit. Die Selbstkenntnisse von Menschen unterscheiden sich daher beträchtlich in ihrem Umfang und Tiefgang[18]. Im Folgenden werden einige Wege der Selbstkenntnis nachgezeichnet:

Eigene Erfahrungen
Persönliche Erfahrungen umschließen Handlungen, Gedanken, Gefühle usw., die auf welche Art auch immer ihre sichtbaren oder unsichtbaren Spuren im Menschen hinterlassen. Die Beschäftigung mit diesen Erfahrungen (z.b. Nachdenken über eigene Gefühle und deren Bedeutung) vermehrt das Wissen über uns selbst (i.e. unsere Selbstkenntnisse). Personen ziehen aber auch aus ihrem Verhalten Schlussfolgerungen auf zugrundeliegende Einstellungen und Wesenszüge. Daryl Bem hat sich mit diesem Phänomen in zahlreichen Studien genauer beschäftigt und seine Ergebnisse als „Theorie der Selbstwahrnehmung" publiziert (s. Bem 1972, 1979). Verhalten führt vorwiegend dann zu (neuer) Selbstkenntnis, wenn keine oder nur unsichere Meinungen im betreffenden Bereich vorliegen und für das Verhalten keine äußeren Anreize (etwa Belohnungen) verantwortlich gemacht werden können. Es ist also nicht nur so, dass unser Verhalten auf wohl überlegten Überzeugungen gründet, sondern viele Meinungen und (Selbst-) Kenntnisse werden erst aus einem bestimmten Verhalten heraus geboren. In diesem Sinne entdecken wir viele ungeahnte Aspekte unseres Selbst erst durch Eintauchen in neue Situationen und durch Ausprobieren ungewohnter Verhaltensweisen (→6.Entwicklung des Selbst; →11.Handelndes Selbst).

Offenheit gegenüber neuen Erfahrungen zeitigt auch positive Auswirkungen für das psychische Wohlbefinden. Wie Boven und Gilovich (2003) zeigen konnten, fühlen sich Menschen glücklicher, die in neue (Lebens-) Erfahrungen (z.B. Reisen) investieren als Personen, denen es ausschließlich um Erwerb bzw. Anhäufung von Besitztümern geht. Gutes Leben, schlussfolgern die Autoren der Studie, bedeutet also eher, Dinge zu *tun* als Dinge zu *haben* und damit schließen sie sich dem Psychoanalytiker Erich Fromm an, der bereits vor Jahrzehnten die Debatte „Haben oder Sein" in seinem gleichnamigen Buch eindeutig zugunsten des Sein entschieden hat (→16.Gesundheit und Wohlbefinden; funktionales Selbst).

---

[18] Eine Skala zur Unterscheidung von Menschen, die sich gewohnheitsmäßig sehr viel mit sich selbst beschäftigen, von solchen, die das nicht machen, haben Fenigstein, Scheier und Buss (1975) im Rahmen der Theorie der Selbstaufmerksamkeit entwickelt.

Reaktionen anderer Personen – reflektierte Bewertungen
In der Interaktion mit anderen Personen wird uns ein Spiegel vorgehalten („looking-glass-self"), in dem wir uns selbst erkennen können. Indem wir uns mit den Augen (wichtiger) anderer Personen betrachten und deren Blickwinkel einnehmen, können wir etwas darüber lernen, welche Art von Mensch wir sind. Aus den Reaktionen der Mitmenschen werden ihre vermeintlichen Meinungen abgeleitet und verinnerlicht und bilden schließlich einen Teil des eigenen Selbstbildes. Diese sogenannten reflektierten Bewertungen (reflected appraisals) – wie bewusst oder unbewusst sie auch ablaufen mögen – sind während des ganzen Lebens von großer Bedeutung. Grundsätzlich stellen Menschen gerne Vermutungen darüber an, wie sie von anderen bewertet und beurteilt werden, um etwas über die eigene Person und ihre Wirkung auf andere Menschen zu erfahren (vgl. Barone, Maddux & Snyder, 1997) (→5.Soziales Selbst).

Soziale Vergleichsprozesse
Indem wir eigene Merkmale und Fähigkeiten mit den Merkmalen und Fähigkeiten von anderen Personen oder relevanten Bezugsgruppen vergleichen, erfahren wir etwas darüber, wo wir in Relation zu anderen stehen. Vergleichsprozesse stehen in besonders engem Zusammenhang mit Selbstwert, da je nach dem, ob man sich mit besser oder schlechter gestellten Personen vergleicht, das Ergebnis für den Selbstwert sehr unterschiedlich ausfällt (→12.Selbstwert; →16.Gesundheit und Wohlbefinden).

Selbstreflexion
Nachdenken über das eigene Leben und die eigene Person stellt eine weit verbreitete und geradezu klassische Methode der Gewinnung von Selbst(er)kenntnis dar. Lebenserinnerungen und individuelle Historien in Form von mündlichen Erzählungen oder schriftlichen Aufzeichnungen (z.B. Briefe, Tagebücher) gewinnen zunehmend auch in der Selbstforschung an Bedeutung (vgl.Gergen & Gergen, 1988; McGuire & McGuire, 1988). Mit den schriftlichen oder mündlichen Erzählungen des narrativen Selbst kann eine positive Sichtweise des vergangenen und zukünftigen Lebens für sich selbst und wichtige andere Personen (z.B. Partner, Freundin, Therapeutin usw.) erarbeitet und gefestigt werden (vgl. Ross & Buehler, 2001).

Selbst(er)kenntnisse fördern die Selbstentwicklung
Wachsende Selbstkenntnis, auf welchem Weg auch immer sie erlangt
wird, geht mit einer beständigen Selbstentwicklung einher. Das bedeutet (frei nach Carl Rogers), dass die Seinsmöglichkeiten stetig zuneh-
men und das Selbst sich immer weiter ausdehnt. Dies meint aber nicht
gezwungenermaßen eine ausschließliche Veränderungsdynamik. Im
Gegenteil: Es kristallisieren sich im Zuge der Selbstentwicklung konstante Elemente heraus, die Stabilität, Kontinuität und Sicherheit für
die wechselvollen „Stürme des Lebens" gewähren. Je besser wir uns
selbst kennen, desto zuverlässiger gestaltet sich die Auswahl der unveränderlichen Konstanten und desto stabiler wird das Fundament, auf
dem aufbauend flexible und variable Merkmale eine große Vielfalt in
der Lebensgestaltung ermöglichen (→3.Selbstmodelle; →6.Entwicklung des Selbst;
→16.Gesundheit und Wohlbefinden).

Situative Determinanten der Selbstkenntnis

Der Mensch beschäftigt sich nicht immer und überall mit sich selbst.
Genau genommen scheint es sogar eher die Ausnahme als die Regel
zu sein, dass Menschen über sich selbst nachdenken. In welchen
Situationen rückt nun die eigene Person ins Zentrum der Aufmerksamkeit?

In Krisensituationen
Krisen aufgrund schwerwiegender Ereignisse (z.B. Verlust eines Partners) machen oft mit einem Schlag alte Selbst- und Lebenskonzepte
zunichte. Nach Überwindung der anfänglichen emotionalen Schock-
reaktion gilt es, Bilanz über das bisherige Leben zu ziehen, sich über
eigene Ziele und Wünsche unter den geänderten Umständen klar zu
werden und mutig einen Neuanfang zu setzen. Weil dies – gerade wegen der großen emotionalen Belastung und der oft lang anhaltenden
Trauerreaktion – kein leichtes Unterfangen ist, wird dabei nicht selten
und empfohlenerweise professionelle Unterstützung in Anspruch genommen (→16.Gesundheit und Wohlbefinden).

Wichtige Entscheidungssituationen
Auch folgenreiche Entscheidungen, mit denen für das weitere Leben
bedeutende Weichenstellungen vorgenommen werden (z.B. Berufswahl oder Partnerwahl) lösen häufig einen intensiven Nachdenkpro-
zess über sich selbst und das bisherige Leben aus. Man zieht etwa eine

(Zwischen-) Bilanz, die positiv oder bitter ausfallen kann, und versucht darauf aufbauend, zu einer guten und tragfähigen Entscheidung für die Zukunft zu kommen.

Alltägliche Situationen, die das Selbst ins Zentrum rücken
Die Anwesenheit eines als kritisch empfundenen Publikums, ein Spiegel oder eine Kamera können Menschen in den vorübergehenden Zustand des Nachdenkens über sich selbst versetzen. Duval und Wicklund (1972) haben dieses Phänomen sorgfältig untersucht und zu einer Theorie der Selbstaufmerksamkeit zusammengefasst (s. Schiefele, 1990; Wicklund & Frey, 1993). Diese Theorie behandelt eine wenig umfassende Selbstreflexion, da nur sehr eingeschränkte Teile des Selbst davon betroffen sind und die Zeitdauer der Beschäftigung mit der eigenen Person eher kurz ist. Dieser rasch vorübergehende Fokus auf einzelne Selbstaspekte bringt auch kaum weitreichende Folgen im Hinblick auf die allgemeine Lebensgestaltung mit sich. Und doch kann die Selbstreflexion so unangenehm sein, dass der bzw. die Betroffene am liebsten aus der Situation fliehen möchte. Duval und Wicklund gehen davon aus, dass im Zustand der situativen Selbstaufmerksamkeit in der Regel eine Diskrepanz zwischen tatsächlichem Verhalten und vorhandenen Standards und Zielen ersichtlich und eine als unangenehm empfundene Selbstkritik ausgelöst wird. Kann die Diskrepanz durch aktives Handeln nicht verkleinert werden, so versucht die Person sich abzulenken und zu zerstreuen, um zumindest die begleitenden negativen Affekte in den Griff zu bekommen (→9.Kognitives Selbst; →11.Handelndes Selbst).

Nachdem einige Wege und Situationen, welche die Selbstkenntnis vermehren, besprochen wurden, wird nachfolgend aufgezeigt, wie das gesammelte Wissen über die eigene Person (an-)geordnet sein kann.

Ordnungssysteme für selbstbezogenes Wissen

Das Wissen über das Selbst kann als reichhaltige und unüberschaubare Fülle an Informationen gesehen werden, die nur schwer in ein Ordnungssystem zu bringen ist. Es kommt einem widerspenstigen Komplex gleich, der jede Systematik gleichsam Lügen straft, weil kaum alle Aspekte in einem einzigen System Platz finden können. Dennoch kann mit diesen strukturierenden Versuchen eine gewisse Ordnung und Übersichtlichkeit geschaffen werden.

Nach konkreten Inhalten geordnete Selbstkonzepte
Häufig wird selbstbezogenes Wissen nach inhaltlichen Kriterien in bereichsspezifische Selbstkonzepte unterteilt. In der Regel wird von hierarchischen Systemen ausgegangen. Einige höherrangige Selbstkonzepte umfassen mehrere niederrangige Konzepte, welche wiederum in
konkrete Verhaltensweisen aufgeschlüsselt werden können. Die inhaltlichen Themenbereiche werden je nach soziokulturellem Hintergrund und je nach individueller Bedeutung anders ausgestaltet sein.
Bracken (1996) nimmt beispielsweise folgende Strukturierung[19] vor:
(1) *Akademisch-schulisches Selbstkonzept:* Es enthält ein sprachliches
Selbstkonzept, ein mathematisch-technisches Selbstkonzept usw. (2)
Kompetenz-Selbstkonzept: Faktoren wie allgemeine Problembewältigung, Leistungsfähigkeit, Verhaltens- und Entscheidungssicherheit
fallen in dieses Selbstkonzept. (3) *Soziales Selbstkonzept:* Es umfasst
ein familiäres Selbstkonzept, ein Selbstkonzept bezüglich Freunde,
Freundinnen, Bekannte, Fremde usw. (4) *Selbstkonzept des äußeren
Erscheinungsbildes:* Hier handelt es sich um das Körperselbstbild
bzw. physische Selbstkonzept. (5) *Emotionales Selbstkonzept:* Beinhaltet eigene Gefühle und Stimmungen.

Nach Dimensionen geordnete Selbstkonzepte
Selbstbilder können anhand einer Zeit- und Wahrscheinlichkeitsdimension angeordnet werden. Die Zeitspanne reicht von der Vergangenheit über die Gegenwart in die Zukunft. Demnach gibt es ein vergangenes, gegenwärtiges und zukünftiges Selbstkonzept. Außerdem
können Selbstbilder auf einer Wahrscheinlichkeitsdimension in ein
reales und ein mögliches Selbst aufgegliedert werden. Gerade in der
Psychologie kommt den möglichen bzw. potentiellen Selbstaspekten
eine besondere Bedeutung zu, weil sie sowohl vergangene als auch
zukünftige Möglichkeiten, Potentiale und Chancen offen legen. Insbesondere in die Zukunft gerichtete potentielle Selbstbilder (ideale,
normative, gefürchtete Selbstbilder) spielen für Initiativen, Zielsetzungen und Aktivitäten eine wichtige Rolle (→10.Motivationales Selbst).

---

[19] Ein häufig verwendeter Selbstkonzepttest, die Frankfurter Selbstkonzeptskalen von Deusinger
(1986), beruht auf einer ähnlichen Einteilung. Diese Art von Tests liefern zwar relativ präzise,
aber nur wenig umfangreiche und tiefgehende Informationen über einen Menschen. Durch Inhaltsanalysen von Texten im freien Antwortformat könnte aber im Vorfeld der Informationsge-
winn noch wesentlich verbreitert und vertieft werden (z.B. McGuire & McGuire, 1988).

Nachfolgende Tabelle könnte nach folgenden Ordnungsdimensionen noch weiter differenziert werden: (1) Selbst- und Fremdbilder (eigener Standpunkt und fremder Standpunkt von wichtigen anderen Personen) (→5.Soziales Selbst; →8.Emotionales Selbst); (2) Wichtigkeit (wichtig vs. unwichtig); (3) Komplexität (hoch vs. niedrig); (4) Zentralität (zentral vs. peripher); (5) Stabilität (stabil vs. variabel) (→9.Kognitives Selbst); (6) Bewertung (positiv vs. negativ) (→12.Selbstwert).

Selbstbilder	Vergangenes Selbst	Gegenwärtiges Selbst	Zukünftiges Selbst
Reales Selbst (tatsächliches Selbst)	*Biografisches Selbst* So war ich früher.	*Aktuelles Selbst* So bin ich heute.	*Erwartetes Selbst* So werde ich in Zukunft sein.
Mögliches Selbst (denkbare Alternativen zum realen Selbst)	*Kontrafaktisches Selbst* Was wäre früher möglich gewesen, wenn ... (... es weder entgangene Chancen und ungenutzte Möglichkeiten noch enttäuschte Hoffnungen gegeben hätte?)	Was wäre heute möglich, wenn ... (... andere Umstände, Verhältnisse, Gegebenheiten herrschen würden?)	*Potentielles Selbst* Was wäre zukünftig möglich, wenn ... Ideales Selbst So möchte ich werden. Normatives Selbst So sollte ich werden. Gefürchtetes Selbst So möchte/sollte ich nicht werden.

Tab: 4: Ordnungsdimensionen des Selbst; modifiziert nach Greve (2000)

Richtigkeit und Angemessenheit von Selbstkenntnissen

Im Bereich des Selbst kann zum einen von (vermeintlicher) Richtigkeit auf individueller und/oder sozialer Ebene gesprochen werden. Eine Erkenntnis kann für das Individuum und/oder für die Gruppe bzw. das gesellschaftliche Kollektiv mehr oder minder richtig sein. Nicht alles, was für das Individuum richtig ist, ist es auch für das Kollektiv und umgekehrt. Zum anderen kann von (vermeintlicher) Richtigkeit in Abhängigkeit von Zeit und Situation ausgegangen werden. Nicht alles, was ein Individuum zu einem gegebenen Zeitpunkt in einer gegebenen Situation für zutreffend hält, ist es auch zu einem anderen Zeitpunkt und in einer anderen Situation. Je nach Lebensphase haben oftmals andere individuelle Wahrheiten und Lebenskonzepte ihre Gültigkeit. Unter neuen Lebensumständen verlieren manche subjektiven Überzeugungen ihre Bedeutung. Trotzdem sind diese temporären Selbstkenntnisse zu einem gegebenen Zeitpunkt gültig gewesen und haben etwa Entscheidungen und Handlungen der Person beeinflusst und emotional gefärbt.

Angemessenheit anstelle von Richtigkeit von Selbstkenntnissen
Weil unsere Selbstkenntnisse auf dem schwankenden Boden privater Empfindungen und sozialer Konstruktionen beruhen und darüber hinaus Veränderungen über Zeit und Situationen hinweg unterliegen, können sie nicht als objektiv abgesicherte Wahrheiten gelten, sondern nur mit einer größeren oder kleineren Wahrscheinlichkeit als zutreffend erachtet werden. Es erscheint daher sinnvoll, bei Selbstkenntnissen nicht von richtig oder falsch zu sprechen, sondern von deren Angemessenheit. Als angemessen kann selbstbezogenes Wissen etwa dann gelten, wenn es dem Menschen und seiner Umgebung mehr Nutzen als Schaden einbringt und ein einigermaßen reibungsloses Zusammenleben ermöglicht. Robins und John (1997) erstellten folgenden Kriterienkatalog zur Unterscheidung von angemessenen und unangemessenen Selbstkenntnissen:

Kriterien für die Angemessenheit von Selbstkenntnissen
(1) Sozialer Konsensus. Angemessene Selbstbilder liegen dann vor, wenn Selbst- und Fremdbild weitgehend übereinstimmen. Die eigene Zuschreibung von Merkmalen, Eigenschaften etc. deckt sich zum überwiegenden Teil mit der Zuschreibung von Merkmalen, Eigenschaften etc. durch das soziale Umfeld. Von diesem Kriterium werden jedoch private bzw. verdeckte Selbstaspekte ausgeschlossen, die von außen nicht oder nur schwer eingeschätzt werden können.
(2) Funktional/pragmatisches Kriterium. Selbstbilder werden dann als angemessen erachtet, wenn sie dem Menschen helfen, sich in der realen Welt zurechtzufinden und seine Ziele zu erreichen.
(3) Internale Konsistenz. Wenn die Selbstbilder untereinander konsistent und über viele Situationen handlungsleitend sind, so gelten sie als angemessen. Nach diesem Kriterium wären jedoch situationsspezifische, veränderbare und flexible Selbstaspekte nicht angemessen.
(4) Normatives Kriterium. Selbstkenntnisse gelten dann als angemessen, wenn sie allgemeinen Normen und Wertvorstellungen entsprechen. Unangemessen wäre demnach all das, was diesen Normen und Wertvorstellungen nicht entspricht.

So plausibel solche Kriterien sind, so leicht können wir damit aber auch in die Irre gehen. Einige Selbstkenntnisse können nach dem einen Kriterium angemessen, nach einem anderen wiederum unangemessen sein. Sollen wir also die Frage nach der Richtigkeit und Angemessenheit von Selbstkenntnissen ganz ad acta legen und uns mit der Aussage zufrieden geben, dass eine Selbstkenntnis dann richtig ist, wenn die betreffende Person an sie glaubt? Zweifellos nicht, denn ohne jeden sozialen Konsensus, ohne jegliche Konsistenz und ohne jedes funktionale und normative Kriterium würden Selbstbilder Gefahr laufen, zu abgehobenen Fantasien zu werden. Die inflationären Selbstbilder des manischen Patienten etwa können einer Erprobung in der Realität nicht standhalten und führen immer wieder zu einem ernüchternden Aufwachen (→16.Gesundheit und Wohlbefinden; dysfunktionales Selbst). Es sollte also zumindest der Versuch einer Annäherung an ein angemessenes Selbstbild unternommen werden. Die Angemessenheit beruht einerseits auf sozialer Übereinkunft, auf Nützlichkeitskriterien und Normen und andererseits auf einer inneren Gewissheit und Festigkeit durch eine fundierte und umfassende Selbst(er)kenntnis.

Selbsttäuschung und Selbstbetrug

Sind Selbstkonzepte genaue Abbilder unseres wahren Selbst? Umfasst unser Wissen über das Selbst wirklich alles, was wir über uns wissen können? Diese Fragen müssen schon im Lichte der vorangegangenen Ausführungen verneint werden. Und das Nein wird im Folgenden noch eine Spur nachdrücklicher ausfallen. Auch wenn es Kriterien für eine ungefähre Festlegung von angemessenen Selbstkenntnissen gibt, bleibt immer noch ein beträchtlicher Spielraum für individuelle Interpretationen, der zugunsten oder aber zuungunsten des eigenen Selbst gestaltet werden kann.

Im Leben eines jeden Menschen gibt es Dinge, die er nur seinen besten Freunden erzählt. Daneben gibt es Ereignisse, die er nicht einmal dem besten Freund anvertraut, sondern die er ganz für sich behält. Und schließlich gibt es die Dinge, die er nicht einmal vor sich selbst eingestehen kann.

(In freier Wiedergabe aus Dostojewskis Aufzeichnungen aus einem Kellerloch)

Der Mensch sehnt sich einerseits nach Wahrheit und Erkenntnis, andererseits ist er in vielen Fällen ohne „Lug und Trug" nicht lebensfähig. Von Selbsttäuschung und Selbstbetrug kann dann gesprochen werden, wenn die Angemessenheit bzw. Richtigkeit von Selbstkenntnissen in berechtigten Zweifel zu ziehen ist. Mit Selbsttäuschung wollen wir „Kleinigkeiten" bezeichnen, die nur eher eng umschriebene Lebensbereiche betreffen (z.b. das Übersehen von eigenen, kleinen Schwächen). Mit Selbstbetrug wollen wir sogenannte große Lebenslügen (z.b. die heile Familie) benennen, welche die gesamte Lebensführung maßgeblich beeinflussen (vgl. Lockard & Paulhus, 1988). Der Dramatiker Henrik Ibsen beispielsweise hat in seinen Theaterstücken sehr anschaulich und berührend dargestellt, wie solche Scheinwelten und Selbsttäuschungen plötzlich wie Kartenhäuser in sich zusammenstürzen und verzweifelte Menschen zurücklassen, die ihre ganze Existenz als gescheitert betrachten. „Blinde Flecken" maskieren oft lange Zeit schwer zu ertragende Einsichten. Dabei kann es sich um vermeintliche Tabus (z.b. homosexuelle Orientierung) handeln oder aber um das Nicht-Wahrhaben-Wollen einer schmerzlichen Erfahrung (z.b. eines geschäftlichen oder privaten Verlustes).

Selbsttäuschung und Selbstwertschutz
Insbesondere das Bedürfnis, den eigenen Selbstwert zu schützen, verhindert allzu oft, dass potentiell bedrohliche Mitteilungen Gehör finden und unangenehme Sachverhalte zur Kenntnis genommen werden. Sämtliche Möglichkeiten zum Schutz eines positiven Selbstwertgefühls können auch als Manöver der Selbsttäuschung interpretiert werden (→12.Selbstwert). Die Vermeidung von Ängsten und schmerzhaften Gefühlen wird aber mit dem hohen Preis bezahlt, dass der Blick auf die tatsächlichen Gegebenheiten eingetrübt wird und ein mehr oder minder großer Realitätsverlust mit entsprechend nachteiligen Auswirkungen eintreten kann (→16.Gesundheit und Wohlbefinden; dysfunktionales Selbst). Selbsttäuschungen können zweckdienliches und der jeweiligen Situation angepasstes Handeln verhindern und daher kann auch nicht mehr von einer Angemessenheit der Selbstkenntnisse gesprochen werden.

Wahrheitssuche um jeden Preis?
Es soll hier aber auch nicht einer Wahrheitssuche um jeden Preis das Wort geredet werden. Wer kann schon von sich behaupten, die Wahrheit zu kennen bzw. eine Situation völlig fehlerfrei beurteilen zu kön-

nen? Abgesehen davon führt die Aufklärung von Selbsttäuschung und Selbstbetrug nicht automatisch zu einem besseren und glücklicherem Leben. Ent-täuscht man einen Menschen, beraubt man ihn womöglich seiner Hoffnung, die manchmal – etwa im Krankheitsfall – ein unschätzbarer Gewinn sein kann. Welchem Weg der Vorzug zu geben ist, hängt von den herrschenden Umständen und den zu erwartenden Folgen ab. Leugnet jemand etwa eine Tatsache (z.b. Schulden in beträchtlicher Höhe), so wird dies auf Dauer seinem Leben zu großem Nachteil gereichen und eine Ent-Täuschung wird sinnvoll sein. In vielen für das psychische Wohlbefinden relevanten Bereichen (z.B. Fähigkeiten, Zuneigung) handelt es sich aber um zumeist mehrdeutige Realitäten, die sehr unterschiedlich interpretiert werden können. Da ist nicht so ohne weiteres zu beurteilen, wo die Wahrheit aufhört und die Täuschung bzw. Lüge anfängt. Ein sorgfältiges Abwägen aller Für und Wider mit Berücksichtigung von zeitlichen und situativen Perspektiven erscheint sinnvoll. Was ist für wen kurz-, mittel- und langfristig das Günstigste? Was ist in dieser Situation und unter den gegebenen Umständen der erfolgversprechendste Weg? In welchem Verhältnis stehen Vor- und Nachteile zueinander? In der Beantwortung dieser und ähnlicher Fragen liegen mögliche Lösungen verborgen.

Der (steinige) Weg von der Selbstkenntnis zur Selbsterkenntnis

> *Geh nicht hinaus! Komme auf dich selbst zurück! Im inneren Menschen wohnt die Wahrheit. (Augustinus)*

Eine gründliche Beschäftigung mit sich selbst ist kein reines Vergnügen. Dies dürfte den meisten Lesern und Leserinnen aus eigener Erfahrung durchaus vertraut sein. Aber auch die bereits besprochenen Mechanismen der Selbsttäuschung und des Selbstbetruges sprechen diesbezüglich eine eindeutige Sprache. Viele unangenehme Erinnerungen, eigene Unzulänglichkeiten und Schwächen können auftauchen und eine Reihe von negativen Gefühlen auslösen. Es verwundert daher kaum, dass viele Menschen diesem unangenehmen Zustand rasch wieder entfliehen wollen. Baumeister (1990, 1991) stellt die These auf, dass eine Reihe von destruktiven Verhaltensweisen (z.B. Bulimie, Drogen- und Alkoholsucht, Masochismus) letztendlich auch dazu dienen, einer als allzu schmerzhaft empfundenen Selbstaufmerksamkeit zu entfliehen (→16.Gesundheit und Wohlbefinden; dysfunktionales Selbst). In einer „kognitiven Dekonstruktion" stehen anstelle komplexer Denkvorgänge nur einfachste Stimuli (z.B. Kaubewegungen, körperliche Sensationen) im Zentrum der Aufmerksamkeit. Komplizierte und schmerzhafte Fragen, die mit dem eigenen Selbst in Zusammenhang stehen, werden damit gleichsam verdrängt.

Warum kann es aber trotzdem auf lange Sicht gesehen nicht nur zweckdienlich, sondern sogar wohltuend sein, sich intensiv mit dem eigenen Selbst zu beschäftigen? Wenn Selbstkenntnisse sich zu Selbsterkenntnissen erweitern, so führt dies zu erhöhter Einsicht und einem verbesserten Verständnis der eigenen Person und auch anderer Menschen. Selbsterkenntnis zu erlangen heißt, sich einerseits intensiv mit eigenen Erfahrungen, Gedanken (→9.Kognitives Selbst) und Gefühlen (→8.Emotionales Selbst) auseinanderzusetzen und andererseits die gewonnenen Einsichten im Hinblick auf ein umfassendes, sinnvolles Ganzes zusammenzufügen und zu integrieren.

Das heitere Selbst
Der Königsweg zur Selbsterkenntnis führt über Humor und Heiterkeit. Darauf hat schon Sigmund Freud prominent hingewiesen. Mit Heiterkeit ist hier nicht die ausgelassene Fröhlichkeit gemeint, auch nicht Sarkasmus, Zynismus oder Schadenfreude, sondern ein ruhiges Gleichmaß, eine heitere seelische Gelassenheit, ein feines Lächeln und ein humorvolles Augenzwinkern über sich selbst und die Welt. Wenn wir uns nicht immer todernst nehmen, sondern uns auch als alberne und törichte Menschen sehen, die wir letztendlich alle auch sind, schaffen wir eine im wahrsten Sinn des Wortes gesunde Distanz zu verschiedensten Problemen. Auf diese Weise kommt dem Humor auch heilende Wirkung zu. Als psychischer Abwehrmechanismus stärkt er das Immunsystem und vermag Stress und Stimmungsschwankungen auszugleichen (vgl. Lefcourt & Davidson-Katz, 1991).

Mögliche Quellen der Selbsterkenntnis

- **Zulassen von Verwirrungen.** *Konfusionen sollten nicht grundsätzlich abgewehrt und verdrängt werden. Durch eine gründliche und tiefgreifende Auseinandersetzung erweitert sich oftmals der Blickwinkel und es eröffnen sich neue Perspektiven und Möglichkeiten.*

- **Auflösung scheinbarer Widersprüche.** *Viele Gegensätze können auf einer höheren Ebene aufgelöst werden und ergänzen sich dann zu einer sinnvollen Ganzheit. Um Glück erleben zu können, muss der Mensch auch die Trauer kennen. Ohne das Eine ist auch das Andere nicht möglich.*

- **Umfassender Blick.** *Jeder einseitige Blick stellt praktisch eine Verzerrung der Wirklichkeit dar. Die meisten Dinge sind nicht ausschließlich negativ oder positiv, gut oder böse. Viele Dinge, die auf den ersten Blick negativ erscheinen, lassen bei genauerer Betrachtung auch positive Aspekte zum Vorschein kommen.*

- **Werthierarchie.** *Durch eine individuelle Hierarchie von Werten (etwa nach ihrer subjektiven Wichtigkeit) können Einzelziele auf ein übergeordnetes Ziel ausgerichtet werden und gewinnen so an Bedeutung und Sinn. Entscheidungen werden erleichtert, weil allgemeinere Werte und Ziele in der Regel leichter an unterschiedliche Situationen angepasst werden können.*

- **Leid- und Trauerarbeit.** *So schmerzhaft bestimmte Erfahrungen auch sein mögen, in ihrer behutsamen und stufenweisen Aufarbeitung liegt ein großes Erkenntnispotential verborgen.*

- **Einbettung des subjektiven Erlebens in einen umfassenden Kontext.** *Aus individuellen Erfahrungen können allgemeine Gesetzmäßigkeiten abstrahiert werden, aus denen die wechselseitigen Abhängigkeiten und Bedingtheiten der Menschen untereinander und der Menschen von bestimmten Situationen und Umständen ersichtlich werden. Sich in ein umfassendes und sinnvolles Ganzes und „Großes" eingebettet zu fühlen, spendet Trost und Zuversicht.*

- **Vom Selbst zum Anderen.** *Selbsterkenntnis resultiert auch aus der Begegnung mit anderen Menschen, die uns einen Spiegel vorhalten. Aber auch im Bemühen um ein Verstehen des bzw. der anderen kann die eigene Selbstkenntnis wachsen. Aus einer verbesserten Selbstkenntnis sollte letztendlich der Wunsch resultieren, auch andere Menschen und deren Bedürfnisse und Motive besser kennen und verstehen zu lernen.*

→ *Überlegen Sie: Was könnten die genannten Quellen der Selbsterkenntnis für Sie und Ihr Leben bedeuten? Welchem Punkt bzw. welchen Punkten wollen sie in nächster Zukunft Ihr verstärktes Augenmerk zuwenden?*

Anregung zur Selbsterforschung

In sich hinein horchen: Wer bin ich? Woher komme ich? Wohin gehe ich?

I. Gedankensplitter, Erinnerungen, Träume, Fantasien und Gefühle tauchen auf: das Sprunghafte, Ungeordnete, möglicherweise Verwirrende zulassen und sich einem ziellosen Flanieren durch die vielerlei Reviere des Selbst überlassen; die Merkwürdigkeiten und Besonderheiten zum Ausgangspunkt für ein gründliches Nachdenken nehmen; durch das genaue Betrachten von vagen Ahnungen und dunklen Vermutungen mehr über sich selbst erfahren; enge Vertraute aus Familien- und Freundeskreis in den eigenen Erkenntnisprozess einbinden und Erkundigungen über sich selbst einholen; viele Mosaiksteine zusammentragen und zu einem gefälligen Bild zusammenfügen; das auftauchende Bild konkret werden lassen (z.B. durch Schreiben, Malen, Tonaufnahme usw.).

II. Wer die Übung eher pragmatisch angehen möchte, kann sich die in Tab. 4 beschriebenen Ordnungsdimensionen des Selbst (vergangenes, gegenwärtiges, zukünftiges, reales und mögliches Selbst) zu Hilfe nehmen und damit sein eigenes Selbstbild differenziert ausgestalten.

Interessante Perspektiven für die Forschung

Gerade was die Inhalte des Selbst betrifft, könnte sich eine konsequente Erweiterung der Untersuchungsmethodik in Richtung qualitativer Verfahren (z.B. Inhaltsanalysen) auf den Forschungsgegenstand ungemein befruchtend auswirken (vgl. McGuire & McGuire, 1988). Vielversprechende Versuche, das Unbewusste in der kognitiven (Sozial-) Psychologie mit einfallsreichen Methoden aufzuhellen (z.B. Dijksterhuis, 2004), sollten noch konsequenter vorangetrieben werden und vermehrt mit den aus der Psychoanalyse Freuds hervorgegangenen Schulen theoretisch verknüpft werden. Vor allem die Angemessenheit von Inhalten des Selbst und deren Abgrenzung zu Selbsttäuschung und Selbstbetrug könnte noch genauer in ihren spezifischen Ursache- und Wirkungsfaktoren untersucht werden. Im Sinne einer anwendungsorientierten Psychologie, welche positive Verhaltensalternativen nicht nur für bereits „Kranke", sondern auch für (noch) „Gesunde" aufzeigt, sollten in der zukünftigen Forschung verstärkt mögliche Quellen der Selbsterkenntnis (z.B. Humor und Heiterkeit) und deren Zusammenhänge mit individuellem Wohlbefinden berücksichtigt werden. Es ist sicherlich notwendig, dysfunktionales Verhalten genau zu untersuchen, um es zu bessern bzw. letztlich zu verhindern; aber mindestens genauso wichtig muss es in Zukunft auch sein, funktionales und „gesundes" Verhalten gründlich zu erforschen, um den Menschen vermehrt Anreize und Modelle für positive Entwicklungen aufzuzeigen.

Zusammenfassung

Es muss zunächst davon ausgegangen werden, dass Menschen den Großteil ihrer Zeit nicht damit verbringen, über das eigene Selbst nachzudenken, sondern mit anderen, mehr oder weniger wichtigen Angelegenheiten beschäftigt sind. Aus gegebenem Anlass (Krisen, bevorstehende wichtige Entscheidungen usw.) beschäftigt sich der Mensch vermehrt mit sich selbst und versucht seinem innersten Wesen auf die Spur zu kommen. Da niemand perfekt ist, kann die Beschäftigung mit dem eigenen Selbst auch unangenehm sein, wenn uns (vermeintliche) Unzulänglichkeiten, Fehler etc. in den Sinn kommen. Selbsterkenntnis ist im Gegensatz zu einer eher oberflächlichen Selbstkenntnis, die etwa durch Selbsttäuschung und Selbstbetrug das eigene Selbstbild beschönigt, ein steiniger Weg. Selbsterkenntnis schließt auch das Aufgeben so mancher Selbsttäuschung und Lebenslüge mit ein. Eine Annäherung an ein sogenanntes wahres Selbst lässt sich daran erkennen, dass der Mensch zunehmend mit sich einverstanden und zufrieden ist (mit seinen positiven und weniger positiven Seiten, mit seinen Stärken und seinen Schwächen) und sich im Einklang mit sich selbst und der Welt befindet. Die Suche nach dem wahren Selbst soll aber nicht nur ein schmerzhafter, sondern auch ein scherzhafter (!) Prozess im positivsten Sinn werden. Das heitere Selbst wird abschließend als Königsweg zur Selbsterkenntnis beschrieben, da es Distanz zu Problemen schafft und viele Dinge relativiert und ihnen die Schwere nimmt. Natürlich gehört frei nach den treffenden Worten von Martin Buber zum Ich auch ein Du und Wir, sodass zum Erkennen und Verstehen und (heiteren) Akzeptieren des Selbst auch ein Erkennen und Verstehen und (heiteres) Akzeptieren des anderen Menschen gehört, um unsere Selbsterkenntnis zu „vollenden".

8. Emotionales Selbst: Sensibilität für sich selbst und andere

Emotionale Stimmungsbilder

I. Ich kenne die Unlust und Unzufriedenheit mit allem und jedem, die Unempfänglichkeit für die Schönheiten der Welt, der belebten wie unbelebten Natur. Ich kenne auch Sinnlosigkeitsgefühle, Zeiten der Langeweile und des Überdrusses, wo mir nichts und wieder nichts gut und recht ist. Ich kenne Neid, Missgunst und Überheblichkeit. Ich weiß um die Gefühle der Schuld, Scham und Selbstanklage, aber auch um Bezichtigung und Beschuldigung anderer. Mir ist aber auch bewusst, dass ich Ursache und Heilung in mir selbst finden kann und es erfüllt mich mit Zuversicht, dass ich selbst es bin, die bzw. der etwas dagegen tun und für Veränderung und Verbesserung sorgen kann.

II. Probleme und Sorgen machen mir keine Angst. Ich weiß, dass ich sie allein oder mit Hilfe anderer bewältigen kann. Ich bemühe mich um Klärung verwirrender Umstände, fühle mich aber auch stark genug, vorübergehende Unsicherheiten und Ungewissheiten auszuhalten. Im Freundes- und Familienkreis empfinde ich Sicherheit und Geborgenheit. Zeiten des Alleinseins nütze ich, um zu mir selbst zu finden und meine inneren Wahrheiten zu ergründen. Mir ist bewusst, dass ich wie alle anderen Menschen Fehler mache und wissentlich und unwissentlich Schuld auf mich lade. Ich kenne das Gefühl der Reue und die Wohltat, die durch Nachsicht, Verzeihen und Wiedergutmachung in bestehende komplizierte Verhältnisse und konfliktträchtige Beziehungen gebracht werden kann.

III. Ich schenke und empfange in einem ausgewogenen Verhältnis. Geben und Nehmen hält sich die Waage. Dankbarkeit, Zufriedenheit und Freude machen sich breit. Die Schönheit des Einfachen, Ursprünglichen und Unverfälschten strömt in meine geöffneten Sinne. Verbundenheit mit Mensch und Natur wird erlebbar. Bescheidenheit und Demut vor der Schöpfung erfüllt mich. Achtung, Mitgefühl und Wohlwollen für meine Mitmenschen wird spürbar. Hoffnung und Vertrauen in die Zukunft werden stärker. Ein Gefühl der umfassenden Liebe macht mich vollends glücklich.

Welche Gefühle und Gedanken lösen diese Stimmungsbilder bei Ihnen aus?

Der Begriff Emotionen wird in der Psychologie für jene Phänomene verwendet, welche in der Alltagssprache als Gefühle bezeichnet werden. Theoretische Definitionsversuche sind in der wissenschaftlichen Psychologie teilweise ebenso umfassend und breit angelegt wie in den

Laienvorstellungen. Im Alltag wird häufig alles Vage und gleichsam Diffuse mit dem Etikett Gefühl versehen. Jemand fühlt sich etwa entspannt oder man verspürt Sympathie für eine bestimmte Person oder aber jemand empfindet sich manchmal als stark und manchmal als schwach. Alle diese Phänomene haben im weitesten Sinn etwas mit Gefühlen zu tun. Emotionen werden neben Kognition und Motivation als dritte fundamentale Funktion der Psyche gesehen. Gleichzeitig sind diese drei Grundfunktionen aufs Engste miteinander verwoben. Unser Denken beeinflusst unsere Gefühle und diese beeinflussen wiederum unser Denken. Wenn wir uns ein schönes Ereignis in der Zukunft vorstellen, so erleben wir etwa Vorfreude oder optimistisch getönte Hoffnung. Stellen wir uns aber eine unerfreuliche zukünftige Begebenheit vor, so entsteht eine ängstliche und sorgenvolle Erwartungshaltung. Treten befürchtete Ereignisse schließlich doch nicht ein, so fühlen wir Erleichterung. Geht eine schöne Hoffnung nicht in Erfüllung, so werden wir enttäuscht sein (vgl. Städtler, 1998).

Wozu brauchen wir Emotionen?

Als Funktionen von Emotionen werden Selbsterkenntnis, soziale Funktionen, Handlungsregulation sowie die Überlebens- und Signalfunktion genannt (vgl. Parrott, 2001; Salovey et al., 2001):

- *Selbsterkenntnis.* Wenn wir lernen, unsere Gefühle zu verstehen und ihre Botschaft zu entziffern, wenn wir ihre Ursachen erforschen und ihre Wirkung auf uns selbst und auf andere ergründen, dann liegt in den Gefühlen der Schlüssel zur Selbsterkenntnis schlechthin (→7.Inhalte des Selbst; →16.Gesundheit und Wohlbefinden;).
- *Soziale Funktionen.* Gefühle angemessen ausdrücken und bei anderen Menschen erkennen und verstehen können, verbessert die zwischenmenschliche Kommunikation enorm. Eine gesamtgesellschaftliche Bedeutung von Gefühlen wird überdies etwa an den Schuld- und Schamgefühlen erkennbar, welche der Anpassung an soziokulturelle Regeln und Normen dienen. Gefühle der Schuld und Scham können regelwidriges Verhalten verhindern.
- *Handlungsregulation.* Emotionen beeinflussen Bewertungen, Entscheidungen und Problemlösungen und wirken handlungssteuernd. Als angenehm empfundene Tätigkeiten werden beispielsweise eher durchgeführt als Aufgaben, die unangenehm erlebt werden. Gleichzeitig fördert eine positive Stimmungslage kreative Denkprozesse.

- *Überlebens- und Signalfunktion.* Insbesondere Angst- und Stressreaktionen werden häufig mit der evolutionären Überlebenssicherung erklärt. Eine erhöhte Alarmbereitschaft des Körpers ist gewiss bei feindlichen Angriffen überaus wichtig und mitunter sogar lebensrettend. Bei der Vorbereitung eines Vortrages verlieren die Angstgefühle aber ihre evolutionäre Nützlichkeit, weil eine Rede gewiss kein lebensbedrohliches Ereignis darstellt (→16.Gesundheit und Wohlbefinden; dysfunktionales Selbst).

Sind Emotionen und Stimmungen das gleiche?

In der aktuellen Forschung werden Emotionen von Stimmungen deutlich abgegrenzt (vgl. Bless, 2001; Städtler, 1998). Eine klare Unterscheidung ist für Diagnostik und Therapie von Vorteil. Stimmungen oder Gemütszustände haben eher diffusen Charakter und drücken die Gesamtbefindlichkeit eines Menschen aus. Alltägliche Stimmungslagen sind in der Regel wenig markant ausgeprägt und ziehen kaum die spezielle Aufmerksamkeit der Person auf sich. Sehr intensive Gefühle hingegen sind seltener und beanspruchen bzw. beeinflussen einen Menschen zumindest für kurze Zeit sehr stark. Gefühle beziehen sich auf konkrete Anlässe, bestimmte Personen, Dinge und Ereignisse, die uns in positiver (z.B. Freude) oder aber in negativer Weise (z.B. Ärger) stark berühren. Dagegen bilden Stimmungen einen allgemeinen Hintergrund für unsere Gedanken und Verhaltensweisen. In positiver Stimmung erinnern wir uns etwa vermehrt an vergangene angenehme Erfahrungen (z.B. frühere Erfolge, lustige Gegebenheiten) und die momentane Lage wird vergleichsweise günstig interpretiert. In negativer Stimmungslage rücken dagegen verstärkt unangenehme Erlebnisse ins Gedächtnis (z.B. frühere Misserfolge) und die momentane Situation wird eher ungünstig beurteilt. Negative Erwartungshaltungen können sich ausbilden. In extremer Konsequenz zeigt eine Person in einer depressiven Stimmungslage ein fast ausschließlich negatives Gedankengut über das eigene Selbst und die Welt (→16.Gesundheit und Wohlbefinden; dysfunktionales Selbst).

Vergleichbare Zusammenhänge zeigen sich auch im Hinblick auf das Selbstwertgefühl (s. Tafarodi, Marshall & Milne, 2003). Ein positiver globaler Selbstwert fördert die Erinnerung an positive Ereignisse und verhindert gleichzeitig die Erinnerung an negative Erlebnisse. Bei Personen mit einem negativen Selbstwertgefühl verhält es sich umgekehrt: Die Erinnerung an negative Ereignisse wird erleichtert und die Erinnerung an positive Erlebnisse erschwert (→ 12.Selbstwert).

Emotion und Kognition: ein Gegensatz?

Nicht nur im Laienverständnis, sondern auch unter Wissenschaftlern und Wissenschaftlerinnen wird immer wieder ein Gegensatz zwischen Denken (Kognition) und Fühlen postuliert, wobei das Denken, die Ratio, nicht selten als der positive und vernünftige Gegenpol zum irrationalen Gefühl betrachtet wird (vgl. Städtler, 1998). Die Künstlichkeit dieses Gegensatzes wird etwa in der Theorie von Schachter und Singer (1962) aufgezeigt. Die Forscher gehen davon aus, dass Emotionen aus einem unspezifischen Erregungsniveau (z.B. Herzklopfen, Pulsbeschleunigung) und aus einer kognitiven Zuschreibung resultieren. Eine Person spürt eine Aktivierung und sucht nach Gründen für ihre Erregung. Je nach situativen Hinweisreizen kann die (unspezifische) Erregung mit positiven oder aber mit negativen Etiketten versehen werden. Begegne ich einem Menschen, den ich mag, werde ich meine Erregung als Freude auslegen; sehe ich hingegen eine Person, die vor kurzem grob zu mir war, werde ich diese Erregung als Ärger oder Wut interpretieren. Nach diesem Modell sind Emotionen ohne begleitende Gedanken gar nicht möglich: Emotion und Kognition gehören gewissermaßen untrennbar zusammen.

Eine Differenzierung von Kognitionen und Emotionen kann aber auch Vorteile in sich bergen, indem die jeweils spezifischen Charakteristika des einen vor dem Hintergrund des jeweils anderen schärfer hervortreten. Epstein und sein Forschungsteam (1979, 1983, 1986, 1992) unterscheiden etwa zwei voneinander unabhängige Systeme: (1) Rationales (kognitives) und (2) experimentelles (emotionales) System. Das rationale System wird als vorwiegend analytisch und vernunftorientiert beschrieben. Die Realität wird in abstrakten Symbolen (Wörtern und Zahlen) einerseits hoch differenziert und andererseits integriert dargestellt. Das Verhalten wird von bewussten und kontrollierten Einschätzungen von Ereignissen gesteuert, wodurch die Informationsverarbeitung verlangsamt wird. Im experimentellen (emotionalen) System wird die Realität in Bildern und Metaphern abgebildet, die auf passiven und vorbewussten Erfahrungen beruhen. Veränderungen erfolgen in diesem System durch sich wiederholende, intensive emotionale Erfahrungen und beanspruchen vergleichsweise viel Zeit. Gleichzeitig läuft die Informationsverarbeitung durch eine niedrigere Differenziertheit einfacher, schneller und weitgehend automatisch ab (→9.Kognitives Selbst).

Emotionale Aspekte diverser Selbstprozesse

Gefühle können die gesamten selbstbezogenen Prozesse in der einen oder anderen Art positiv oder negativ beeinflussen. Obwohl darüber in der sozialpsychologischen Selbstforschung weitgehende Einigkeit herrscht, sind dennoch die emotionalen Aspekte des Selbst bisher weniger gründlich untersucht worden als die kognitiven Aspekte, die im nächsten Kapitel näher beleuchtet werden. Dabei muss aber betont werden, dass alle maßgeblichen Theorien des Selbst Emotionen zumindest teilweise mitberücksichtigen und entsprechende Aussagen über sie treffen. So sehen Carver und Scheier (1990) in ihrem Regelkreismodell der Selbstregulation (→11.Handelndes Selbst) Affekte als Ursache für Verhaltensunterbrechungen. Angst, Ärger, aber auch Freude über einen Erfolg, können die Arbeit an einer neuen Aufgabe stark beeinträchtigen. Duval und Wicklund (1972) sprechen in ihrer Theorie der Selbstaufmerksamkeit von unangenehmen Gefühlen, die durch die (gelenkte) Aufmerksamkeit auf vorhandene Diskrepanzen zwischen tatsächlichem Verhalten und (idealen) Selbststandards auftauchen (s. auch Wicklund & Frey, 1993). Baumeister (1991) beschreibt in diesem Zusammenhang gar „Fluchttendenzen" vor dem eigenen Selbst, um diesen negativen Emotionen zu entkommen (→7.Inhalte des Selbst). Weiner (1985) stellt einen Zusammenhang zwischen selbstbezogenen Kausalattributionen (i.e. subjektive Ursachenzuschreibungen) und emotionalen Reaktionen her. Sehe ich die Ursache für einen Erfolg in mir selbst (intern und stabil), etwa weil ich kompetent bin und mich angestrengt habe, so wird diese Ursachenzuschreibung zu Gefühlen des Stolzes und der Freude führen. Die enge Beziehung zwischen Selbst und Gefühlen liegt auch in den Selbstbewertungen und dem daraus resultierenden Selbstwert begründet. Tesser (1988) geht etwa davon aus, dass selbstwertreduzierende Vergleichsprozesse („sich minderwertig im Vergleich zu anderen fühlen") zu negativen Emotionen wie Neid und Eifersucht und selbstwerterhöhende Reflexionsprozesse („sich im Glanze einer anderen Person sonnen") zu positiven Gefühlen wie Freude und Stolz führen (→12.Selbstwert).

Emotionale Aspekte der Selbstreflexion

Selbstreflexion kann angenehm oder unangenehm sein. Sowohl positive als auch negative Gefühle können ausgelöst werden. Nachfolgend werden einige zentrale selbstbezogene Gefühle kurz dargestellt.

Verlegenheit, Scham, Schuld und Stolz
Verlegenheit, Scham, Schuld und Stolz sind Gefühle, die sowohl auf die eigene Person als auch auf andere Personen bezogen sind. Das Selbst ist an diesen Gefühlen maßgeblich beteiligt, weil es deren Objekt ist. Jemand ist etwa stolz auf seine eigenen Leistungen oder jemand schämt sich für ein persönliches Versagen oder jemand ist von einem Missgeschick, das ihm unterlaufen ist, peinlich berührt oder aber jemand fühlt sich schuldig, einen anderen Menschen verletzt und gekränkt zu haben. Gleichzeitig „brauchen" diese Gefühle eine andere Person, ein (psychologisches) Publikum – sei es nun tatsächlich anwesend oder aber nur in Gedanken –, um sich entfalten zu können. Ich schäme mich etwa vor meiner Mutter wegen einer Niederlage oder ich fühle mich schuldig wegen eines Vergehens gegen meinen Partner. Verlegenheitsgefühle können von Scham durch das Ausmaß an Betroffenheit, das sie auslösen, unterschieden werden. In Verlegenheit bringen uns eher kleinere Missgeschicke, wie etwa auf der Straße gegen jemanden zu stoßen, weil man sich in wen oder was auch immer verschaut hat. Dagegen betreffen intensive Schamgefühle oft das gesamte Selbst und die betreffende Person möchte am liebsten „im Erdboden versinken", „sich unsichtbar machen" und sich in die Einsamkeit zurückziehen (vgl. Baumeister, 1998a; Tangney, 1999).

Irrationale Schuld- und Schamgefühle
Schuldgefühle können dann eher diffus und unbestimmt wirken und diverse psychische Störungen (mit-)verursachen, wenn sie verdrängt werden und einer genaueren Auseinandersetzung mit ihnen ausgewichen wird. Eine tiefenpsychologische Analyse von Schuld und Scham fördert häufig wenig konkrete und teilweise irrationale Anteile zutage, welche strenge soziale Normen und vermeintlich gültige Regeln von gut und böse bzw. richtig und falsch widerspiegeln. Die „schlechten" und „bösen" Anteile werden abgespalten und verdrängt und bilden den diffusen Hintergrund für die Scham- und Schuldgefühle.

Schuld und Schamgefühle bei Opfern

Es ist eine traurige psychologische Realität, dass sich Opfer von Gewalttaten und Missbrauch häufig selbst (mit)schuldig fühlen. Janoff-Bulman (1979) unterscheidet bei Opfern zwei Arten von Selbstbezichtigungen. (1) Selbstbeschuldigungen aufgrund eines bestimmten Verhaltens (behavioral self-blame) und (2) Selbstbeschuldigungen aufgrund einer sozusagen unveränderlichen Charaktereigenschaft (characterological self-blame). Letztere Selbstbezichtigung, etwa im Sinne von „ich bin ein unwerter Mensch", hat massive Folgen für das Selbstwertgefühl. Sie kann das gesamte Selbst nahezu vernichten, indem dieses als wert- und nutzlos erlebt wird. Eine übermächtige Scham führt nicht selten zu sozialem Rückzug. In der Einsamkeit und Isolation werden Gefühle des Selbstmitleids und der Selbstverachtung ausgelöst, aus denen wiederum Verachtung, Feindseligkeit und Rache gegenüber anderen Personen entstehen können. Um das eigene Selbst zu schützen, werden die negativen Gefühle von innen (vom eigenen Selbst weg) nach außen (auf die Außenwelt) gerichtet. Macht das Opfer hingegen ein bestimmtes, veränderbares Verhalten, und nicht eine eigene (vermeintlich) unveränderbare Charaktereigenschaft, für die negativen Folgen (mit-) verantwortlich, so können sich daraus Bewältigungs- und Lösungsmöglichkeiten für die Zukunft ergeben: Man führt dieses Verhalten nicht mehr aus und trägt damit aktiv etwas zur Vermeidung ähnlicher Vorfälle bei.

Schuld- und Schamgefühle bei Tätern

Schuldgefühle können dann als adaptiv bezeichnet werden, wenn sie auf ein konkretes, schuldhaftes Verhalten bezogen sind und aufgrund von Empathie (d.h. Einfühlung, Mit- und Nachempfinden) und Übernahme der Opferperspektive das Bedürfnis nach Versöhnung und Ausgleich mit den Betroffenen bzw. Leidtragenden auslösen. Konstruktive Verhaltensweisen wie Entschuldigungen, Gesten der Versöhnung, Akte der Wiedergutmachung sind auf die Zukunft gerichtet und stellen Bewältigungsmechanismen dar, die einen Neustart ermöglichen (vgl. Baumeister, Stillwell & Heatherton, 1994, 1995). Wird hingegen ein schuldhaftes Verhalten durch schnell gefundene Rechtfertigungen und Ausreden nicht eingestanden, vergibt man die Chance auf Aussöhnung und zukünftige (Ver-)Besserung.

June Price Tangney (2001, 2002) differenziert in ihren Forschungsarbeiten Schuld und Scham hinsichtlich ihrer „Nützlichkeit". Schuldgefühle hält sie für „produktiv", weil sie in der Regel auf ein bestimmtes Vergehen bezogen sind und konstruktive, auf Versöhnung abzielende Lösungen anregen. Schamgefühle erachtet sie dagegen als „kontraproduktiv", da durch sie mitunter das gesamte Selbst entwertet wird und eine Tendenz zu Verleugnung und sozialem Rückzug entstehen kann. Durch die schmerzhafte Konzentration auf das eigene (als unwürdig empfundene) Selbst wird in der Folge auch das Einfühlungsvermögen in das oder die Opfer eingeschränkt und Akte der Versöhnung (z.B. Entschuldigungen und Wiedergutmachungen) verhindert (s. Tangney et al., 1996). Daraus lässt sich für unser Zusammenleben schlussfolgern, dass sich eine Induzierung von Schamgefühlen durch Verurteilung und Entwertung der Gesamtperson sehr nachteilig auswirkt. Dagegen erscheint es sinnvoll, sich für ein bestimmtes Fehlverhalten schuldig zu fühlen bzw. jemand anderen auf einen konkreten Übertritt und seine Folgen hinzuweisen, weil dies entschuldigende, versöhnende und wiedergutmachende Handlungen begünstigt.

Selbstdiskrepanztheorie

Eine Theorie, die sehr präzise Aussagen über den Zusammenhang von bestimmten Selbstbildern und emotionalen Befindlichkeiten macht, ist die Selbstdiskrepanztheorie von E. Tory Higgins, Professor an der Columbia University in New York. Higgins und seine Forschungsmitarbeiter und -mitarbeiterinnen (1986, 1987, 1989) unterscheiden verschiedene Arten von Selbstbildern: (1) *Aktuelles Selbst.* Im aktuellen Selbst beschreibe ich mich so, wie ich glaube, tatsächlich zu sein. (2) *Ideales Selbst.* Im idealen Selbst findet sich all das, was und wie ich gerne sein möchte, aber (noch) nicht bin. (3) *Normatives Selbst.* Das normative Selbst hat Ähnlichkeiten mit dem Freudschen Über-Ich und beinhaltet all das, was ich glaube, an Forderungen, Verantwortlichkeiten und Pflichten erfüllen zu müssen. Inhaltlich geht es um das Müssen und Sollen im Leben. Diese Selbstbilder können nun aus verschiedenen Perspektiven betrachtet werden: (1) *Eigenperspektive* (Selbstbild). Diese Perspektive beinhaltet eigene Anschauungen, Meinungen, Normen, Werte, Wünsche und Vorstellungen, die für mich wichtig und für mein Leben von Bedeutung sind. (2) *Fremdperspektive* (vermutetes Fremdbild). Das Selbst wird aus dem Blickwinkel

wichtiger anderer Personen betrachtet. Wie glaube ich, dass mich Eltern, Partner und Freundinnen sehen, und welchen fremden Erwartungen und Wünschen glaube ich entsprechen zu müssen.

Bereiche des Selbst	Eigenperspektive/ Selbstbild	Fremdperspektive/ vermutetes Fremdbild
Aktuelles Selbst	Ich bin so.	Ich glaube, die anderen sehen mich so.
Ideales Selbst	So möchte ich sein.	Ich glaube, die anderen wün- schen von mir.
Normatives Selbst („Über-Ich")	So soll und muss ich sein.	Ich glaube, die anderen fordern und erwarten von mir.

Tab. 5: Bereiche des Selbst in der Selbstdiskrepanztheorie

Mit den Selbststandards des idealen und normativen Selbst wird das
laufende Verhalten bzw. das aktuelle Selbst verglichen, interpretiert
und bewertet. Da niemand perfekt ist, sind Widersprüche und Diskrepanzen zu diesen Standards gleichsam unvermeidlich und verursachen
folgende unangenehme Gefühle: (1) *Depressionsähnliche Gefühle. Sie*
treten bei Diskrepanzen zum idealen Selbst (-Standard) auf, unabhängig von der Betrachtungsperspektive (Eigen- oder Fremdperspektive
oder aber beide). Wird man den eigenen und/oder den von uns (vermeintlich) erwarteten, fremden Idealen nicht gerecht, entstehen depressionsähnliche Gefühle wie Trauer, Enttäuschung, Niedergeschlagenheit, Unzufriedenheit, Frustration usw. (2) *Angst- und erregungs-
bezogene Gefühle.* Sie treten bei Diskrepanzen zum normativen Selbst
auf. Kommt man eigenen und/oder vermuteten fremden Anforderungen, Verpflichtungen und Verantwortlichkeiten nicht nach, so entstehen – aus einem schlechten Gewissen, (Selbst-) Kritik, (Selbst-) Be-
strafung bzw. antizipierter Kritik und Strafe von anderen – Gefühle
der Erregung, Schuld, Angst, inneren Unruhe und Unbehaglichkeit
sowie moralische Wertlosigkeits- und Schwachheitsgefühle. Wie ich
in meiner Diplomarbeitsstudie (Schachinger, 1992) nachweisen konnte, reduzieren sich allerdings die entsprechenden Zusammenhänge zu
den genannten negativen Gefühlen (insbesondere den depressionsähn-
lichen Gefühlen bei Diskrepanzen zum idealen Selbst), wenn die
betreffende Person an eine Zielerreichung glaubt. Ist jemand zuversichtlich, gewünschte und erhoffte Aspekte und Merkmale des idealen

Selbst in Zukunft erreichen zu können, so reduzieren sich die begleitenden negativen Gefühle. Diese Ergebnisse werden auch durch die Selbstwirksamkeits- und Optimismusforschung gestützt, welche zeigen, dass zuversichtliche Erwartungshaltungen nicht nur erfolgreiche Ergebnisse begünstigen, sondern auch negative Emotionen (z.B. Angst, Trauer) in Schach zu halten vermögen (vgl. Bandura, 1997) (→11.Handelndes Selbst).

Verringerung von Diskrepanzen zu Selbststandards
Brandtstädter, Wentura und Rothermund (1999) beschreiben zwei Hauptrouten wie Diskrepanzen zwischen idealem und aktuellem Selbst reduziert werden können. *(1) Assimilation.* Durch korrigierende Handlungen wird das aktuelle Selbst bzw. die zugrunde liegende, unbefriedigende Situation aktiv verändert und dem erwünschten Zustand angenähert. Es wird gehandelt, um eine reale Veränderung herbeizuführen. *(2) Akkommodation.* Der erwünschte Modus (ideales Selbst) wird modifiziert, sodass die Diskrepanz nicht mehr länger aufrecht ist. Wünsche, Standards und Ziele werden an aktuelle Gegebenheiten angepasst. Ursprünglich als wertvoll erachtete Ziele werden „abgewertet" bzw. als weniger wichtig oder unwichtig erachtet, der tatsächliche Zustand (i.e. das aktuelle Selbst) aufgewertet. Die anpassende Veränderung findet als Einstellungsänderung im Kopf und nicht in der Realität auf der Handlungsebene statt. Dabei gehen die Autoren davon aus, dass zunächst eine Veränderung durch aktives Handeln (assimilativer Modus) angestrebt wird. Erst wenn diese Veränderung weder durch eigene Anstrengungen noch mit Unterstützung von anderen erreicht werden kann, tritt der akkommodative Modus in Kraft. Lassen sich die tatsächlichen Begebenheiten (das aktuelle Selbst) nicht verändern, so korrigiert man eben die Ansprüche des idealen Selbst.

Wie intelligent soll das emotionale Selbst sein?

Mittlerweile haben Emotionen einen sehr hohen (gesellschaftlichen) Stellenwert erreicht und die Stimmen mehren sich, welche den Gefühlen nicht mehr Irrationalität oder den Status einer untergeordneten Begleitmelodie nachsagen, sondern sie nachgerade als der Weisheit letzten Schluss ansehen. Es wird in diesem Zusammenhang auch von emotionaler Intelligenz gesprochen. Dieser Begriff hat durch den gleichnamigen Bestseller von Daniel Goleman (1996) ein enormes Medieninteresse und eine große Breitenwirksamkeit erzielt.

Was stört am Begriff emotionale Intelligenz?

Der Begriff „emotionale Intelligenz" hat einerseits den Vorteil, dass er die Wichtigkeit von Emotionen in ein rechtes Licht zu rücken vermag, andererseits geht mit dem Wort Intelligenz ein Leistungs- und Konkurrenzaspekt einher, der schon der kognitiven Leistungsfähigkeit, wie sie in den gängigen Intelligenztests gemessen wird, nicht immer in förderlicher Weise gerecht worden ist. Insbesondere in der Laienauffassung ist mit dem Begriff Intelligenz häufig die Auffassung verbunden, dass es sich hier um angeborene und gleichsam unveränderbare Merkmale handelt (vgl. Dweck, 2000) (→9.Kognitives Selbst; Selbsttheorien). Nach dem Motto „dem einen hat es Gott gegeben, dem anderen eben nicht" ist man entweder sozial, intellektuell oder emotional intelligent (geboren) oder eben nicht. Kinder, aber auch Erwachsene, die schwächere Ergebnisse in diesbezüglichen Tests erzielen, werden solchen Einstellungen zufolge nicht selten abgewertet und bekommen nicht die Förderung und Unterstützung, die sie brauchen würden, um etwaige Defizite zu kompensieren. Mit dieser Begriffskritik soll keineswegs die Bedeutung von emotionaler „Intelligenz" in Frage gestellt werden. Natürlich ist es von großer Wichtigkeit, sich in andere einfühlen zu können sowie eigene und fremde Gefühle zu erkennen, zu verstehen und „richtig" zu interpretieren. Selbstverständlich ist es von größter Wichtigkeit, mit Gefühlen richtig umgehen zu können, sie im richtigen Augenblick zuzulassen und sie mit der Botschaft, die sie uns für eine bestimmte Situation vermitteln wollen, zu hören und in unseren Entscheidungen und Handlungen mitzuberücksichtigen. Doch es muss auch auf die Gefahren hingewiesen werden, die in den üblichen Leistungskriterien und den damit verbundenen Begriffen verborgen liegen. Weil Intelligenz außerhalb von Fachkreisen häufig in einen engen Zusammenhang mit angeborenen und nicht veränderbaren Fähigkeiten und Talenten gebracht wird, soll hier einem anderen Begriff der Vorzug gegeben werden, der den tatsächlichen Gegebenheiten besser gerecht wird.

Über die emotionale Weisheit des Selbst

Der Begriff Weisheit bringt meines Erachtens den in den Gefühlen liegenden Reichtum mit dem dazugehörigen Wachstumsgedanken exzellent zum Ausdruck. Weise wird man nicht geboren, sondern weise wird man durch die Schule des Lebens und durch die Lektionen, Erfahrungen und Erlebnisse, die wir alle in dieser Lebensschule zu lernen haben. Auch wenn bei Gefühlen ebenso wie im intellektuellen Bereich eine genetische Disposition eine Rolle spielt, so kann doch im Umgang mit eigenen und fremden Gefühlen – wie auch im intellektuellen Bereich – noch sehr viel dazugelernt werden (→6.Entwicklung des Selbst; →9.Kognitives Selbst). Weisheit kommt nicht von allein, sondern dafür müssen und können wir etwas tun. Emotionale Weisheit erlangt man aber weniger aus Büchern als aus konkreten Lebenserfahrungen und der intensiven Auseinandersetzung mit deren Bedeutung für uns selbst. Das emotionale Selbst entwickelt sich Schritt für Schritt zu emotionaler Weisheit, indem es lernt auf seine Gefühle zu hören und ihre Botschaft zu entschlüsseln. Emotionale Weisheit sollte daher eher als ein Prozess, an dem jeder Mensch zu arbeiten hat, denn als ein angeborener und unveränderbarer Status gesehen werden.

Ist die Messung von emotionaler Weisheit sinnvoll?
Es werden Tests zur Messung von emotionaler Intelligenz bzw. Weisheit entwickelt, die an Qualitätsstandards, wie sie in der (kognitiven) Intelligenzmessung üblich sind, heranreichen sollen (s. Salovey et al., 2001). Die Messung von emotionaler Intelligenz ist ebenso sinnvoll wie die Messung kognitiver Intelligenz, weil sie einen Befund über bestehende Stärken und Schwächen liefert. Wir müssen uns aber stets bewusst sein, dass ein solcher Befund nur eine momentane Situationsaufnahme darstellt, die aufgrund verschiedenster Erfahrungen und Erlebnisse schon ein halbes Jahr später wieder ganz anders aussehen kann. Gerade im emotionalen Bereich gilt, dass niemand perfekt und vollkommen ist und alle praktisch laufend dazulernen (können). Solche Tests können natürlich auch dazu verwendet werden, emotionale „Höchstleistungen" herauszufiltern und die emotional „Leistungsstärksten" auszuwählen und etwa für bestimmte Jobs einzusetzen, aber am nützlichsten sind sie gewiss dann, wenn sie zum Ausgangspunkt für eine kontinuierliche Arbeit an und mit den eigenen Gefühlen werden. Verschiedene psychotherapeutische Schulen zeigen uns Wege für Bewertung und Umgang mit eigenen und fremden Gefühlen. Die entwickelten Messinstrumente können daher sehr gut in der begleitenden Evaluation von psychotherapeutischen Prozessen eingesetzt werden

und, neben einer fachlichen Rückmeldung für den Therapeuten bzw. die Therapeutin, den Klienten und Klientinnen ihre Fortschritte anschaulich vor Augen führen und ihnen auf diese Weise ermunternde und aufbauende Erfolgserlebnisse vermitteln.

Anregung zur emotionalen Selbsterforschung

Lesen Sie folgende Auflistung von Gefühlen und beantworten Sie dazu (eine Auswahl) untenstehende(r) Fragen.

Soziale Gefühle		Selbstbezogene Gefühle	
Zuneigung	*Abneigung*	*Wohlbefinden (Lustgefühle)*	*Unbehagen (Unlustgefühle)*
Liebe	Hass	Genusserleben	Scham- und
Sympathie	Ekel	Freude	Schuldgefühle
Bindungsgefühl	Abscheu	Zufriedenheit	Missmut
Mitgefühl	Verachtung	Erleichterung	Trauer
Hoffnung	Ärger	Entspannung	Einsamkeitsgefühl
Sehnsucht	Wut	Positives Selbst-	Langeweile
Überraschung	Zorn	wertgefühl	Leere
Stolz auf jemand	Angst/Furcht	Stolz auf sich	Anspannung
anderen	Eifersucht	selbst	Unruhe
	Neid		Stress

Tab 6: In Anlehnung an Ulich & Mayring (1992, zit. nach Städtler, 1998)[20]

- Welche Gefühle sind Ihnen vertraut? Wo (Situationen) und wann (Zeit) treten sie bei Ihnen auf? Welche Gefühle sind Ihnen weniger vertraut oder fremd? Warum ist das wohl so?
- Welche positiven und/oder negativen Folgen haben Ihre (häufig erlebten) Gefühle für Sie persönlich, für Ihre zwischenmenschlichen Beziehungen und für das Leben, das Sie führen?
- Im Fall von negativen Emotionen: Was müsste anders sein bzw. sich verändern, dass die negativen Gefühle seltener auftreten? Was können Sie selbst konkret zu dieser Veränderung beitragen?
- Welche positiven Gefühle möchten Sie in Zukunft häufiger erleben? Was können Sie selbst aktiv dafür tun?

---

[20] Zuneigungs- und Abneigungsgefühle werden von mir ergänzend unter dem Oberbegriff „soziale Gefühle" und Wohlbefindens- und Unbehagensgefühle unter dem Oberbegriff „selbstbezogene Gefühle" zusammengefasst.

Interessante Perspektiven für die Forschung

Das emotionale Selbst birgt viele interessante Perspektiven für zukünftige Forschungsbemühungen in sich. Einerseits sind noch Fragen im Bereich der Messung von emotionaler Intelligenz, die wir lieber emotionale Weisheit nennen wollen, offen und klärungsbedürftig (vgl. Salovey et al., 2001). Andererseits sind Aspekte, die unser emotionales Gedächtnis betreffen, noch ein Forschungsgegenstand mit großer Zukunft. Gefühle wie Angst, Freude, Wut werden schließlich ebenso im Gedächtnis gespeichert wie Gedanken. Jedoch werden Speicherung und Abruf von Gefühlen naturgemäß anders „ablaufen" als bei kognitiven Gedächtnisinhalten (vgl. Epstein, 1992). Darüber hinaus könnten noch einzelne Emotionen, etwa Neid, in ihrer individuellen und sozialen Bedingtheit konkreter ausformuliert werden. Soziale Vergleichsprozesse und negative Selbstbewertung können zwar unmittelbare Auslöser sein, sind aber kaum die alleinigen Bedingungsfaktoren.

Zusammenfassung

Das emotionale Selbst ist faszinierend, weil Gefühle (Emotionen) an sich nicht selten magisch und unerklärbar wirken. Trotz aller Magie und scheinbaren Unerklärbarkeit wissen wir aber um die Wichtigkeit einer Beschäftigung mit Ursache, Herkunft und Bedeutung der eigenen Gefühle und denen anderer Menschen. Durch eine intensive Auseinandersetzung mit unseren Gefühlen können wir schließlich und endlich zur Selbsterkenntnis gelangen. Stimmungen werden von Gefühlen unterschieden. Gefühle sind meist intensiv, spezifisch und auf konkrete Personen und Vorkommnisse bezogen. Stimmungen bilden hingegen einen unspezifischen Hintergrund, der längerfristig unser Erleben entsprechend positiv oder negativ einfärbt. Darüber hinaus wird betont, dass Emotionen und Kognitionen keine Gegensätze, sondern aufeinander angewiesen und aufs engste miteinander verwoben sind. Gedanken haben Einfluss auf unsere Gefühle und umgekehrt: Unsere Gefühle haben auch Einfluss auf unser Denken und Handeln. Die Wichtigkeit von Gefühlen wird in diesem Kapitel wiederholt hervorgehoben. Anstelle von emotionaler Intelligenz wird aber von emotionaler Weisheit des Selbst gesprochen, da Weisheit dem Wachstums- und Entwicklungscharakter des (emotionalen) Selbst besser entspricht als der Terminus Intelligenz, der vor allem bei Laien mit angeboren und unveränderbar assoziiert wird. Es wird im Gegensatz dazu bekräftigt, dass der Umgang mit eigenen und fremden Emotionen sehr wohl gelernt und Schritt für Schritt verbessert werden kann. Die Psychotherapie etwa kann viele mögliche Wege zu emotionaler Weisheit aufzeigen.

9. Kognitives Selbst:
Wissen über sich selbst, andere und die Welt

Den Gedanken freien Lauf zu lassen

Überlassen Sie sich für eine Weile dem Fluss ihrer Gedanken ohne regulierend einzugreifen; horchen Sie in sich hinein und schauen Sie, was Ihnen in den Sinn kommt. Schalten Sie mögliche Störquellen aus und nehmen Sie eine bequeme Sitz- oder Liegeposition ein. Legen Sie jetzt das Buch für einige Minuten beiseite und schließen Sie die Augen

[........]

Einige Minuten später...

Ich weiß natürlich nicht, woran Sie gedacht haben. Möglicherweise ist Ihnen etwas Alltägliches in den Sinn gekommen, etwa was Sie morgen kochen werden. Vielleicht dachten Sie auch an ein außergewöhnliches Erlebnis, das sie vor kurzem hatten. Sie könnten auch über einem bestimmten Problem gegrübelt haben. Interessant wäre auch zu wissen, ob Ihre Gedanken positiv waren und eine angenehme Stimmung förderten oder ob sie eher negativ waren und ihre Stimmung trübten, sodass Sie versuchten, sie möglichst rasch wieder beiseite zu schieben. Was auch immer Sie dachten, Sie sollten Ihre Gedanken, auch die beiläufigen, durchaus ernst nehmen. Wenn Sie so manchen Ihrer (sorgenvollen und bedrückenden) Gedanken etwa aufschreiben, so werden Sie feststellen, dass sie (die quasi schweren Gedanken) „leichter" werden und vielleicht sogar aus Ihrem Kopf „verschwinden".

Eine Definition vorweg: Unter Kognitionen werden im Allgemeinen Wahrnehmungen, Gedächtnisinhalte und Denkprozesse verstanden. Beispiele für Kognitionen sind Bewertungen, Interpretationen, Schlussfolgerungen, Einstellungen, Meinungen usw.

Gedanken sind frei: Wie wir uns die Welt denken, so wird sie uns auch zuteil Gedanken kommen und gehen. Wir können sie zulassen und uns ihrem Fluss passiv hingeben. Wir können sie aber auch steuern und regulieren. Wenn der Volksmund von der Macht der Gedanken spricht und davon weiß, dass Gedanken frei sind, so ist das eine kluge Alltagsphilosophie bzw. Alltagspsychologie. Unsere Gedanken können unser Erleben und Empfinden sowohl im positiven als auch im negativen Sinne beeinflussen. Menschen werden oft weniger durch Ereignisse und Dinge an sich beruhigt oder beunruhigt, sondern durch ihre persönliche Sichtweise dieser Dinge und Ereignisse. In der Freiheit der Gedanken liegen also gleichermaßen Gefahr und Chance. Eine potentielle Gefährdung für unser seelisches Wohlbefinden liegt in einer überzogen negativen Sichtweise von uns selbst, von anderen Personen und der Welt, die uns auf Dauer traurig oder missmutig werden lässt. Unsere positive Chance liegt hingegen darin, dass wir Ereignisse in unserem Leben bzw. unser Schicksal so sehen, erklären und interpretieren können, dass es Sinn stiftend und für unser Wohlergehen förderlich wirkt (→16.Gesundheit und Wohlbefinden).

Der Mensch denkt, Gott lenkt – und der Mensch denkt darüber nach
Natürlich stimmt auch eine andere Volksweisheit, welche da meint, dass es zwar der Mensch sein mag, der denkt, doch dass es stets Gott ist, der lenkt (→11.Handelndes Selbst). Wir sind nicht alleinige Verursacher unseres Geschickes. Vieles müssen wir hinnehmen und erdulden. Unsere Gedanken können wir aber sehr wohl unter unsere Kontrolle stellen. Es bleibt uns unbenommen, den Unabänderlichkeiten des Lebens, den „Fügungen Gottes" bzw. dem Schicksal, einen entsprechenden Sinn zu geben und unsere Lage positiv oder negativ, optimistisch oder pessimistisch einzuschätzen. Es hat beispielsweise positivere Auswirkungen auf Verhalten und Wohlbefinden, wenn ein Misserfolg als lehrreiche Erfahrung und Quelle der Erkenntnis aufgefasst und nicht als Zeichen dafür gesehen wird, dass man eben doch eine Versagerin bzw. ein Versager sei und zu nichts tauge.

Ist Denken immer rational?
Der Mensch ist nicht nur ein rationales, sondern auch ein irrationales Wesen. Gedanken und Denken sind nicht zwangsläufig rational und vernünftig, wie Gefühle nicht unbedingt irrational sein müssen. Gedanken können sehr wohl auch irrationale Züge annehmen – dies nicht nur im pathologischen Bereich, etwa bei Wahnideen. Der Mensch ist insgesamt weniger rational, als die Gesellschaft ihn gerne hätte und als die wissenschaftliche Psychologie ihn (aufgrund eines Wunschdenkens?) konzipiert. Vielen rationalen Modellen kommt eher ein normativer als ein beschreibender Charakter zu. Es geht also mehr darum, wie der Mensch (idealerweise?) sein sollte, als darum, wie er wirklich ist. Kognitive Prozesse sind sehr anfällig für Verzerrungen unterschiedlichster Art. Dinge können beispielsweise grundsätzlich positiver oder negativer gesehen werden, als sie tatsächlich bzw. in

den Augen anderer sind (vgl. Kahneman et al., 1982; Strack, 1985). Da Gedanken auch Auswirkungen auf Verhalten und Gefühle haben, wie auch umgekehrt, können auch resultierende Verhaltensweisen, Entscheidungen usw. entsprechende irrationale Züge aufweisen (→16.Gesundheit und Wohlbefinden; dysfunktionales Selbst).

Kognitionen: ein Schlüssel zum Erleben und Verhalten des Menschen
Um den Menschen in seinem Erleben und Verhalten wirklich verstehen zu können, müssen wir auch seine Gedankenwelt kennen (lernen). Die Konstruktion der Welt, unserer gegenständlichen und sozialen Umwelt, findet sozusagen in unseren Köpfen statt. In der Philosophie wird in diesem Zusammenhang vom Konstruktivismus gesprochen. Auf psychologischer Ebene zeigt sich, dass unsere Wahrnehmung nicht nur von einem objektiven, äußeren Reiz[21] bestimmt wird, sondern durch unsere Lerngeschichte, die eigenen Erwartungen, Hoffnungen, Befürchtungen, Bedürfnisse, Interessen, Meinungen und Erinnerungen gefiltert und mehr oder minder stark verzerrt wird. Ein bestimmtes Ereignis oder ein spezifischer Sachverhalt kann also von verschiedenen Menschen je nach persönlichem Hintergrund sehr unterschiedlich wahrgenommen werden und zu sehr verschiedenartigen Reaktionen führen. Man denke beispielsweise an einen Unfall, der von Beteiligten und Beobachtenden jeweils unterschiedlich erinnert, beschrieben und interpretiert wird. Die mannigfachen subjektiven Sichtweisen können mitunter zu beträchtlichen Schwierigkeiten, etwa bei der Klärung von Schuldfragen, führen (vgl. Moston, 1997). Bei der (Re-)Konstruktion von Situationen und Gegebenheiten spielt das Selbstkonzept eine maßgebliche Rolle. Wir erinnern uns beispielsweise besser an bestimmte für uns bedeutsame und vorteilhafte Sachverhalte als an unwichtig erachtete oder nachteilige Gegebenheiten.

Selbstreferenzeffekt
Ein interessanter Effekt, der belegt, wie wichtig und bedeutsam wir Menschen uns selbst und alles mit uns in Zusammenhang stehende nehmen, ist der sogenannte Selbstreferenzeffekt, der von Rogers, Kuiper und Kirker (1977) beschrieben und mit vielen einfallsreichen Studien belegt worden ist. Informationen, die mit dem eigenen Selbst in

---

[21] Unter Reizen werden in der Psychologie „Wahrnehmungsgegenstände" jedweder Art verstanden, z.B. andere Menschen, Gebäude, Gespräche – kurz: alles, was wir sehen, hören, schmecken, riechen und tasten können.

Verbindung stehen, werden schneller verarbeitet und besser gemerkt als Informationen, die keine Relevanz für die eigene Person haben. So konnte beispielsweise gezeigt werden, dass Kinder schneller und eifriger lesen lernen, wenn ihr eigener Name in der Geschichte vorkommt. Daraus lässt sich ableiten, dass es vorteilhaft ist, wichtige Informationen selbstrelevant zu gestalten, sodass sich die Empfänger unmittelbar angesprochen fühlen. Dieses „Naturgesetz" wird seit langem von den Medien erfolgreich genutzt, indem etwa Menschen betroffen „gemacht" werden (z.b. durch Betonung von Nähe und Ähnlichkeit). Ein weiteres Beispiel für den Selbstreferenzeffekt ist das „Cocktail-Party-Phänomen". Damit ist gemeint, dass Menschen in der Regel aus einem allgemeinen Sprechgemurmel, wie es etwa auf Partys den Raum erfüllt, ihren eigenen Namen heraushören können, der irgendwo im Raum, nicht einmal besonders laut, ausgesprochen wird (s. Markus & Sentis, 1982). Es konnte auch gezeigt werden, dass Buchstaben, die im eigenen Namen enthalten sind, mehr gemocht werden als andere Buchstaben des Alphabets[22] (s. Baumeister, 1998a). Die verbesserte Wahrnehmungs- und Gedächtnisleistung für selbstbezogene Informationen wird darauf zurückgeführt, dass das Selbst einen uns sehr vertrauten und gut organisierten Wissenskomplex darstellt.

Das Selbst als kognitive Wissensstruktur

Seit gut dreißig Jahren ist das Selbst als kognitive Wissensstruktur ein zentraler Forschungsgegenstand. Davor wurde in der psychologischen Forschung das Selbst in erster Linie als Selbstwert betrachtet und erforscht (vgl. Filipp, 1979; Wylie, 1961). Als die „kognitive Wende" in der Psychologie auch auf die Selbstforschung überging, wurde aus der Selbstwertforschung gewissermaßen eine Selbst*konzept*forschung.

Selbstkonzept(e)

Da Variablen (d.h. die interessierenden Merkmale) operationalisierbar[23] sein müssen, um überprüfbar zu sein, spricht man in der kognitiven Selbstforschung nicht von einem Selbst – was in seiner Bedeutung

---

[22] Dieses Phänomen wird in vielen Studien als Maßzahl für impliziten (i.e. unbewussten) Selbstwert verwendet (→12.Selbstwert; strukturelle Merkmale)
[23] Operationalisierbar bedeutet, dass Variablen in messbare (im Sinne von zählbaren) Einheiten zerlegt werden. Dies können etwa Skalen von Fragebögen sein oder aber jede Form von numerischen Auswertungen von Beobachtungsdaten.

eher diffus ist –, sondern von einem oder mehreren Selbstkonzepten, die man mit unterschiedlichsten Methoden zu ergründen versucht (vgl. Markus, 1977; Markus & Sentis, 1982; Markus & Wurf, 1987; Kihlstrom et. al., 1988).

Sind Selbst und Selbstkonzept dasselbe?
Das Selbstkonzept umfasst all das, was eine Person über sich selbst weiß. Es ist die Summe aller selbstbezogenen Informationen. Ein Selbstkonzept – so ausführlich und fundiert es auch sein mag – kann gewiss nicht dem Selbst als Gesamtheit mit all seiner Komplexität, Vielfalt und seinen unbewussten Anteilen gerecht werden. Was ich über mich weiß, ist gewiss nicht alles, was es über mich zu wissen gibt. Ich bin mehr als ich über mich (bewusst) wissen kann. Das Selbst ist demnach mehr als ein Selbstkonzept. Jedoch kann ich meinem Selbst etwa durch Selbsterfahrung und Selbstreflexion auf die Spur kommen und Selbstkonzepte können je nach Intensitätsgrad der Beschäftigung mit sich selbst mehr oder minder umfassend ausgestaltet sein (→3.Selbstmodelle; →7.Inhalte des Selbst).

Selbstkonzept und äußere Realität
Selbstkonzept und äußere Realität bedingen einander und stehen in einem komplexen wechselseitigen Abhängigkeitsverhältnis. Auf der einen Seite bildet sich das Selbstkonzept aus Erfahrungen, die mit der äußeren Realität gemacht werden. Auf der anderen Seite beeinflusst das Selbstkonzept die Wahrnehmung von Ereignissen und durch ein bestimmtes von ihm ausgelöstes Verhalten teilweise auch die Ereignisse selbst (vgl. Neisser, 1997). Das Selbstkonzept formt und wird geformt, ist zugleich aktiv und passiv (→3.Selbstmodelle; →6.Entwicklung des Selbst).

Selbstkonzept: Hierarchie oder Netzwerk?
Grundsätzlich wird davon ausgegangen, dass das Selbstkonzept als Wissensstruktur über die eigene Person sich von anderen Wissensstrukturen (z.B. über andere Personen oder über bestimmte Wissensgebiete) insofern unterscheidet, als das Selbstkonzept in der Regel mengenmäßig umfangreicher, differenzierter und komplexer ausgestaltet ist als andere Wissensstrukturen. Bezüglich Aufbau und Funktionsweise wird jedoch eine weitgehende Übereinstimmung von selbstbezogenen und nicht selbstbezogenen Wissensstrukturen angenom-

men (vgl. Greenwald & Banaji, 1989). Die Anordnung der jeweiligen Inhalte wird teilweise in Form von Netzwerken, teilweise in hierarchischer Form beschrieben (vgl. Smith, 1998). Eine Netzwerkstruktur bedingt, dass eine (zumindest lokale) Aktivierung von jeder einzelnen Information ausgehen kann. Den Hierarchiemodellen dagegen (z.b. Bracken, 1996) liegt zugrunde, dass selbstbezogene Eigenschaften, Werte, Ereignisse etc. hierarchisch, also gleichsam stufenförmig angeordnet sind, von konkreten, spezifischen Merkmalen und Verhaltensweisen zu sehr abstrakten und breiten Begriffen aufsteigend. Beide Modelle haben ihre Für und Wider. Welchem die Vorherrschaft einzuräumen ist bzw. wie beide Modelle integriert werden könnten, wird noch in zukünftigen Forschungsanstrengungen zu lösen sein.

Das Selbst (-Konzept) als selbstorganisiertes System
In aktuellen Arbeiten wird das Selbst analog zu anderen komplexen Systemen (z.B. Klima) als selbstorganisiertes System dargestellt und mit entsprechenden statistischen und mathematischen Modellen erforscht (z.b. Vallacher & Nowak, 2000). Ein zentrales Kennzeichen selbstorganisierter Systeme ist das Entstehen von Ordnung innerhalb einzelner Teilelemente bzw. Teilsysteme aus (scheinbar) chaotischen Strukturen in weitgehender Selbstorganisation. Ein regulierendes Eingreifen von (hierarchisch) übergeordneten Mechanismen ist in dieser selbstorganisierten Dynamik nicht erforderlich. Vallacher und Nowak (2000) zeigen in Computersimulationen, dass es in der Selbststruktur einerseits zu integrierenden, andererseits zu differenzierenden Prozessen kommt. Die integrierenden Prozesse führen zu Kohärenz (Einheitlichkeit) und Selbstkonsistenz. Differenzierende Prozesse schaffen Unterschiede und zeichnen für die Veränderbarkeit und Anpassungsfähigkeit des Selbst verantwortlich (→3.Selbstmodelle). Differenzierungslinien wären etwa entlang von sozialen Rollen und Kontexten, aber auch nach Positivität oder Negativität der Inhalte denkbar. Vallacher und Nowak stellen in ihrer Computersimulation eine Verbindung von Struktur und Dynamik des Selbst unter anderem mit sogenannten Energielandkarten her. Unterschiedliche Selbstbereiche weisen verschiedene Maße an Bewertungskohärenz mit entsprechenden Energieumsätzen auf. Je höher die Kohärenz (Einheitlichkeit) im positiven und/oder negativen Bereich, desto niedriger ist das Energieniveau und desto geringer die Veränderungsbereitschaft des Systems. Es bleibt

weitgehend stabil. Je niedriger die Kohärenz, desto höher das Energieniveau und desto höher die Veränderungsbereitschaft des Systems – es fluktuiert stärker. Vallacher und Nowak ist es mit dieser Forschungsarbeit gelungen, die Dynamik von Selbstkonzepten sehr anschaulich darzustellen. Die gewonnene Erkenntnis mag zwar nicht gerade neu sein, aber Art und Weise der Forschungsmethodik lässt einen vielversprechenden Anfang erkennen, der möglicherweise neue Wege in Beschreibung, Erklärung und Vorhersage von menschlichem Verhalten eröffnet.

Selbstschemata

Einer der zentralen Begriffe in der kognitiven Selbstforschung ist der Fachterminus Schemata. Schemata umfassen große Wissenseinheiten, welche die wichtigsten Merkmale eines Gegenstandsbereiches wiedergeben. Als allgemeine Wissensstrukturen organisieren und integrieren sie (inhaltlich) verwandte Elemente[24]. Ein Selbstkonzept kann viele mögliche Selbstschemata enthalten. Selbstschemata beinhalten eingegrenztes Teilwissen über die eigene Person, das nach verschiedenen inhaltlichen Kriterien (z.b. Ziele und Standards) zusammengefasst wird (vgl. Markus, 1977; Markus & Sentis, 1982; Markus & Wurf, 1987).

Funktionen von Selbstschemata
Selbstschemata üben Einfluss auf die menschliche Informationsverarbeitung aus. Die Aufnahme, Speicherung und Wiedergabe von Informationen wird erleichtert und insgesamt effizienter. Welche Informationen beachtet und gemerkt, wie sie verstanden und interpretiert und welche Schlussfolgerungen daraus gezogen werden, ist vom jeweils aktivierten Schema abhängig. Durch dieses Ordnungssystem für selbstbezogenes Wissen können relevante Stimuli aus der sozialen Umgebung rasch erkannt, eingeordnet und interpretiert werden. Neue Erfahrungen und Ereignisse werden in ein bereits existierendes Selbstschema integriert. Fehlende Informationen können aus dem Schema ergänzt werden. Widersprüchliche (Schema-inkonsistente) Informationen werden an das jeweilige Schema angepasst (= Assimilation).

---

[24] Für einen Überblick zum Begriff Schemata (siehe z.B. Bless & Schwarz, 2002).

Selbstschemata und verzerrte Wahrnehmung

(Denk-) Schemata einer Person im Allgemeinen und Selbstschemata im Besonderen können einseitig verzerrte Wahrnehmungen und die mitunter recht unterschiedliche Wiedergabe von Sachverhalten bedingen. Es werden etwa Informationen aktiv gesucht und bevorzugt, die mit dem Selbstschema übereinstimmen, andere Informationen hingegen vernachlässigt bzw. übersehen. Informationslücken werden mit plausiblen Informationen aus dem bereits bestehenden Schema aufgefüllt und rekonstruiert. Mit dem Schema Übereinstimmendes (Schema-konsistentes) wird als Bestätigung gesehen. Widersprüchliches wird erst gar nicht wahrgenommen – und falls doch, rasch wieder vergessen oder als Ausnahme der Regel gewertet. Selbstschemata fördern also die Stabilität des Selbst und gewährleisten Kontinuität im Verhalten und Sicherheit bei Entscheidungen. Diese Vorteile können aber auch zu Nachteilen werden, wenn etwa die Schemata zu verzerrter Wahrnehmung beitragen und dadurch Entscheidungen und Verhalten unangemessen erscheinen lassen. Gleichzeitig können Selbstschemata einem Neu- und Umlernen über sich selbst und andere im Wege stehen. Sie verhindern mitunter positive Veränderungen des eigenen Selbst und den Abbau von negativen Vorurteilen und Stereotypen über andere Personengruppen (z.B. Minderheiten) (→5.Soziales Selbst).

Zu beachten ist: Selbstschemata an sich sind weder positiv noch negativ. Erst Inhalt und Anwendung in bestimmten Situationen lassen sie zum förderlichen oder hinderlichen psychischen Mechanismus für den Menschen und seine zwischenmenschlichen Beziehungen werden.

Veränderung von Selbstschemata

Selbstschemata sind vergleichsweise widerstandsfähig (i.e. resistent) gegen Veränderungen. Erst größere Mengen Schema-inkonsistenter Informationen können ein fest gefügtes Gedankengebäude einigermaßen ins Wanken bringen. Wird ein Schema geändert, um den (neuen) Daten gerecht zu werden, so spricht man von Akkommodation. Dies kann folgendermaßen geschehen: (1) vergleichsweise behutsam durch eine schrittweise Angleichung der Selbstschemata an die widersprüchlichen Daten (z.B. man lernt dazu und lässt sich eines Besseren belehren) oder (2) durch eine abrupte Veränderung der Selbstschemata im Sinne einer plötzlichen Bekehrung (z.B. durch ein besonders einschneidendes Erlebnis) oder aber (3) durch die Ausbildung von Sub-schemata, welche den widersprüchlichen Informationen gerecht wer-den sollen (z.b. man bildet sich eine differenziertere Meinung).

Selbsttheorien

Selbsttheorien sind Theorien über die eigene Person. Sie beinhalten Überzeugungen, Meinungen und Einsichten darüber, warum der Mensch so oder anders „funktioniert". Solche Anschauungen können nach objektiven, wissenschaftlichen Kriterien mehr oder minder zu-treffend sein. Als subjektive Überzeugungen beeinflussen sie aber un-abhängig von ihrer objektiven Richtigkeit das Fühlen, Denken und Handeln des Menschen. Carol Dweck, Professorin an der Columbia University, New York, erforscht seit nunmehr dreißig Jahren subjekti-ve Selbsttheorien von Menschen. Sie unterscheidet in ihrem viel be-achteten Modell zwei gegensätzliche Arten von Selbsttheorien. Men-schen sehen demnach Fähigkeiten und Persönlichkeitsmerkmale als fix und unveränderbar an oder aber als durch Lernprozesse veränder-bar (Dweck 2000).

Selbsttheorie I: Intelligenz ist angeboren und unveränderbar
Kinder und Jugendliche, aber auch Erwachsene, die der Überzeugung sind, dass Intelligenz eine angeborene, festgelegte Größe ist, sehen Ergebnisse von Tests und Prüfungen als diagnostisch für ihre Intelli-genz an. Erzielen sie ein (sehr) gutes Resultat, sind sie intelligent, er-reichen sie „nur" ein schwaches Ergebnis, sind sie nicht intelligent. Solche Menschen streben Leistungsdarstellungsziele (performance goals) an und wollen nach außen kompetent und intelligent wirken. Einfache Aufgaben, die sie ohne größere Anstrengungen lösen kön-nen, vermitteln ihnen das Gefühl gescheit zu sein und bewahren ihr intelligentes Image nach außen. Große Anstrengung ist für sie ein Zei-chen mangelnder Intelligenz und fehlender Begabung. Misserfolge und Schwierigkeiten oder Personen, die erfolgreicher sind als sie selbst, stellen ihre Intelligenz in Frage und gefährden ihr Selbst-wertgefühl. Anstrengungsbereitschaft und Motivation sinken und ein Hilflosigkeitsmuster entsteht, weil Menschen mit dem „Glauben" an eine angeborene und unveränderbare Intelligenz meinen, keine Mög-lichkeit zu Verbesserungen zu haben („da kann man nichts machen,

ich bin eben unbegabt"). Eine pessimistische Zukunftssicht breitet sich aus und der Glaube an die eigenen Fähigkeiten geht verloren.

Selbsttheorie II: Intelligenz ist veränderbar und ausbaubar

> *Es sollte an dieser Stelle betont werden, dass es hier nicht um die Vertretung der Meinung geht, dass in jedem Menschen ein Universalgenie schlummert, das allein durch ausreichenden Fleiß zum Leben erweckt werden könne. Natürlich gibt es Unterschiede in Lernfähigkeit und intellektueller Begabung, aber wahr ist auch, dass jeder Mensch mit Anstrengung und Fleiß sowie entsprechender Unterstützung und Anleitung seine intellektuellen und sonstigen Grenzen beträchtlich ausweiten kann* (→11.Handelndes Selbst; Selbstwirksamkeitstheorie; →14.Schule und Ausbildung).

Kinder, Jugendliche und Erwachsene, die Intelligenz als ein veränderbares Konstrukt sehen, das durch entsprechende Anstrengung aufgebaut und erweitert werden kann, sehen Ergebnisse von Leistungstests und Prüfungen als Rückmeldung darüber an, wo noch Schwächen bestehen, die sie aber überzeugt sind, noch verbessern zu können. Sie streben Lernziele an, mit denen sie ihre Kompetenz steigern wollen. Schwierige Aufgaben sehen sie als Herausforderung, die sie gerne annehmen, um etwas Neues dazuzulernen („je schwieriger, desto mehr muss ich mich bemühen"). Ihr Selbstwert baut darauf, ihr Bestes zu geben, sich anzustrengen und ihre Fähigkeiten zu erweitern. Misserfolge und Fehler wirken sich nicht negativ auf ihren Selbstwert aus, sondern werden als Möglichkeit gesehen zu lernen und sich zu verbessern („ich habe eine falsche Strategie angewandt und probiere etwas Neues aus"). Anstelle eines Musters der Hilflosigkeit entwickeln Menschen mit dem „Glauben" an eine veränderbare Intelligenz eine qualifikationsorientierte Struktur (mastery-oriented pattern), indem sie aus Fehlern lernen. Ihr Ziel ist nicht, gescheit zu wirken, sondern klug und gescheit zu werden, wofür sie sich ordentlich anstrengen.

Selbsttheorie III:
Persönlichkeit ist angeboren oder: Persönlichkeit ist veränderbar
Carol Dweck untersuchte mit ihrem Forschungsteam nicht nur Selbsttheorien über Intelligenz, sondern auch Selbsttheorien über Persönlichkeitseigenschaften und soziale Kompetenzen. Auch in diesem Bereich unterschied sie Personen nach deren Überzeugung, ob Persönlichkeit für sie weitgehend angeboren oder aber veränderbar ist. So

wurde etwa untersucht, wie Kinder auf eine soziale Zurückweisung (Ablehnung der Bitte um Aufnahme in einen beliebten Kinderclub) reagieren. Ein Teil der Kinder führte die Zurückweisung auf fixe, stabile Persönlichkeitsmerkmale zurück (z.B.: „ich bin nicht gut im Freundschaften-Schließen."). Andere Kinder hingegen versuchten ihre Strategie zu ändern und formulierten etwa ihre Bitte um Aufnahme um. Während Kinder mit der Selbsttheorie, dass Persönlichkeit angeboren und unveränderbar sei, resignierten, wurden die anderen Kinder mit der Selbsttheorie, dass Persönlichkeitseigenschaften sehr wohl veränderbar seien, mit einer neuen Strategie nochmals initiativ. Dadurch erhöhten sie ihre Chancen, neue Freunde zu gewinnen.

In einer anderen Studie (Beer, 2002) wurde gezeigt, dass schüchterne Menschen, die an die Veränderbarkeit ihrer Schüchternheit glauben, soziale Situationen als Lerngelegenheiten sehen, um ihre Kompetenzen im zwischenmenschlichen Bereich zu erhöhen. Strategien zur Kontaktvermeidung werden seltener angewendet und die Schüchternheit bereitet in der Folge auch weniger Probleme. Personen, die ebenfalls unter Schüchternheit leiden, dies aber als angeborene, unveränderbare Tatsache hinnehmen, vermeiden hingegen soziale Situationen und können daher auch ihre sozialen Kompetenzen nicht trainieren und ausbauen.

Auch auf die Einschätzung und Beurteilung anderer Personen haben die individuellen Überzeugungen bezüglich angeborener oder aber veränderbarer Persönlichkeitsmerkmale Einfluss. Personen, die glauben, dass Charaktereigenschaften unveränderlich seien, bewerten andere Personen relativ rasch und mitunter wenig differenziert. Da sie nicht an ein positives Veränderungspotential im Menschen glauben, zeigen sie sich auch kaum bereit, ihr einmal gefälltes Werturteil über andere wieder zu ändern. Dies zeigt auch Auswirkungen auf Vorurteile und Stereotypen bezüglich Fremdgruppen, die pauschal abgeurteilt und abgewertet werden (→5.Soziales Selbst).

Kognitives Selbst und psychisches Wohlbefinden

Es mag plausibel erscheinen, dass der Inhalt des Selbstkonzeptes Auswirkungen auf Denken, Fühlen und Verhalten eines Menschen hat. Weniger vertraut hingegen mag der Gedanke sein, dass nicht nur inhaltliche, sondern auch strukturelle Aspekte der Anordnung, Gliederung und Organisation des selbstbezogenen Wissens entsprechende Konsequenzen auf das Erleben und Handeln einer Person haben. Campbell und ihr Forschungsteam (2000) unterscheiden Differenzierung und Integration als (gegensätzliche) strukturelle Merkmale des Selbstkonzeptes, welche in konkreten Maßzahlen operationalisiert und in ihren Auswirkungen auf die psychische Befindlichkeit untersucht werden.

Differenzierungsgrad des Selbstkonzeptes

Differenzierung gilt als Maßzahl für den Pluralismus des Selbst, etwa in Form von sozialen Rollen. Es geht um die Anzahl unterschiedlicher Aspekte, Facetten und Dimensionen, welche das eigene Selbstbild konstituieren. Je mehr verschiedenartige Aspekte das eigene Selbstkonzept hat, desto höher sind seine Komplexität und sein Differenzierungsgrad.

Komplexität

Selbstkonzepte von Menschen unterscheiden sich hinsichtlich ihrer Komplexität voneinander (Linville, 1987). Ein hoch komplexes Selbst beinhaltet zahlreiche Eigenschaften, Ziele usw. für unterschiedlichste Rollen und Situationen. Eine höhere Selbst-Komplexität stärkt die Widerstandsfähigkeit gegen Selbstwertprobleme, weil bei negativen Ereignissen und Erlebnissen immer nur ein begrenzter Teilbereich des Selbst betroffen ist und viele andere, ebenfalls wichtige Bereiche davon unberührt bleiben. Ist die Selbst-Komplexität hingegen niedrig, so kann etwa ein Misserfolg gleich die gesamte Person in Frage stellen. Das bedeutet, dass Personen mit komplexeren Selbstkonzepten weniger ausgeprägte Stimmungsschwankungen und Selbstwertprobleme erleben dürften als Personen mit einem weniger komplexen Selbstkonzept (→12.Selbstwert; →16.Gesundheit und Wohlbefinden).

Abteilungsbildung und gemischte Organisation

Showers (1992) beschreibt zwei mögliche Varianten zur Organisation von Selbstaspekten: (1) Abteilungsbildung und (2) gemischte Organisation. Werden Abteilungen gebildet, so werden positive und negative Selbstaspekte in voneinander unabhängigen Kategorien abgelegt. Sind positive Selbstaspekte aktiviert, so bleibt der Zugang zu negativen Selbstaspekten relativ verschlossen. Die betreffende Person fühlt sich entsprechend gut und zeigt einen vergleichsweise hohen Selbstwert und niedrige Depressionswerte. Sind allerdings negative Selbstinhalte aktiviert, so führt die Abteilungsbildung zu einem vergleichsweise niedrigen Selbstwert und zu hohen Depressionswerten. Eine gemischte Organisation, wo positive und negative Informationen nicht getrennt, sondern gemeinsam abgespeichert sind und daher gleichzeitig aktiviert werden können, dürfte daher insbesondere für Personen mit vielen negativen Selbst-Inhalten vorteilhaft sein: Negative Inhalte können dann durch vergleichbare positive Inhalte rasch ausgeglichen werden. Wenn beispielsweise eine Person bei einem Misserfolg nicht an weitere Misserfolge denkt, sondern sich erfolgreiche Unternehmungen in der Vergangenheit ins Gedächtnis ruft, kann die negative Wirkung für Selbstwert und Befindlichkeit abgeschwächt bzw. ausgeglichen werden (→12.Selbstwert; →16.Gesundheit und Wohlbefinden).

Integrationsgrad des Selbstkonzeptes

Integration gilt als Maßzahl für die Einheit und Konsistenz der Selbststruktur. Es geht darum, inwieweit einzelne Selbstaspekte und Selbstschemata zu einem sinnvollen Ganzen vereint werden können und in sich stimmig und vergleichsweise widerspruchsfrei sind. Campell und ihr Forschungsteam (2000) berechnen in ihren Studien die Integration des Selbstkonzeptes als durchschnittlichen Zusammenhang von verschiedenen Rollen und Selbstaspekten. Je stärker der jeweilige Zusammenhang (= je größer der Korrelationskoeffizient), desto höher ist der Integrationsgrad des Selbstkonzeptes. Selbstdiskrepanzen (Higgins, 1987, 1989) als Differenzen zwischen aktuellem und idealem bzw. normativem Selbst (→8.Emotionales Selbst) gelten als inverse Maßzahl für die Integration der Selbststruktur. Je höher die Diskrepanzen, desto geringer ist der Integrationsgrad des Selbstkonzeptes.

Klarheit des Selbstkonzeptes
Die Klarheit des Selbstkonzeptes beschreibt das Ausmaß, in dem die Selbstaspekte klar und zuverlässig definiert, intern konsistent und zeitlich stabil sind. Klarheit im Gegensatz zu Konfusion bezüglich des eigenen Selbst wird von Campbell und Fehr (1990) mit hohem bzw. niedrigem Selbstwert in Zusammenhang gebracht. Eher unklar definierte und konfuse Selbstkonzepte gehen mit einem fluktuierenden und niedrigen Selbstwert einher. Klar definierte Selbstkonzepte dagegen, die vergleichsweise stabil sind und eine zufriedenstellende interne Konsistenz aufweisen, korrelieren hingegen mit hohem Selbstwert.

Optimale Balance zwischen Differenzierung und Integration
Auch wenn Differenzierung und Integration Gegensätze zu sein scheinen, liegt dennoch in einer harmonischen Ausgewogenheit dieser Elemente ein Schlüssel zum seelischen Wohlbefinden. Einerseits liegt der Vorteil einer hoch differenzierten Selbstsicht im flexiblen, an die Erfordernisse unterschiedlicher Situationen angepassten Verhalten. Andererseits kann ein hoch differenziertes und gleichzeitig mangelhaft integriertes Selbst jedoch zu Lasten eines kohärenten und stabilen Selbst gehen. Selbstzweifel und Schwierigkeiten, Entscheidungen zu treffen, können auftreten. Eine starke Integration innerhalb des Selbstkonzeptes wirkt Konfusionen und etwaigen Entscheidungsschwierigkeiten entgegen. Der Nachteil einer hoch integrierten und sehr stabilen bis rigiden Selbstsicht liegt aber darin, dass die Anpassung an verschiedene äußere Anforderungen und Umstände erschwert wird. Eine optimale Balance aus Integration und Differenzierung ermöglicht einerseits Einheitlichkeit, Stabilität und (relative) Entscheidungssicherheit durch eine konsistente und widerspruchsfreie Selbststruktur und andererseits angemessene Veränderungsbereitschaft und Anpassungsleistung an spezifische Situationen durch eine flexible und hoch komplexe Selbststruktur (→3.Selbstmodell IV; →16.Gesundheit und Wohlbefinden).

Interessante Perspektiven für die Forschung

Obwohl das kognitive Selbst ein vergleichsweise intensiv und gut untersuchter Forschungsbereich ist, bleiben noch viele Fragen für die zukünftige Forschung offen. Streng genommen operiert auch die Kognitionspsychologie nur mit – zugegebenermaßen – plausiblen Konstrukten, die in ihren tatsächlichen Wirkungszusammenhängen

noch wenig gründlich erforscht sind. Neue Methoden könnten diesem
Manko Abhilfe schaffen. Wenngleich Computersimulationen in der
Selbstforschung sozusagen noch in den Kinderschuhen stecken, können trotzdem die Arbeiten von Vallacher und Nowak (2000) als vielversprechender Einstieg in eine neuartige Selbstforschung gewertet
werden. Worauf noch verstärktes Augenmerk gelenkt werden sollte,
ist die Verknüpfung von kognitiven mit emotionalen, motivationalen
und verhaltensrelevanten Selbstaspekten. Der Komplexität des Zu-
sammenspiels sämtlicher innerpsychischer Faktoren wird nach wie
vor – wahrscheinlich nicht zuletzt aufgrund noch fehlender bzw. un-
ausgereifter Forschungsmethoden – zu wenig Aufmerksamkeit geschenkt. Zufriedenstellende Messinstrumente sind immer noch Man-
gelware. Die Kombination verschiedener Maßzahlen für strukturelle
und inhaltliche Aspekte des Selbstkonzeptes von Campell und ihrem
Forschungsteam (2000) kann als interessanter Ansatz in diese Richtung gelten.

Anregungen zur Selbsterforschung

- Überlegen Sie sich, welche Gedanken (-Muster) in Ihrem Leben
  bisher eine Rolle gespielt haben. Was haben Sie häufig gedacht
  und mit welchen Gefühlen und Handlungsweisen waren diese Gedanken verbunden?
- Was denken und fühlen Sie bei Misserfolgen? Welche Begrün-
  dungen und Erklärungen verwenden Sie und welche Konsequenzen ziehen Sie aus dem Misserfolg für die Zukunft?
- Diskutieren Sie mit Freunden und Freundinnen, Kollegen und
  Kolleginnen: Inwieweit sind Intelligenz- und Persönlichkeitseigenschaften angeboren und inwiefern und wodurch können sie
  verändert werden?
- Schreiben Sie sich einige Gedanken auf, die angenehm auf Ihr
  Wohlbefinden wirken. Verwenden Sie diese (Gedanken-) Bilder,
  um bei Bedarf Ihre Stimmung und Befindlichkeit positiv zu beeinflussen. Fragen Sie auch andere Menschen, welche Gedanken und
  Ideen auf sie wohltuenden Einfluss ausüben.

Zusammenfassung

Wie wir bestimmte Erfahrungen und Erlebnisse interpretieren und welche Schlussfolgerungen wir aus diesen ziehen, ist in starkem Maße vom Selbstkonzept abhängig. Ereignisse sind in der Regel immer vieldeutig, sodass es an jeder einzelnen Person liegt, diese für sich erklärbar und verstehbar zu machen. Wenngleich es unmöglich ist, alles zu verändern, was man möchte, und geschehene Dinge nicht mehr ungeschehen gemacht werden können, so besteht dennoch durch die Freiheit der Gedanken die Möglichkeit, Unangenehmes zumindest gedanklich zurechtzurücken. Natürlich gilt auch die Umkehrung, dass sich der Mensch mit negativen und destruktiven Gedankengebäuden das Leben unnötig erschweren kann. In diesem Zusammenhang sei nochmals auf die Forschungsarbeiten von Carol Dweck hingewiesen, die zeigen konnte, dass Menschen, die von einer Veränderbarkeit der Intelligenz und anderen Persönlichkeitseigenschaften überzeugt sind, im Leistungs- und Persönlichkeitsbereich gegenüber Menschen „die Nase vorne haben", welche glauben, dass Intelligenz und Persönlichkeitsmerkmale angeboren und unveränderbar seien. Letztere zeigen weniger Ausdauer und Beharrlichkeit in der Verfolgung ihrer intellektuellen und sozialen Ziele, weil sie davon ausgehen, dass ein Misserfolg bedeutet, sie seien unfähig und weitere Anstrengungen hätten keinen Sinn. Menschen hingegen, welche von einer Verbesserbarkeit intellektueller und sozialer Fertigkeiten überzeugt sind, erhöhen ihre Anstrengung und versuchen dazuzulernen, wodurch ihre Erfolgsaussichten beträchtlich steigen. Konstruktiv-sinnstiftende Gedanken können aber nicht nur (kleine) Wunder für unsere Leistungsbereitschaft und Leistungsfähigkeit, sondern auch für unser allgemeines (psychisches) Wohlbefinden wirken. Ein Prinzip, das sich die psychologische Intervention und Psychotherapie gerne und durchaus erfolgreich zunutze macht.

10. Motivationales Selbst: Anreiz und treibende Kraft

Eine Assoziationsübung

Lesen Sie die folgende fett gedruckte Wortkette Wort für Wort und notieren Sie, was Ihnen als erstes zu diesen Wörtern in den Sinn kommt. Die Assoziationen sollten auf Sie selbst bezogen sein und für Sie persönlich eine Bedeutung haben. Diese Bedeutung kann sich auf Ihr vergangenes, derzeitiges oder zukünftiges Leben beziehen. Achten Sie darauf, dass sie dabei spontan und ohne Zensur (z.B. „das ist unpassend oder unsinnig") vorgehen.

Wille – Weg – Ziel – Selbstbestimmung – Fremdbestimmung – Motive – Potential – Entscheidungsfreiheit – Bedürfnisse – Beharrlichkeit – Ausdauer.

Was setzt die Menschen in Bewegung? Was treibt sie an? Warum und wozu machen sie etwas? Was ist der Sinn und Zweck ihres Handelns? Mit solchen Fragen beschäftigt sich die Motivationsforschung seit den Anfängen der Psychologie. Innere Beweggründe und Absichten, die hinter einem sichtbaren Verhalten stehen, beflügeln nicht nur die Fantasie von Roman- und Drehbuchautoren – auch im Alltag interessieren sich Menschen für Motive anderer Personen.

Das Selbst als Anreiz

In der Motivationspsychologie spricht man von Anreiztheorien, wenn das Verhalten durch einen Anreiz (Zielvorstellung) ausgelöst und bestimmt wird. Es genügt, wenn dieser Anreiz in der Vorstellung vorhanden ist (vgl. Heckhausen, 1989). Die Handlung ist zweckbestimmt und dient der Erreichung eines bestimmten Zieles. Das Selbst kann Anreiz und Zugkraft für das Verhalten durch in die Zukunft gerichtete Selbstbilder sein, denen entsprechende Ziele und Standards zugeordnet werden.

Zukünftiges Selbst

In die Zukunft gerichtete Selbstbilder beinhalten Vorstellungen darüber, wie wir zukünftig sein werden bzw. sein könnten. Diese Selbstbilder können zwischen Hoffnungen und Befürchtungen und zwischen Fantasie und Wirklichkeit liegen.

Zwischen Hoffnung und Befürchtungen
Die zukünftigen Selbstbilder können im Grundton positiv und zuversichtlich getönt sein oder aber eher negativ und pessimistisch. Jemand
kann etwa befürchten arbeitslos zu werden oder aber sich als erfolgreiche Unternehmerin sehen. Solche Visionen über ein zukünftiges
Selbst üben durch ihren Anreiz- oder Vermeidungscharakter Einfluss
auf das Verhalten aus, weil sie erwünschte oder unerwünschte Endzustände bildhaft vor Augen führen. Dabei zeigt sich ein erheblicher Unterschied, ob jemand positive Endzustände visualisiert, die angestrebt
oder aber negative, die vermieden werden. Ein negatives Zukunftsbild
des Selbst („ich fürchte, eine erfolglose Unternehmerin zu werden")
fördert eine defensive, vermeidende Haltung sowie fatalistische und
pessimistische Einstellungen. Aus einem positiven Zukunftsbild des
Selbst („ich werde eine erfolgreiche Unternehmerin sein") können
hingegen eine optimistische Grundhaltung, hohe Anstrengungsbereitschaft und die Auswahl offensiver Strategien zur Zielerreichung resultieren (→11.Handelndes Selbst).

Zwischen Fantasie und Wirklichkeit
Gabriele Oettingen (1999) spricht von freien Fantasien über die Zukunft, mit denen alle nur erdenklichen Vorkommnisse und Ereignisse
fantasiert und erträumt werden (z.B. reich, schön und weltberühmt zu
werden). Die Forscherin geht von dem häufig zu beobachtenden Umstand aus, dass (überbordende) Fantasien über die Zukunft, aber auch
eine übermäßige Konzentration auf negative und hinderliche Aspekte
der gegenwärtigen Situation einer tatsächlichen Zielerreichung oftmals im Wege stehen. In Studien konnte sie jedoch nachweisen, dass
dies nicht so sein muss. Beides – den ausufernden Fantasien freien
Lauf lassen und eine eher pessimistische Sichtweise einnehmen –
kann sehr wohl einer Zielerreichung förderlich sein. Dies insbesondere dann, wenn die positiven Fantasien mit denkbaren Hindernissen der
gegenwärtigen Situation verknüpft bzw. kontrastiert werden. Schwelgt
jemand in einem grandiosen Zukunftsbild, so kann er gefragt werden,
welche derzeitigen realen Gegebenheiten diesem sicherlich wün-
schenswerten Zustand im Weg stehen. Mit der Lenkung der Aufmerksamkeit auf das jeweilige Gegenteil (positiven Fantasien werden negative Realitäten entgegengesetzt und negativen Fantasien positive Realitäten) wird eine ausgleichende Wirkung erzielt, welche dem Prozess

der Zielannäherung zugute kommt (s. auch Oettingen & Mayer, 2002; Oettingen, Pak & Schnetter, 2001). Der Verwirklichung sind insbesondere dann gute Chancen einzuräumen, wenn die subjektiven Erfolgserwartungen entsprechend hoch sind und eine starke Selbstbindung (Commitment) besteht, sich für eine Zielerreichung entsprechend anzustrengen (→11.Handelndes Selbst).

Gelegentliche Träume und positive Fantasien wirken entspannend und heben unsere Stimmung. In diesem Sinne ist die folgende Übung zu verstehen.

Übung zur träumerischen Selbsterfahrung

I. Versetzen Sie sich für 5 bis 10 Minuten in folgende Situation und malen Sie sich diese so lebhaft wie möglich aus:

Sie befinden sich in sonnigen und warmen Gefilden. Sie liegen entspannt am Strand, hören das Meer rauschen und spüren den warmen Sand, den sie immer wieder durch ihre Hände rieseln lassen. Eine leichte Windbrise kommt über das Meer und streichelt ihre Haut. Sorgen und Ängste des Alltags sind vergessen. Sie genießen nur das Hier und Jetzt.

II. Sie können sich auch andere sehr schöne Situationen und Orte vorstellen und einige Zeit in einer für Sie entspannenden Sitz- oder Liegeposition mit den begleitenden angenehmen Fantasien zubringen. Um das Wegdriften vom Alltag zu erleichtern, können Sie beispielsweise Ihre Lieblingsmusik spielen (Empfehlung: eher leise und im Hintergrund). Sie werden sehen, dass Sie am Ende erfrischter und entspannter als zuvor ihren alltäglichen Pflichten nachkommen werden.

Potentielles Selbst

Das potentielle Selbst beinhaltet Potentiale und Möglichkeiten des Menschen. Streng genommen ist das zukünftige Selbst dem potentiellen Selbst untergeordnet, weil das zukünftige Selbst nur mit einer mehr oder minder großen Wahrscheinlichkeit zur Realität werden wird. Das potentielle Selbst kann als Rohentwurf und ungefähre Skizze verstanden werden, das erst durch klare Ziele und Standards (denen wir uns anschließend zuwenden wollen) spezifiziert werden muss, um entsprechende Relevanz für das menschliche Handeln zu erreichen (vgl. Cross & Markus, 1990; Markus & Nurius, 1986; Oyserman et al., 2004) (→11.Handelndes Selbst).

Selbstziele

Ziele geben dem menschlichen Streben Richtung und vermitteln Sinn. Durch Zielsetzung und Zielverfolgung werden maßgebliche Entwicklungsschritte für den Menschen möglich (vgl. Barone, Maddux & Snyder, 1997; Oettingen & Gollwitzer, 2002). Als Selbstziele wollen wir all jene Ziele benennen, die mit der eigenen Person in Zusammenhang stehen. Selbstziele können sich auf bestimmte Eigenschaften („ich möchte selbstsicherer werden"), auf Rollen (Elternschaft, Führungskraft usw.), Veränderungen („ich möchte in eine andere Stadt ziehen") und Leistungen („ich möchte die bzw. der Beste meiner Klasse werden") beziehen. Selbstziele können ebenso wie andere Ziele kurz-, mittel- oder langfristig, allgemein und abstrakt oder aber sehr konkret sein. Sie können darüber hinaus hierarchisch angeordnet werden. Übergeordnete Ziele sind eher allgemein und abstrakt und haben zumeist langfristige Gültigkeit; untergeordnete Ziele sind dagegen eher kurzfristig und konkret.

Unterschiedliche Selbstaspekte dienen unterschiedlichen Zielen
Breckler und Greenwald (1986) arbeiten vier motivationale Facetten des Selbst heraus, welche jeweils unterschiedliche Aufgaben und Ziele verfolgen. (1) Das *diffuse Selbst* stellt einen frühen und „primitiven" Selbstanteil dar, dem die Erreichung positiver (Lust-) Gefühle vorrangiges Ziel ist. (2) Das *öffentliche Selbst* sucht nach sozialer Anerkennung, Akzeptanz und Zustimmung wichtiger anderer Menschen (z.B. Eltern, Vorgesetzte, Lehrer und Lehrerinnen). (3) Das *private Selbst* verfolgt eigene, langfristige Ziele und Ideale. Einstellung und Verhalten sollen mit eigenen Prinzipien und Werten in Einklang gebracht werden. (4) Das *kollektive Selbst* bildet gewissermaßen die „Wir-Facette" des Selbst. Gemeinsame Ziele und Aufgaben werden angestrebt. Man identifiziert sich mit den Normen und Zielen einer wichtigen Bezugsgruppe (z.B. Religionsgemeinschaften, Sportmannschaften usw.) und leistet seinen Anteil zum Gelingen des Ganzen.

Große Ziele oder schön bescheiden am Boden bleiben?
Kaum ein erfolgreicher Zeitgenosse oder eine erfolgreiche Zeitgenossin, der oder die sich nicht mit hohen Zielvorstellungen auf den Weg gemacht hat. Ohne große Ziele scheint es kein wirklich erfolgreiches Handeln zu geben. Dies stellt die eine Seite der Medaille dar. Auf der

anderen Seite zeigt sich immer wieder, dass nicht alle ihre gesetzten Ziele zu erreichen vermögen. Niedergeschlagenheit, Enttäuschung und das Gefühl, versagt zu haben, können die Folge sein. Dabei spielen oft unrealistisch hoch gesteckte Ziele eine Rolle, die beispielsweise aufgrund von außergewöhnlichen Vorbildern gesetzt werden, die Einzigartiges und eigentlich Unwiederholbares geleistet haben (vgl. Lockwood & Kunda, 2000). Ansprüche und Ziele auf der einen Seite und (derzeitige) Fähigkeiten und Möglichkeiten auf der anderen Seite können nicht zur Deckung gebracht werden. Anspruchsvolle Ziele etwa zu früh anzustreben, wenn die eigenen Kompetenzen noch nicht ausreichend ausgebildet sind oder aber ungünstige situative Umstände einer erfolgreichen Umsetzung im Wege stehen, kann ein Grund für das Scheitern sein.

Wo sich die eine Person sehr ehrgeizige und hohe Ziele setzt, die kaum zu erreichen sind, begnügt sich eine andere schon mit vergleichsweise bescheidenen Zielen und ist mit sich selbst zufrieden, wenn sie diese erreicht. Ein Mensch, der bereits Außerordentliches geschafft hat, kann dennoch mit seiner Leistung unzufrieden sein, da er noch ehrgeizigere Ziele verfolgt. Man könnte also meinen, dass jene glücklicher und zufriedener leben, die ihre Ansprüche und Ziele bescheiden halten. Doch es gilt auch, dass die Menschen mehr erreichen, die mehr anstreben. Ziele angemessen zu setzen, bedeutet, sie in einen realistischen Rahmen zu bringen, abgesteckt aus eigenen Fähigkeiten und Möglichkeiten. Ziele sollten für einen Menschen nicht zu leicht, aber auch nicht zu schwer erreichbar sein. Sie werden sinnvollerweise so gesetzt, dass eine kontinuierliche Weiterentwicklung und Verbesserung möglich wird (vgl. Bandura, 1997).

Der Weg ist das Ziel
Der Weg zum Ziel hält viele lehrreiche Erfahrungen für uns bereit. Sich diesen bereitwillig zu öffnen, kann bereits den Weg und nicht erst die Zielerreichung zu einem interessanten und befriedigenden Unternehmen werden lassen.

Folgende Merkmale von Zielen determinieren nach Bandura (1997), wie sehr sich jemand für die Zielerreichung anstrengt: (1) *Zielspezifität.* Je spezifischer, klarer und konkreter, desto wahrscheinlicher wird die Verhaltensausführung. (2) *Herausforderungswert eines Zieles.* Je größer die Herausforderung, desto mehr Anstrengung wird investiert und desto mehr Befriedigung wird bei der Erreichung des Zieles erlebt. (3) *Zielnähe*. Je näher das begehrte Ziel, desto größer die Motivation.

Wert und Wichtigkeit eines Zieles für eine Person resultieren (1) aus einer als positiv erlebten Herausforderung, (2) aus der Freude an den zugrunde liegenden Aktivitäten, (3) aus der in der Person liegenden Kontrolle über Verhalten und Ergebnisse, (4) aus der Bedeutung, welches das Ziel für einen Menschen und seinen Lebensweg hat, (5) aus der Verpflichtung, die jemand bereit ist, für sein Ziel auf sich zu nehmen und (6) aus dem bereits investierten Einsatz und Aufwand.

Optimale Selbstmotivation ergibt sich nach Bandura (1997) durch hierarchisch strukturierte (kurzfristig erreichbare) Teilziele, die schließlich zum angestrebten (langfristig realisierbaren) Gesamtziel führen. Die Befriedigung, die durch die kontinuierliche Bewältigung von immer schwierigeren Aufgaben erlebt wird, stellt einen beständigen Belohnungswert dar, der jenen der eigentlichen Zielerreichung zu übertreffen vermag.

Zielerreichung: Ende gut, alles gut?
Die Erreichung persönlich bedeutsamer Ziele trägt zu psychischem Wohlbefinden bei (vgl. z.B. Barone et al., 1997; Brunstein et al., 1999). Haben wir unsere Wunschvorstellung verwirklicht, so erfüllt uns Freude, Glück, Stolz und Befriedigung. Gelingt die Zielerreichung nicht, so können Trauer, Frustration, Scham und Angstgefühle die Folge sein (→8.Emotionales Selbst; Selbstdiskrepanztheorie). Ein Ziel zu erreichen stärkt zweifelsohne das Selbstwertgefühl. Schon die Hoffnung und der Glaube allein, am ersehnten Ziel eines Tages „anzukommen", fördert das Wohlbefinden und kann eine negative Befindlichkeit verhindern.

Trotz aller Freude über Erreichtes, scheint es aber auch in der Natur des Menschen zu liegen, dass er, sobald ein Ziel erreicht ist, schon das nächste ansteuert. Der Mensch strebt stets nach noch mehr. Er möchte sich nicht allzu lange auf seinen Lorbeeren ausruhen, sondern sich stets aufs Neue beweisen. Mit dieser Rastlosigkeit treibt der Mensch seine eigene Entwicklung voran. Dies vorwiegend dann, wenn es sich um selbstbezogene und nicht einfach nur um materielle Ziele handelt. Geht es um letztere, mag wohl eher das Sprichwort „genug ist nicht genug" Pate stehen.

Wie zahlreich sind doch die Dinge, deren ich nicht bedarf! (Sokrates)

Selbststandards

Ziele geben unseren Handlungen eine Richtung. Qualitätsvolles Handeln braucht aber auch entsprechende Maßstäbe und Leitlinien, anhand derer die eigene Leistung gemessen und entweder wohlwollend oder eher selbstkritisch betrachtet werden kann. Standards können im Wesentlichen eigene Wertvorstellungen und Maßstäbe enthalten oder aber hauptsächlich von Erwartungen und Wünschen (wichtiger) anderer Personen gespeist sein. Bracken (1996) unterscheidet einen (1) *absoluten Standard*, bei dem es einzig um Erfolg oder Nicht-Erfolg einer Aktivität geht; (2) einen *ipsativen Standard*, der eine bestimmte Aktivität bzw. Leistung in Vergleich zur allgemeinen Leistungsfähigkeit der Person setzt; (3) einen *Vergleichsstandard*, bei dem eigene Ergebnisse mit denen anderer verglichen werden und (4) einen *idealen Standard*, der tatsächlich erzielte Ergebnisse mit gewünschten bzw. erhofften in Bezug setzt. Maßstäbe und Standards können so streng gewählt sein, dass ihnen nur unter großen Anstrengungen und Entbehrungen entsprochen werden kann, sodass unterm Strich mitunter wenig Lebensfreude und Genussfähigkeit übrig bleiben. Standards können aber auch so schwach ausgeprägt sein, dass ein Mensch weit hinter seinen eigentlichen Potentialen zurück bleibt. Es geht demnach um eine angemessene Etablierung von Standards, die – wie bei den Zielen auch – weder stark überfordern noch unterfordern sollten.

Das Selbst als Antrieb

Von Antriebstheorien wird in der Motivationspsychologie gesprochen, wenn ein innerer (An-)Trieb im Sinne eines Motors die Person zu einem bestimmten Verhalten „antreibt". Zu diesen (An-)Trieben bzw. „(An-)Treibern" zählen körperliche Bedürfnisse (Hunger, Durst usw.) und nicht unmittelbar bewusste psychologische Motive (z.B. Bedürfnis nach Anerkennung und Liebe). Dem Selbst werden die Motive der Selbsteinschätzung, Selbstkonsistenz, Selbstbestätigung, Selbsterhöhung, Selbstbestimmung, Selbstverwirklichung und Selbstverbesserung zugeordnet, um die es in der Folge gehen wird.

Akkurate Selbsteinschätzung

Robins und John (1997) verwenden für dieses Selbstmotiv die Metapher des Wissenschaftlers bzw. der Wissenschaftlerin, weil das Grundmotiv in der genauen und richtigen Einschätzung der eigenen Person liegt. Der korrekten Bewertung liegt der Wunsch zugrunde, etwas über sich selbst zu erfahren und sein wahres Selbst mit seinen tatsächlichen Fähigkeiten und Eigenschaften kennenzulernen (→2.Begriffliche Annäherung an das Selbst; Metaphern; →7.Inhalte des Selbst). Das vergleichsweise objektive Sammeln und Bewerten relevanter Informationen über eher wenig bekannte eigene Charakteristika hilft uns, Ungewissheit zu reduzieren und Klarheit über vorhandene Potentiale zu erlangen. Der Wissenschaftler bzw. die Wissenschaftlerin, um bei der Metapher von Robins zu bleiben, wird daher bei der Informationssuche akkurates und präzises Feedback – auch wenn es negativ ist – einem Feedback vorziehen, das dem Selbstwert schmeichelt aber unrichtig ist (vgl. Sedikides & Skowronski, 2000).

Nutzen einer genauen Selbsteinschätzung
Ein gewisses Maß an Selbstkenntnis ist zur möglichst adaptiven Anpassung an die Umgebung unverzichtbar. Sich selbst gut zu kennen, bringt aber darüber hinaus weitere Vorteile, die darin begründet liegen, dass das eigene Verhalten besser planbar und vorhersagbar wird und man in Interaktionen mit anderen Personen durch eine genauere Kenntnis eigener Stärken und Schwächen souveräner agieren kann. Insbesondere im Leistungsbereich kann Über- bzw. Unterschätzung der eigenen Fähigkeiten sehr ungünstige Folgen zeitigen (vgl. Trope, 1983, 1986). Schätzt sich jemand völlig falsch ein, trifft er vermutlich auch falsche Entscheidungen und mutet sich zu viel oder zu wenig zu. Seine Fähigkeiten und Möglichkeiten zu hoch einzuschätzen, bedeutet, Risiken durch unüberlegte Handlungen einzugehen, die beträchtlichen Schaden mit sich bringen können. Im schlimmsten Fall wird die Person „totalen Schiffbruch" erleiden, im weniger schlimmen Fall bloß nicht das Optimum für sich selbst, für andere und für die Sache herausholen. Die eigenen Möglichkeiten zu unterschätzen und wenig Vertrauen in die eigenen Fähigkeiten mitzubringen, birgt hingegen die Gefahr in sich, durchaus reale Chancen zu vergeben, das eigene Potential nicht voll auszuschöpfen und insgesamt weniger zu erreichen, als eigentlich machbar wäre. Dies dürfte leider immer noch das Prob-

lem vieler Frauen sein, wie folgende Studie zeigt: Ehrlinger und Dunning (2003) konnten das altbekannte Phänomen neuerlich belegen, dass Frauen ihre technisch naturwissenschaftliche Leistungsfähigkeit unterschätzen. Obwohl sie in einem Quiz gleich gut wie ihre männlichen Kollegen abschnitten, bewerteten sie ihre Leistungen negativer als die Männer. Die Auswirkungen auf Studien- und Berufswahl sind hinlänglich bekannt: Viel zu wenig Mädchen und Frauen ergreifen technische Berufe.

Es erscheint sinnvoll und empfehlenswert, besonders dann auf korrekte Selbsteinschätzung zu achten, wenn etwa ein neuer Lebensabschnitt oder weitreichende Entscheidungen bevorstehen. Jede Informationsgewinnung über eigene Stärken und Schwächen wird in diesem Fall eine wertvolle Hilfestellung sein. Durch eine akkurate Selbsteinschätzung können für die Zukunft günstige vorausschauende Entscheidungen getroffen werden. Aktivitäten mit geringen Erfolgsaussichten werden auf diese Art vermieden und die Konzentration kann auf jene Tätigkeiten gelegt werden, wo gute Ergebnisse zu erreichen sind. Als Kosten einer realistischen Selbsteinschätzung müssen Selbstwerteinbußen durch mögliche Gefühle der Inkompetenz genannt werden. Sich im Vergleich zu anderen weniger gut und talentiert einzuschätzen, kann auch die Tätigkeit selbst weniger attraktiv und lustvoll erscheinen lassen. Das Risiko einer etwaigen (vorübergehenden) Selbstwertminderung ist im Gegensatz zu den nachteiligen Folgen einer Fehlentscheidung aber in vielen Fällen als vergleichsweise gering zu erachten: Dies vor allem deswegen, weil durch eine richtige Entscheidung die Erfolgsaussichten steigen, was ja wiederum dem Selbstwertgefühl zugute kommt.

Selbstkonsistenz

Menschen bringen ein Bedürfnis nach Stabilität und Kontinuität mit. Sie wollen auf festem Grund stehen und brauchen fixe Anker und Bezugspunkte, welche ihnen beim Manövrieren durch wechselnde Umgebungen und sich verändernde Situationen Sicherheit bieten. Bereits vorhandenes Wissen über die eigene Person wird im Dienste eines über Zeit und Situationen stabilen Selbst beibehalten und bestätigt. Das Verhalten gestaltet sich vorhersehbarer und kontrollierbarer, weil es sich auf konstanten und gleichbleibenden Merkmalen gründet. Der Nachteil des Strebens nach Selbstkonsistenz muss darin gesehen werden, dass eine allzu einseitige Konzentration auf Stabilität und Konsistenz eingeschliffene Verhaltensmuster fördert und sinnvolle Veränderungen verhindert. Zu wenig Selbstkonsistenz kann zu (großen) Schwankungen und Unzuverlässigkeiten im Verhalten führen; die Person wird gleichsam unberechenbar (→3.Selbstmodelle; →16.Gesundheit und Wohlbefinden).

Eine Theorie der Selbstbestätigung (i.e. Selbstverifikation)
Swan (1983, 1990) beschreibt in seiner Theorie, wie Personen bereits existierende Selbstkonzepte bestätigen (i.e. verifizieren) und so zu ihrer Stabilisierung beitragen. Stabilität bedeutet Sicherheit, Vorhersagbarkeit und Kontrollierbarkeit (→3.Selbstmodelle). Die Verifizierung betrifft vorrangig individuelle Merkmale. Es können aber auch kollektive Selbstdefinitionen (→5.Soziales Selbst) bei entsprechend starker Identifikation mit einer Gruppe Gegenstand der Selbstbestätigung sein (s. Chen, Chen & Shaw, 2004). Ähnliche Situationen und Umfelder über die Zeit hinweg begünstigen Selbstkonsistenz und werden daher vom Individuum aktiv konstruiert und aufgesucht, etwa durch gezielte Auswahl der Interaktionspartner und passende Interaktionsstrategien (vgl. Barone et al., 1997). Positive Selbstkonzepte werden bestätigt, indem man günstiges Feedback sucht, negative hingegen, indem man ungünstige Rückmeldungen „aufspürt". Swan (1990) geht davon aus, dass Selbstbestätigung eher für sichere und wichtige Selbstaspekte gesucht wird, die mit zentralen Zielen und Plänen in Verbindung stehen, als für unsichere und unwichtige. Durch geeignete kognitive Prozesse wird auch systematisch die Wahrnehmung der sozialen Realität zur Bestätigung des eigenen Selbstbildes verzerrt (→9.Kognitives Selbst). Es werden also mehr selbstbestätigende Beweise gesehen als tatsächlich existieren. Die verwendeten Mechanismen ähneln jenen der Selbst(wert)erhöhung. Sie dienen allerdings einem anderen Zweck, nämlich dem der Selbstbestätigung („es soll so bleiben, wie es ist") und nicht der Selbsterhöhung („es soll besser werden") (→12.Selbstwert).

Selbsterhöhung

Das Motiv nach Selbst(wert)erhöhung beschreibt das Bedürfnis nach positiven Bewertungen – im Sinne eines globalen Gesamteindrucks – der eigenen Person (→12.Selbstwert). Man möchte sich selbst in einem positiven Licht sehen und von anderen ebenso wahrgenommen werden.

Kwan V. und ihr Forschungsteam (2004) unterscheiden zwei Arten von Selbsterhöhung: (1) Die eigene Person wird positiver bewertet als andere Personen. (2) Eine Person bewertet sich selbst positiver als sie von anderen wahrgenommen wird. Selbst- und Fremdbild stimmen nicht überein (→5.Soziales Selbst).

Nachteile dieses Motivs können in einer permanenten Vermeidung von nützlichem Feedback und in einer zu deutlichen Abgrenzung von den anderen im Sinn eines überheblichen: „ich bin besser als ihr" liegen. Dies kann im schlimmsten Fall zu sozialem Ausschluss führen (vgl. Baumeister, 1998b).

Welches Motiv ist stärker: Selbsterhöhung oder Selbstkonsistenz?

In der derzeitigen Literatur scheinen jene Forschungsarbeiten zu dominieren, welche das Selbsterhöhungsmotiv als stärkstes selbstbezogenes Motiv ansehen, dem die Motive nach Selbstkonsistenz und akkurater Selbsteinschätzung untergeordnet werden (z.B. Sedikides, 1993, Sedikides & Skowronski, 2000). Die Frage, welches von beiden – Selbsterhöhung oder Selbstkonsistenz – das mächtigere Motiv sei, stellt sich genau genommen nur für Personen mit einem eher negativ gefärbten Selbstbild. Für jene mit einem positiven Selbstbild existiert diese Problemstellung gar nicht: In diesem Fall stimmen die Bedürfnisse nach Selbsterhöhung und -konsistenz überein. Positive Rückmeldungen und vorteilhafte Einschätzungen gelten als (kognitiv) richtig, weil sie vorhandene Konzepte bestätigen. Gleichzeitig erhöhen sie den Selbstwert und bringen emotionales Wohlbefinden. Personen mit einer negativen Selbstsicht hingegen wünschen sich auf emotionaler Ebene ebenfalls positive selbsterhöhende Rückmeldungen und Bewertungen. Doch können sie diesen gleichzeitig auf der kognitiven Ebene weniger Glauben schenken, da sie ihrem vorherrschenden eher negativen (Gesamt-) Selbstbild widersprechen. Da negative Selbstkonzepte jedoch häufig mit weniger Sicherheit und Gewissheit vertreten werden wie positive (→12.Selbstwert), findet sich auch bei Personen mit einem vergleichsweise negativen Selbstbild sehr häufig das Selbsterhöhungsmotiv. Dies insbesondere in jenen speziellen Bereichen, in denen im Gegensatz zur eher globalen negativen Selbstsicht positive Meinungen über die eigene Person vertreten werden.

Selbstbestimmung

Der Mensch ist bestrebt, sich als Verursacher und Urheber seiner Handlungen zu erleben. Er möchte aktiv und autonom gestalten und die Umwelt verändern. Die Selbstbestimmungstheorie (Deci & Ryan, 1987, 1990, 1991, Ryan, 1998) beschreibt ein grundlegendes psychologisches Bedürfnis aller Menschen nach Autonomie, Kompetenz und intakten zwischenmenschlichen Beziehungen (→5.Soziales Selbst; →13.Gesellschaft und Menschheit). Erlebte Selbstbestimmung geht mit individuellem Wohlbefinden einher (s. Chirkov et al., 2003). Eng gefasste Anforderungen der Umwelt, in Aussicht gestellte Belohnungen und Bestrafungen, Zwang usw. schränken die erlebte Selbstbestimmung ein. Im Extremfall kann dies zu einem Gefühl völliger Abhängigkeit führen. Man erlebt sich als Spielball äußerer Kräfte und sieht seine eigenen Aktivitäten entwertet, auch wenn sie äußerlich erfolgreich sind. In engem Zusammenhang mit Selbstbestimmung stehen die erforderlichen Kompetenzen für erfolgreiches Handeln. Das eigene Selbst ist fähig und kann etwas bewirken (→11.Handelndes Selbst; Selbstwirksamkeitstheorie).

Intrinsische Motivation und „Flow-Erlebnis"

Von intrinsischer Motivation spricht man dann, wenn eine Person eine Handlung ohne äußere Anreize (Belohnungen etc.) durchführt. Ein intrinsisch motivierter Mensch handelt unabhängig und aus freien Stücken und wird demnach als selbstbestimmt und autonom bezeichnet. Extrinsisch motiviertes Verhalten ist hingegen fremdbestimmt („ferngesteuert") und wird ausgeführt, um bestimmte Belohnungen (Geld, Anerkennung usw.) zu erhalten oder Bestrafungen zu vermeiden. Ist ein Verhalten intrinsisch motiviert, so bereitet die Beschäftigung an sich Freude und wird ausschließlich ihrer selbst willen ausgeübt. Es entsteht ein „Flow-Erlebnis" (Csikszentmihalyi, 1982). „Flow" beschreibt einen lustvollen Aktivitätsfluss und das völlige Aufgehen und Versunken-Sein in eine Tätigkeit. Die Aufmerksamkeit wird so sehr von der Aktivität absorbiert, dass eigene Person und Umwelt gleichsam in Vergessenheit geraten. (Fast) jeder Mensch hat Bereiche, die ihm ein „Flow-Erlebnis" bescheren. Grundsätzlich kann jede Beschäftigung (Gartenarbeit, Bergsteigen, handwerkliche Tätigkeiten, Lesen usw.) zu einem Flow-Erlebnis führen, sofern sie ausschließlich ihrer selbst willen und aus eigenen Stücken (i.e. intrinsisch motiviert) durchgeführt wird. Nach Deci und Ryan (1991) kann aber auch ur-

sprünglich extrinsisch motiviertes Verhalten zu einem weitgehend
selbstbestimmten, intrinsisch motivierten Verhalten werden. Wenn
sich eine Person etwa mit einem anfänglich von außen gelenktem
Verhalten zu identifizieren beginnt und es in ihren Wertekanon integriert, wird sie dieses Verhalten schlussendlich auch aus freien Stücken
ausführen, ohne von Belohnungen oder Bestrafungen geleitet zu sein
(s. auch Bless, 2001).

Selbstverwirklichung: von der Potentialität zur Aktualität

Selbstverwirklichung ist bereits ein etwas in die Jahre gekommener
Begriff, der im Rahmen der Selbstmotive seine Erwähnung finden
muss, weil er vor allem in der psychologisch-therapeutischen Praxis
explizit und implizit seine Gültigkeit hat und darüber hinaus auch im
Alltagsverständnis der Menschen maßgebliche Spuren hinterlassen
hat. Selbstverwirklichung kann einerseits als Entwicklungs- und Entfaltungsprozess, andererseits als Endzustand und Ziel gesehen werden.
Tatsächlich ist es aber so, dass Selbstverwirklichung eher ein Prozess
als ein je zu erreichender Endzustand ist (vgl. Paulus, 1994).

Selbstverwirklichung als „Superlativ und Krönung" der individuellen Entwicklung wird leider allzu oft als Freibrief zur rücksichtslosen
Durchsetzung eigener Wünsche und Ziele missverstanden. Die Förderung von egozentrischem und selbstsüchtigem Verhalten ist gewiss
niemals die Absicht ihrer prominenten Wortführer (z.B. Carl Rogers)
gewesen, die stets auch Beziehungsfähigkeit und soziale Verantwortung im Auge hatten. Sicherlich ist das Ich wichtig, natürlich müssen
wir im Einklang mit uns selbst leben, unsere Mitte finden und eine
ausgewogene Balance im Leben schaffen (→16.Gesundheit und Wohlbefinden).
Aber maßgeblich ist auch, dass das Ich zum Du und Wir findet und
dass wir zu Einklang und Harmonie mit Mitmenschen und Natur gelangen. In Verantwortung für sich selbst und andere zu agieren sowie
eigene und fremde Bedürfnisse zu berücksichtigen und zu befriedigen,
sollte das grundlegende Anliegen sein (→5.Soziales Selbst; ethisches Selbst;
→13.Gesellschaft und Menschheit).

Selbstverbesserung
Selbstverbesserung bedeutet als Begriff grundsätzlich Ähnliches wie
Selbstverwirklichung. Da er aber als Fachterminus enger definiert ist,
wurde er dem Selbstverwirklichungsbegriff untergeordnet. Das Be-

dürfnis nach Selbstverbesserung steht in einem engen Zusammenhang mit dem Bedürfnis nach einer korrekten Selbsteinschätzung, welches die Grundlage für eine effiziente Selbstverbesserung darstellt. Erkennt eine Person im Rahmen einer sorgfältigen Selbsteinschätzung ein Defizit in einem bestimmten Bereich, so kann sie diesen beiseite lassen (z.b. eine Tätigkeit aufgeben und etwa als unwichtig abwerten) oder aber sie kann versuchen, ihre Kompetenzen in diesem Bereich gezielt zu erhöhen. Selbstverbesserung steht mit dem humanistischen Motiv nach Wachstum und Entwicklung im Zusammenhang. Der Mensch möchte besser werden, als er (schon) ist: Aus einem Defizit soll eine Stärke werden. Dies kann beispielsweise durch vermehrte Übung, das Sammeln neuer Informationen oder die Nutzung technischer Innovationen gelingen (vgl. z.b. Sedikides & Skowronski, 2000). Erzielte Fortschritte erhöhen wiederum den Selbstwert und erzeugen ein Gefühl der Selbstwirksamkeit (→11.Handelndes Selbst; →12.Selbstwert).

Einige abschließende Bemerkungen zu den Selbstmotiven

Die soeben beschriebenen Motive haben wie die meisten Dinge des Lebens zwei Seiten: eine positive und eine negative. Die positiven Aspekte kommen bei einem angemessenen Einsatz zum Tragen, die negativen hingegen bei einem Zuviel und bei einem Zuwenig. Eine einerseits fehlende bzw. mangelhafte sowie eine andererseits übertriebene, extreme „Verwendung" eines einzelnen Motivs kann zu einem Ungleichgewicht führen, das negative Auswirkungen auf Lebensführung und Wohlbefinden haben kann (→16.Gesundheit und Wohlbefinden). Die jeweiligen Selbstmotive können je nach Situation und Zeitpunkt von unterschiedlichem Nutzen für die Person sein. Ist ein Merkmal etwa veränderbar, so scheint der Einsatz des Selbstverbesserungsmotivs (d.h. an Schwächen und Fehlern zu arbeiten) günstiger zu sein als eine bloße Selbsterhöhung, bei der etwa eine negative Leistungsrückmeldung als irrelevant zurückgewiesen wird. Das Selbsterhöhungsmotiv dagegen ist eher bei unveränderlichen Merkmalen von Vorteil. Sind bereits viele diagnostisch relevante Ergebnisse über eine Fähigkeit vorhanden, macht es wenig Sinn, nach weiteren Informationen zu suchen. Das Konsistenzmotiv erscheint in diesem Fall sinnvoller (vgl. z.B. Sedikides & Skowronski, 2000). Besonders für die Motive der Selbstbestimmung und Selbstverwirklichung gilt, dass ein dosierter Einsatz in Abstimmung mit der Umgebung vorteilhaft ist. Ohne Rücksichtnahme auf andere muss jede Selbstverwirklichung letztendlich zum Scheitern verurteilt sein.

Interessante Perspektiven für die Forschung

Die Motivationsforschung blickt auf eine alte und reiche Tradition zurück. Das Selbst als Quelle der Motivation – sei es als Anreiz oder als Antrieb – erfreut sich erst seit vergleichsweise kurzer Zeit der Aufmerksamkeit bestimmter Forschungszirkel. Viele mögliche Zusammenhänge, Ursachen- und Wirkungsverkettungen sind erst in Ansätzen bekannt und harren noch einer genaueren Erforschung. Es erscheint sinnvoll, herauszufinden, unter welchen Bedingungen und bei welchen Personen (-typen) einzelne Selbstmotive zum Tragen kommen. Mögliche therapeutische Anwendungen und deren Evaluation stehen in diesem speziellen Bereich noch weitgehend aus. Für den klinischen und psychotherapeutischen Sektor könnte es beispielsweise von Vorteil sein, positive und negative Aspekte der einzelnen Motive genau zu bestimmen. Da alle Motive innerhalb bestimmter Grenzen ihre Nützlichkeit entfalten, aber jenseits dieser Grenzen entsprechenden Schaden anrichten können, sollte bei einer einseitigen und/oder übertriebenen Verwendung eines Motivs durch eine entsprechende Ausbalancierung mit einem fehlenden bzw. komplementären Motiv gegengesteuert werden.

Anregungen zur Selbsterforschung

- Was bewegt Sie zum Handeln? Wer oder was ist Ihre treibende Kraft? Wo liegen Ihre Motive und Beweggründe?
- Welche Ihrer Handlungen erleben Sie als selbstbestimmt und welche als fremdbestimmt? Wo können Sie frei entscheiden und wo sind äußere Umstände dafür hauptverantwortlich, was Sie tun?
- Wie erleben Sie selbstbestimmtes im Unterschied zu fremdbestimmtem Handeln, welche Gedanken und Gefühle treten dabei auf?
- Welche Visionen und Ziele verfolgen Sie? Was wird anders sein bzw. was wird sich verändert haben, wenn Sie Ihre Ziele erreicht haben?

Zusammenfassung

Wir lernen zunächst das motivationale Selbst als Anreiz für unser Verhalten kennen. Zukünftige Selbstbilder zwischen Hoffnung und Befürchtung, zwischen Fantasie und Wirklichkeit können unser Handeln bestimmen, indem sie uns wünschenswerte Bilder, die wir anstreben, sowie befürchtete, die wir vermeiden, vor Augen führen. Ziele und Standards, die je nach Lebensabschnitt und den darin zu bewältigenden Aufgaben variieren können, prägen das potentielle Selbst. Zuversichtliche und optimistische Selbstbilder und Ziele, die mit einer genauen und realistischen Planung konkretisiert werden, erhöhen die Wahrscheinlichkeit einer erfolgreichen Zielerreichung.

Das Selbst ist aber auch treibende Kraft durch eine Reihe von Motiven, die eher unbewusst auf unser Verhalten einwirken. Das stärkste dieser Motive dürfte jenes nach Selbsterhöhung sein, das in engem Zusammenhang mit dem Selbstwert steht, gefolgt vom Konsistenzmotiv, das uns Stabilität und Kontinuität bietet, um durch wechselvolle Umgebungen und Situationen sicher manövrieren zu können. Besonders wichtig für unsere Entwicklung sind Motive, die der Selbstverbesserung und dem Selbstwachstum dienen, die in der Regel auf einer korrekten Selbsteinschätzung beruhen. Insbesondere die Motive nach Selbstbestimmung und Selbstverwirklichung können aber eine Falle darstellen, wenn sie als Freibrief für rücksichtsloses und egoistisches Handeln missverstanden werden. Wenn letztendlich nicht im Einklang mit der belebten und unbelebten Umgebung gehandelt wird, lässt sich auch kein Einklang mit sich selbst finden.

11. Handelndes Selbst: Aktivität jenseits der Routine

Einige Gedankensplitter zum Nachdenken

I. Der Mensch hat grundsätzlich die Freiheit zu handeln wie er will – oder einfach nicht zu handeln. Dieser Freiheit sind aber mehr oder minder enge Grenzen gesetzt. Die Grenzen ergeben sich einerseits aus dem kulturellen und sozialen Umfeld (Regeln des Zusammenlebens, Gesetze usw.) und andererseits aus der körperlichen, geistigen und seelischen Begrenztheit des Menschen.

IIa. Alles ist vorherbestimmt und vorhersagbar. Es gibt keine Ungewissheit. Es herrschen Klarheit, Kontrollierbarkeit und Berechenbarkeit.

IIb. Alles ist unsicher und unvorhersehbar. Es gibt keine Gewissheit. Es herrschen Unberechenbarkeit und Unkontrollierbarkeit.

IIc. Nichts ist sicher, nur mehr oder weniger wahrscheinlich. Der Klarheit und Berechenbarkeit sind Grenzen gesetzt, aber auch der Unberechenbarkeit und Unkontrollierbarkeit.

Der Mensch denkt und handelt – und Gott lenkt?

Der Mensch hat zwar die Möglichkeit zielstrebig und absichtsvoll zu handeln, aber auf die Ergebnisse seines Handelns wird er trotzdem nur begrenzten Einfluss haben. Wir entwerfen Pläne und kluge Handlungsstrategien, die dann doch nicht die erhofften – oder aber überraschend andere – Resultate erbringen. Wirkung und Auswirkung menschlichen Handelns liegen nicht ausschließlich beim Handelnden selbst. Diese Grundgegebenheit irdischen Daseins mag uns mitunter traurig stimmen, doch sie hat auch ihr Gutes. Stellen Sie sich einmal vor, sie hätten tatsächlich über alle für Sie relevanten Bereiche vollständige Kontrolle. Gesetzt den Fall, der Mensch hätte eine totale und umfassende Kontrollmöglichkeit, kann prognostiziert werden, dass der einzelne Mensch in Anbetracht dieser enormen Entscheidungslast am Ende scheitern und gänzlich handlungsunfähig werden würde. Menschen sind nicht die alleinigen Verursacher ihres Schicksals, und dies ist wohl auch gut so. Unzählige andere Einflüsse, z.B. sozialer, geographischer oder institutioneller Natur, prägen den individuellen Lebensweg mit. Auf die eingeschränkten Einfluss- und Kontrollmöglichkeiten reagieren Menschen sehr unterschiedlich. Der eine resig-

niert mit einem Seufzer („nützt eh alles nichts") und schaut tatenlos
zu, eine andere dagegen versucht ihr Schicksal trotzdem aktiv mitzu-
gestalten.

Kontrolle und Kontrollüberzeugungen
Überzeugungen von Menschen, inwieweit sie durch ihr aktives Handeln ihre Umgebung und ihre Ergebnisse beeinflussen können, werden
in der Psychologie unter den Begriffen Kontrolle und Kontrollerwar-
tungen erforscht (z.b. Rotter, 1966[25]). Dabei geht es um subjektive
Überzeugungen der Person, die mit objektiven Gegebenheiten wenig
bis gar nichts zu tun haben müssen. Trotzdem üben sie großen Einfluss auf das menschliche Erleben und Verhalten aus. Eine Person, die
glaubt, alles unter eigener Kontrolle zu haben, wird genauso in die Irre
gehen wie jemand, der glaubt, überhaupt nichts selbst kontrollieren zu
können. Bei fehlenden Kontrollüberzeugungen kann es zu Gefühlen
der Machtlosigkeit und Hilflosigkeit kommen. Die Person wird passiv
und inaktiv, was Seligman (1986) in seiner Theorie der gelernten Hilflosigkeit mit zahlreichen Experimenten eindrucksvoll bestätigen konnte. Überzogene Kontrollüberzeugungen stehen mit Selbstüberschät-
zung und risikoreichem Verhalten in Zusammenhang. Menschen mit
angemessenen Kontrollüberzeugungen hingegen berücksichtigen ein-
schränkende Faktoren in der Umwelt und in der eigenen Person und
konzentrieren sich auf jene Aktivitäten, die im eigenen Macht- und
Einflussbereich liegen.

Ziele und Zielerreichung
Ziele sind Richtschnur und Leitlinie in unserem Leben (→10.Motivationales
Selbst). Doch die größten und anspruchsvollsten Ziele sind wertlos,
wenn sie nicht in aktives, zielorientiertes Verhalten umgesetzt werden.
Im folgenden Kapitel wird es um erfolgreiche Zielerreichung durch
aktives Handeln gehen. Von Faktoren, die außerhalb unseres Einfluss-
bereiches liegen, aber dennoch der Zielerreichung förderlich sein können, wie etwa Glück und günstige Umstände, wollen wir absehen,
wenngleich sie zweifelsohne auch wichtig sein mögen. Stattdessen

---

[25] Er unterscheidet zwischen interner und externer Kontrollüberzeugung. Von interner Kontrollüberzeugung wird dann gesprochen, wenn eine Person annimmt, dass ihre Ergebnisse von ihrem
Verhalten und ihren Fähigkeiten abhängig sind. Eine Person mit vorrangig externer Kontrollüberzeugung wird hingegen annehmen, dass ihre Ergebnisse in erster Linie von externen Faktoren (z.B. Glück, anderen Personen usw.) beeinflusst werden und nicht vom eigenen Verhalten.

wollen wir uns den eigenen Wirkungsmöglichkeiten und Gestaltungskräften zuwenden.

Über alltägliches vs. strategisch geplantes menschliches Verhalten
Menschliches Verhalten ist einerseits wohl überlegt, strategisch geplant, absichtsvoll und zielstrebig, andererseits ist es alltäglich, relativ gedankenlos und läuft weitgehend automatisiert ab. Baumeister (2000) meint etwa, dass 90 – 95 % des menschlichen Verhaltens automatisch ablaufende Routineaktivitäten und Gewohnheiten sind. Viele psychologische Modelle beschäftigen sich aber trotzdem vorrangig mit dem verbleibenden kleinen Rest menschlichen Verhaltens. In der Theorie des vernünftigen und geplanten Verhaltens etwa (Ajzen, 1987, 2002; Ajzen & Fishbein, 1977) wird die Fähigkeit des Menschen zum rationalen Denken und Handeln in den Vordergrund gerückt. Verhalten resultiert aus konkreten Verhaltensabsichten, welche von den erwarteten Konsequenzen eines Verhaltens und deren Bewertung abhängig sind. Verhalten ist natürlich auch davon abhängig, ob wir der Überzeugung sind, mit unseren Fähigkeiten und Möglichkeiten die gewünschten Ergebnisse zu erzielen. Im Rubikon-Modell nimmt Heckhausen (1989) vier (idealtypische) Handlungsphasen an: (1) In der *Vorentscheidungsphase* werden verschiedene Handlungsalternativen gegeneinander abgewogen. Eine Entscheidung wird für eine konkrete Handlung getroffen und eine entsprechende Verhaltensabsicht gebildet. (2) In der sogenannten *präaktionalen* Phase wird auf eine günstige Gelegenheit zur Handlungsrealisierung gewartet. (3) In der *aktionalen* Phase kommt es schließlich zur konkreten Handlungsausführung. (4) In der *postaktionalen* Phase, nach der Handlungsausführung, wird das durchgeführte Verhalten bewertet und im Bedarfsfall werden lehrreiche Schlüsse aus den gemachten Erfahrungen und den Handlungsergebnissen gezogen.

Das aktiv handelnde Selbst: Selbstkontrolle und Selbstregulation

Einerseits wird das Selbstbild durch das Verhalten beeinflusst und verändert. Durch seine Aktivitäten lernt der Handelnde etwas über sich und findet Zugang zum eigenen Selbst (vgl. Dannefer, 1999) (→7.Inhalte des Selbst). Andererseits übt das Selbstkonzept Einfluss auf unser Verhalten aus. Selbstbezogenes Wissen kann insbesondere dann unser Verhalten beeinflussen, wenn es eine hohe Verfügbarkeit, eine hohe Kohärenz und einen hohen Verpflichtungscharakter (commitment) aufweist (s. Higgins, 1996a). Von einer exekutiven Funktion des Selbst spricht Baumeister (1998a). Das handelnde Selbst agiert demnach autonom und selbstbestimmt, übt Kontrolle auf seine Umgebung aus, trifft Entscheidungen und versucht, Ziele zu erreichen. Alles in allem kann also davon ausgegangen werden, dass das Selbst als aktive Instanz im gesamten Entwicklungsverlauf eine wichtige gestaltende Rolle spielt (→6.Entwicklung des Selbst).

Versuch einer Begriffsklärung
Mit den Begriffen Selbstregulation und Selbstkontrolle wird in der Forschungsliteratur willentlich und bewusst initiiertes, gesteuertes und selbstüberwachtes Verhalten erörtert. Selbstdisziplin, Willensstärke oder Selbstmanagement bezeichnen einen durchaus vergleichbaren Sachverhalt. Alle diese Begriffe beziehen sich auf die Tatsache, dass Menschen fähig und willens sind, ihr Verhalten, aber auch ihre Gedanken und Gefühle zur Erreichung bestimmter Ergebnisse und Ziele unter ihre Kontrolle zu bekommen.

Strategien erfolgreicher Selbstregulation und -kontrolle

Effektive Selbstregulation und Selbstkontrolle zur erfolgreichen Zielerreichung ist niemals starr und unflexibel, sondern beinhaltet stets eine den laufenden Gegebenheiten und Umständen angemessene Beweglichkeit und kontinuierliche Modifikation des Verhaltens. Grundsätzlich kann gelten, dass wohl alle Ziele auf verschiedenen Wegen erreichbar sind und dass es selten nur eine einzige erfolgversprechende Strategie der Zielerreichung gibt. Wenn ein Weg eher in eine Sackgasse führt und eine Strategie bereits mehr Kosten verursacht hat, als jemals an Nutzen wieder hereingebracht werden kann, sind jedenfalls Kurskorrekturen angezeigt (vgl. Mischel et al., 1996).

Optimale Zielauswahl

Ziele sollten klar und realistisch formuliert sein und keine Widersprüche beinhalten, die zu gegensätzlichen Handlungsimpulsen führen können. Kuhl und Fuhrmann (1998) weisen darauf hin, dass Ziele, die gut ins eigene Selbstbild passen und einem einheitlichen und konsistenten Selbst dienen, mit weniger Kraftanstrengung erreicht werden können als Ziele, die mit dem eigenen Selbstverständnis unvereinbar scheinen. Die Erreichung von mit dem Selbst inkompatiblen Zielen braucht im wahrsten Sinn des Wortes Selbst*überwindung*. Diese benötigt einen größeren (Energie-) Aufwand, weil sie gegen natürliche innere Tendenzen durchgesetzt werden muss. Eine Mitarbeiterin, die sich gezwungen fühlt, Unternehmensziele zu verfolgen, die nicht mit ihren persönlichen Werten und Zielen übereinstimmen, wird weniger beherzt und engagiert bei der Sache sein als eine andere, die sich mit den Zielen voll und ganz zu identifizieren vermag, weil sie sich gut in ihr Selbstbild einfügen (→10.Motivationales Selbst; →15.Wirtschaft und Beruf).

Ziel-Commitment und Konsequenz in der Zielverfolgung

Die Verpflichtung, ein gewähltes Ziel zu verfolgen, und die notwendige Ausdauer und Konsequenz in der Zielverfolgung bilden eine wesentliche Voraussetzung für eine erfolgreiche Zielerreichung. Die Konzentration auf ein Ziel erfordert mitunter die Vernachlässigung anderer Ziele; will jemand beispielsweise beruflich erfolgreich sein, so muss häufig die Familie hintangestellt werden. Verlockungen (z.B. ins Kino zu gehen anstatt für eine Prüfung zu lernen oder einen Bericht fertig zu stellen) muss oft aktiver Widerstand geleistet werden, damit die Zielerreichung nicht gefährdet wird. Mögliche Rückschläge sollten als Gelegenheit gesehen werden zu lernen und das Verhalten zu optimieren. Auf diese Weise können neben einer konsequenten Zielverfolgung auch die eigenen Kompetenzen erweitert werden (→9.Kognitives Selbst).

Sorgfältige und effektive Planung

Ziele werden oft nur vage definiert und bilden daher kaum Anhaltspunkte für ein erfolgreiches Verhalten zur Zielerreichung. Um Zielvorstellungen verwirklichen zu können, müssen sie in konkrete Handlungsabsichten und Verhaltensweisen aufgefächert werden, die für die Person bewältigbar sind. Die Festlegung von Teiletappen und Kontrollschleifen macht eine kontinuierliche Annäherung an das Ziel überprüfbar. Weil Planungen – nicht zuletzt aufgrund einer kaum fassbaren Komplexität der Wirklichkeit – immer wieder in die Irre gehen und Ergebnisse ganz anders aussehen können, als der Plan es vorsehen würde, ist eine flexible Anpassung der Planung an laufende Gegebenheiten von Vorteil. Planen soll dynamisch, kontinuierlich und begleitend stattfinden und stets den neuesten Entwicklungen Rechnung tragen. Smith (1999) nennt vier Fertigkeiten, die Planung und Zielerreichung optimieren. (1) *Zeitmanagement* (z.B. Prioritätenliste nach Wichtigkeit, Zeitplan mit individuellem Arbeitsrhythmus in Einklang bringen, Zeit für Erholung und Spontaneität einplanen). (2) *Ressourcenmanagement* von materiellen (z.B. Geld, Materialien) und immateriellen Ressourcen (z.B. Wissen, Fertigkeiten, Motivation) sowie entsprechende Kosten-Nutzen-Analyse. (3) *Interpersonelles* Management (z.B. Kommunikationsfähigkeiten, Verhandlungs- und Überzeugungstaktiken). (4) *Selbstmanagement* (z.B. Ausdauer und Widerstandsfähigkeit, Selbstmotivation).

Konzentrierte Handlungsdurchführung
Handlungsorientierung bzw. -kontrolle erhöht die Erfolgswahrscheinlichkeit (vgl. Kuhl, 1983). Die Aufmerksamkeit ist selektiv und konzentriert sich auf jene Aktivitäten, welche für die Zielerreichung notwendig sind. Die Informationsverarbeitung ist sparsam und irrelevante Informationen werden nicht beachtet. Die handlungsorientierte Person weiß, was sie zu tun hat und zeigt in der Handlungsdurchführung weder Zögern noch Zaudern. Hilfreich können dabei Selbstinstruktionen in Form von gesprochenen oder mitgedachten (konkreten) Handlungsanweisungen sowie dann und wann eingestreutes (Selbst-) Lob für bereits gemachte Fortschritte sein. Die begleitenden Gefühle sind positiv und fördern das zielgerichtete Handeln (z.B. Zuversicht auf Erfolg, Freude an der Tätigkeit).

Affektregulation und -kontrolle
Negative Gefühle führen häufig zu negativen Selbstbewertungen und massiven Selbstzweifeln (z.B.: „dafür bin ich nicht gescheit genug"), welche eine weitere Zielverfolgung aussichtslos erscheinen lassen und nicht selten zu einer (vorzeitigen) Aufgabe des Zieles führen. In entspannten Phasen hingegen steigt die Wahrscheinlichkeit, dass jemand an sich und seine Fähigkeiten glaubt und daher erfolgreicher handelt als eine Person, die ihre eigenen Fähigkeiten anzweifelt. Aversive

Empfindungen in den Griff zu bekommen, den Stress zu reduzieren und körperliche Empfindungen neu zu interpretieren, ist demnach für eine erfolgreiche Zielerreichung von großer Bedeutung. Mentale „Abkühlung", welche aufwallende negative Emotionen und Gedanken relativiert und positive Denkinhalte (z.b. „durch entsprechende Übung kann ich mich noch verbessern") forciert, kann hier zweckdienlich sein. Dabei geht es nicht um ausschweifende Wunschfantasien und unrealistische Tagträume, sondern um Konzentration auf konkrete Details der anstehenden Aufgabe. Eine Situation nicht abzukühlen, sondern gleichermaßen positiv „aufzuheizen", kann insbesondere bei uninteressanten Aufgaben und Routinetätigkeiten, die aber dennoch für die Zielerreichung unabdingbar sind, vorteilhaft sein. So lassen sich etwa für viele Menschen langweilige Tätigkeiten durch Musikhören attraktiver gestalten. Eine positiv entspannte Stimmungslage erhöht darüber hinaus auch die Kreativität und die Problemlösekompetenz.

Selektiver sozialer Kontakt
Die Wahl der richtigen Umgebung ist für eine erfolgreiche Zielerreichung von nicht zu unterschätzender Wichtigkeit. Wohlmeinenden Personen, welche intellektuelle und/oder emotionale Unterstützung bieten, die Mut und Zuspruch spenden, kommt insbesondere bei Rückschlägen, (drohenden) Misserfolgen und sogenannten Durststrecken, wo nichts weiterzugehen scheint, große Bedeutung zu.

Belohnungsaufschub (delay of gratification)
Belohnungsaufschub als eine spezielle Form der Selbstkontrolle hat das Forschungsteam um Walter Mischel in zahllosen Experimenten in jahrzehntelanger Arbeit gründlich erforscht (z.B. Mischel, 1974; Mischel et al., 1988). Belohnungsaufschub – die Fähigkeit angenehme Dinge auf später verschieben zu können – ist für eine erfolgreiche Zielerreichung von großer Wichtigkeit. Vor allem bei aufwendigen Unternehmungen, die sich über eine lange Zeitspanne erstrecken und große Entbehrungen erfordern, kommt dieser Fähigkeit vorrangige Bedeutung zu. Belohnungsaufschub bedeutet, auf begehrte und attraktive Dinge (mitunter lange) warten und etwaigen Versuchungen widerstehen zu können. Schon bei Kindern zeigen sich große Unterschiede in ihrer Fähigkeit, Belohnungsaufschub auszuhalten. In einem in zahlreichen Variationen durchgeführten klassischen Experiment von Walter Mischel zeigte sich, dass Kinder, vor die Wahl gestellt, ei-

ne kleine Belohnung (z.b. ein Bonbon) sofort zu bekommen oder aber eine größere Belohnung (z.b. drei Bonbons) später – nach einer gewissen Wartezeit – zu erhalten, sehr unterschiedlich reagierten. Während manche Kinder sehr wohl ausharren und auf die größere Belohnung warten konnten, griffen andere nach der sofortigen Belohnung und verspielten damit die Chance auf eine größere Belohnung. Entsprechende Unterschiede zeigten sich auch bei Erwachsenen. Ausdauer zu zeigen, geduldig warten zu können und auf attraktive und angenehme Versuchungen (vorübergehend) verzichten zu können, scheint Menschen demnach unterschiedlich leicht bzw. schwer zu fallen.

Regelkreismodell der Selbstregulation

Ein häufig zitiertes Modell der Selbstregulation wurde aus der Kybernetik abgeleitet. Es vergleicht menschliche Selbstregulation mit der Selbststeuerung von elektronischen oder mechanischen Geräten (Carver, 2001; Scheier & Carver, 1988). Ablaufendes Verhalten wird durch Vergleiche von Ist- mit Sollwerten permanent selbstüberwacht. Durch Feedbackschleifen werden Abweichungen registriert und Verhaltenskorrekturen zur Reduktion der Diskrepanzen zwischen Zielvorstellungen (Sollwert) und tatsächlichem Verhalten bzw. Ergebnis (Istwert) durchgeführt. Der resultierende neue Istwert wird wiederum mit dem Sollwert verglichen. Gelingt die Diskrepanzreduktion trotz wiederholter Bemühungen nicht, sind häufig negative Emotionen die Folge (→8.Emotionales Selbst; Selbstdiskrepanztheorie). Auf kognitiver Ebene können aufgabenirrelevantes Denken, Tagträume und Fantasien auftreten, die eine erfolgreiche Aufgabenbewältigung noch unwahrscheinlicher werden lassen.

Eingeschränkte Ressourcen für die Selbstkontrolle

Selbstkontrolle verbraucht Energien und Kräfte, welche nicht in unbegrenzter Menge zur Verfügung stehen. Sie erfordert psychische und physische Anstrengungen und führt daher zu einer Erschöpfung, die nachfolgende Leistungen beeinträchtigen kann. Eine Person, die sich einer Kräfte zehrenden Diät unterwirft, wird vergleichsweise verringerte Ressourcen für andere Aktivitäten übrig haben. Gleichzeitig lässt sich auch erkennen, dass der Zusammenbruch der Selbstkontrollmechanismen in Stresssituationen und bei Müdigkeit häufiger vorkommt als unter normalen Umständen. Der Energie- und Kräfteverlust durch Selbstkontrollaktivitäten wird in Anlehnung an Sigmund Freud mit „Ich-Erschöpfung" (ego-depletion) bezeichnet. Roy Baumeister und sein Forschungsteam haben den Sachverhalt, dass die Selbstkontrollfähigkeit eine eingeschränkte Ressource darstellt, in zahlreichen Studien untersucht. So wurde etwa gezeigt, dass die (bewusste) Unterdrückung von Gefühlen zu einem nachfolgenden Leistungsabfall bei der Lösung von komplexen Denkaufgaben führte. In einer anderen Studie konnte nachgewiesen werden, dass die absichtsvolle Vermeidung von Gedanken nachfolgende Bemühungen erschwerte, bei der Betrachtung eines komischen Videos den Ausbruch von Heiterkeit zu unterdrücken bzw. zu kontrollieren. Auch die subjektive Zeitwahrnehmung verändert sich durch Selbstkontrolle. Wenn Gefühle und Gedanken willentlich unterdrückt werden müssen, so wird die Zeitdauer dieser Selbstkontrollaktivität übermäßig lang empfunden. Die veränderte Zeitwahrnehmung kann zu einer verfrühten Beendigung der Selbstkontrollaktivität führen, weil man fälschlicherweise annimmt, sich ohnehin schon lange genug angestrengt zu haben (s. Baumeister, 2000; Baumeister et al., 1998; Muraven et al., 1998; Schmeichel et al., 2003; Vohs & Schmeichel, 2003).

Nachteile übermäßiger Selbstkontrolle
Menschen wollen und können nicht immer und überall Selbstkontrolle ausüben. Permanente Selbstkontrolle wäre auch weder empfehlenswert noch sinnvoll. Abgesehen davon, dass Selbstkontrolle viel Kraft und Energie verbraucht, die anderswo fehlen kann, birgt übermäßige Selbstkontrolle auch noch andere Risiken für das körperliche und seelische Wohlbefinden in sich. Hier gilt die alte Volksweisheit, dass allzu viel des Guten auch nicht gut ist. Eine „Überdosis" an Selbstkontrolle kann zu massiven Einschränkungen im natürlichen Verhaltensfluss führen und unter Umständen zwanghaftes Verhalten begünstigen, das anderen, „gesunden" Bedürfnissen und Tendenzen zuwiderläuft. Unterdrückte Verhaltensimpulse können sich mitunter andere Ventile suchen, um zum Ausbruch zu gelangen (z.B. Aufgabe des Rauchens und stattdessen ein übermäßiger Konsum von Süßigkeiten).

Ein fiktives Fallbeispiel anhand einer Berufsgruppe

Politiker und Politikerinnen brauchen aufgrund eines sehr eng gefassten Rollenkorsetts in der Regel ein sehr hohes Ausmaß an Selbstkontrolle, um dem geforderten Image und Idealbild gerecht werden zu können. Gleichzeitig finden sie nur wenig Freiräume vor, wo sie gleichsam sie selbst sein können, ohne dass sie Kritik fürchten oder um Wählerstimmen bangen müssen. Es erscheint daher plausibel, dass Politiker und Politikerinnen aufgrund ständiger Selbstkontrolle an einer relativ überdauernden und starken Ich-Erschöpfung leiden dürften. Man muss sich fragen, welche Ventile sie nützen, um ihren innersten Antrieben und Bedürfnissen zumindest manchmal zum Durchbruch zu verhelfen. Schauspieler und Schauspielerinnen, Künstler und Künstlerinnen haben im Gegensatz dazu wesentlich weniger normative Ansprüche zu erfüllen. Obwohl sie ebenfalls im öffentlichen Rampenlicht stehen, wird ihnen extravagantes, auffälliges und ungewöhnliches Verhalten zugestanden, ja es wird geradewegs von ihnen erwartet. Ein Rockmusiker etwa, der seine (vergangene) Suchtproblematik öffentlich eingesteht, wird aller Wahrscheinlichkeit nach keine Schwierigkeiten mit der weiteren Ausübung seines Berufes haben. Unter Umständen erzielt er mit einer derartigen „story" auch noch einen steigenden Umsatz bei den CD Verkäufen, weil sie dem allgemeinen Mythos („sex, drugs & rock'n roll") entspricht. Politiker und Politikerinnen oder exponierte Wirtschaftstreibende müssen hingegen "abdanken" und ihre Positionen räumen, wenn etwaige Alkoholprobleme an die Öffentlichkeit kommen. Die Ausübung ihrer Tätigkeiten wird als unvereinbar mit einer Suchtproblematik gesehen. Sie müssen vorhandene Schwierigkeiten sorgfältig vertuschen, werden damit erpressbar und befinden sich schnell in einer Abwärtsspirale von Abhängigkeit, Verheimlichung und Ängsten, welche die Problemlage noch zusätzlich verschlimmern. Weitere Selbstkontrollversuche schlagen immer häufiger fehl, weil die „Batterien" längst leer gelaufen sind.

Mögliche Auswege

Bei mäßigen und vorübergehenden Formen der Selbstkontrolle werden zumeist die Vorteile die Nachteile überwiegen. Durch Selbstkontrolle können wichtige persönliche Ziele und überdies kulturelle und soziale Werte angestrebt werden, die (noch) nicht Teil des Selbst sind. Es scheint aber im Lichte der vorherigen Betrachtungen angemessen zu sein, anstrengende und Kräfte verzehrende Phasen der Selbstkontrolle mit Phasen der Entspannung und Erholung abzuwechseln. Es konnte beispielsweise gezeigt werden, dass Personen bei Testaufgaben besser abschnitten, wenn sie diese ohne Zeitdruck und mit entspannenden Instruktionen durchführen konnten (Menec, 1995, zit. nach

Kuhl & Fuhrmann, 1998). Auch eine gute Stimmung und eine angenehme Gefühlslage, ausgelöst etwa durch individuelle Entspannungs-
übungen, können hilfreich sein. Ein entsprechendes Training von
Selbstkontrollaktivitäten (z.B. Aufmerksamkeitsfokussierung) kann
ebenfalls den Energieaufwand drosseln, weil mit zunehmender Übung
die Aktivität an sich leichter von der Hand geht (vgl. Baumeister,
2000). Wenn es außerdem gelingt, ein bestimmtes Ziel in das allgemeine Selbstkonzept zu integrieren und es in Einklang mit anderen
Bedürfnissen und Wünschen des Selbst zu bringen, bedarf es einer
wesentlich geringeren Anstrengung und Selbst-Überwindung zur
Zielverfolgung und -erreichung (vgl. Kuhl & Fuhrmann, 1998). Ein
bestimmtes Ziel einem wichtigen Selbstaspekt gleichsam hierarchisch
unterzuordnen, kann beispielsweise zu einer Erhöhung der intrinsi-
schen Motivation (→10.Motivationales Selbst) führen, welche die Verhaltensausführung wesentlich erleichtern wird.

Das kompetente Selbst: Theorie der Selbstwirksamkeit

Etwas ausführlicher wird jetzt noch eine – zumindest für das westliche
Selbstverständnis (→4.Kulturelles Selbst) – besonders wichtige Theorie von
Albert Bandura erörtert. Die Theorie der Selbstwirksamkeit (self-
efficacy theory) kann als wissenschaftliche Auseinandersetzung mit
Alltagsslogans wie „die Kraft des positiven Denkens" oder „du
schaffst es, wenn du nur fest genug daran glaubst" gesehen werden. Es
geht Bandura (1997) aber nicht nur darum, dass die Menschen an ihre
Gestaltungsmöglichkeiten glauben, sondern es geht ihm auch um die
Befähigung der Menschen zur aktiven Gestaltung und um Ausbau und
Erweiterung ihrer Kompetenzen und persönlichen Ressourcen, welche
erst einen sicheren Erfolg ermöglichen. Bandura geht bei seiner Theorie von der Annahme aus, dass Menschen einen gewissen Einfluss auf
ihre Umgebung ausüben und Kontrolle über ihr eigenes Tun und Handeln erlangen können. Da er den Menschen nicht als resignierten Dul-
der seines ihm auferlegten Schicksals sehen möchte, sondern als aktiven Gestalter seines Lebens, empfiehlt er, sich auf kontrollierbare Aspekte im Leben zu konzentrieren, wodurch überdies auch die unkon-
trollierbaren Gegebenheiten leichter ertragen werden können. Es liegt
also an jedem einzelnen Menschen, wie viel er gerade trotz widriger
Umstände aus seinem Leben macht. Je mehr ein Mensch die von ihm

beeinflussbaren Aspekte des Lebens aktiv mitgestaltet, desto mehr wird er auch zum Gestalter seiner eigenen Zukunft.

> **Definition**
>
> *Die wahrgenommene Selbstwirksamkeit bezieht sich auf den Glauben an eigene Fähigkeiten und Potentiale zur Organisation und Ausführung von Handlungen, die zur Erreichung bestimmter Ziele dienen. Es geht um die subjektive Überzeugung, aus eigener Kraft und eigenem Vermögen bestimmte Ergebnisse **bewirken** zu können.*

Selbstwirksamkeitserwartungen

Selbstwirksamkeitserwartungen stellen subjektive Meinungen über die eigenen Fähigkeiten dar, ein bestimmtes Verhalten ausführen zu können. Es geht dabei weniger um individuelle Fähigkeiten in einem objektiven, messbaren Sinn, sondern darum, was jemand glaubt, mit diesen Fertigkeiten tun zu können; welche Probleme damit zu lösen und welche Ziele damit zu erreichen sind. Die Selbstwirksamkeitserwartungen sind verhaltens- und kontextspezifisch und keine für alle Situationen und Zeiten gültigen Kompetenz- und Wirksamkeitsüberzeugungen, etwa im Sinne einer stabilen Persönlichkeitseigenschaft. Selbstwirksamkeitserwartungen sind hoch spezifische Konstrukte, die je nach Aktivitätsbereich (z.B. Mathematik) und innerhalb eines Aktivitätsbereiches wiederum nach Schwierigkeitsniveau (z.B. höhere Algebra, Geometrie) und begleitenden Umständen (z.B. Hausübungen oder Prüfungssituationen) variieren.

Stärke der Selbstwirksamkeit

Schwache Selbstwirksamkeitsüberzeugungen verlieren durch Niederlagen schnell ihre Wirkung, wodurch auch das Vertrauen erlischt, eine Herausforderung positiv bewältigen zu können. Starke Überzeugungen bezüglich der eigenen Selbstwirksamkeit hingegen bleiben auch bei Widerständen und Schwierigkeiten intakt. Das Zutrauen in die eigenen Lösungskompetenzen geht nicht ohne weiteres verloren. Wenn der Glaube an die eigene Selbstwirksamkeit intakt ist, kann die Nichterreichung eines Zieles erst recht Motivation und Ehrgeiz anstacheln.

Starker Selbstwirksamkeitsglaube	Schwacher Selbstwirksamkeitsglaube
▪ Aktive, lern- und entwicklungs-orientierte Grundhaltung („ich kann das lernen, ich schaffe es").	▪ Passive, hilflose und resignative Haltung („da kann man nichts machen, dafür bin ich zu dumm").
▪ Zugrundeliegende Überzeugung: Fähigkeiten sind keine angeborenen, unveränderlichen Talente, sondern erlernbare Fertigkeiten (z.b. durch Wissenserwerb, Kompetenzaufbau, Erfahrungslernen und Üben).	▪ Zugrundeliegende Überzeugung: Fähigkeiten sind angeboren und unveränderbar; Versagen und Fehler werden auf fehlende Begabung zurückgeführt; Lernen und Kompetenzaufbau hat daher keinen Sinn.
▪ Schwierige Aufgaben werden als Herausforderung gesehen; großes Interesse und Engagement wird gezeigt.	▪ Man scheut vor schwierigen Aufgaben zurück, bei Misserfolgen Verlust des Interesses an der Aufgabe.
▪ Setzung anspruchsvoller Ziele, denen man sich sehr verpflichtet fühlt.	▪ Einmal gesetzten Zielen fühlt man sich nur wenig verpflichtet.
▪ Kein vorschnelles Aufgeben bei Hindernissen und Schwierigkeiten, sondern Anstrengungserhöhung.	▪ Rasches Aufgeben bei Hindernissen und Schwierigkeiten, wenig Anstrengungsbereitschaft und Ausdauer.
▪ Aufgabenorientierung und strategisches, lösungsorientiertes Denken – auch bei Schwierigkeiten.	▪ In Prüfungssituationen Konzentration auf persönliche Defizite und mögliche negative Konsequenzen bei Versagen.
▪ Fehler bilden einen natürlichen Bestandteil jedes Lernprozesses; Motto: „Aus Fehlern lernen und es das nächste Mal besser machen".	▪ Fehler und Misserfolge bedeuten, dass man ein Versager bzw. eine Versagerin ist und werden nur schwer und erst nach längerer Zeit weggesteckt.
▪ Versagen wird auf unzureichende Anstrengung zurückgeführt; Sinn für Selbstwirksamkeit stellt sich nach Niederlagen rasch wieder ein.	▪ Vermeidungsverhalten unterwandert den effektiven Einsatz von Bewältigungsstrategien und blockiert den Erwerb und Ausbau von Kompetenzen.
▪ Neue Aufgaben werden mit Mut und Zuversicht in Angriff genommen.	▪ Neue Aufgaben werden aus Angst vor Versagen nicht in Angriff genommen.

Tab. 7: Merkmale von starkem vs. schwachem Selbstwirksamkeitsglauben

Aufbau von Selbstwirksamkeitserwartungen

(1) Aktives Handeln. Erfahrungen durch eigenes Tun und vor allem Erfolg vs. Misserfolg gelten für Bandura als einflussreichste Quellen von Selbstwirksamkeitserwartungen. Die Bewältigung schwieriger Aufgaben und das Erreichen anspruchsvoller Ziele aus eigener Kraft legen den Grundstock für eine widerstandsfähige Überzeugung der eigenen Selbstwirksamkeit, die auch durch gelegentliche Rückschläge

nicht so ohne weiteres zu erschüttern ist. Misserfolge hingegen schwächen in der Regel den Glauben an die Selbstwirksamkeit.
(2) *Stellvertretende Erfahrungen.* Modell- und Beobachtungslernen beeinflussen ebenfalls die Selbstwirksamkeitserwartungen – wenngleich weniger stark wie die eigenen Erfahrungen. Die Beobachtung, dass andere, uns ähnliche Personen eine bestimmte schwierige Situation meistern, erhöht den Glauben an die eigene Selbstwirksamkeit.
(3) *Mündliches Überreden.* Faktoren wie Expertenstatus, Vertrauenswürdigkeit und Attraktivität bestimmen, wie erfolgreich die Überredungskünste („das schaffst du doch, das ist doch kein Problem für dich") ausfallen. Damit dem Vertrauen anderer in die eigenen Fähigkeiten wirklich Glaube geschenkt wird, ist es notwendig, dass die Beurteilung innerhalb realistischer Grenzen liegt und sich weitgehend mit der eigenen Meinung deckt.

Einige Empfehlungen für ein erfolgreich handelndes Selbst

- **Verhaltensflexibilität aufbauen bzw. bewahren.** *Eingeschliffene Verhaltensmuster können ihren ursprünglichen Zweck und Nutzen längst eingebüßt haben. Darüber hinaus muss ein Verhalten, mit dem man in der einen Situation erfolgreich war, nicht zwangsläufig auch in einer anderen Situation Erfolg bringen. Unterschiedliche Orte und Zeiten erfordern meist entsprechende Anpassungen des Verhaltens. Werden solche Zusammenhänge nicht erkannt, können ursprünglich erfolgreiche und funktionale Verhaltensweisen dysfunktional werden (→16.Gesundheit und Wohlbefinden). Es empfiehlt sich daher, dann und wann innezuhalten und zu überlegen, ob denn ein bestimmtes Verhalten überhaupt noch Sinn macht.*

- **Ziele mit dem Selbst in Einklang bringen.** *Wichtige Ziele sollten im Selbstbild solide verankert werden. Wenn sie nicht gleichsam isoliert verfolgt werden, sondern in einen sinnvollen selbstbezogenen Kontext eingebettet sind, so wird ihre Erreichung durch frei werdende Energien wesentlich erleichtert.*

- **Die begehrtesten Ziele sind nicht ohne Mühsal zu erreichen.** *Wäre das anders, so wären die Ziele gewiss weniger begehrenswert. Unerreichbare Ziele sollte man aber auch loslassen und aufgeben können.*

- **Aufbau von speziellen und allgemeinen Kompetenzen.** *Diverse Entspannungstechniken, Lernstrategien und Selbstkontrolltechniken sind für die Bewältigung verschiedenster Aufgaben und Probleme sowie für die Erreichung unterschiedlichster Ziele von Vorteil.*

Interessante Perspektiven für die Forschung

Das Selbstbild und sein Einfluss auf das menschliche Handeln bietet noch Raum für eine Vielzahl an möglichen Forschungsinitiativen. Sowohl in der Grundlagenforschung als auch in der praktischen Anwendung, etwa im klinischen und gesundheitspsychologischen Bereich, lassen sich vielversprechende Wege aufzeigen. Zunächst sollten noch theoretische Fundierung und Abgrenzung weiter vorangetrieben werden. Kuhl & Fuhrmann (1998) haben hier bereits einen aussichtsreichen Anfang mit der Unterscheidung von Selbstregulation und Selbstkontrolle sowie der Entwicklung eines entsprechenden Erhebungsinstrumentes gesetzt. Das optimale Maß an Selbstkontrolle und mögliche negative Auswirkungen einer übersteigerten Selbstkontrolle sind für die Anwendung relevant. Baumeister (2000) hat hier interessante Ansätze für Forschung und Praxis aufgezeigt, die auch von anderen Forschern und Forscherinnen weiterverfolgt werden könnten.

Anregungen zur Selbsterforschung

- Wann (in welchen Situationen) handeln Sie absichtsvoll und planvoll? Wann eher unabsichtlich, zufällig und gedankenlos?
- Welche Bereiche in Ihrem Leben stehen unter Ihrem Einfluss? Welche Bereiche stehen wenig oder gar nicht unter Ihrer Kontrolle und wie gehen Sie damit um? Was können Sie trotzdem tun?
- Welche (größeren oder kleineren) Ziele haben Sie bisher erreicht? Welche Hindernisse waren dabei zu überwinden und welche Schwierigkeiten zu meistern? Wer oder was hat Ihnen dabei geholfen?
- Welche Strategien haben Sie bisher zur erfolgreichen Zielerreichung angewandt? Welche Strategien möchten Sie sich in Zukunft noch aneignen?
- Was bedeutet für Sie persönlich erfolgreiches Handeln? Was verbuchen Sie als Erfolg? Was tragen Sie selbst aktiv und eigenverantwortlich zu Ihrem Erfolg bei?

Zusammenfassung

In diesem Kapitel wird beschrieben, welche selbstbezogenen Faktoren zielorientiertes und erfolgreiches Handeln fördern – wie auch immer jemand Erfolg für sich definiert. (Äußere, von uns weitgehend unbeeinflussbare Faktoren, wie etwa günstige Umstände, Glück etc. werden bewusst außer Acht gelassen.) Zum einen braucht es einen starken Glauben an die eigenen Fähigkeiten und Wirkungsmöglichkeiten, wie es Albert Bandura in seiner Selbstwirksamkeitstheorie beschrieben hat. Zum anderen erfordert es aber auch ein beträchtliches Maß an Willensstärke und Selbstdisziplin, die als (entwickelbare) Fähigkeiten zu Selbstregulation und Selbstkontrolle dargestellt werden. Mit ihrer Hilfe können vor allem große und anspruchsvolle Ziele verwirklicht werden. Konzentration auf anstehende Aufgaben, der (vorübergehende) Verzicht auf attraktive Versuchungen (i.e. Belohnungsaufschub), Durchhaltevermögen bei Durststrecken und die Überwindung von Hindernissen tragen allesamt zur Zielerreichung bei und bedürfen einer großen Portion an Selbstdisziplin bzw. Selbstkontrolle. Auch die Aneignung von erforderlichen neuen Kompetenzen, die einer Zielerreichung förderlich sind, sollte entsprechend unterstützt werden. Es wird aber auch betont, dass Selbstkontrolle kein unerschöpflicher Quell, sondern eine eingeschränkte (limitierte) Ressource ist, mit der eher sparsam gewirtschaftet werden soll. Aus diesem Grund, aber auch aus sonstigen Balancegründen wird abschließend noch einmal empfohlen, Selbstdisziplin und Selbstkontrolle sorgsam dosiert, also mit Maß und Ziel einzusetzen, und dabei immer wieder kürzere oder längere Phasen der Spontaneität und/oder (lustvollen) Entspannung zuzulassen, damit sich der Energiespeicher immer wieder auffüllen kann.

12. Selbstwert:
ein Weg zu Wohlbefinden und Zufriedenheit?

Vorstellungsbilder

I: Ich bin im Einklang mit mir und der Welt. Ich fühle mich wohl in meiner Haut. Ich bin zufrieden mit mir, mit dem wie ich bin und was ich mache. Ich blicke optimistisch und vertrauensvoll in die Zukunft. Ich bin zuversichtlich und guten Mutes, Schwierigkeiten überwinden und Probleme lösen zu können. Meine Umgebung macht einen freundlichen und wohlwollenden Eindruck. Die Begegnungen mit anderen Menschen erlebe ich angenehm und befriedigend. Ich bin im Einklang mit mir und der Welt.

II: Ich bin uneins mit mir und der Welt. Am liebsten möchte ich aus meiner Haut fahren. Ich hadere mit meinem Schicksal. Ich bin unzufrieden damit, wie ich bin und was ich mache. Meine Zukunft sehe ich düster und freudlos vor mir liegen. Unüberwindbare Schwierigkeiten und Hindernisse pflastern meinen Weg und blockieren mein Vorwärtskommen. Am liebsten möchte ich die Flinte ins Korn werfen. Meine Umgebung erweckt in mir einen unnahbaren, beinahe feindseligen Eindruck. Meine Kontakte mit anderen Menschen erlebe ich mühsam und unbefriedigend.

Beide Vorstellungsbilder – so gegensätzlich sie sein mögen – tangieren einen zentralen Aspekt, den Selbstwert. In dieser überzeichneten Form werden wir beide Vorstellungsbilder wohl nur sehr selten erleben. Vorstellungsbild I beschreibt ein positives Selbstwertgefühl in geradezu idealer Ausprägung. Vorstellungsbild II entwirft ein drastisch negatives Selbstwertgefühl, das hoffentlich nur vergleichsweise selten auftritt.

Selbstwert ist der wohl bekannteste und am weitesten verbreitete Begriff der Selbstforschung. Weil das Selbstwertgefühl mit den Lebensthemen Arbeit und Leistung, Zufriedenheit und Sinnhaftigkeit, Beziehungsfähigkeit und Liebe eng verwoben ist, übt dieser Gegenstand auf Forscher und Forscherinnen ebenso wie auf Laien eine große Faszination aus. Die Wörter Selbstwert und Selbstwertgefühl sind im alltäglichen Sprachgebrauch sehr verbreitet. Es scheint ein allgemeines Verständnis und eine gemeinhin gültige Übereinkunft darüber vorhanden zu sein, was unter Selbstwert zu verstehen ist und welche Bedeutung ihm zukommt. Bis in die frühen siebziger Jahre hat sich die akademische Selbstforschung fast ausschließlich mit Selbstwertfragen beschäftigt (vgl. Filipp, 1979; Harter, 1996; Wylie, 1961). Auch wenn mittlerweile viele andere Facetten des Selbst ebenfalls beträchtliches For-schungsinteresse erweckt haben, ist Selbstwert dennoch der am häu-figsten untersuchte Selbstaspekt geblieben. Folgendes Kapitel ver-sucht einen knappen, aber dennoch das Wesentliche umfassenden Überblick über die aktuelle Selbstwertforschung zu geben. Zunächst wird ein Definitionsversuch unternommen, anschließend auf Quellen, Struktur und Funktion von Selbstwert eingegangen. Darüber hinaus werden hoher und niedriger Selbstwert sowie Strategien des Schutzes und der Erhöhung von Selbstwert besprochen. Abschließend gibt es Tipps für einen intakten Selbstwert.

Was ist Selbstwert? Ein Definitionsversuch

Begriffsbestimmungen in der einschlägigen Fachliteratur sind größ-tenteils vage und inhaltlich eher dürftig formuliert. Eine häufig ver-wendete, pragmatische Definition beschreibt den Selbstwert etwa als Summe von (affektiv und kognitiv) bewerteten Selbstkonzepten. Selbstwert ist demnach das Ergebnis einer eher rationalen Bewertung all jener Verhaltensweisen, Eigenschaften und Merkmale, die unser Selbstkonzept beinhaltet. Es wird in der Regel davon ausgegangen, dass diese Selbstbewertungen auf sozialen Vergleichsprozessen beru-hen. Die dahinter liegende Annahme könnte in etwa lauten: Selbstwert heißt, besser zu sein, mehr zu können und mehr zu haben als andere. So weit verbreitet diese Auslegung von Selbstwert auch sein mag, spiegelt sie dennoch eine im westlichen Wertkonsens fußende einge-schränkte Sichtweise wider, die Leistungs- und Konkurrenzdenken hoch im Kurs hält (→4.Kulturelles Selbst). Hier soll eine etwas andere Beg-riffsbestimmung unternommen werden, in der zusätzliche Aspekte Be-rücksichtigung finden, denen in der Forschungsliteratur bisher eher nur am Rande Beachtung geschenkt wurde.

Selbstwert als Ausdruck von Selbstzufriedenheit
Der Mensch fühlt sich wohl in seiner Haut und ist zufrieden mit sich, wenn er seine Fähigkeiten und Kompetenzen unter Beweis stellen kann und ein Gefühl der Kontrolle erfährt (→11.Handelndes Selbst), wenn er angestrebte Ziele erreicht (→10.Motivationales Selbst), wenn er Akzeptanz und Anerkennung gewonnen und wenn er sich seinen Prinzipien und Wertvorstellungen (→5.Soziales Selbst; ethisches Selbst) gemäß verhalten hat. Ein Mensch fühlt sich nicht wohl in seiner Haut und ist mit sich unzu-

frieden, wenn ihm dies nur teilweise oder aber gar nicht gelingt (vgl. Coopersmith, 1967). Selbstwert im Sinne von Selbstzufriedenheit ist von James (1890) nach der Formel *Selbstwert = Erfolg / Prätentionen* berechnet worden, wobei sich der Selbstwert aus dem Erfolg (erreichtes Ergebnis), gebrochen durch die Prätentionen (Ansprüche) ergibt. Erreicht oder übertrifft jemand seine Ziele und wird damit seinen und/oder fremden Ansprüchen gerecht, so steigt der Selbstwert. Sind die Ansprüche höher als der tatsächlich erzielte Erfolg, so wird der Selbstwert in Mitleidenschaft gezogen. Selbstwert als Zufriedenheit mit dem Erreichten bildet nach wie vor den vorherrschenden Forschungsansatz (z.B. Dweck, 2000; Kanning, 2000; Mummendey, 1995, 2000; Schütz, 2000b).

Selbstwert als Selbstachtung und Selbstrespekt
Der Selbstwert sagt uns nichts über den Wert einer Person in den Augen anderer, sondern darüber, welchen Wert sich jemand selbst zuschreibt. Doch wissen wir, dass der Mensch als soziales Wesen sehr wohl in seiner Selbstbewertung davon beeinflusst wird, was andere von ihm halten und denken (→5.Soziales Selbst). Ein Mensch, der von seinen Mitmenschen wenig Respekt, Achtung, Anerkennung und Liebe erfährt, wird sich schwer tun, sich selbst als wertvollen und liebenswerten Menschen zu sehen. Ein Mensch hingegen, der von anderen, unabhängig von Erfolg, Einkommen und gesellschaftlichem Rang, einzig um seiner Selbst willen Anerkennung und Liebe findet, wird sich als wertvoller Mensch fühlen können. Dieser Aspekt des Selbstwerts findet vorrangig in der humanistischen Psychologie und Psychotherapie seinen Niederschlag.

Selbstwert als Selbstliebe und als Basis der Nächstenliebe
Sich selbst mögen heißt, die Höhen und Tiefen des eigenen Lebens anzunehmen und eigene Unzulänglichkeiten und Schwächen zu akzeptieren und zu bejahen, falls sie nicht verändert werden können. Es geht darum, mit sich selbst im Einklang zu sein und von dieser Basis ausgehend zu Harmonie und Gleichklang mit anderen zu finden. Sich selbst wertschätzen und mögen, heißt, auch andere wertzuschätzen und zu mögen, das Selbst und andere Personen aufzuwerten. Sich selbst wenig oder nicht wertzuschätzen und zu mögen bedeutet folglich andere wenig wertzuschätzen und zu mögen, das Selbst und andere Personen abzuwerten. Fehlende Selbstliebe wird als Ursache für

mangelnde Nächstenliebe gesehen (vgl. Campbell & Baumeister, 2001). Schon im Neuen Testament wird kundgetan: „Liebe deinen Nächsten wie dich selbst". Damit ist gewiss auch gemeint, dass ohne Selbstliebe keine eigentliche Zuwendung und Liebe zu den Mitmenschen möglich ist[26]. Auch im Volksmund findet sich diese Geisteshaltung wieder, wenn etwa als Erklärung für ein unausstehliches Verhalten einer Person gegenüber anderen gesagt wird: „Der (bzw. die) mag sich ja selbst nicht!"

Quellen des Selbstwerts

Welche Einflussfaktoren sind nun für die unterschiedlichen Ausprägungen des individuellen Selbstwertgefühls verantwortlich? Was sind ursächliche Quellen unseres Selbstwertgefühls?

Kulturelle Faktoren

Vergleichsweise unbemerkt fließt das allgemeine kulturelle Umfeld und darin vorherrschende Werthaltungen und Normen in unser Selbstwertgefühl ein (→4.Kulturelles Selbst). Wertigkeit, Akzeptanz und Anerkennung für eine Person steigen, wenn diese in allgemein anerkannten Bereichen den geltenden Ansprüchen und Erwartungen gerecht wird. In einer Gesellschaft etwa, in der Erwerbsarbeit als höchstes Gut gehandelt wird, müssen sich Arbeitslose unweigerlich relativ „wertlos" – auch im Sinne von nutzlos – fühlen.

Soziale Faktoren

Menschen, mit denen wir unmittelbar in Berührung kommen, beeinflussen in besonderer Art und Weise unser Selbstwertgefühl.

Familiäres Umfeld
Die Familie gilt als die wichtigste Vermittlerin von kulturellen Normen und Wertmaßstäben, die wiederum als Messlatte für das eigene Selbstwertgefühl gelten. Das Kind lernt zunächst im familiären Umfeld allgemeingültige Werthaltungen kennen und vermag rasch einen Zusammenhang zwischen elterlicher Akzeptanz und eigenem, sozial erwünschtem Verhalten herzustellen. Ganz besonders drückt sich der

---

[26] Auf den engen Zusammenhang von Selbst- und Fremdliebe hat bereits Erich Fromm in seinem wohl bekanntesten Werk „Die Kunst des Liebens" hingewiesen. Selbstwert als Begriff kommt bei ihm in diesem Zusammenhang jedoch nicht vor.

„Wert" des Kindes aber in Aufmerksamkeit, Anerkennung, Zuneigung und Liebe der Eltern sowie anderer nahestehender Bezugspersonen aus. Je mehr an positiver Zuwendung das Kind erfährt, desto stabiler und höher kann sein Selbstwert werden (→6.Entwicklung des Selbst).

Relevante Bezugsgruppen
Spätestens mit dem Eintritt in die Schule wird zunehmend durch die Peer-group (Gruppe der Gleichaltrigen) bestimmt, was wie viel wert ist. Wer im Besitz der begehrten Attribute und Dinge ist, erfährt Wertschätzung und Bewunderung, wem sie fehlen, ist entsprechend weniger wert und nimmt einen hinteren Platz in der so gebildeten Rangreihe ein. So werden beispielsweise in der Pubertät äußeres Erscheinungsbild und Beliebtheit beim anderen Geschlecht zu einem wesentlichen Maßstab, mit dem sich Jugendliche gegenseitig taxieren und bewerten (→6.Entwicklung des Selbst). Im beruflichen Umfeld beruhen individuelle Wertigkeiten auf Faktoren wie Leistungsfähigkeit, Kompetenz und Effizienz, Macht, Einfluss und Einkommen (→15.Wirtschaft und Beruf). Je größer die Akzeptanz und soziale Anerkennung, die eine Person aufgrund welcher Eigenschaften und Merkmale auch immer gewinnen kann, desto höher wird ihr Selbstwert im Allgemeinen sein (s. z.B. MacDonald, Saltzman & Leary, 2003).

Wichtig ist noch zu betonen, dass die bloße Zugehörigkeit zu einer bestimmten Gruppe positive oder negative Auswirkungen auf den Selbstwert der Mitglieder haben kann. Geringschätzung und Diskriminierung bestimmter Gruppen, etwa Ausländer und Ausländerinnen, kann auch den individuellen Selbstwert der betroffenen Gruppenmitglieder schwächen (vgl. Crocker, 1999) (→5.Soziales Selbst; Selbst in Gruppen).

Individuelle Faktoren: eigene Standards und Ziele

Es ist ein Trugschluss anzunehmen, dass der Selbstwert in gleichem Ausmaß wie die Anerkennung seitens des sozialen Umfeldes ansteigt. Der Selbstwert ist auch maßgeblich davon abhängig, inwieweit eine Person eigene Standards und Ziele zu erreichen vermag. Sehr hoch gesetzte Ziele sind nur sehr schwer zu verwirklichen. Bei Nichterreichung wird die betreffende Person daher mit sich selbst unzufrieden sein, obwohl sie möglicherweise Anerkennung und Bewunderung von anderen Personen erntet. Im Gegensatz dazu können Personen, deren Leistungsstandards vergleichsweise niedrig sind, einen relativ hohen

Selbstwert aufweisen, weil sie ihren Zielen und Ansprüchen leichter entsprechen und mit sich selbst schneller zufrieden sein können (→10.Motivationales Selbst).

Kollektive Werte und Ziele

Zur Erreichung eines stabilen und positiven Selbstwerts ist es nicht ausreichend, Anerkennung und Lob von anderen zu erhalten sowie eigennützige Ziele zu verfolgen und auch zu erreichen. Letztendlich geht es auch um übergeordnete, gemeinsame Ziele, die im Interesse vieler angestrebt werden. Erst die Identifikation mit gemeinschaftlichen Werten, das Einfügen in ein größeres soziales Gefüge und die Übernahme von Verantwortung runden ein intaktes Selbstwertgefühl ab (vgl. Breckler & Greenwald, 1986) (→5.Soziales Selbst; ethisches Selbst).

Funktionale Aspekte des Selbstwerts

Obwohl die meisten Menschen darum bemüht sind, ein positives Selbstwertgefühl zu erreichen und zu bewahren, ist die Frage, wozu Selbstwert eigentlich gut sein soll, nicht so ohne weiteres zu beantworten. Dagegen ist es vergleichsweise einfach, die Funktion des Sexualtriebes darzulegen. Aus evolutionärer Sicht liegt sie in der Fortpflanzung, die den Weiterbestand unserer Gattung auf Erden sichert. Selbstwert steht hingegen in keinem direkten Zusammenhang mit der Fortpflanzung, aber sehr wohl in einem indirekten. Sedikides und Skowronski (2000) vermuten in ihrem Aufsatz über die evolutionären Funktionen des Selbst, dass ein gewisses Maß an positivem Selbstwert für die Aufnahme von Reproduktionsaktivitäten notwendig sei. Ein positives Selbstwertgefühl erhöhe die Anziehungskraft auf potentielle Partnerinnen bzw. Partner und damit auch den Reproduktionserfolg. Davon abgesehen spielt Selbstwert insofern eine bedeutende funktionale Rolle in unserem Leben, als er Verhalten und Erleben emotional einfärbt (→8.Emotionales Selbst).

Selbstwert als „Bollwerk" gegen die Todesangst

Selbstwert wird von Solomon, Greenberg und Pyszczynski (1991) als kulturelle Konstruktion (→4.Kulturelles Selbst) und „Bollwerk" gegen die (Todes-) Angst interpretiert (s. auch Pyszczynski et al., 2004). In ihrer (Todes-) Angst-Management-Theorie („terror management theory") wird dem Selbstwert die Bedeutung zugewiesen, den Menschen davor zu bewahren, in Anbetracht eines (irgendwann) eintretenden Todes zu einem handlungsunfähigen Wesen zu werden. Indem der Mensch an die Gültigkeit einer bestimmten kulturellen Weltsicht (z.B. Religion, Demokratie) glaubt und die ihr innewohnenden Werte und Standards akzeptiert, wird die Welt nicht mehr als sinnloses, unbeherrschbares und angsterregendes Chaos wahrgenommen, sondern mit Sinn, Bedeutung, Stabilität und Sicherheit ausgestattet. Ein gesundes Selbstwertgefühl, mit dem sich der Mensch als wesentlichen und bedeutungsvollen Teil seines kulturellen und sozialen Umfeldes erfährt, verdrängt nach Ansicht der Autoren erfolgreich die (Todes-) Angst. Daraus ergibt sich der klinisch relevante Sachverhalt, dass bei niedrigem Selbstwert das „Bollwerk" gegen die Angst nicht ausreichend stark ist und daher Angst in welcher Form auch immer entstehen kann (→16.Gesundheit und Wohlbefinden; dysfunktionales Selbst).

Selbstwert als Soziometer
Als (inneres) Barometer für soziale Anerkennung und Erfolg im Umgang mit anderen Menschen, als sogenanntes Soziometer, sehen Leary (1995) und sein Forschungsteam den Selbstwert an (s. auch Leary & Baumeister, 2000). In der Soziometerfunktion des Selbstwerts kommt die soziale Bedingtheit und Abhängigkeit des Menschen zum Ausdruck (→5.Soziales Selbst). Menschen suchen positive Zuwendung und soziale Anerkennung und haben Angst vor Ablehnung, Zurückweisung und sozialem Ausschluss und der damit verbundenen Einsamkeit (→16.Gesundheit und Wohlbefinden). Der Selbstwert steigt umso stärker an, je mehr Anerkennung und Wertschätzung jemand erfährt. Stößt jemand auf Ablehnung oder fühlt sich ausgeschlossen, sinkt der Selbstwert und das Soziometer schlägt Alarm. Es signalisiert uns etwa durch unangenehme Gefühle, dass in unserem Sozialleben manches nicht stimmt und einer dringenden Veränderung bedarf.

Selbstwert als Garant für psychisches Wohlbefinden
Die Erfahrung dürfte die meisten Leserinnen und Leser schon gelehrt haben, dass ein positives Selbstwertgefühl angenehm ist, ein eher negativer Selbstwert hingegen als beklemmend und unangenehm erlebt wird. Es konnte gezeigt werden, dass Selbstwert insbesondere im westlichen Kulturkreis eng mit allgemeiner Lebenszufriedenheit verbunden ist (Diener & Diener, 1995; Kwan V. et al., 1997). Ist der Selbstwert intakt, so fühlt man sich wohl in seiner Haut. Man ist mit sich und der Welt zufrieden. In diesem Sinne gilt Selbstwert zurecht

als maßgeblicher Garant für psychisches Wohlbefinden. Obwohl die genauen Zusammenhänge, möglichen Ursachen und Folgewirkungen noch längst nicht geklärt sind, kann festgehalten werden, dass psychische Probleme in der Regel mit einem niedrigen und/oder labilen Selbstwert einhergehen. Ein extrem niedriger, selbstzerstörerischer Selbstwert findet sich bei Personen mit schweren Depressionen und ernsthaften Selbstmordabsichten (→16.Gesundheit und Wohlbefinden; dysfunktionales Selbst).

Strukturelle Merkmale des Selbstwerts

Ähnlich wie das Selbst als Gesamtheit zeigt auch der Selbstwert (scheinbar) gegensätzliche strukturelle Merkmale (vgl. Baumeister, 1998a). Obwohl man davon ausgehen kann, dass unser Selbstwert grundsätzlich stabile und variable, globale und spezifische, individuelle und kollektive Anteile aufweist, unterscheiden sich Menschen dennoch in den individuellen Ausprägungen dieser Strukturmerkmale voneinander. Bei manchen Menschen überwiegen etwa stabile und globale Merkmale, bei anderen wiederum variable und spezifische. Eine Person mag etwa den Großteil ihres positiven Selbstwertgefühls aus einer geglückten Beziehung schöpfen, eine andere hingegen aus beruflichem Erfolg. In beiden Fällen ist die Person insofern einer Gefahr aussetzt, als ihr Wohlergehen einseitig an einem Bereich festgemacht ist. Geht dieser in die Brüche (z.B. bei Scheitern der Beziehung oder beruflichem Misserfolg) nimmt gewissermaßen der gesamte Selbstwert Schaden (→16.Gesundheit und Wohlbefinden).

Globaler und spezifischer Selbstwert
Bernichon, Cook und Brown (2003) greifen in ihrer Studie den Unterschied zwischen globalen und spezifischen Selbstwert auf. Globaler Selbstwert meint die allgemeine, grundsätzliche Bewertung der eigenen Person, die hoch oder niedrig sein kann. Spezifischer Selbstwert betrifft die Bewertung einzelner Bereiche (z.B. bestimmter Fähigkeiten und Persönlichkeitsmerkmale). Die Autoren der Studie konnten nun zeigen, dass Personen mit einem hohen globalen Selbstwert negatives Feedback in spezifischen Bereichen suchen und akzeptieren können. Sie sind fähig, konstruktive Kritik anzunehmen, weil ihr allgemeines Selbstwertgefühl intakt ist. Den Einfluss des negativen Feedbacks minimieren sie durch diverse kognitive Strategien: (1)

Wichtigkeit des kritisierten Bereiches wird reduziert. (2) Ursache für Versagen wird auch außerhalb der eigenen Person gesucht. (3) Die Stärken in alternativen Bereichen werden besonders hervorgehoben. (4) Überlegenheit über andere wird betont. — Menschen mit einem niedrigen globalen Selbstwert verwenden dagegen diese Strategien weniger oder gar nicht. Wegen eines kleinen Versagens verurteilen und entwerten sie mitunter ihre gesamte Person. Weil sie demnach auch von geringfügiger Kritik übermäßig stark getroffen werden, müssen sie sich vor kritischem Feedback zur Gänze abschotten, um so ihr fragiles und schwaches Selbstwertgefühl zu schützen.

Impliziter und expliziter Selbstwert
In jüngeren Studien hat der implizite Selbstwert (als Gegenstück zum expliziten Selbstwert) vermehrtes Forschungsinteresse erfahren (z.b. Dijksterhuis, 2004; Greenwald et al., 2002; Jordan et al., 2003). Expliziter Selbstwert basiert auf bewussten Prozessen der Selbstbewertung, wie sie mit herkömmlichen Fragebögen (z.B. Rosenbergs Selbstwertskala) gemessen werden. Impliziter Selbstwert ist hingegen das Resultat automatischer, unbeabsichtigter Selbstbewertungsprozesse. Es wird daher auch von unbewussten Bewertungen des Selbst gesprochen.[27] Hoher expliziter Selbstwert kann mit hohem impliziten Selbstwert einhergehen (i.e. *sicherer* hoher Selbstwert) oder mit niedrigem impliziten Selbstwert (i.e. *defensiver* hoher Selbstwert) (s. Jordan et al., 2003). In einer interessanten Studie mit der sinnigen Überschrift „Ich mag mich selbst und weiß nicht warum" konnte Dijksterhuis (2004) durch subliminale Konditionierung (das Wort „Ich" wurde mit positiven Eigenschaftswörtern gekoppelt) den impliziten Selbstwert der teilnehmenden Personen ohne deren Wissen anheben. In der Folge reagierten diese vergleichsweise unberührt auf ein negatives Feedback.

---

[27] Greenwald und Farnham (2000) verwenden für diese unbewussten Bewertungen als Messinstrument einen impliziten Assoziationstest (Implicit Association Test (IAT)). Eine weitere häufig verwendete Methode zur Messung von implizitem Selbstwert ist der Buchstabentest. Personen bewerten bei diesem Test, wie sehr sie einzelne Buchstaben mögen. Dabei zeigt sich immer wieder, dass Personen jene Buchstaben, die in ihrem eigenen Namen enthalten sind, lieber mögen als die anderen Buchstaben des Alphabets. Bezüglich weiterer gebräuchlicher Verfahren zur Erfassung von implizitem Selbstwert siehe Bosson, Swann und Pennebaker, 2000.

Stabiler Selbstwert	Variabler Selbstwert
▪ Bildet Basis-Selbstwert.	▪ Bildet „Barometer"-Selbstwert.
▪ Abstrahiert aus zahllosen Erfahrungen.	▪ Schwankt um den Kern-Selbstwert.
▪ Gleichförmiger Verlauf mit wenigen Veränderungen („trait").	▪ Unterschiedliche Bewertungen je nach Situation und Zeitpunkt („state").
▪ Nur bei gravierenden Ereignissen aus dem Lot zu bringen.	▪ Unterliegt laufenden Veränderungen und wandelt sich mit der Zeit.
▪ Verursacht typische Bewertungen.	▪ Hohe Korrelation mit Stimmung.
Globaler Selbstwert	Spezifischer Selbstwert
▪ Allgemeiner, generalisierter Selbstwert, abstrahiert aus sämtlichen relevanten Bereichen des Selbst.	▪ Beruht auf den Bewertungen einzelner Bereiche des Selbst (z.B. Aussehen, berufliche Leistungen).
▪ Bleibt über die Zeit und verschiedene Situationen eher unverändert.	▪ Variiert je nach zeitlichen und situativen Gegebenheiten (Schule, Familie, Freizeit, Sport etc.).
Individueller Selbstwert	Kollektiver Selbstwert
▪ Beruht auf der Bewertung der eigenen Person als unabhängiges Individuum.	▪ Beruht auf der Zugehörigkeit zu Gruppen (z.B. ethnische Zugehörigkeit, Berufsgruppe usw.).
Privater (innerer) Selbstwert	Öffentlicher (äußerer) Selbstwert
▪ Eigene Bewertungen des Selbst.	▪ Fremdbewertungen der eigenen Person durch andere.
Impliziter Selbstwert	Expliziter Selbstwert
▪ Unbewusste, automatische, mit speziellen Techniken gemessene Bewertung der eigenen Person.	▪ Bewusste, mit herkömmlichen Messinstrumenten gemessene Einstellung bzw. Bewertung der eigenen Person.

Tab. 8: Strukturelle Merkmale des Selbstwerts

Stabiler vs. variabler Selbstwert

Von einem stabilen Selbstwert wird dann gesprochen, wenn er über die Zeit und verschiedene Situationen hinweg relativ gleich bleibt. Man könnte in diesem Zusammenhang auch von einer ausgeglichenen Persönlichkeit sprechen. Ein variabler, instabiler Selbstwert liegt dagegen vor, wenn je nach situativem Kontext mehr oder minder starke Schwankungen im Selbstwertgefühl auftreten. Trzesniewski (2003) und sein Forschungsteam konnten in ihrer Langzeitstudie zeigen, dass der Selbstwert in der Kindheit vergleichsweise wenig stabil ist, die Stabilität in der Jugendzeit und im jungen Erwachsenenalter kontinuierlich ansteigt und dann relativ gleich bleibt. Erst im mittleren und höheren Alter zeigt sich wieder eine Abnahme der Stabilität. Wie in

Tabelle 9 verdeutlicht wird, steht variabler Selbstwert meistens mit niedrigem Selbstwertgefühl im Zusammenhang. Variabler Selbstwert tritt aber auch gemeinsam mit hohem Selbstwert auf. In der Literatur wird etwa auf starke Abwehrreaktionen im Falle von negativen, den Selbstwert bedrohenden Ereignissen (z.b. Kritik) hingewiesen, die sich bei Personen mit einem hohen, aber instabilen Selbstwert in Zorn, Ärger und aggressivem Verhalten entladen können (z.b. Baumeister et al., 1996; Kernis & Waschull, 1995; Schütz, 2000b).

Stabiler (hoher) Selbstwert	Variabler (niedriger) Selbstwert
▪ Genaue und klar definierte Selbstkonzepte (man kennt sich selbst sehr gut) → sichere und eindeutige Selbstbeschreibungen.	▪ Weniger Klarheit und Gewissheit über eigene Selbstkonzepte (man kennt sich selbst weniger gut) → unsichere, uneindeutige Selbstbeschreibungen.
▪ Hohe internale Konsistenz der Selbstkenntnisse (bessere innere Übereinstimmung).	▪ Geringe internale Konsistenz der Selbstkenntnisse (mehr innere Widersprüche).
▪ Konsistente Selbstbewertungen über Zeit und Situationen hinweg.	▪ Geringere zeitliche und situative Stabilität der Selbstbewertungen.
▪ Geringere Abhängigkeit und Beeinflussbarkeit von externen Einflüssen → stabilere Verhaltensmuster.	▪ Größere Abhängigkeit und Beeinflussbarkeit von externen Einflüssen → größere Verhaltensvariabilität.
▪ Geringere emotionale Variabilität → Stimmungsschwankungen werden abschwächt.	▪ Höhere emotionale Variabilität → stärkere Stimmungsschwankungen sind die Folge.
▪ Geringere Vulnerabilität (i.e. Anfälligkeit) für psychische Störungen.	▪ Höhere Vulnerabilität (i.e. Anfälligkeit) für psychische Störungen.
▪ Selbstbewusste, offensive Selbstdarstellungen.	▪ Zurückhaltende, eher defensive Selbstdarstellungen.

Tab. 9: Merkmale von stabilem und variablem Selbstwert

Anhand von Tabelle 9 lässt sich auch erkennen, dass bei niedrigem Selbstwert nicht unbedingt negative Einstellungen zu sich selbst vorliegen müssen, sondern dass die Selbstbewertungen einfach widersprüchlicher und mit größeren Unsicherheiten behaftet sind (vgl. Baumeister, 1993). Die eher indifferenten, neutralen Selbstbilder von Personen mit einem niedrigen, instabilen Selbstwert führen auch dazu, dass Fähigkeiten der Selbstkontrolle (→11.Handelndes Selbst) schwächer ausgebildet sein können. Wenn starke Selbstüberzeugungen fehlen, kann es zu mangelhafter Selbstverpflichtung (Commitment) und voreiligem Abbruch in der Zielverfolgung kommen. Überzogene Versagensängste können dazu führen, dass bestimmte Projekte erst gar nicht in Angriff genommen werden. Das Risiko, bei neuen, unbekannten Aufgaben zu versagen, wird als zu starke Bedrohung für den ohnehin instabilen und schwachen Selbstwert erlebt. Damit bringen sich Menschen mit einem niedrigen Selbstwertgefühl aber um die Möglichkeit, Schritt für Schritt durch den Erwerb von neuen Kompetenzen und entsprechenden Erfolgserlebnissen einen stabilen und angemessen hohen Selbstwert auszubilden. Aber auch Erfolge haben für Personen mit einem niedrigen Selbstwert einen teilweise bitteren Nachgeschmack, weil sie die damit mitunter verbundenen, steigenden Erwartungshaltungen leicht als Überforderung erleben können. Wie Wood (2003) und ihr Forschungsteam in ihrer Studie zeigen konnten, tendieren Menschen mit einem niedrigen Selbstwert dazu, positive Gefühle eher abzuschwächen. Eine gegenteilige Tendenz zeigen Personen mit einem hohen Selbstwertgefühl: Sie wollen ihre positiven Gefühle möglichst lange bewahren.

Zusammenfassend lässt sich festhalten, dass Personen mit einem niedrigen und instabilen Selbstwert nicht ständig, sondern nur zeitweise unter einem schwachen Selbstwertgefühl zu leiden haben. Im Anlassfall (z.B. Misserfolge, Kritik oder negatives Feedback) treten jedoch deutliche Selbstzweifel und Selbstabwertungen auf. Aufgrund relativ unklarer Selbstbilder sind diese Menschen stärker von der Anerkennung anderer abhängig. Bleibt diese aus, wird auch das Selbstwertgefühl in Mitleidenschaft gezogen. Aus der Instabilität ergibt sich aber auch die optimistische Prognose, dass ein stabil hoher Selbstwert sukzessive aufgebaut werden kann.

Hoher vs. niedriger Selbstwert

Viele Leser und Leserinnen werden wahrscheinlich davon ausgehen, dass hoher Selbstwert grundsätzlich gut und erstrebenswert und niedriger Selbstwert tunlichst vermieden werden soll. Viele Selbstwertforscher und -forscherinnen werden dem zustimmen, doch gibt es auch anders lautende Stimmen. Zunächst muss betont werden, dass insbesondere in Untersuchungen sogenannter Normstichproben ohne klinisch relevante Auffälligkeiten niedriger Selbstwert genau genommen nur als relativ niedrig im Vergleich zu hohem Selbstwert anzusehen ist. Streng genommen müsste eigentlich von durchschnittlichem

Selbstwert gesprochen werden. Bei der Vorgabe verschiedenster Selbstwertskalen (z.b. von Rosenberg oder Coopersmith) zeigt sich nämlich durchwegs eine einseitige Verteilung der Werte im oberen Bereich. Eine überwiegende Mehrheit dürfte sich demnach eines hohen Selbstwertes erfreuen. Doch auch bei Menschen mit einem normalerweise hohen Selbstwert können Krisenzeiten und schwierige Lebensumstände einen an sich stabilen Selbstwert ins Wanken bringen. Oder aber bedeutende Übergänge im Leben (etwa der Einstieg ins Berufsleben, Verehelichung, Elternschaft) können aufgrund ihrer Neuartigkeit noch mit Unsicherheiten und Ängsten behaftet sein und den Selbstwert für eine gewisse Übergangzeit entsprechend labil ausfallen lassen (→16.Gesundheit und Wohlbefinden).

Fallstricke eines (allzu) hohen Selbstwertgefühls
Hoher Selbstwert hat zweifelsohne viele Vorteile, aber er bringt auch (teils sogar gravierende) Nachteile mit sich. Einerseits werden vor allem im klinisch-psychotherapeutischen Bereich die positiven Auswirkungen von hohem Selbstwert betont: Psychisches Wohlbefinden, soziale Anpassungsfähigkeit, größere Ausdauer bei der Verfolgung von Zielen, Optimismus, Vertrauen in eigene Kompetenzen und Fähigkeiten, stärkerer Selbstwirksamkeitsglaube (→11.Handelndes Selbst), effektive Copingstrategien[28], weniger Angst und depressive Symptome und insgesamt eine robustere physische und psychische Gesundheit (vgl. Brown, 1991; Taylor & Brown, 1994; Taylor et al. 2003). Andererseits gibt es auch maßgebliche Stimmen, die auf nachteilige Folgen vor allem von stark überhöhtem Selbstwert hinweisen (z.b. Baumeister et al., 1996; Crocker & Park, 2004): Die Verfolgung unerreichbarer Ziele geht teilweise mit riskantem Verhalten und einer Vergeudung von Ressourcen (Zeit, Kraft, Geld usw.) einher. Demonstratives Zurschaustellen eigener Großartigkeit, z.B. im Autorasen und bei Extremsportarten, kann sogar lebensgefährlich sein. Nachteilige Bewältigungsstrategien von Stress und sonstigen Problemen, etwa durch Alkohol und Drogen, können die psychische und physische Gesundheit gefährden. Als weiteres Beispiel seien Personen genannt, die ihren Selbstwert übermäßig von ihrem (perfekten) Aussehen abhängig machen und durch radikale Diäten, exzessives Sonnenbaden, den

---

[28] Unter Coping wird die erfolgreiche Bewältigung von Problemen und schwierigen Lebenslagen jedweder Art (Krankheit, privaten und beruflichen Krisen usw.) verstanden.

Gebrauch von Steroide, riskante kosmetische Operationen ihre Gesundheit auf Spiel setzen. Darüber hinaus kann extrem hoher Selbstwert mit Arroganz, Aggression und einem rücksichtslosen, selbstsüchtigen und wenig einfühlsamen Verhalten gekoppelt sein. Einem überzogenen Leistungs- und Konkurrenzdenken werden mitunter leichtfertig Partnerschaften und Freundschaften geopfert, die aus Zeit- und sonstigen Gründen nicht mehr gepflegt werden. Einsamkeit, Isolation und das Wegbrechen von sozialen Netzwerken können die Folge sein.

Astrid Schütz (2000b) konnte zeigen, dass Personen mit einem hohen Selbstwertgefühl ihre Beliebtheit bei anderen Menschen überschätzen. Andere Personen beurteilen sie offensichtlich als weniger sympathisch als sie selbst glauben. Demgegenüber unterschätzen Personen mit einem niedrigen Selbstwertgefühl in der Regel ihre Beliebtheit. Außerdem konnte die Forscherin neuerlich nachweisen, dass Personen mit einem überzogen hohen Selbstwertgefühl (das sie als egozentrische Selbstaufwertung bezeichnet) Verantwortung für Fehler und Konflikte eher zurückweisen. Ein weitgehendes Fehlen von Selbstkritik und mangelndes Eingeständnis eigener Schwächen verhindern aber wichtige Lern- und Entwicklungsschritte.

Das künstlich überhöhte Selbstwertgefühl des Narzissten
Ein Mensch, der von Gedanken an die eigene Allmacht, Grandiosität und Größe beherrscht wird, wurde bereits von Sigmund Freud als Neurotiker diagnostiziert und nach dem griechischen Jüngling, der in sein eigenes Spiegelbild verliebt war, als Narzisst bezeichnet. Es wird davon ausgegangen, dass ein durch ein extremes Übermaß an positiven Illusionen künstlich aufgeblasenes Selbstbild eigentlich der Erhöhung und Absicherung eines fragilen Selbstwertgefühls dient, das im Grunde von Minderwertigkeits- oder gar Wertlosigkeitsgefühlen „zernagt" wird (vgl. Raskin et al., 1991). In neueren Forschungsarbeiten (z.B. Jordan et al., 2003) wird Narzissmus als defensiv hoher Selbstwert im Gegensatz zu sicherem hohen Selbstwert beschrieben. Defensiv hoher Selbstwert meint einerseits einen sehr hohen expliziten Selbstwert (bewusstes und öffentlich zur Schau gestelltes Selbstwertgefühl) und andererseits einen sehr niedrigen impliziten (unbewussten) Selbstwert, der dem narzisstisch gestörten Menschen in der Regel nicht bewusst ist.

Hat niedriger Selbstwert auch Vorteile?
Personen mit vergleichsweise niedrigem Selbstwert lassen eine teilweise realistischere Selbstsicht erkennen (vgl. Campbell & Fehr,
1990). Diese Aussage wird besonders jenen gefallen, die immer schon
der Meinung waren, dass sie keine Pessimisten, sondern Realisten
sind. Während Personen mit einem hohen Selbstwert vergangene Ereignisse in ihrem Leben eher verklären, tendieren Personen mit niedrigem Selbstwert zu Schwarzmalerei und rücken eigene Leistungen
und Erfahrungen in ein negativ verzerrtes Licht. Mangelt es Menschen
mit einem hohen Selbstwert oft an Selbstkritik, sind jene mit niedrigem Selbstwert übertrieben selbstkritisch. Überschätzen Personen mit
einem starken Selbstwertgefühl ihren eigenen Einfluss und geben sich
gleichsam einer Illusion von Kontrolle hin, so unterschätzen jene mit
einem schwach ausgeprägten Selbstwert ihre Kontrollmöglichkeiten.
Diese Liste ließe sich noch lange weiterführen. Sämtliche Strategien
zum Schutze und zur Erhöhung des Selbstwertes, die weiter unten genauer besprochen werden, könnten hier noch mit dem gleichen Resultat angeführt werden. Das Fallbeil von niedrigem als auch von überhöhtem Selbstwert liegt in der mangelnden Treffsicherheit verborgen.
Pessimisten mit niedrigem Selbstwert liegen mit ihrer Einschätzung
der Realität genauso falsch wie Optimisten mit hohem Selbstwert, nur
eben auf der gegenüberliegender Seite. Während Optimisten sich
selbst und ihre Möglichkeiten überschätzen, unterschätzen Personen
mit einem niedrigen Selbstwert sich selbst und ihre Chancen. Die
Sichtweise der Pessimisten von Vergangenheit und Zukunft ist in ihrer
Schwarzmalerei genauso irreführend wie jene der Optimisten in ihrer
Blauäugigkeit. Beide Einstellungen – sowohl die einseitig positive als
auch die einseitig negative – gehen also an den realen Gegebenheiten
vorbei. Dabei muss jedoch eingeräumt werden, dass die rosa Brille ihrer Trägerin bzw. ihrem Träger das Leben gewiss erleichtert, wohin-
gegen die schwarze Brille viele Dinge unnötig erschwert.

Wie hoch soll nun der Selbstwert tatsächlich sein?
Grundsätzlich muss auch nach all den Ausführungen über Nachteile
von (stark) überhöhtem Selbstwert und über Vorteile von moderat negativem Selbstwert festgehalten werden, dass alles in allem ein positives Selbstwertgefühl in vielerlei Hinsicht einem negativen deutlich
überlegen ist. Man denke nur an die größere Hartnäckigkeit bei der

Verfolgung von Zielen oder aber an das bessere psychische Wohlbefinden. Betrachtet man aber die möglicherweise fehlerhafte Realitätswahrnehmung und die mangelnde Selbstkritik, die mit Nachteilen für die eigene Entwicklung einhergehen, so liegt die Lösung wieder einmal in einem ausgewogenen (goldenen) Mittelmaß, das wir als „intakten Selbstwert" umschreiben wollen (s. Schachinger, 2001). Das eigene Selbst sollte demnach nicht in glorreiche Höhen emporgehoben werden; gleichzeitig muss verhindert werden, dass sich jemand selbst über Gebühr herabsetzt und klein macht. Einseitigkeiten und Ungleichgewichte in der Bewertung des Selbst sollten nach Möglichkeit ausgeglichen werden. Menschen mit niedrigem Selbstwertgefühl sollten dabei unterstützt werden, dass sie Selbstkritik abbauen, sich selbst mehr zutrauen und ihr Leben in einem positiveren Licht sehen. Personen mit einem allzu hohen Selbstwertgefühl sollten lernen, selbstkritischer zu werden und sich nicht mit Aufgaben und Zielen zu überfordern, die möglicherweise ihre Ressourcen übersteigen (→11.Handelndes Selbst; →16.Gesundheit und Wohlbefinden).

Schutz und Steigerung des Selbstwertgefühls

Es werden nun einige, üblicherweise nicht bewusst[29] eingesetzte Strategien zum Schutz und zur Erhöhung des Selbstwertes aufgezählt (vgl. Brown, 1991; Dauenheimer et al., 2002; Greve, 2000; Kanning, 2000; Stahlberg et al., 1985). Personen mit einem niedrigen Selbstwertgefühl verwenden folgende Strategien nicht bzw. seltener.

Selektive Wahrnehmung und Erinnerung
Dem Selbstwert dienliche Informationen werden aktiv gesucht und aus dem Gedächtnis abgerufen. Bedrohliche Informationen, etwa über eigene Schwächen und Fehler, werden hingegen vermieden. Man erinnert sich leichter (und lieber) an Begebenheiten, die für den Selbstwert angenehm und vorteilhaft sind. Eigene Erfahrungen und Entwicklungen werden rückwirkend positiver gesehen als sie tatsächlich waren. Eine Übereinstimmung zwischen gegenwärtigen Einstellungen und vergangenen Erfahrungen wird hergestellt und die Vergangenheit weitgehend aus aktueller Sicht neu erklärt und gedeutet.

---

[29] Werden diese Strategien bewusst eingesetzt, dienen sie in der Regel der Selbstdarstellung (→5.Soziales Selbst) oder aber der absichtsvollen Veränderung von unerwünschten Gefühlen und Verhaltensweisen (→11.Handelndes Selbst; →16.Gesundheit und Wohlbefinden)

„Fehlerhafte" Interpretationen
Es steht uns frei, bestimmte Ereignisse auf die eine oder andere Art zu sehen und zu interpretieren (→9.Kognitives Selbst). Die meisten Menschen übernehmen sehr bereitwillig die Verantwortung für Erfolge („der Erfolg hat viele Mütter und Väter"). Für Misserfolge fühlen sich nur die allerwenigsten zuständig. Schuldzuweisungen sind meistens schnell bei der Hand, um den eigenen Selbstwert zu verteidigen. Ursachen für ein bestimmtes negatives Ergebnis werden nicht in der eigenen Person, sondern bei anderen Leuten, ungünstigen Umständen usw. gesucht (i.e. externale Attribution). Bei positiven Resultaten dagegen werden die Ursachen eigenen vorteilhaften Eigenschaften (z.B. eigene Fähigkeiten, Anstrengungen) zugeschrieben (i.e. internale Attribution). Eine andere Möglichkeit besteht in diesem Zusammenhang darin, günstige Informationen etwa als glaubwürdig und deren Sender als kompetent zu betrachten, ungünstige dagegen als unglaubwürdig und deren Sender als inkompetent abzuwerten.

Neue Gewichtung von Ereignissen
Wenn selbstwertdienliche Interpretationen nicht möglich sind, etwa weil ein Feedback klar und unmissverständlich ist, kann die Wichtigkeit des Ereignisses oder Ergebnisses reduziert werden. Habe ich versagt, war es eben unwichtig. Durch Neubewertungen kann eine bedrohliche Nachricht neutralisiert werden.

Soziale Vergleiche
Im Rahmen von sozialen Vergleichsprozessen mit anderen Personen oder Gruppen ergeben sich eine Fülle an Strategien für ein positiveres Selbstwertgefühl (vgl. Kanning, 2000; Tesser, 1988). Vergleiche nach „oben" können in Menschen Gefühle der Minderwertigkeit auslösen oder aber sie dazu motivieren, sich noch mehr zu bemühen, erstrebte Ziele zu erreichen. Soziale Vergleiche nach „unten" (mit schlechter gestellten Personen) werten das Selbst auf, die eigene negative Situation (z.B. Krankheit) wird relativiert und man fühlt sich besser. Eine bedenkliche, aber dennoch häufig verwendete Strategie zur Erhöhung des eigenen Selbstwertes ist die der Abwertung anderer Personen oder Gruppen, etwa durch Vorurteile und Diskriminierung (→5.Soziales Selbst).

Vorteilhafte Beurteilung eigener Eigenschaften und Fähigkeiten
Eigene positive Eigenschaften werden in Bedeutung und Wichtigkeit überschätzt, eigene negative Eigenschaften hingegen unterschätzt. Die eigenen positiven Eigenschaften sind selten und außergewöhnlich, die eigenen negativen durchaus üblich und keine Seltenheit. Die eigene Person wird als überdurchschnittlich wahrgenommen. Ein Phänomen, das in die Literatur als „above average" Effekt eingegangen ist. So „bilden" sich beispielsweise viele Autofahrer ein, besser als der Durchschnitt Auto zu fahren. Da aber nicht alle bzw. die meisten Menschen besser als der Durchschnitt sein können, gilt dies als Beleg für eine realitätsfremde und selbstwertdienliche Einstellung.

Sich selbst behindern (self-handicapping)
Eine Person wählt aus freien Stücken ein das eigene Selbst benachteiligendes Verhalten (s. Higgins, R. et al., 1990), um eine den Selbstwert schonende Rechtfertigung für ein befürchtetes Versagen zur Hand zu haben. Gleichzeitig wird die Wahrscheinlichkeit eines Erfolges weiter reduziert (→14.Schule und Ausbildung; →16.Gesundheit und Wohlbefinden).

Tiefenpsychologische Abwehrmechanismen des Selbst
Die von Anna Freud beschriebenen Abwehrmechanismen des Ich sind auch Strategien des Selbstwertschutzes (vgl. Greve, 2000). (1) *Kompensation*. Verhüllung einer Schwäche durch Überbetonung eines erwünschten Charakterzuges. (2) *Reaktionsbildung*. Angstbeladene Bedürfnisse und Wünsche werden vermieden, indem gegenteilige Verhaltensweisen überbetont und als Schutzwall verwendet werden. (3) *Isolierung*. Widersprüchliche Antriebe werden isoliert „gespeichert", sodass sie nicht gemeinsam ins Gedächtnis gelangen. (4) *Projektion*. Eigene verbotene Wünsche und Bedürfnisse, die man an sich selbst nicht akzeptieren kann, werden auf andere projiziert. (5) *Regression*. Rückzug auf frühere Entwicklungsstufe mit „primitiveren" Reaktionen, niedrigeren Standards und abgesenktem Anspruchsniveau. (6) *Verdrängung und Verleugnung*. Weigerung, für den Selbstwert nachteilige und unangenehme Tatsachen wahrzunehmen. (7) *Fantasietätigkeit und Tagträume*, in denen Wünsche wahr werden. (8) *Identifikation* mit „höheren" Personen und prestigeträchtigen Gruppen. (9) *Rationalisierung*. Mit Rechtfertigungen wird eigenes (negatives) Verhalten rational begründet.

Selbstwertschutz und -erhöhung: ein zweischneidiges Schwert

Eine Anwendung der aufgezählten Strategien ist ein zweischneidiges Schwert. Je nach Zeitpunkt bzw. Situation können die Vorteile oder die Nachteile überwiegen. Durch deren Verwendung kann sich zwar die momentane Befindlichkeit verbessern, aber gleichzeitig können langfristige Lern- und Entwicklungschancen verspielt werden (vgl. Crocker & Park, 2004). Wenn beispielsweise Fehler nicht nüchtern und neutral analysiert, sondern als Versagen anderer hingestellt werden, so mag dies kurzfristig dem Selbstwert dienen, langfristig jedoch wird die Möglichkeit vergeben, aus Fehlern zu lernen und in Zukunft die Sache besser zu machen. Mögen etwa im Krankheitsfall abwärts gerichtete Vergleiche mit schwerkranken Menschen durchaus zweckdienlich sein, um das eigene Leid zu relativieren, so wird im Leistungsbereich ein Vergleich mit „Schwächeren" die eigene Leistungsmotivation nicht unbedingt erhöhen, weil man ohnehin noch vergleichsweise gut abschneidet. Für Personen mit einem chronisch niedrigen Selbstwert können manche der genannten Strategien dagegen zum gezielten Aufbau ihres Selbstwertes von Nutzen sein.

Interessante Perspektiven für die Forschung

Trotz der hohen Faszination dieses Forschungsbereiches und der Fülle an Studien, sind dennoch viele mit dem Selbstwert in Zusammenhang stehende Bereiche bisher noch unerforscht geblieben. Zunächst sollten die verwendeten Definitionen erweitert und präzisiert werden. Auch die zugrundeliegenden Messinstrumente sind teilweise unbefriedigend. Sie differenzieren etwa zu ungenau im oberen Ausprägungsbereich des Selbstwertes (vgl. Schütz, 2000a). Ein vielversprechender und für die therapeutische Anwendung relevanter Forschungszweig resultiert aus der Frage nach der optimalen Höhe des Selbstwertgefühls und der Präzisierung des Zusammenhangs von Selbstwert und psychischem Wohlbefinden bzw. psychischen Störungen. Selbstwert tritt als Begleitmelodie in vielerlei positiven wie negativen Facetten menschlichen Erlebens in Erscheinung. Die noch zu klärende Frage lautet, ob Selbstwert als verursachende oder intervenierende Variable oder aber als Folge positiver wie negativer psychischer Befindlichkeiten zu sehen ist. Für die therapeutische Praxis könnten darüber hinaus etwa die Strategien des Selbstwertschutzes und der -erhöhung erprobt und evaluiert werden. Aber auch außerhalb der klinischen Praxis, in Schule, Ausbildung, Beruf und Wirtschaft, ist das Selbstwertgefühl der Menschen und seine Auswirkungen von zentraler Bedeutung (→Selbstforschung in der Praxis). Beispielsweise dürfte für die Praxis des Arbeitnehmerschutzes der Zusammenhang von Selbstwert und Selbstschutzmechanismen im Sinne eines psychologischen Unfallschutzes ein aussichtsreicher Forschungs- und Anwendungsbereich sein (vgl. Schachinger, 2002) (→15.Wirtschaft und Beruf). Alles in allem wird der Selbstwert auch in Zukunft in der Grundlagenforschung und in der anwendungsorientierten Forschung eine gewichtige Rolle spielen.

Einige Empfehlungen für ein intaktes Selbstwertgefühl

- **Aufbau von Kompetenzen.** *Selbstwerterhöhung durch eine der genannten Strategien lässt sich zwar meist schneller und bequemer bewerkstelligen als der langfristige Aufbau von Kompetenzen, verpufft aber in seiner Wirksamkeit auch wieder sehr schnell. Die Ursachen von niedrigem Selbstwert zu bearbeiten, anstatt Oberflächenkorrektur zu betreiben, ist auf lange Sicht gesehen meist die günstigere Variante.*

- **Ein ausgewogener „Mix"** *von positiven und konstruktiv-kritischen Selbstbewertungen, die in eine angemessene Beziehung zum gesamten Selbst gesetzt werden.*

- **Realismus mit einem Schuss positiver Illusion.** *Baumeister (1989) empfiehlt eine vergleichsweise realistische Selbstsicht, die nur leicht überhöht ist. Durch diese Kombination können die Vorteile beider – der realistischen und der (illusorisch) optimistischen Selbstsicht – ausgeschöpft werden. Die realistische Selbstsicht ermöglicht ein den tatsächlichen Fähigkeiten und Möglichkeiten angemessenes Entscheidungsverhalten und sichert optimale Handlungsergebnisse. Die leichten Verzerrungen in die positive Richtung heben das psychische Wohlbefinden und das Gefühl der Selbstwirksamkeit.*

- **Selbstakzeptanz** *heißt, sich einfach so gern zu haben, wie man ist. An Fehlern und Schwächen, die sich „beheben" lassen und die man verändern möchte, kann gearbeitet werden. Den Rest kann man mit dem Wissen getrost akzeptieren, dass man eben – wie alle anderen auch – nicht perfekt ist.*

- **Akzeptanz anderer.** *Um von einem intakten Selbstwert sprechen zu können, muss Selbstakzeptanz mit der Akzeptanz anderer Menschen zusammenfließen, ansonsten liegt bestenfalls ein „defensiver" Selbstwert vor, bei dem andere abgewertet werden müssen, um den eigenen Selbstwert zu erhöhen.*

Anregungen zur Selbsterforschung

- Aus welchen Quellen speist sich Ihr Selbstwertgefühl?
- Beschreiben Sie Ihren Selbstwert: Nennen Sie individuelle und kollektive, spezifische und globale sowie stabile und variable Merkmale ihrer Selbstwerts.
- Welche Strategien verwenden Sie, um Ihren Selbstwert zu schützen? Welche Vor- und Nachteile haben die von Ihnen benutzten Strategien?
- Ist es für Sie wichtig, einen (sehr) hohen Selbstwert zu haben? Warum ja bzw. warum nein?
- Wann fühlen Sie sich rundum wohl in Ihrer Haut? Was brauchen Sie dazu und was können Sie selbst dafür tun?

Zusammenfassung

Das Fundament eines (stabilen) Selbstwertes liegt im familiären Umfeld und beruht im Wesentlichen auf der dem Kind entgegengebrachten Liebe und Zuwendung. Später differenziert sich der Selbstwert immer mehr aus und es bilden sich analog zu den bereichsspezifischen Selbstkonzepten auch bereichsspezifische „Selbstwerte" aus. Zur Aufrechterhaltung von hohem Selbstwert werden verschiedenste Strategien meist unbewusst zum Einsatz gebracht. Mit diesen Strategien werden aber neben kurzfristigen emotionalen Vorteilen mitunter auch langfristige Nachteile in Kauf genommen, welche vorwiegend in verspielten Lern- und Entwicklungschancen begründet liegen. Niedriger und instabiler Selbstwert ist im Gegensatz zu hohem und stabilem Selbstwert stärker von situativen Einflüssen abhängig und leichter veränderbar, was eine optimistische therapeutische Prognose ermöglicht. Es wird auch dargelegt, dass (allzu) hoher Selbstwert Fallstricke in sich birgt und (moderat) negativer Selbstwert nicht nur Nachteile hat. Es wird daher eine realistische Selbstsicht mit einem Schuss positiver Illusion empfohlen, welche neben einer optimistischen Grundhaltung auch Selbstkritik in Maßen zulässt. Ein „vollständiges" Selbstwertgefühl umfasst Selbstzufriedenheit aufgrund der Erreichung von Zielen, den grundsätzlichen Wert der eigenen Person im Sinne von Selbstachtung sowie die Selbstliebe, welche als Voraussetzung für die Nächstenliebe gilt. Erst durch Beziehungsfähigkeit und das Verfolgen gemeinsamer Ziele „vervollständigt" sich unser Selbstwert. Um abschließend die in der Überschrift gestellte Frage zu beantworten: Ja, Selbstwert kann ein Weg zu Wohlbefinden und Zufriedenheit sein, wenn er intakt (i.e. angemessen) ist und nicht nur den eigenen Wert, sondern auch den Wert der anderen Menschen erkennt und würdigt.

Selbstforschung in der Praxis

Grau bleibt jede Theorie, so sagt das Sprichwort, wenn sie nicht in die Praxis hinausgetragen und dort auf ihre Nützlichkeit für die Menschen erprobt wird. Ein derartiger Transferversuch, wenngleich er rudimentär bleiben muss, wird auch hier unternommen. In diesem Abschnitt werden einige Gedanken und Ergebnisse der Selbstforschung im Kontext gesellschaftlich relevanter Belange knapp dargelegt. Bei aller gebotenen Kürze sollen wichtige Aspekte und Ziele ins Zentrum der Aufmerksamkeit gerückt und verschiedene (vielleicht) neuartige Möglichkeitsräume des Denkens und Handelns eröffnet werden. Es wird auch so manche sinnfällige These und (hoffentlich!) nützliche Empfehlung angeboten. Patentrezepte können naturgemäß nicht bereitgestellt werden. Die Wege zur Zielerreichung sind vielfältig und den situativen Gegebenheiten und Erfordernissen entsprechend vom Individuum bzw. den Verantwortlichen selbst zu wählen.

Folgende Themenbereiche werden im Zusammenhang mit der Selbstforschung behandelt: Gesellschaft und Menschheit, Schule und Ausbildung, Wirtschaft und Beruf, Gesundheit und Wohlbefinden.

13. Selbstforschung in der Praxis: Gesellschaft und Menschheit

> *Der Mensch ist die größte Möglichkeit und größte Gefahr in der Welt. (Karl Jaspers)*

Das Zitat von Karl Jaspers legt eine große Spannbreite des Menschenmöglichen frei. Die größte Möglichkeit im Sinne einer positiven Potentialität ist im Menschen genauso angelegt wie die Möglichkeit, für sich und die anderen zur größten Gefahrenquelle zu werden. Der Satz lässt große Hoffnungen, aber auch schlimmste Befürchtungen wach werden. Ein knapper Befund über die Welt von heute könnte lauten, dass wir zwar nicht in der schlimmsten aller denkbaren Welten leben, aber dennoch von einer Ausschöpfung des gesamten positiven Potentials noch sehr, sehr weit entfernt sind.

Der Realzustand

Beweise dafür, dass der Mensch für den Menschen und die Welt die größte Gefahr darstellt, können in großer Zahl gefunden werden: Kriege, Armut, Zerstörung der Umwelt und vielerlei Unheil mehr. Doch fehlt hier der Rahmen, um eine allgemeine Klagelitanei und eine pessimistische Schwarzmalerei anzustimmen. Das wiederum heißt nicht, dass das Bestehen von großen Problemen für die Menschheit geleugnet oder bagatellisiert werden soll. Nein, Bagatelle sind die vorhandenen Menschheitsprobleme gewiss nicht und eine Lösung bzw. Linderung sollte ultimatives Ziel der Menschheit bzw. verantwortlicher Kollektive[30] sein. Doch eine Problembewältigung stößt in der Regel auf vielerlei Hindernisse. Allein schon die Ursachenklärung – unabdingbare Voraussetzung für eine gelungene Problemlösung – ist oftmals aufgrund einer hohen Komplexität und Vernetztheit ein nicht nur sehr schwieriges, sondern mitunter sogar aussichtsloses Unterfangen. Daraus resultierende einseitige Schuldzuschreibungen reduzieren

---

[30] Kollektive sind Zusammenschlüsse von Menschen in allen nur erdenklichen Größenordnungen und Organisationsformen (Kleingruppen, Institutionen, Regionen, Nationen, internationale Verbände, Unternehmen, usw.). Kollektive als Gesamtheiten, die mehr sind als die Summe ihrer Einzelmitglieder, stehen Individuen gegenüber.

zwar die Komplexität, vergrößern aber das Problem, weil niemand
(kein Individuum und auch kein Kollektiv) sich gerne „den schwarzen
Peter zuschieben" und sich zum Sündenbock abstempeln lässt. Darüber hinaus verhindern oft unterschiedliche Interessenslagen, die auf
Biegen und Brechen verteidigt werden, konstruktive Lösungen. Die
Aufzählung von Hindernissen bei der Problemlösung könnte noch
lange fortgeführt werden. Doch die wenigen Beispiele sollen uns
schon genügen, um auf einen gleichermaßen einfachen wie gewichtigen Sachverhalt hinzuweisen, nämlich, dass der Mensch und die von
ihm geschaffenen Kollektive und Systeme unvollkommen sind.

Von der Unvollkommenheit der Menschen und der Kollektive
Vor Mängeln und Versagen ist niemand gefeit – kein Einzelwesen und
auch kein noch so großes Kollektiv. So wie kein Mensch perfekt ist,
sind natürlich auch Kollektive nicht unfehlbar. Mängel können trotz
ausgeklügelter Kontrollschleifen in jedem System auftauchen, unabhängig von seinem Komplexitäts- und Vernetzungsgrad. Schwachstellen sind nicht nur auf biologischer, technischer, wirtschaftlicher oder
struktureller Ebene zu finden, sondern liegen vor allem auch in psychologischen Aspekten begründet. Psychologische Schwächen werden
in Kollektiven in vergleichbarer Art und Weise manifest wie bei Individuen. Überheblichkeit, Eitelkeit und Hochmut etwa bringen im
sprichwörtlichen biblischen Sinn nicht nur das Individuum, sondern
auch Kollektive zu Fall. Anmaßendes und eitles Verhalten mag zwar
kurzfristige Selbstwertzugewinne bringen, doch nicht selten werden
sie mit Abwendung oder gar Konflikt und Angriff von anderen Individuen und Kollektiven beantwortet werden. Gier, Maßlosigkeit und
Unersättlichkeit im Sinne von „genug ist nicht genug" anstelle von
„alles mit Maß und Ziel" wirken sowohl auf individueller als auch auf
kollektiver Ebene selbstschädigend und letztendlich auch selbstzerstörerisch (→16.Gesundheit und Wohlbefinden). Selbstbescheidung und Selbstkontrolle (→11.Handelndes Selbst) stehen nicht nur Individuen, sondern auch
Kollektiven „gut zu Gesicht" und helfen ihnen darüber hinaus auch zu
überleben. Wie sich etwa ein Mensch gleichermaßen zu Tode essen
und zu Tode hungern kann, wird auch ein kollektives Gebilde (etwa
ein Unternehmen) zu Tode wachsen oder aber zu Tode schrumpfen
können. Auf jede extreme Bewegung in eine Richtung muss einem
Pendel gleich eine extreme Gegenbewegung in die andere Richtung

folgen. Wenn Individuen und Kollektive – in welcher Art auch immer – aus dem Gleichgewicht kommen, gerät vielerlei aus den Fugen und systemimmanente Selbstkontrollmechanismen können außer Kraft gesetzt werden. Das kann für das aus dem Gleichgewicht geratene Kollektiv oder Einzelwesen und für die Umgebung, im Sinne des einleitenden Ausspruchs von Karl Jaspers, riskant und gefährlich werden.

Der Idealzustand

Alle Menschen gleichen einander nicht nur in ihrer Unvollkommenheit, sondern sie teilen sich auch wichtige psychologische Bedürfnisse. Als zentralste Bedürfnisse wollen wir hier jene nach Liebe und Frieden festlegen. Das universelle Motiv[31] nach Liebe und Frieden findet sich über alle Zeiten hinweg in allen Kulturen, Weltanschauungen und Religionen. Liebe schließt Nähe, Wärme und Vertrauen und vieles andere ein. Friede umfasst Sicherheits- und Schutzbedürfnisse sowie Geborgenheit. Neben den körperlichen Überlebensfunktionen wie Essen, Trinken und Schlafen wollen wir Liebe und Frieden als fundamentale psychische Überlebensfunktionen bezeichnen. Wenn diese im Menschen intakt bzw. gesichert sind, handelt es sich um einen Idealzustand, der durch eine Abwesenheit negativer Gefühle (etwa Angst, Einsamkeit und Trauer) und eine ausgewogene innere Balance und Harmonie gekennzeichnet ist (→16.Gesundheit und Wohlbefinden). Ein Mensch, der sich geliebt, sicher und geborgen fühlt und der anderen Menschen Liebe, Sicherheit und Geborgenheit zu vermitteln weiß, lebt mit sich und der Welt in einem harmonischen Zustand der Ausgeglichenheit. Frieden und Liebe können als Resultat und Ursache einer inneren Balance und Harmonie gesehen werden, die einander bedingen und zusammengehören wie zwei Seiten einer Medaille.

Individuelle Bedürfnisse sind auch kollektive Bedürfnisse
Die individuellen Bedürfnisse nach Frieden und Liebe manifestieren sich auch auf kollektiver bzw. gesamtgesellschaftlicher Ebene. Das Bedürfnis nach Liebe äußert sich etwa im gesellschaftspolitischen Bemühen um Schaffung von Gerechtigkeit (z.B. durch Gesetze) und in der Unterstützung für Kranke, Schwache und Benachteiligte (z.B.

---

[31] Andere psychologische Bedürfnisse, wie etwa jenes nach Selbstverwirklichung, unterliegen einer stärkeren kulturspezifischen Prägung und sind daher weniger als universelle denn als kulturell bedingte Motive zu sehen.

durch Pensions-, Arbeitslosen- und Krankenversicherungen). Der
Wunsch nach Frieden wird auf staatlicher und staatenübergreifender
Ebene durch Anstrengungen um Konfliktvermeidung, Friedenserhal-
tung und -sicherung deutlich. Doch die umfassendsten nationalen und
internationalen Sicherheitssysteme der Welt können – ganz abgesehen
von der ohnehin schon denkbar schweren Aufgabe einer Befriedung
von gewalttätigen Konflikten und generellen Vermeidung von Krie-
gen – eines ganz gewiss nicht erreichen, nämlich dem einzelnen Menschen einen inneren, seelischen Frieden zu bringen. Wenngleich nati-
onale und internationale Sicherheitssysteme zu einem günstigen Klima für eine (relativ) sorgenfreie Entwicklung des Menschen nicht unerheblich beitragen, muss letztendlich jeder Mensch seinen eigenen,
inneren Frieden in sich selbst finden, indem er im Einklang mit sich
selbst und seiner Umgebung lebt (→16.Gesundheit und Wohlbefinden). Handlungen etwa, die in Übereinstimmung mit eigenen (ethischen) Werten
stehen, fördern den inneren Frieden (→5.Soziales Selbst; ethisches Selbst). Da
Liebe und Frieden in einem untrennbaren Zusammenhang mit innerer
Balance und Harmonie stehen, lässt sich parallel zu einem individuellen Streben auch ein kollektives Streben nach harmonischer Ausgewogenheit zwischen den Institutionen, Unternehmen, Organisationen,
Nationen, Regionen, Kulturen, Religionen und allen anderen nur irgendwie denkbaren Kollektiven und Gruppierungen herleiten.

Harmonie ist nicht Gleichheit, sondern Gleichgewicht
Das Streben nach Harmonie hat nichts mit einem Streben nach
Gleichheit zu tun. Der Wunsch nach Gleichheit ist nur eine Seite, die
durch den Wunsch nach Verschiedenheit (Distinktheit) zu einem vollständigen Ganzen ergänzt wird. Der einzelne Mensch, aber auch Kollektive wünschen sich einerseits Verbundenheit mit anderen Menschen und Kollektiven, andererseits wollen sie sich aber auch von diesen abgrenzen und unterscheiden und ihre (ur)eigenste Identität bewahren. Über diesen beiden (scheinbar) gegensätzlichen Grundten-
denzen, die einander aber doch zu einem sinnvollen Ganzen vervoll-
ständigen, steht übergeordnet das Bedürfnis nach Harmonie und einem Leben in Liebe und Frieden. Ultimatives Ziel ist demnach ein
harmonisches Zusammensein in Liebe und Frieden mit anderen Menschen und Kollektiven, das sich nicht in Gleichheit, sondern in einem

Gleichgewicht aus Verschiedenheit *und* Gemeinsamkeit, Abgrenzung *und* Verschmelzung gleichermaßen vollzieht (→5.Soziales Selbst).

Auf dem Weg zum Idealzustand

„Das gelobte Land, das wir suchen, gibt es nicht. Unrecht, Leiden und Tod sind nicht aus der Welt zu schaffen. Die Welt an sich hat keinen Sinn, erst der handelnde Mensch verleiht ihn ihr. Es gilt, die Erde zu lieben, kühn und intelligent zu denken, klar zu handeln und zu wirken." *(Albert Camus)*

Es ist ein Merkmal von Idealen, dass sie unerreichbar sind. Wären sie erreichbar, wären sie keine Ideale mehr. Scheitern und Versagen ist dem Menschen gleichsam als schweres Marschgepäck auf seinem Lebensweg mitgegeben – und doch sind Ideale alles andere als nutzloses Gedankengewirr. Sie können uns Leitbild und Orientierungsstern sein und uns auf unserem Lebensweg auf die richtigen Bahnen und Pfade führen. Auch wenn wir auf dieser Erde nie am verheißungsvollen Ziel ankommen oder den verlockenden Idealzustand erreichen werden, genügt es doch oder ist es mehr als genug, wenn wir uns mit besten Wissen und Gewissen (→5.Soziales Selbst; ethisches Selbst), mit all unseren Fähigkeiten und Möglichkeiten auf den Weg dahin begeben haben (→11.Handelndes Selbst; Selbstwirksamkeitstheorie).

Was bringt uns dem Idealzustand näher? Einerseits liegen die Wirkungsmöglichkeiten in uns selbst, im individuellen Sein und in einer persönlichen Veränderungsbereitschaft. Andererseits sind die Wirkungsmöglichkeiten in einem sinnvollen Zusammenspiel auf kollektiver Ebene, in gemeinsamer Gestaltung und aktiver Veränderung, zu suchen.

Selbstbilder den geänderten Gegebenheiten und Erfordernissen anpassen
Gesellschaftlicher Wandel in Richtung Idealzustand erfordert besondere Anpassungsleistungen von Einzelnen und Kollektiven. Eine gewisse Anpassungsfähigkeit ist dem Menschen ohnehin als „genetische Mitgift" mitgegeben (→6.Entwicklung des Selbst). Rasante und große Veränderungen können jedoch auch den an sich flexiblen Homo Sapiens überfordern. Wenn etwa Berufsverhältnisse und Partnerschaften heutzutage immer seltener langfristig tragbare Fundamente für den Menschen darstellen, werden seine Stabilitäts-, Sicherheits- und Kontinui-

tätsbedürfnisse nicht mehr in dem Ausmaß befriedigt wie früher. Das Selbst gerät aus dem Gleichgewicht und Widerstände und Ängste können die Folge sein (→15.Wirtschaft und Beruf; →16.Gesundheit und Wohlbefinden). In gesamtgesellschaftlichen Veränderungszeiten scheint ein flexibles und veränderungswilliges Selbst oder Kollektiv im Gegensatz zu einem in erster Linie auf Fortbestand des Bisherigen bedachten Selbst bzw. Kollektiv im Vorteil zu sein. Und doch muss das Selbst von Individuen und Kollektiven auch ausreichend Stabilität aufweisen, damit auch in Zeiten des Wandels ein Kernselbst (i.e. eine Kernidentität) erhalten bleibt (→3.Selbstmodelle). Anpassungen an eine veränderte Umwelt sollten nicht nur rein äußerlich erfolgen, sondern müssen auch mit inneren (Wert-) Haltungen nachvollzogen werden. Damit Rollenansprüche und -erfordernisse nicht zum leeren Anpassungsritual verkommen, sollten sie mit entsprechenden Selbstkonzepten (Selbstbildern) von Menschen und Kollektiven einigermaßen zur Deckung gebracht werden. Äußere Veränderungen werden, wenn sie in individuelle und kollektive Selbstkonzepte integriert sind, von Menschen und Kollektiven aus innerer Überzeugung mitgetragen. Dies bildet ein für zukünftige Entscheidungen festes und solides Fundament, auf dem erst „echtes" selbstverantwortliches Denken und Handeln möglich wird (→7.Inhalte des Selbst; →11.Handelndes Selbst).

Kollektive Wirksamkeit: gemeinsame Gestaltung und aktive Veränderung

Definition

Unter wahrgenommener kollektiver Wirksamkeit versteht Bandura (1997) die gemeinschaftliche Überzeugung einer Gruppe, dass ihre Mitglieder gemeinsam Fähigkeiten und Möglichkeiten besitzen, die sie zur Organisation und Ausführung zweckdienlicher Aktionen zur Erreichung bestimmter Ziele und Ergebnisse befähigen.

Einzelpersonen und Kollektive sollen sich nicht nur passiv an äußere Umstände anpassen, sondern sie können und sollen ihr Umfeld auch aktiv (mit)gestalten. Vor dem Hintergrund einer immer komplexer und differenzierter werdenden Gesellschaft hat sich Bandura (1997) in Erweiterung seiner auf das Individuum abgestimmten Theorie der Selbstwirksamkeit (→11.Handelndes Selbst) auch Gedanken zur kollektiven, gemeinschaftlichen Wirksamkeit gemacht. Die mannigfach vernetzten

Strukturen und wechselseitigen Abhängigkeiten zu durchschauen oder
auch nur zu überblicken wird für den einzelnen Menschen zunehmend
unmöglich. Seine Chancen zur aktiven Gestaltung und (individuellen)
Einflussnahme auf für ihn relevante gesellschaftliche Bereiche werden
immer geringer. Was dem einzelnen Menschen nicht gelingt, kann
aber sehr wohl in einer gemeinschaftlichen Anstrengung erreicht werden. Die zuversichtliche und optimistische Annahme, etwas bewirken
zu können, wenn man nur wirklich will und daran glaubt, teilt sich in
Banduras Ansatz der kollektiven Wirksamkeit ebenso mit wie auf der
individuellen Ebene der Selbstwirksamkeit. Um als Gruppe einen
starken Glauben an eine kollektive Wirksamkeit entwickeln zu können, bedarf es einerseits der Überzeugung, dass gemeinsam – als
Gruppe bzw. Kollektiv – wertvolle Ergebnisse erzielt werden können,
und andererseits der Mittel (Personen- und Sachressourcen), die zur
Verwirklichung der gemeinsamen Ziele unabdingbar sind. Die Stärke
der Überzeugung einer Gruppe bezüglich ihrer kollektiven Wirksamkeit beeinflusst die Art der gewählten Ziele, die Entwicklung von Plänen und Strategien, den Umgang mit Ressourcen, die investierte Anstrengung und Mühe sowie das Durchhaltevermögen der Gruppenmitglieder angesichts von Widerständen und Misserfolgen (s. auch
Fernández-Ballesteros et al., 2002; Wright, 2001).

Als Voraussetzung für kollektive Wirksamkeit gelten folgende Faktoren:

- *Gemeinsame (kurz- und langfristige) Ziele und Umsetzungswissen.*
- *Ausarbeitung von möglichen Strategien zur Zielerreichung unter Berücksichtigung erwarteter Widerstände und struktureller Hindernisse.*
- *Kosten-Nutzen-Kalkulation für diverse Handlungsalternativen und die zu
  erwartenden Ergebnisse.*
- *Verfügung über notwendige Mittel und Ressourcen (z.B. Internet).*
- *Effektive Kommunikation; enge und laufende Abstimmung der Aktivitäten der einzelnen Gruppenmitglieder; optimale Koordination der unterschiedlichen Rollen und Strategien.*
- *Ein enger sozialer Zusammenhalt in der Gruppe und wechselseitige
  (moralische) Unterstützung.*
- *Glaube der Mitglieder an ihre individuelle Selbstwirksamkeit, in welcher
  die kollektive Wirksamkeit wurzelt.*

Was dem Menschen hilft, hilft auch dem Kollektiv, und umgekehrt
Wir haben in diesem Kapitel stets von Individuen und Kollektiven gesprochen, von Einzelpersonen und von Zusammenschlüssen von Menschen in Kollektiven. Wir haben damit einen scheinbaren Gegensatz postuliert, der im Grunde gar nicht existiert. Einzelpersonen sind einerseits unverwechselbare Individuen, andererseits sind sie auch Mitglieder unterschiedlicher Kollektive. Kein Mensch lebt nur für sich allein, sondern jeder Mensch gehört auch den verschiedensten Gruppen bzw. Kollektiven an (→5.Soziales Selbst). Jeder Mensch ist also gleichermaßen Einzel- wie Gruppenwesen. So gesehen dient alles, was dem einzelnen Menschen dient, letzten Endes auch dem Kollektiv – und alles, was dem Kollektiv dient, hilft letztlich auch dem einzelnen Menschen. Doch ganz so einfach, wie das hier klingt, ist die Sache natürlich nicht. Schließlich können die Vorteilsgewichtungen sehr unterschiedlich aufgeteilt sein. Von bestimmten Aktivitäten kann etwa das Individuum mehr profitieren als das Kollektiv, andere Aktivitäten wiederum dienen eher dem Kollektiv und scheinen (nicht selten nur auf den ersten Blick!) für den einzelnen Menschen eher nachteilig zu sein. Zudem geht ein Nutzen zumeist auch Hand in Hand mit einem gewissen Schaden bzw. Nachteil. Dies bedeutet, dass Abwägungen stattfinden müssen, die häufig dadurch erschwert werden, dass nicht alle beteiligten Aspekte und Variablen bekannt sind. Nichtsdestoweniger wollen wir als abschließende Maxime für unser Handeln festlegen, dass jedes individuelle und kollektive Handeln letzten Endes sowohl dem Einzelwesen als auch der Gemeinschaft dienen muss (→5.Soziales Selbst; ethisches Selbst).

Zusammenfassung

Dieses Kapitel basiert auf der Annahme, dass psychologische Mechanismen, wie sie für Einzelpersonen gelten, auch auf Kollektive (i.e. Gruppen und Gemeinschaften jeder Größenordnung) übertragen werden können. Wir sind von einem Grundbedürfnis nach Liebe und Frieden ausgegangen, das im Zusammenhang mit innerer Harmonie und Balance gleichsam einen gesellschaftlichen Idealzustand darstellt. Dem steht ein (trauriger) Realzustand entgegen, der auf dem universellen Prinzip der Unvollkommenheit von Menschen und Kollektiven basiert. Die Diskrepanz zwischen Ist- und Idealzustand kann zwar nie vollständig ausgeglichen werden, aber das Bemühen um eine Annäherung an dieses Ideal sollte ultimatives Ziel der Menschheit sein.

14. Selbstforschung in der Praxis: Schule und Ausbildung

Definition von Lernen

Unter Lernen wird in diesem Kapitel der beabsichtigte und absichtsvolle Ausbau unserer manuellen, intellektuellen, sozialen und psychischen Fähigkeiten verstanden.

Der Mensch als lernendes Wesen

Der Mensch war immer schon ein neugieriges Wesen und hat gerne Neues entdeckt und durch Lernen seine manuellen, intellektuellen, sozialen und psychischen Möglichkeiten und Fähigkeiten erweitert. Die kollektiven Lern- und Leistungsanstrengungen im Laufe der Menschheitsgeschichte haben enorme Fortschritte für den einzelnen Menschen und die Gemeinschaft erwirkt. Die natürliche Neugierde und Freude am Lernen, die wir auch bei kleinen Kindern beobachten, kann aber durch ungünstige Umstände untergraben werden. So können etwa Zwangssituationen („du musst") und Aussagen, die den Wert der Lernhandlung (z.B.: „lernen ist blöd"), der Sache (z.B.: „das ist ein Unsinn") oder der Person (z.B.: „das wirst du nie lernen!") herabwürdigen, die Lust am Lernen zerstören. Freiwilligkeit, wobei in vielen Fällen auch ein schlichtes Einverständnis ausreicht (z.B.: „möchtest du das machen?") und eine wohlwollende Bestärkung der Lernaktivität und der lernenden Person (z.B.: „du machst gute Fortschritte.") bewirken hingegen, dass sich Freude am Lernen entfalten kann. Lernen und Sich-Selbst-Entwickeln (-Lassen) führen im Sinne der humanistischen Psychologie und Pädagogik zu Selbstbestimmung, Selbstverantwortung und Selbstverwirklichung (vgl. Deci & Ryan, 1990) (→ 10. Motivationales Selbst).

Umfassendes Lernen und umfassendes Selbst-Verständnis
Umfassendes Lernen betrifft sämtliche Facetten des Selbst. Die gesellschaftspolitischen Rahmenbedingungen und das kulturhistorische Umfeld des Lernens, zeigen sich – vom Individuum weitgehend unbemerkt – in der kulturellen Facette des Selbst. Dieser Selbstaspekt betrifft etwa kulturell bedingte Lerngewohnheiten und -formen, die

sich die Person zueigen gemacht hat bzw. mit denen sie konfrontiert wird (z.b. Lernen aus Büchern oder durch mündliche Überlieferung). Das soziale Umfeld des Lernens, ob nun in der Familie, in der Schule oder am Arbeitsplatz, zeigt sich im sozialen Selbst. Wir lernen von anderen Menschen, indem wir sie beobachten und ihr Verhalten nachahmen (i.e. Beobachtungs- und Modelllernen, vgl. Bandura, 1997) oder indem wir von ihnen unterrichtet und unterwiesen werden. Wir lernen auch gemeinsam mit anderen, etwa im Klassen- oder Seminarraum. Wir lernen von anderen Menschen nicht nur Wissenswertes und Fertigkeiten, sondern wir lernen von ihnen – weitgehend unbewusst – auch Verhaltens- und Denkweisen, Lebenseinstellungen und Werthaltungen. Lernen spielt sich aber nicht nur in einem bestimmten soziokulturellen Umfeld ab, sondern es betrifft auch sämtliche psychische Kernfunktionen (Denken, Fühlen, Wollen und Handeln). Emotionale, kognitive, motivationale und verhaltensrelevante Aspekte des Selbst spielen eine maßgebliche Rolle dabei, wie gerne und eifrig wir manuell, intellektuell, sozial und selbstbezogen dazulernen.

Auf dem Weg zum lustvollen lebenslangen Lernen
Sich in einem ersten Schritt die eigenen Lernerlebnisse und Lernerfahrungen, Einstellungen und Werthaltungen zum Lernen bewusst zu machen und in einem nachfolgenden Schritt individuelle Lernhindernisse und -blockaden zu erkennen und auszuräumen, macht den Weg zum ursprünglich lustvollen Lernen und Ausprobieren wieder frei. Mentale Lernhindernisse können etwa auf idealen oder normativen Selbstbildern (→8.Emotionales Selbst; →10.Motivationales Selbst) beruhen, nach denen man beispielsweise immer der bzw. die Beste sein muss, Versagen unduldbar und fehlerfreie Perfektion ein ultimativer Selbststandard ist. Erst eine Akzeptanz der eigenen Schwächen und Unzulänglichkeiten sowie die Bereitschaft, lehrreiche Schlüsse aus Fehlern und Versagen zu ziehen, ermöglichen eine umfassende Lernbereitschaft und den Zugewinn an intellektuellen Kenntnissen, manuellen Fertigkeiten und psychologischen Einsichten. Unbeirrbares und konsequentes Lernen führt durch vielerlei angenehme Erlebnisse und Ergebnisse (z.B.: „mehr Wissen und Können macht Spaß") zu einem sich selbst verstärkenden Prozess, der vom Individuum frei nach dem Motto „der Mensch lernt nie aus" selbständig getragen und permanent fortgeführt wird. Lebenslanges Lernen ist dann nicht mehr länger ein Schlagwort

und ein gesellschaftlicher Imperativ, sondern wird für den Menschen zu einer individuell befriedigenden Realität.

Lernen in der Schule

Aufgabe der Schule ist die Förderung der intellektuellen, persönlichen und sozialen Reife der Schülerinnen und Schüler. Die Hauptziele der schulischen Ausbildung liegen daher einerseits darin, Schüler und Schülerinnen mit intellektuellem Werkzeug auszurüsten, ihre Denkfähigkeit zu schärfen und ein Verständnis für mannigfache Zusammenhänge und Vernetzungen im gesellschaftlichen Gefüge herzustellen. Andererseits besteht das Ziel, Interesse und intrinsische Motivation (Deci und Ryan, 1990) (→10.Motivationales Selbst) für Lernaufgaben und Wissensgebiete zu wecken und das Vertrauen in die eigenen Fähigkeiten und aktiven Gestaltungsmöglichkeiten im Sinne starker Selbstwirksamkeitsüberzeugungen (Bandura, 1997) (→11.Handelndes Selbst; Selbstwirksamkeitstheorie) zu festigen. Kurzum: Die Schülerinnen und Schüler sollen mit Freude an Lernaufgaben herangehen und die Selbstsicherheit gewinnen, dass sie sich die Bewältigung von neuen Lernaufgaben zutrauen und als Herausforderung annehmen.

Lernblockaden

Lernblockaden stehen einer ungehinderten Entfaltung eines freudvollen Lernprozesses im Wege. In der Selbstforschung wurde auf einige solcher Lernhindernisse hingewiesen, welche in der Folge kurz dargestellt werden.

Sich von selbst erfüllende Prophezeiungen (→5.Soziales Selbst)
Dieses insbesondere im schulischen Bereich gut erforschte Phänomen (Rosenthal & Jacobson, 1968) handelt davon, wie vorgefasste Meinungen und Erwartungen über andere Menschen Wirklichkeit werden können, ohne dass sich die Beteiligten dieses Zusammenhangs bewusst sind. Eine Lehrerin etwa, die davon ausgeht, eine intelligente und begabte Schülerin vor sich zu haben, wird mit dieser anders umgehen als mit einem Schüler, von dem sie ohnehin keine besonderen Leistungen erwartet, weil sie ihn als lernunwilligen Störenfried abgestempelt hat. Oder man stelle sich eine Lehrkraft mit einer Überzeugung vor, nach der grundsätzlich Mädchen in Mathematik weniger leistungsfähig seien als Jungen. Diese Einstellung wird sie dazu veran-

lassen, die Mädchen im Unterricht weniger zu beachten, auf ihre Fragen nicht so gründlich einzugehen und ihre Beiträge insgesamt geringer einzuschätzen. Die mangelnde Aufmerksamkeit und fehlende Förderung wird in der Regel zu einem nachlassenden Engagement der Mädchen in Mathematik führen. Mangelhafte Leistungen werden die Folge sein und schließlich die Lehrkraft in ihrer Meinung bestätigen, dass Mädchen eben in Mathematik weniger begabt seien als Buben. Eine Lehrkraft dagegen, die ein Kind als talentiert einstuft, wird dessen gute Beiträge entsprechend stark gewichten und als Bestätigung ihrer eigenen Überzeugung sehen. Wie an diesen Beispielen zu erkennen ist, zeitigen Erwartungshaltungen im Sinne von sich von selbst erfüllenden Prophezeiungen positive oder negative Auswirkungen. Negative Erwartungshaltungen können bei der betroffenen Person tatsächlich das erwartete negative Verhalten auslösen. Positive Erwartungshaltungen hingegen können tatsächlich das erwartete positive Verhalten auslösen. Als Schlussfolgerung für die Unterrichtspraxis kann daher gelten, dass positive Erwartungshaltungen in jedem Fall angebracht scheinen. Wenn sie schon in dem einen oder anderen Fall nichts nützen bzw. enttäuscht werden, so haben sie zumindest auch keinen Schaden angerichtet.

Selbstschädigendes Verhalten: sich selbst behindern
Viele von uns werden aus eigener Erfahrung wissen, dass wir manchmal – aus unerfindlichen Gründen? – etwas tun oder sagen, von dem wir sehr wohl wissen, dass es uns zum Nachteil gereichen wird. „Das ist jetzt aber unvernünftig" oder „das sollte ich eigentlich nicht tun", sind Gedanken, die einem dabei durch den Kopf schießen können. Sich selbst behindern heißt, dass eine Person aus freien Stücken ein sie selbst benachteiligendes Verhalten wählt. Sie legt sich selbst Steine in den Weg. Die Wahrscheinlichkeit einer erfolgreichen Zielerreichung wird absichtsvoll reduziert, indem Hindernisse mutwillig eingeplant werden (vgl. Higgins, R. L. et al., 1990; Mummendey, 2000). Grund für dieses „sonderbare" Verhalten ist Selbstwertschutz: Man will für ein befürchtetes Versagen eine für den eigenen Selbstwert schonende Ausrede und Rechtfertigung zur Hand haben. Jemand weiß etwa aufgrund bestimmter Vorerfahrungen, dass er bei einer Prüfung wahrscheinlich durchfallen wird. Um nun schon „präventiv" dafür zu sorgen, dass er nach der Prüfung etwas für den Misserfolg verantwort-

lich machen kann, bereitet er sich nur mangelhaft vor und besucht am Vorabend eine Party, wo er reichlich Alkohol konsumiert. Der kurzfristige Vorteil dieser Handlung besteht darin, dass man danach (also nach der Prüfung) einen plausiblen Grund hat, warum man bei der Prüfung durchgefallen ist. Jeder Mensch wird einsehen, dass nach einer durchgefeierten Nacht ein Prüfungserfolg unwahrscheinlich ist. Man braucht sich also nicht einzugestehen, dass die Prüfung etwa zu schwer gewesen wäre. Positive Selbstbilder können aufrechterhalten werden: Man hätte ja gut abgeschnitten, wenn man nicht getrunken und sich mehr angestrengt hätte. Noch ein weiterer kurzfristiger Vorteil liegt vor: Schafft man die Prüfung trotzdem, so stellt dies eine besonders beeindruckende Leistung dar, die auf hohe Fähigkeiten schließen lässt. Davon kann der Selbstwert ganz besonders profitieren. Die kurzfristigen Vorteile für den momentanen Selbstwert werden allerdings durch einen langfristigen Nachteil zunichte gemacht: Da keine Fähigkeiten und Kompetenzen entwickelt werden, wird Erfolg mittel- und langfristig immer unwahrscheinlicher. Mangelnde Fertigkeiten und fehlende Erfolgserlebnisse verhindern aber den Aufbau eines soliden und intakten Selbstwertgefühls (→16.Gesundheit und Wohlbefinden).

Auswirkungen von subjektiven Intelligenztheorien
Einstellungen und Meinungen über bestimmte Themengebiete können unser Verhalten maßgeblich bestimmen. Besonders weitreichende Auswirkungen haben subjektive Theorien über Intelligenz (→9.Kognitives Selbst; Selbsttheorien). Dweck (2000) konnte mit ihren Forschungsteams in vielen Experimenten zeigen, dass der Glaube an eine fixierte und unveränderliche Intelligenz mit der Zeit auch die Schulleistungen absinken lässt. Je höher die Schulstufe, desto mehr steigen die Anforderungen für alle Kinder. Begabte können in den Anfangsjahren noch ohne große Mühe gute Noten erwerben, aber in den höheren Schulstufen müssen auch sie sich vermehrt anstrengen, um weiterhin gute Noten zu erhalten und Misserfolge zu vermeiden. Die Meinung, dass Intelligenz unveränderbar sei und eine schlechte Note daher bedeute, dass man nicht intelligent genug sei, lässt Schülerinnen und Schüler weniger Engagement und Anstrengungsbereitschaft zeigen. Sie glauben nicht daran, mit Einsatz und Fleiß ihre Leistungen verbessern zu können, weil sie der Meinung sind, dass Intelligenz angeboren und nicht zu verändern ist. Die Erfolgswahrscheinlichkeit sinkt aufgrund der ge-

ringen Anstrengungsbereitschaft weiter ab. Schüler und Schülerinnen jedoch, die daran glauben, ihre Fähigkeiten ausbauen und ihre Intelligenz erweitern zu können, zeigen eine konstante Leistung oder gar eine Leistungssteigerung. Für sie ist ein schwaches Ergebnis ein Hinweis auf falsche Strategien (etwa des Lernens und Aneignens des Stoffes) und ein Anstoß zur Veränderung und zu verstärkten Bemühungen. Ob nun eine Schülerin bzw. ein Schüler daran glaubt, dass Intelligenz angeboren und unveränderbar sei oder aber das Gegenteil davon annimmt, hängt auch von der Art des Lobes ab, welches die Heranwachsenden bekommen. Wie Mueller und Dweck (1998) in einer Reihe von Studien zeigen konnten, kann eine besondere Betonung der Intelligenz der Kinder und Jugendlichen deren Anstrengungsbereitschaft und Leistungsmotivation untergraben, weil die solcherart Gelobten der Meinung sind, hohe Intelligenz bedeute, sich nicht anstrengen zu müssen. Es scheint daher förderlicher zu sein, Fleiß und Anstrengung der Kinder zu belohnen und Fortschritte, die bereits gemacht wurden, hervorzuheben, anstatt sie undifferenziert als intelligent und begabt zu loben. Wert und Wichtigkeit von Fleiß wird dadurch positiv unterstrichen und die Anstrengungsbereitschaft des bzw. der Lernenden wird weiter ansteigen.

Selbstwert der Schülerinnen und Schüler aufbauen

Erfolg in Schule, Studium und Ausbildung stellt eine wichtige Quelle des Selbstwertgefühles dar. Hervorragende Leistungen wirken sich positiv auf den Selbstwert aus (s. z.B. Crocker et al., 2003a). Schwache Leistungsergebnisse färben in der Regel negativ auf den Selbstwert ab. Die Schule ist neben der Familie die wichtigste Quelle des Selbstwertgefühls von Kindern und Jugendlichen. Den Selbstwert beeinflussende Bewertungen finden ständig statt; zum einen durch die Mitschülerinnen und Mitschüler, die einen besonders wichtigen Vergleichsmaßstab in verschiedensten relevanten Selbstbereichen (z.B. Beliebtheit, Attraktivität, Leistungsfähigkeit) bilden, in denen sie entweder besser, schöner, beliebter oder weniger gut, weniger schön oder weniger beliebt sein können; zum anderen durch die Lehrenden, welche anhand des Notensystems ein (vermeintlich objektives) Urteil über die Schülerinnen und Schüler fällen (vgl. Kanning, 2000; Osborne, 1996). Im Leistungsbereich können soziale Vergleiche mit besseren Schülern einerseits zu größeren Anstrengungen anspornen und durch

Modelllernen eine Vorstellung davon vermitteln, durch welche konkreten Verhaltensweisen die eigene Leistung verbessert werden kann. Andererseits kann eine „Musterschülerin" oder ein „Musterschüler" weniger gute Schülerinnen und Schüler auch entmutigen („so wie er bzw. sie werde ich nie") und durch Versagensgefühle das Selbstwertgefühl schwächen. Prozess- und Aufgabenorientierung im Gegensatz zu einer Orientierung an Zielen oder (hervorragenden) Modellen ist vor allem bei jenen Lernenden angezeigt, welche wenig Zutrauen in die eigenen Fähigkeiten haben. Diese wenig selbstsicheren Lernenden an ihren eigenen Fortschritten im Vergleich zu früheren Leistungen zu messen, bringt für sie positive Erfolgserlebnisse, die für ihr Vorwärtskommen zweckdienlicher sind, als eine Ausrichtung an äußeren Vorbildern und Zielen, die von ihnen möglicherweise als unerreichbar empfunden werden (vgl. Lockwood & Kunda, 2000). Der (robuste) Glaube an die grundsätzliche Lernfähigkeit auch von weniger begabten Lernenden („alle Schülerinnen und Schüler können prinzipiell gute Leistungen erbringen, manche brauchen dazu einfach mehr Zeit und Unterstützung") wird sich in einem tatsächlich besseren schulischen Fortkommen dieser Lernenden bezahlt machen (vgl. Bandura, 1997).

Lebenslanges Lernen: berufliche Aus- und Weiterbildung

Mit dem Slogan „lebenslanges Lernen" wird darauf hingewiesen, dass das Erlernen von Kenntnissen und Fertigkeiten heutzutage nicht mehr mit Beendigung der Schulbildung abgeschlossen ist, sondern eine lebenslängliche Notwendigkeit darstellt. Gestiegene berufliche Anforderungen in intellektueller, sozialer und psychologischer Hinsicht erfordern eine Bereitschaft zur laufenden Weiterbildung. In der Regel wird heute in den meisten Berufen neben den klassischen Kriterien wie Fachkompetenz und einschlägigen beruflichen (Vor-)Erfahrungen auch auf persönliche Reife und soziale Kompetenzen größter Wert gelegt. Dazu zählen zum einen gewünschte Eigenschaften des individuellen Selbst, etwa Selbstsicherheit, Offenheit, Anpassungsfähigkeit, Lern- und Veränderungsbereitschaft, Fähigkeit zur Selbstreflexion und Selbstkritik, Eigeninitiative usw.; zum anderen zwischenmenschliche Aspekte des sozialen Selbst, etwa Teamfähigkeit, Kontakt- und Kommunikationsfähigkeit, Kooperationsbereitschaft, Einfühlung und Verständnis für andere usw. Frei nach der Devise „work smarter not harder" sind auch vielerlei Fertigkeiten des kognitiven und handeln-

den Selbst gefragt: systematisches und strategisches Denken, Kreativität, Innovation, Problemlösefähigkeiten, Informations- und Zeitmanagement, selbstorganisiertes und -gesteuertes Lernen usw. Menschen,
die ihren Weg zum lustvollen Lernen bereits gefunden haben, sind
hier sicherlich im Vorteil. Sie machen etwas gern, was heutzutage eine
unbedingte Erfordernis darstellt.

Lernen im Erwachsenenalter
Berufliche Fertigkeiten und Kenntnisse können über alle möglichen
Lernarten erworben werden: im Selbststudium, in Lern- und Arbeitsgruppen, durch Unterricht, Training oder Coaching (vgl. Gist & Mc-
Donald-Mann, 2000). Leider fehlt vielen Menschen das Zutrauen in
die eigene Lernfähigkeit. Hier müssen zunächst Unsicherheiten und
Ängste vor neuen Fach- und Wissensgebieten abgebaut werden, deren
Bewältigung sich der lernängstliche Mensch nicht zutraut. Lern-
hemmnisse (z.B. die Meinung, zu unbegabt oder zu alt zum Lernen zu
sein) müssen aufgelöst und Selbstsicherheit und Vertrauen in die eigenen Lernfähigkeiten aufgebaut werden. Durch spielerisches Ausprobieren zu Beginn, bei dem Fehler ausdrücklich erlaubt werden und
die Ermöglichung rascher, kleiner Erfolgserlebnisse kann die Freude
am Lernen wieder entfacht und ein Gefühl der Selbstwirksamkeit hergestellt werden (→11.Handelndes Selbst; Selbstwirksamkeitstheorie). Das gestärkte
Vertrauen in eigene Handlungs- und Veränderungsmöglichkeiten kann
schließlich auch in den (Arbeits-) Alltag hinausgetragen werden (vgl.
Holladay & Quinones, 2003).

Je nach Persönlichkeit des Lernenden und der gestellten Aufgabe
sind unterschiedliche Lernformen mehr oder minder gut geeignet.
Praktisches psychologisches Know-how (z.B. eigene Gefühle erkennen, verstehen und kontrollieren) und soziale Kompetenzen (z.B. Umgang und Kommunikation mit anderen) werden am besten gemeinsam
mit anderen Lernenden durch erfahrungs- und erlebnisorientierte
Lernformen (z.B. Selbsterfahrungsgruppen) erworben. Theoretisches
psychologisches Wissen allein kann zwar durchaus erhellend und er-
klärend sein, ist aber für ein umfängliches selbstbezogenes und soziales Lernen noch nicht ausreichend. Eine gern gewählte Methode in der
Persönlichkeitsentwicklung und für soziale Lernprozesse ist etwa das
sogenannte Feedback. Dem Selbst wird beim Feedback ein Spiegel
vorgehalten, in dem es sich anders und neu erkennen kann. Eine Per-

son bekommt von einer anderen – offen und grundsätzlich wertschätzend – eine spontane Rückmeldung über ihr Verhalten und den Eindruck, den sie auf den Feedbackgeber in einer bestimmten, gemeinsam erlebten Situation hinterlassen hat. Das Feedback stellt keine absolute Wahrheit über die Person dar, sondern beinhaltet subjektive Gedanken und Gefühle des Feedbackgebers. Der Vergleich des Selbstbildes („wie sehe ich mich selbst?") mit dem Fremdbild („wie sehen mich die anderen?") kann für den Feedbacknehmer vielerlei Lernmöglichkeiten und Entwicklungschancen eröffnen. Ein Feedback kann ein Anstoß zur Selbstreflexion sein, neue Selbsterkenntnisse zutage fördern und Verhaltensänderungen bewirken (vgl. Freimuth & Hoets, 1996) (→5.Soziales Selbst; →7.Inhalte des Selbst).

Lernen im elektronischen Zeitalter
Heutzutage ist viel von modernen Lernformen die Rede. Der Computer und das Internet spielen dabei die zentrale Rolle. Online education, e-Learning, edutainment heißen einige Schlagworte, die im Zusammenhang mit neuen und (anscheinend) zukunftsträchtigen Lernformen zu hören und zu lesen sind. Manche Computerenthusiasten prophezeien schon einen Untergang der traditionellen Lernmethoden, wo Lernende und Lehrende noch in einem Raum versammelt sind und in welcher Form auch immer miteinander agieren und kommunizieren. Klassische Lehrformen wie Frontalunterricht werden schon jetzt zunehmend durch Modelle ersetzt, welche auf Eigeninitiative und selbständiges Erarbeiten großen Wert legen. Ist das gemeinschaftliche Lernen von Lehrenden mit ihren Studierenden also bereits ein Auslaufmodell? Gewiss nicht! Bedenkt man die Wichtigkeit und Vorrangigkeit, welche auch und gerade in der Wirtschaft sozialen und psychologischen Kompetenzen zugeschrieben wird, schneidet das „neue" Lernen am Bildschirm vergleichsweise schlecht ab. Wo sonst außer im Umgang mit Menschen soll soziale Kompetenz erworben werden? Wenn alle Menschen mutterseelenallein vor ihren Computern sitzen, ist ein Aufbau von zwischenmenschlichen Fähigkeiten nicht möglich. Die traditionelle Lernsituation, wo Lehrende gemeinsam mit Lernenden an einem Ort versammelt sind, stellt nach wie vor die beste Form dar, um den Umgang mit Menschen zu „erproben" und dabei auch sich selbst besser kennen zu lernen.

Einige Empfehlungen für Lehrende[32] zur Förderung eines intakten Selbstwertgefühls der Lernenden

- *Aktive Einbindung der Lernenden. Mitplanen und Mitentscheiden ermöglichen; dabei selbstbezogene Ziele, Standards, Motive und Lerninteressen des Lernenden berücksichtigen (z.B. ideale und normative Selbstbilder (→8.Emotionales Selbst; →10.Motivationales Selbst) und gemeinsam mit allgemeinen Lernzielen anstreben.*

- *Die Lernenden zur Selbstaktivität ermutigen. Spielerisches Ausprobieren schafft Erfolgserlebnisse, welche Selbstwirksamkeit und Selbstkontrollfähigkeiten stärken (→11.Handelndes Selbst). Ist dies zu zeit- und kostenaufwendig oder zu riskant, die Lernenden zumindest aktiv mitdenken und eigene Vorschläge machen lassen.*

- *Förderung eines kooperativen Lernstils. Schülerinnen und Schüler, die sich wechselseitig unterstützen und an gemeinsamen Zielen arbeiten, stärken ihr soziales Selbst (-Verständnis) und ihre zwischenmenschlichen Kompetenzen (→5.Soziales Selbst).*

- *Konkret und differenziert loben. Zu globales und allgemeines Lob sollte eher vermieden werden. Lob gebührt veränderbaren Aspekten, etwa Anstrengung, Bemühen, Fleiß, Strategien, Ideen, originellen Einfällen, individuellen Fortschritten usw. und eher nicht unveränderbaren angeborenen Talenten (z.B. Spitzenbegabungen).*

- *Kritische Rückmeldungen auf konkretes, veränderbares Verhalten beziehen und nicht wertend, sondern fördernd vorbringen, beispielsweise zu einem neuen Versuch ermuntern und konstruktive Hilfestellung anbieten. Festschreibende Aussagen, die Unveränderbarkeit suggerieren wie etwa „dir fehlt das Talent" oder „das wirst du nie lernen" vermeiden. Günstiger ist: „Du solltest noch mehr üben." Oder: „Wenn Du dich noch mehr anstrengst, kannst Du es schaffen."*

- *Prüfungsängste eindämmen helfen, indem Tests und Prüfungen als Herausforderung und Standortbestimmung interpretiert werden: Ein Test sagt mir, was ich schon kann und was ich noch nicht kann. Was ich noch nicht kann, muss bzw. kann ich mir noch aneignen. Auf das, was ich schon kann, darf ich stolz sein.*

---

[32] Unter Lehrenden werden nicht nur Lehrerinnen und Lehrer im herkömmlichen Sinne verstanden, sondern auch alle anderen Personen und Berufsgruppen, die dann und wann andere unterweisen, instruieren und belehren (im besten Sinn des Wortes). Das wären beispielsweise Führungskräfte, die ihre Mitarbeiterinnen und Mitarbeiter fordern und fördern, oder Eltern, die ihren Kindern etwas beibringen wollen.

Anregungen zur Selbsterforschung

- Wie sehen Ihre schulischen und beruflichen Lernerfahrungen aus? Was hat Ihnen Freude gemacht und was war Ihnen eher unangenehm?
- Wie sehen Sie Weiterbildung und Lernen heute? Macht es Spaß oder ist es eher mühsam?
- Wie müsste das Lernumfeld (Menschen, Ort, Inhalte, Methoden, Lehrmittel) aussehen, damit Sie gerne etwas Neues lernen?

Einige berücksichtigungswerte Lernsätze als Zusammenfassung

I. Umfassendes Lernen betrifft kulturelle, soziale, emotionale, kognitive, motivationale und verhaltensrelevante Aspekte des Selbst.

II. Selbstreflexion über eigene Vorlieben und Abneigungen, Wertvorstellungen, Stärken, Schwächen usw. stellt eine wesentliche Voraussetzung für Lernen, Entwicklung und Veränderung von Einzelnen und Gruppen dar.

III. Ziel ist das Lernen als permanenter, sich gleichsam verselbständigender Dauerprozess, der vom Individuum selbst getragen und mit Freude vorangetrieben wird.

IV. Es geht nicht darum, der oder die Beste zu werden und perfekt zu sein, sondern um Verwirklichung bzw. Ausbau eigener Potentiale und Fähigkeiten.

---

15. Selbstforschung in der Praxis: Wirtschaft und Beruf

> *Der Mensch ist Verursacher und Betroffener des wirtschaftlichen Geschehens.*

Berufliche Selbstkonzepte

Im wechselseitigen Austausch mit seiner (beruflichen) Umgebung wird der Mensch einerseits von seinem beruflichen Umfeld geprägt, andererseits geht er mit bestimmten Erfahrungen, Werthaltungen, Einstellungen, emotionalen Grundmustern und Verhaltensweisen in die berufliche Umgebung hinein und beeinflusst so das bestehende System. Das berufliche Selbstkonzept ist demnach wie das allgemeine zugleich aktiv und passiv. Es übt Einfluss auf das berufliche Verhalten aus, es wird aber auch von der Berufsumwelt und den dort vorhandenen Erfahrungsräumen und Möglichkeiten geprägt und geformt (→6.Entwicklung des Selbst). Der gewählte und/oder ausgeübte Beruf beeinflusst nachhaltig den erwachsenen Menschen. Erfahrungen, die im Berufsleben gemacht werden, bestimmen den Menschen in seinem Denken, Fühlen und Handeln wie wenige andere Dinge im Leben. Der prägende Einfluss ist mit dem der eigenen Familiengründung und den damit erforderlichen neuen Pflichten, Verantwortlichkeiten und Lern- und Erfahrungsprozessen durchaus vergleichbar. Die Auswirkungen auf Selbstwert und Wohlbefinden können hier wie dort nachhaltig und einschneidend sein.

Berufswahl: auf dem Weg zur Berufung

Mit einer geglückten Berufswahl, die einen Beruf zur Berufung werden lässt, kann sich der Mensch eine wertvolle Sinnquelle und tiefgreifende Zufriedenheitsdimension in seinem Leben eröffnen. Aspekte der Selbstverwirklichung und Sinnfindung gewinnen im Zusammenhang mit der Berufstätigkeit zunehmend an Bedeutung. Insbesondere bei der erstmaligen Berufswahl in der Jugend spielen ideale Selbstkonzepte (→8.Emotionales Selbst; Selbstdiskrepanztheorie) eine besondere Rolle. Der in den Jugendjahren zumeist noch unerschütterliche Glaube, alles oder doch vieles werden zu können, orientiert sich zunächst noch an

Wünschen und Idealvorstellungen. Eine möglichst realistische Einschätzung eigener Potentiale, Fähigkeiten und Möglichkeiten rückt erst bei beruflichen Neuorientierungen im mittleren Erwachsenenalter in den Vordergrund. Berufswahl ist ja heute keine einmalige Angelegenheit mehr, sondern kann mitunter durch (laufend) veränderte Tätigkeitsfelder und Arbeitsplätze sogar zu einem lebenslänglichen Berufsfindungsprozess werden.

Wandelbarkeit beruflicher Selbstkonzepte
Berufliche Selbstbilder (i.e. Selbstkonzepte) sind heutzutage unbeständig geworden. Ein in der Jugend erlernter Beruf wird meist nicht mehr bis zur Pensionierung ausgeübt. Die beschleunigte gesellschaftliche und wirtschaftliche Entwicklung erfordert von immer mehr Menschen, ihren Beruf bzw. ihr Tätigkeitsgebiet im Laufe ihres Lebens womöglich mehrmals zu wechseln. Aber nicht nur äußere Umstände „zwingen" Menschen zu beruflichen Veränderungen. Auch innere Beweggründe, etwa Unzufriedenheit mit dem erlernten Beruf, können Menschen noch im mittleren Alter dazu veranlassen, auf einen anderen Beruf umzusteigen und die dafür notwendigen Voraussetzungen in Kursen und Ausbildungen zu erlernen (→14.Schule und Ausbildung). Vor diesem Hintergrund kommt der Einschätzung der eigenen Lern- und Veränderungsfähigkeit im Sinne von Selbstwirksamkeitsüberzeugungen zentrale Bedeutung zu (Bandura, 1997) (→11.Handelndes Selbst). Ein Mensch mit einem robusten Selbstwirksamkeitsglauben, der sich zutraut, neue Aufgaben bewältigen zu können und Herausforderungen mit Erfolgszuversicht annimmt, wird sich in Zeiten des Wandels und der Veränderung leichter und besser zurechtfinden als jemand, der an sich und seinen (Lern-) Fähigkeiten massive Zweifel hat (→14.Schule und Ausbildung).

Nachteilige berufliche Selbstkonzepte
Überhöhte Ansprüche aus idealen und normativen Selbststandards, etwa Perfektionismus bis in kleinste Details („alles muss perfekt sein") oder aber eine unrealistische und stark überhöhte idealistische Motivation, wie sie häufig in sozialen und helfenden Berufen zu finden ist, zeitigen sowohl negative Auswirkungen auf das Selbst als auch auf die (Arbeits-) Umgebung. Emotionale Erschöpfung durch erlebte Überbeanspruchung, Antriebsverlust und reduzierte Leistungsfähigkeit können die Folge sein. Eine Neudefinition überzogener und

unrealistischer Selbststandards sowie die Rück- bzw. Neugewinnung einer ausgewogenen Balance aus beruflichen und privaten Interessen bieten hier einen möglichen Ansatzpunkt zur Problembewältigung (→16.Gesundheit und Wohlbefinden).

Berufliches Selbstkonzept in der Krise: Arbeitslosigkeit
Da die berufliche Tätigkeit einen zentralen Faktor im Selbstbild und Selbstverständnis eines erwachsenen Menschen bildet, kann der Verlust von Arbeit bei fehlenden Alternativen und Zukunftsperspektiven zu Defiziten in der Selbstidentität führen und die Betroffenen in eine mehr oder minder schwere Lebens- und Sinnkrise stürzen (vgl. Kirchler, 1993). Doch Krisen haben (meist) einen Sinn und bieten vor allem die Chance zu Neuorientierung und Neubeginn. Es können sich neue Möglichkeiten der Selbst(wert)bestätigung eröffnen. Ein Mann könnte sich etwa mit der Vorstellung anfreunden, Kinderbetreuung und Haushaltführung für eine gewisse Zeit zu übernehmen, was zu einer großen persönlichen Bereicherung für ihn werden kann. Wer diese oder andere Tätigkeiten als sozialen Abstieg sieht, wird entsprechende Einbußen in seinem Selbstwert erleiden. Schulungen und das Erlernen neuer Fertigkeiten und Qualifikationen sind sowohl beruflich als auch privat von Vorteil, weil sie die Chancen und Möglichkeiten im Berufsleben erhöhen und das individuelle Selbstwirksamkeitsgefühl steigern (vgl. Bandura, 1997) (→11.Handelndes Selbst). Man traut sich selbst wieder mehr zu und gewinnt an Selbstsicherheit und Selbstvertrauen.

Der Mensch in Unternehmen und Organisationen

Organisationen und Unternehmen begründen ein Stück Lebenswelt, in der Menschen unter bestimmten Rahmenbedingungen zusammenarbeiten. Die Organisation hebt sich als zusammengehöriges Gefüge von ihrer Umgebung ab und bildet eine eigene unverwechselbare Kultur (Organisations- bzw. Unternehmenskultur). Es entsteht eine gemeinsame Identität (corporate identity), welche nach der Gestaltregel mehr als die Summe seiner Einzelteile (i.e. Mitglieder der Organisation) ist. Menschen tragen und formen die Organisation, werden aber auch von ihr geformt. Die Selbstkonzepte der Organisationsmitglieder beinhalten in der Regel recht unterschiedliche Erfahrungen, Kenntnisse, Ziele und Werte, welche nun „von Haus aus" recht gut in eine bestimmte Unternehmenskultur passen bzw. mit ihr harmonieren oder aber in mehr oder weniger großem Widerspruch zu ihr stehen können. Je größer die Übereinstimmung von Selbstkonzepten mit einer bestehenden Unternehmenskultur, desto größer ist auch die Bereitschaft der Mitarbeiterinnen und Mitarbeiter, die Unternehmensziele mit Engagement und Einsatz mitzutragen (vgl. Mitchell et al., 2000). Das Ausmaß, in dem sich jemand einer bestimmten Berufsgruppe, Organisation oder Unternehmen zugehörig fühlt, prägt den kollektiven Selbstwert, der eine mitunter bedeutsame Teilmenge des gesamten Selbstwertgefühls einnehmen kann (→5.Soziales Selbst; →12.Selbstwert). Arbeitet jemand für eine angesehene Organisation oder ein erfolgreiches Unternehmen mit einem positiven Image, so profitiert bei entsprechender Identifikation auch das Selbstwertgefühl der Mitarbeiterinnen und Mitarbeiter (nach dem Motto „wir können stolz auf uns sein"). Der umgekehrte Zusammenhang gilt natürlich auch. Geht es der Organisation schlecht, gibt es negative Pressemeldungen usw., so wird – wieder eine entsprechende Identifikation vorausgesetzt – der Selbstwert der Mitglieder in Mitleidenschaft gezogen.

Führung: dem Menschen und der Sache gerecht werden

Die vorrangige Aufgabe einer Führungskraft ist die Führung von Mitarbeiterinnen und Mitarbeitern. Wenn dies nicht der Fall wäre, könnte sie auch Kontrollkraft, Protokollkraft, Verhandlungskraft u. v. a. m. heißen. Die Mitarbeiterinnen und Mitarbeiter sollen aber nicht plan- und konzeptlos irgendwohin geführt werden, sondern sollen bestimmte Ziele erreichen. Ein maßgebliches Charakteristikum von Zielen ist, dass sie auf sehr unterschiedlichen Wegen erreicht werden können. So gesehen kann auch eine Führungskraft ihre Mannschaft auf mannigfachen Routen zum Ziel führen. Nicht alle Wege sind für die Zielerreichung gleichermaßen gut geeignet. Manche werden langsamer und über Umwege, andere schneller und direkter, manche mühsamer, andere wiederum bequemer zum Ziel führen. Der unmittelbarste und direkteste Weg kann sich mitunter als derjenige entpuppen, der aufgrund unüberwindbarer Hindernisse nie erfolgreich sein wird. Ein scheinbarer Umweg kann durch überraschende Wendungen plötzlich doch noch einen rasanten Endspurt in die Zielgerade einleiten.

Führungsarten und „Führungsmoden"
Eine Führungskraft kann ihrer Aufgabe auf sehr unterschiedliche Art und Weise nachkommen. Sie kann sich einen individuellen Führungsstil nach dem Motto „I do it my way" zulegen; sie kann sich ihrer eigentlichen Führungsaufgaben weitgehend entledigen, indem sie die Mitarbeiterinnen und Mitarbeiter einfach gewähren lässt und nur manchmal kontrollierend nach dem Rechten sieht; sie kann sich aber auch bestimmten „Führungsmoden" anschließen, wie sie in der Managementliteratur und in der Seminarszene kursieren. In den „Führungsmoden" spiegeln sich allgemeine Trends und vorherrschende Menschenbilder wider, die durchaus vielerlei sinnvolle und nützliche Aspekte in sich bergen können. Doch nicht selten leiden sie – wie jede andere Mode auch – an einer gewissen Einseitigkeit. Die einen schwärmen etwa für den charismatischen Führungsstil. Dieser bedeutet, dass eine Einzelperson gleichsam zu einer Kultfigur hochstilisiert wird, die als idealtypisches Vorbild die Mitarbeiterinnen und Mitarbeiter zu Höchstleistungen inspirieren soll (vgl. Aditya et al., 2000; Gist & McDonald-Mann, 2000). Andere wiederum schwören auf den weiblichen Führungstypus[33], der die Mitarbeiter und Mitarbeiterinnen ans Unternehmen bindet und sie auf gemeinsame Ziele einschwört, indem mit Intuition, Einfühlungsvermögen und Beziehungsstärke für Zufriedenheit und Harmonie im Team gesorgt wird. Der männliche, sachorientierte Führungstypus, der kühl, rational und vernunftorientiert die Agenden vorantreibt und dabei wegen sogenannter Sachzwänge auf Bedürfnisse und Gefühle anderer wenig bis keine Rücksicht nimmt, gilt derzeit eher als „Auslaufmodell", wenngleich niemand ernsthaft bestreiten wird, dass eine angemessene Sachorientierung zur Zielerreichung unumgänglich ist (vgl. Rodler & Kirchler, 2002; Rosenstiel, 1993).

Ultimatives Führungsziel: Wohlergehen der Menschen
Führungsziele decken sich meist mit Unternehmenszielen. Es geht um Gewinnsteigerung, Rückeroberung von Marktanteilen, erhöhte Kundenzufriedenheit usw. Diese Ziele sind wichtig, weil sie dem Unternehmen helfen, seine Position am Markt zu halten oder auszubauen. Im größeren Kontext geht es schließlich um viele „gesunde" Unter-

---

[33] Es ist zu beachten, dass dem weiblichen Führungstypus auch Männer und dem männlichen Führungstypus auch Frauen angehören können.

nehmen, die ihren Beitrag zu einer „gesunden" Wirtschaft leisten, welche wiederum die Grundlage für einen allgemeinen Wohlstand bildet. Allgemeiner Wohlstand dient dem Frieden und dem Wohlergehen aller Menschen. Das ultimative Wirtschafts- und Führungsziel ist demnach das Wohlergehen der Menschen. Wohlergehen für den Menschen bedeutet nicht nur eine abstrakte Forderung, sondern umfasst auch sehr konkrete unternehmerische Handlungen. So ist beispielsweise für eine positive Lebenssituation der Menschen ein monatlicher Lohnzettel (oder aber Geld aus einem Sozialbudget bei Erwerbslosigkeit), in welcher Höhe auch immer, nicht ausreichend, wenngleich er als Existenzsicherung eine zwingend notwendige Grundlage bildet. Darüber hinaus muss auch die Gewährleistung des psychischen Wohlbefindens der Menschen am Arbeitsplatz ein Anliegen sein. Für die körperliche Unversehrtheit der Erwerbstätigen sorgen bereits umfassende gesetzliche Bestimmungen zur Sicherheit am Arbeitsplatz und zum Arbeitnehmerschutz. Der psychische Arbeitnehmerschutz steckt aber noch in den Kinderschuhen. Psychische Verletzungen werden nur in Extremfällen (z.b. massives Mobbing) geahndet; ansonsten kümmert man sich um das seelische Wohlergehen der Mitarbeiterinnen und Mitarbeiter nach dem Motto „was sie nicht umbringt, macht sie nur härter", eher wenig. Die Selbstforschung kann wichtige Impulse für das (psychische) Wohlergehen am Arbeitsplatz liefern.

Selbstbild und Selbstwert der Mitarbeiter beachten
Um Anforderungen, Aufgabengebiete und Fördermaßnahmen maßgeschneidert auf den arbeitenden Menschen abstimmen zu können, muss er in seiner Ganzheitlichkeit wahrgenommen werden. Eine umfassende Kenntnis der Person betrifft sämtliche Facetten des Selbst: kulturelle, soziale, emotionale, kognitive und motivationale (→5-11 Facetten des Selbst). Soziokultureller Hintergrund, individuelle Erfahrungen, Werthaltungen, Bedürfnisse und Ziele sollten demnach berücksichtigt werden, um eine erfolgreiche Zusammenarbeit in einer wertschätzenden Atmosphäre zu ermöglichen. Im konkreten Führungsverhalten zeigt sich Wertschätzung unter anderem darin, dass die Mitarbeiterinnen und Mitarbeiter ernst genommen und respektvoll behandelt werden, dass ihnen Unterstützung und Förderung (z.B. durch Lob und konstruktive Kritik) zuteil wird und ihnen die Sinnhaftigkeit ihrer Tätigkeit vermittelt wird. Die Führungskraft sollte auch in dem Sinne Vor-

bild sein, dass sie nicht „Wasser predigt und selbst Wein trinkt". An einem konkreten Beispiel veranschaulicht kann dies heißen, dass bei allgemeinen Kostensenkungen auch von der Führung selbst Sparwille demonstriert wird (z.B. Verzicht auf bestimmte Privilegien). Solche vorbildhafte Handlungen vermitteln den Mitarbeiterinnen und Mitarbeitern ein Gefühl der Fairness, weil alle („auch die da oben") Abstriche machen und Verzicht leisten.

Ein Beispiel: selbstwertschonende Mitarbeiterbeurteilungen

Mitarbeiterbeurteilungen sind ein nützliches Instrument zur Förderung von Mitarbeiterinnen und Mitarbeitern zur Optimierung der Ergebnisse (vgl. Latham & Latham, 2000). Da Beurteilungen mit Bewertungen zu tun haben, können sie von den arbeitenden Menschen als Bedrohung ihres Selbstwertes erlebt werden. Werden wir kritisiert und negativ bewertet, so fühlen wir uns mitunter schlecht, vielleicht sogar als Versager bzw. als Versagerin, und das Selbstwertgefühl wird entsprechend absinken. Demnach ist von zentraler Bedeutung, dass Mitarbeiterbeurteilungen in Form von Gesprächen stattfinden und nicht etwa als schriftliche Zeugnisse übermittelt werden. Es versteht sich von selbst, dass der Gesprächsstil von einem Tonfall der Wertschätzung und des Respekts geprägt ist. Es werden positive Aspekte ebenso thematisiert wie negative. Beiden Seiten ist klar, dass kein Mensch perfekt ist, alle Fehler machen und dass es der Sinn und Zweck von Fehlern ist, aus ihnen zu lernen. Sowohl Lob als auch Kritik beziehen sich auf konkrete Sachverhalte und werden angemessen formuliert. Der Grundtenor des Gespräches handelt von Unterstützung und Förderung. Dabei können frühere Leistungen als Vergleichsmaßstab herangezogen werden, mit dem ein positiver Leistungsfortschritt innerhalb einer bestimmten Zeit anschaulich gemacht wird. Den Mitarbeitern und Mitarbeiterinnen sollten am Ende des Gespräches sowohl ihre starken als auch ihre schwachen Seiten bewusst sein und sie sollten darüber hinaus auch aus dem Gespräch erfahren haben, wie (durch welche konkreten Verhaltensweisen) ihre Schwachstellen verbessert werden können. Am Ende der Unterredung sollte eine intakte bzw. gestärkte Beziehung zwischen Mitarbeiterin bzw. Mitarbeiter und der Führungskraft bestehen und beide mit einem guten Gefühl die Zusammenkunft abschließen. Ein erfolgreiches Gesprächsergebnis zeichnet sich dadurch aus, dass es zur Selbsterkenntnis (z.B. eigene Stärken und Schwächen erkennen) und Selbstentwicklung (aus den eigenen Stärken und Schwächen lehrreiche Schlussfolgerungen ziehen) ebenso beiträgt wie zur Stärkung der Beziehung zwischen Führungskraft und Mitarbeiterin bzw. Mitarbeiter sowie zur Team- und Organisationsentwicklung.

Balance in der Führung finden
Es sollte in der Führung – wie in allen anderen Bereichen des Lebens
auch – eine Balance gefunden werden zwischen Berücksichtigung der
Bedürfnisse und individuellen Möglichkeiten der Mitarbeiter und Mitarbeiterinnen auf der einen Seite und der erfolgreichen Erreichung von
Sachzielen auf der anderen Seite; einem notwendigen Maß an Regeln
und Fremdbestimmung einerseits und einem entsprechenden Freiraum
für flexibles, situationsangemessenes und selbstbestimmtes Handeln
andererseits. Eine angemessene Deckung von individuellen mit kollektiven Selbstkonzepten bezüglich Ziele, Werthaltungen, Normen
und Standards sowie eine beidseitige Offenheit, Transparenz und
Wertschätzung bilden eine solide Basis für eine ausgewogene Führung
(vgl. Greenberg & Lind, 2000; Wiswede, 1995).

Führung in Zeiten der Veränderung

Überlegen Sie mal...

*Wie erleben Sie Neuerungen und Veränderungen? Als Bedrohung oder als
Herausforderung? Als spannende, aufregende Sache oder als Angst erregen-
de Mühsal? Wie gehen Sie mit Fehlern um? Fühlen Sie sich als Versager bzw.
als Versagerin oder denken Sie sich: „Das kann jedem passieren, Fehler sind
menschlich. Beim nächsten Mal werde ich es besser machen."?*

Unternehmen und Organisationen brauchen ein hohes Maß an Flexibilität, Anpassungsfähigkeit und Veränderungsbereitschaft, wenn sie im
dynamischen Marktgeschehen aktiv mitspielen wollen. Wandel und
Veränderung in Organisationen und Unternehmen stellen besondere
Anforderungen an Führungskräfte und ihre Mitarbeiterinnen und Mitarbeiter. Neue Aufgaben werden oft aus Angst, Fehler zu machen und
als Versager bzw. als Versagerin abgestempelt zu werden, nicht in
Angriff genommen. Angst und Scheu vor Neuem und Fremdartigem
und mangelndes Zutrauen in eigene Bewältigungsmöglichkeiten müssen überwunden werden. Gelingt es einer Führungskraft, ihrer Mannschaft glaubwürdig zu vermitteln, dass Fehler kein Zeichen von Versagen, sondern eine Entwicklungs- und Lernmöglichkeit darstellen
und dass fachliche und soziale Kompetenzen in erster Linie auf er-
lernbaren Fertigkeiten und nicht auf angeborenen und unveränderbaren Talenten beruhen (→9.Kognitives Selbst; Selbsttheorien), werden auf diese
Weise potentielle Bedrohungen für den Selbstwert in Herausforderun-

gen umgewandelt, denen sich jede Mitarbeiterin bzw. jeder Mitarbeiter stellen kann. Erfolgreiche Kolleginnen und Kollegen können als Vorbilder „genützt" werden, deren Strategien und Handlungsweisen die anderen lernen und sich selbst zunutze machen können, ohne in ohnmächtigen Neid und Selbstmitleid zu versinken. Wenn die Führungskraft darüber hinaus ihren Leuten verdeutlichen kann, dass die Art und Weise, wie früher Dinge gehandhabt wurden, nicht grundsätzlich schlecht, falsch oder dumm gewesen ist, sondern einzig und allein den aktuellen wirtschaftlichen und gesellschaftlichen Erfordernissen nicht mehr angemessen ist und daher verändert werden muss, so kann eine weitere potentielle Bedrohung für das Selbstwertgefühl ausgeschaltet werden: Die Mitarbeiterinnen und Mitarbeiter werden in ihrem früheren Handeln nicht abgewertet, sondern grundsätzlich positiv bestätigt. Durch die Herstellung eines Glaubens an die Beeinflussbarkeit und Veränderbarkeit eines Systems können sich eine positive Veränderungsmotivation mit (berechtigter) Hoffnung auf Erfolg und ein starker (kollektiver und individueller) Selbstwirksamkeitsglaube unter den arbeitenden Menschen ausbreiten. Eine Organisation als veränderbar zu sehen, steigert die wahrgenommene Selbstwirksamkeit sogar dann, wenn massive Schwierigkeiten und Widerstände dem Vorhaben im Wege stehen. Die Anstrengungen werden verdoppelt und effektivere Methoden zur Problemlösung gesucht; vielversprechende Chancen werden erkannt und sich bietende Gelegenheiten sinnvoll genützt (vgl. Bandura, 1997). Die Veränderungsbereitschaft kann also durch eine Betonung der Lern- und Entwicklungschancen jedes einzelnen Menschen und eine Ermutigung zum Ausprobieren maßgeblich gefördert werden. Doch ein entsprechendes Führungsverhalten allein ist noch nicht ausreichend, um tatsächliche Veränderungen im Menschen zu bewirken. Letztendlich müssen die Menschen sich auch selbst verändern wollen.

Selbsterkenntnis als erster Schritt zur Besserung (i.e. Veränderung)
Diese alte Volksweisheit besagt im Wesentlichen, dass Einsicht in das eigene Selbst und seine Schwächen und Fehler die erste Stufe der Veränderungsbereitschaft ist. Menschen mit einem labilen Selbstwert tendieren aber dazu, auch die vorsichtigsten und wohlmeinendsten Einwände als schweren Angriff wahrzunehmen und diesen sofort massiv abzuwehren. Das fragile Selbst wird vor potentiell negativem

Feedback und vor Kritik hermetisch abgeriegelt und kann sich dadurch auch nicht verändern und entwickeln (vgl. Baumeister, 1998a; Frey et. al., 2000) (→Selbstwert; →16.Gesundheit und Wohlbefinden). Eine „gesunde Portion" Selbstreflexion und Selbstkritik sowie Offenheit und Gelassenheit für Kritik tragen maßgeblich zu Veränderung und Selbstentwicklung bei. Gesetzt den Fall, man kann sich selbst mit einem humorvollen Augenzwinkern sehen, dürfte dies nicht allzu schwer fallen (→7.Inhalte des Selbst; der steinige Weg zur Selbsterkenntnis).

Berufstätigkeit heute: Selbständigkeit und Eigenverantwortung

Selbständigkeit heißt Entscheidungen selbst zu treffen und für die Ergebnisse und Folgen Verantwortung zu übernehmen. Selbständigkeit und Eigenverantwortung gehören zusammen. Natürlich können Mitarbeiterinnen und Mitarbeiter einer Organisation oder eines Unternehmens nicht alles selbst entscheiden. Auch eine selbständige Unternehmerin oder ein selbständiger Unternehmer kann nicht alle Entscheidungen eigenmächtig treffen. Selbständigkeit bewegt sich auf einem (rein) theoretischen Kontinuum von „praktischer Entmündigung", bei der gar nichts selbst bestimmt werden kann, bis hin zur „totalen" Freiheit chaotischer Systeme etwa, wo absichtlich keine Struktur vorgegeben wird, um die Beteiligten des Systems dazu zu „zwingen", die Dinge selbst in die Hand zu nehmen. Die Realität wird sich in der Regel irgendwo zwischen diesen beiden Extremen abspielen. Manches kann allein entschieden, anderes muss im Team beschlossen werden, manchmal wird man auch vor vollendete Tatsachen gestellt und die Entscheidungen anderer müssen ohne Wenn und Aber ausgeführt werden. Grundsätzlich kann aber davon ausgegangen werden, dass Möglichkeiten der Mitsprache und Mitgestaltung sowie ein gewisses Maß an Autonomie Arbeitsfreude und Arbeitsmotivation, die Bindung an das Unternehmen und die Identifikation mit Organisations- und Unternehmenszielen fördern (vgl. Wiswede, 1995).

Selbstverpflichtung und Selbstsicherheit
Eigenverantwortung und Selbständigkeit resultieren in einer entsprechenden Selbstverpflichtung (i.e. Commitment). Selbstverpflichtung heißt (ganz wörtlich genommen), sich selbst zu verpflichten, bestimmte Dinge zu tun und andere zu unterlassen, ohne dafür einen Befehl, eine Weisung, eine Aufforderung, eine Ermunterung oder Einladung

erhalten zu haben. Ein zu hohes Maß an Eigenverantwortung und Autonomie kann aber auch überfordern und ängstigen. Mit zunehmender Verantwortung und Entscheidungsfreiheit nehmen gleichzeitig Gefühle der Unsicherheit zu (vgl. Frey et al., 2000). Ist jemand in einem Abhängigkeitsverhältnis und gehorcht Anweisungen, so kann er sich in (vermeintlicher) Sicherheit wiegen: „Wenn ich alles genau so mache, wie mir befohlen worden ist, kann mir nichts geschehen." Dabei ist diese Sicherheit aber doppelbödig. Hat der bzw. die Vorgesetzte etwa falsch oder nachteilig entschieden, so haben die Ausführenden zwar dafür nicht die Verantwortung zu tragen, doch in den meisten Fällen werden sie „die Suppe mit auslöffeln" müssen. Sich darauf zu verlassen, dass die „Oberen" schon wissen, was sie tun, und dass sie alles richtig machen, kann also für alle „ins Auge gehen". Demnach ist es grundsätzlich zu begrüßen, auch und gerade in streng hierarchischen Organisationen (z.B. Polizei und Militär), wenn die Rangniedrigeren nicht einfach gedankenlos den Ranghöheren gehorchen, sondern selber mitdenken. Auftretende Bedenken – welcher Art auch immer – zu äußern, dient in der Regel den Menschen und der Sache. Es kann und muss davon ausgegangen werden, dass auch die Führungskraft und sonstige Entscheidungsträgerinnen und Entscheidungsträger nicht unfehlbar sind und im Grunde der Mitarbeit ihrer sogenannten Untergebenen bedürfen, um gut und treffsicher entscheiden und agieren zu können. Niemand kann sich seiner ureigensten Verantwortung entziehen. Sicherheit wird also nur sehr eingeschränkt von anderen gewährleistet. Im Grunde muss ein Gefühl der Sicherheit aus dem eigenen Selbst kommen. Es geht dabei um Selbstsicherheit im ursprünglichsten Sinn des Wortes. Das Geheimnis der eigenen Selbstsicherheit liegt im Vertrauen auf die starken Grundfesten der eigenen (moralischen bzw. ethischen) Werte und im Wissen um die eigene Kompetenz und Lernfähigkeit begründet – ganz im Sinne der alten Volksweisheit: „nach besten Wissen und Gewissen handeln". Dabei geht es nicht darum, schon alles zu wissen und zu können und quasi perfekt zu sein, sondern einzig um die Zuversicht, zwar nicht alles, aber doch sehr vieles erlernen und neue Situationen aus eigener Kraft meistern zu können (→11.Handelndes Selbst; Selbstwirksamkeitstheorie).

Intakter (beruflicher) Selbstwert fördert Arbeitszufriedenheit und Arbeitsmotivation

Der erwählte Beruf und die ausgeübte Tätigkeit üben in der Regel einen zentralen Einfluss auf unser Selbstwertgefühl aus und bilden neben der Familie die bedeutendste Selbstwertquelle im erwachsenen Menschen. Im Beruf Anerkennung, Wertschätzung und Achtung zu erleben, steigert nicht nur das Selbstwertgefühl, sondern fördert auch Arbeitsmotivation und Arbeitszufriedenheit. Gibt es andere Quellen eines positiven Selbstwertgefühls (etwa Familie, interessante Freizeitaktivitäten), so kann die Gesamtbilanz für den allgemeinen Selbstwert trotz eines ungünstigen beruflichen Selbstwertes immer noch vergleichsweise positiv ausfallen (→12.Selbstwert).

Schwacher bzw. negativer beruflicher Selbstwert resultiert aus verschiedenen Quellen, etwa aus Unzufriedenheit mit dem erwählten Beruf, aus einem schlechten Arbeitsklima usw. Es ist wichtig zu erkennen, wo die Ursachen für den niedrigen beruflichen Selbstwert liegen. Daraus ergeben sich verschiedene Strategien des Selbstwertschutzes und der Selbstwerterhöhung (→12.Selbstwert). Bei allgemeiner Unzufriedenheit mit der Tätigkeit an sich könnte etwa durch den Besuch von Kursen und Weiterbildungen versucht werden, neue fachliche und soziale Kompetenzen aufzubauen, die eine berufliche Veränderung realistisch werden lassen. Leitet sich das schwache Selbstwertgefühl aus unangenehmen zwischenmenschlichen Beziehungen ab, etwa aus fehlender Wertschätzung und Anerkennung am Arbeitsplatz, so sind Strategien auf der Beziehungs- bzw. Einstellungsebene erforderlich.

Ethik in der Wirtschaft: moralische Werte und soziale Nützlichkeit

In Zeiten der Globalisierung und des „Siegeszuges" des Kapitals, in denen der Mensch oft weniger zählt als große Gewinnspannen, ist ethisches Handeln als ausgleichende Gegenbewegung zu einem wichtigen Thema in der Wirtschaft geworden. Zumindest auf dem Papier und bei feierlichen Anlässen werden Werte wie etwa Verantwortung für Mensch und Umwelt, hochgehalten. Man würde der Wirtschaft jedoch unrecht tun, wenn derartige Bemühungen nur als Lippenbekenntnisse und Sonntagsreden abgekanzelt würden. In den eigenen Reihen regen sich längst schon prominente kritische Stimmen gegen eine extreme Wirtschaftslogik, nach der die ökonomischen (Markt-)

Prinzipien über sämtliche soziale und menschliche Werte triumphieren (z.B. Soros, 1998). Wie bereits weiter oben dargelegt, besteht das ultimative Ziel der Wirtschaft im Dienst am Menschen und seinem Wohlergehen in Frieden und Wohlstand. Diesen Gedanken konsequent weiter zu führen heißt, dass die Rücksichtnahme auf das Wohlergehen des Menschen bereits am Arbeitsplatz beginnen muss – und dazu vermag die Psychologie im Allgemeinen und die Selbstforschung im Besonderen einiges beizutragen.

Gerechtigkeit als angewandte Ethik in der Wirtschaft
Die Psychologie beschäftigt sich mit der individuellen Wahrnehmung von Gerechtigkeit. Was empfinden Menschen als fair? Was wird als ungerecht erlebt? (→5.Soziales Selbst; ethisches Selbst). Die Ziele, welche sich die psychologische Gerechtigkeitsforschung in Organisationen setzt, nehmen sich bescheiden aus. Es geht nicht eigentlich um die Schaffung einer gerechten Organisation, sondern es wird „nur" der Anspruch erhoben, Konzepte und Interventionsstrategien zu entwerfen, welche die Wahrnehmung von Fairness am Arbeitsplatz fördern. Fühlt sich der Mensch gerecht behandelt, so beeinflusst dies sein Selbstwertgefühl positiv. Erlebt er hingegen Ungerechtigkeit, so wirkt dies negativ auf seinen Selbstwert („ich bin weniger wert als die anderen") (s. Cremer, 2003; Schroth & Shah, 2000). Man „begnügt" sich also damit, dass die Menschen die Welt als gerecht empfinden. Tatsächlich ist es so, dass objektive Gerechtigkeit sehr schwer herzustellen ist, beispielsweise, weil Menschen aus Selbstwertgründen (→12.Selbstwert) dazu tendieren, ihre eigenen Beiträge zu überschätzen und die der anderen zu unterschätzen. Wird etwa im Team eine Gewinnverteilung proportional zu den Beiträgen, die jede einzelne Person geleistet hat, vereinbart, so kann eben dieses selbstwertdienliche Verhalten zu Konflikten bei der Aufteilung führen. Wer legt fest, wie viel jeder Beitrag wert ist? Gilt die Arbeit der Schriftführerin genau so viel wie die der Hauptverantwortlichen oder des Ideenbringers? An diesem Beispiel dürfte klar geworden sein, wie schwierig die Schaffung einer gerechten Welt schon im kleinen, überschaubaren Kontext sein kann.

Greenberg und Lind (2000) schlagen folgende Maßnahmen vor, um die Wahrnehmung von Gerechtigkeit zu erhöhen.

Regeln, die den Eindruck von Gerechtigkeit erhöhen

- **Ethikregel.** *Die Entscheidungen entsprechen moralischen Standards.*
- **Respektregel.** *Die Betroffenen werden respektvoll behandelt.*
- **Gehörregel.** *Bedenken, Zweifel und Einwände der Betroffenen werden angehört, bevor die Entscheidung getroffen wird.*
- **Konsistenzregel.** *Die Entscheidungen sind konsequent und nachvollziehbar. Abrupte und unvorhersehbare Änderungen werden häufig als ungerecht erlebt.*
- **Genauigkeitsregel.** *Die Entscheidungen basieren auf gründlicher Recherche und genauen Informationen.*
- **Korrekturregel.** *Entscheidungen sollten grundsätzlich – wie im Rechtssystem – nach formalen Regeln korrigierbar sein.*
- **Repräsentativitätsregel.** *Die Interessen aller betroffenen Parteien werden berücksichtigt.*
- **Bias-Unterdrückungsregel.** *Die Maßnahmen sind frei von Eigennutz und Eigeninteresse einzelner Personen bzw. Gruppen.*

Selbstwertschutz als angewandte Ethik in der Wirtschaft

Funktionierende zwischenmenschliche Beziehungen und psychisches Wohlbefinden manifestieren sich in einem intakten Selbstwertgefühl. Dieser Grundsatz gilt für das Privatleben ebenso wie für das Berufsleben. Wird der Selbstwert im Beruf angegriffen und geschwächt, so können nicht nur schlechtere Arbeitsleistungen, sondern im Extremfall auch verschiedenste psychische Auffälligkeiten und Störungen die Folge sein. Massive Beeinträchtigungen des Selbstwertgefühls führen darüber hinaus möglicherweise zu riskantem und selbstschädigendem Verhalten, weil in der Folge nicht selten natürliche Selbstschutzmechanismen außer Kraft gesetzt werden. Das bedeutet, dass vor allem für Personen, die in risikoreichen Berufen tätig sind, ein intaktes Selbstwertgefühl geradezu von lebensrettender Bedeutung sein kann. Ein intakter Selbstwert (→12.Selbstwert; →16.Gesundheit und Wohlbefinden) mit einem intakten Selbstschutzmechanismus ist daher auch ein effektiver psychologischer Beitrag zur Unfallverhütung. Sicherheit am Arbeitsplatz sollte daher nicht nur die Sorge um die körperliche, sondern auch um die seelische Unversehrtheit der Mitarbeiter und Mitarbeiterinnen umfassen. Neben einer entsprechenden Forschungsanstrengung muss eine konsequente Umsetzung in die alltägliche Berufspraxis erfolgen. Ein erster wesentlicher Schritt wird zunächst einmal die Bewusstmachung dieses Zusammenhangs sein. In der Folge müssen konkrete Gegenmaßnahmen zur Stärkung des Selbstwertgefühls der Mitarbeiterinnen und Mitarbeiter erarbeitet und eingeleitet werden: (1) Selbstwirksamkeit stärken und aufbauen (→11.Handelndes Selbst), (2) Förderung wertschätzender Umgangsformen, (3) auf Fairness und Gerechtigkeit achten (s. Schachinger, 2002).

Anregungen zur Selbsterforschung

- Welche Berufswünsche hatten Sie früher (als Kind, als Jugendlicher, als junger Erwachsener) und welche haben Sie heute? Was möchten Sie in 10 Jahren arbeiten bzw. tun?
- Wie hat sich Ihr derzeitiges berufliches Selbstkonzept entwickelt? Welche Einflüsse und Erfahrungen waren maßgeblich für dessen Entwicklung verantwortlich? Was gefällt Ihnen? Was möchten Sie verändern?
- Wer oder was begünstigt Ihr Selbstwertgefühl am Arbeitsplatz? Wer oder was verletzt Ihr berufliches Selbstwertgefühl? Wie schützen Sie sich dagegen?

Zusammenfassung

I. Der Beruf wird dann zur Berufung, wenn er mit dem eigenen Selbstkonzept in Einklang gebracht werden kann.

II. Ein Gefühl der Sicherheit muss aus dem eigenen Inneren kommen.

III. Führung bedeutet, dem Menschen und der Sache gerecht zu werden.

IV. Ultimatives Ziel der Wirtschaft ist das Wohlergehen der Menschen.

V. Gerecht ist das, was wir als gerecht empfinden.

VI. Intakter Selbstwert bedeutet funktionierender Selbstschutz oder: Wer sich selbst liebt, passt auch gut auf sich auf.

Überlegen und diskutieren Sie, welche Bedeutung diese Sätze für Sie haben.

16. Selbstforschung in der Praxis: Gesundheit und Wohlbefinden

> **Zur Einstimmung**
>
> *Allen Menschen ist neben einem grundlegenden Bedürfnis nach Liebe und Frieden der Wunsch nach Gesundheit und Wohlbefinden gemeinsam. Gesundheit wird von vielen Menschen als höchstes Gut überhaupt betrachtet. Etwas wird dann besonders wertvoll, wenn es selten ist.*

Gesundheit und Wohlbefinden sind keine Selbstverständlichkeiten. Im Gegenteil: Jeder Mensch wird in der einen oder anderen Form mit Unwohlsein, Leid und Krankheit konfrontiert. Doch im Umgang mit diesen „Naturgegebenheiten" unterscheiden sich Menschen beträchtlich. Verschiedene Bewältigungsformen werden auch im Selbstkonzept und Selbstwert eines Menschen erkennbar.

Veränderungsprozesse als besondere Herausforderung
Außerordentliche Ansprüche an die Funktionstüchtigkeit des Selbst werden im Rahmen von Veränderungsprozessen gestellt. Unabhängig davon, ob sie entwicklungsbedingt und normal oder bewusst initiiert sind oder aber unvorhersehbaren, schicksalhaften Charakter tragen, wird unser Selbst in Zeiten der Veränderung ganz besonders beansprucht. Kritische Lebensereignisse und gravierende Lebenseinschnitte (z.B. Tod des Partners oder schwere Krankheit) stellen höhere Anforderungen an eine angemessene Funktionalität unseres Selbst als vergleichsweise kleine Umstellungen im Alltag. Trotz unterschiedlicher Tragweite von Veränderungssituationen lässt sich ein ähnliches Grundmuster erkennen. Menschen sträuben sich zunächst vor dem Abschied von lieb gewordenen Menschen, vertrauten Umgebungen und alltäglichen Gewohnheiten. Sie möchten Altes festhalten und Vergangenes zurückholen. Wenn dies nicht gelingt, werden sie mutlos und verspüren Angst, den geänderten Umständen nicht gewachsen zu sein und die anstehenden Aufgaben und auftauchenden Probleme nicht bewältigen zu können. Es zeigt sich aber auch, dass viele Menschen sich mit der Zeit auch in kritischen Lebensphasen und unter schwierigsten Umständen erstaunlich gut zurechtfinden. Welches Selbstkonzept mit welchen Werthaltungen und Bewältigungsmecha-

nismen ist dafür wohl verantwortlich? Doch bevor wir uns dem sozusagen funktionstüchtigen Selbst zuwenden, wollen wir noch auf einige bekannte und häufige Formen des dysfunktionalen Selbst eingehen.

Dysfunktionales Selbst

Ein dysfunktionales Selbst ist ein Stolperstein auf dem Weg zu psychischer Gesundheit und allgemeinem Wohlbefinden. Dysfunktional kann unser Selbst in allen psychischen Kernfunktionen, also im Denken, Fühlen, Wollen und Handeln sein. Darüber hinaus können natürlich auch soziale und kulturelle Selbstaspekte dysfunktional sein. Aspekte unseres Selbst sind dann dysfunktional, wenn sie nicht ordnungsgemäß funktionieren. Mit dieser technokratischen Ausdrucksweise wird darauf hingewiesen, dass im Zuge dieser (teilweisen) Funktionsuntüchtigkeit des Selbst der eigenen Person und der Umgebung (wesentlich) mehr Schaden als Nutzen zugefügt wird. In der Literatur ist in diesem Zusammenhang von Selbstschädigung die Rede (s. z.B. Baumeister & Scher, 1988; Mummendey, 2000). Selbstschädigung kann von selbstbeeinträchtigendem Verhalten über Akte der Selbstzerstörung bis hin zum Selbstmord reichen. Eine absichtliche Schädigung des Selbst ist ein drastischer und dramatischer Ausdruck von fehlender Selbstakzeptanz und Selbstliebe, mehr noch: von Selbstverachtung und Selbsthass. Meist sind von einem dysfunktionalen Selbst auch andere Menschen betroffen, etwa mitleidende Angehörige im Falle von selbstzerstörerischen Tendenzen einer Person. Aber auch ein Verhalten, das auf den ersten Blick nicht selbstschädigend wirkt, weil es sich etwa primär gegen andere Personen richtet, ist in der Regel ebenso selbstschädigend. Ein negatives (Sozial-) Verhalten schlägt meist wie ein Bumerang auf das eigene Selbst zurück. Ein Mensch, der andere unfreundlich bis aggressiv behandelt, wird wahrscheinlich ein ebenso unfreundliches bis aggressives Verhalten oder klare Zurückweisung und Ausgrenzung erfahren (vgl. auch Bohart & Stipek, 2001).

Wer bestimmt über Funktionalität und Dysfunktionalität?
Grundsätzlich ist es schwierig, eine klare Grenze zwischen funktionalem und dysfunktionalem Selbst zu ziehen. Ab wann gilt ein Verhalten oder Erleben als gestört und bis zu welchem Punkt ist es noch als normal zu bezeichnen? Gesellschaftspolitische Rahmenbedingungen

und soziokulturelle Normen und Werthaltungen bestimmen zu einem
maßgeblichen Teil über Funktionstüchtigkeit bzw. -untüchtigkeit eines Menschen sowie über Angemessenheit oder Unangemessenheit
seines Verhaltens. Darüber hinaus kann jedes grundsätzlich nützliche
Denken, Fühlen und Handeln durch extreme Häufungen zu einem
Problem werden (z.b. Waschzwang). Als wesentliche Beurteilungs-
kriterien für psychische Störungen gelten Leidensdruck der Betroffenen und ihrer sozialen Umgebung sowie Beeinträchtigungen in zentralen Lebensvollzügen, etwa der Arbeits- und Beziehungsfähigkeit (vgl.
Baumann & Perrez, 1998).

Mögliche Ursachen für ein dysfunktionales Selbst
Ursachen lassen sich bei vielen Störungsbildern bis in die (frühe und
spätere) Kindheit zurückverfolgen (s. z.b. Jennings & Abrew, 2004;
McGrath & Repetti, 2002). Zu beachten ist dabei jedoch, dass es sich
im Großen und Ganzen um multikausale Ursachenverkettungen handelt. Die „Schuld" liegt nicht allein im Elternhaus, auch nicht ausschließlich in den Genen oder in einer bestimmten traumatischen Erfahrung. In der Regel liegt ein Zusammenspiel vieler auslösender Faktoren vor. Genetische und biologische Veranlagung sowie individuelle
Erfahrungen und die persönliche Lerngeschichte können das Selbst
entweder formen oder deformieren. Ist das Selbst „deformiert" und
dysfunktional, ist auch das Selbstwertgefühl gestört. Ist das Selbstwertgefühl gestört, so funktioniert der Selbstschutzsensor nicht; statt
Selbstschutz kann es zu selbstschädigenden Handlungen kommen: Ein
Selbst, das wenig oder nichts wert ist, muss sich auch nicht schützen.

Ein weiterer bedeutsamer kausaler Ursachenfaktor dürfte in der Erfahrung von sozialem Ausschluss, Zurückweisung und damit einhergehenden Gefühlen der Einsamkeit liegen. In einer von Twenge, Catanese und Baumeister (2003) durchgeführten Studie konnte gezeigt
werden, dass ein experimentell herbeigeführter sozialer Ausschluss zu
Gefühlen der Sinnlosigkeit, Bedeutungslosigkeit, Lethargie sowie einer allgemeinen Verflachung von Emotionen führte. Auslösender Faktor, insbesondere in einer konkreten Situation, kann aber auch ein
Phänomen sein, das Baumeister (1990, 1991) als Flucht vor dem
Selbst bezeichnet. Er meint damit ein Entfliehen aus einer schmerzhaften Selbstaufmerksamkeit, bei der jemand auf eigenes Versagen
und Ungenügen konzentriert ist. Die Flucht vor dem Selbst erfolgt

nach Baumeister durch eine „kognitive Dekonstruktion". Die Aufmerksamkeit richtet sich nicht mehr auf die eigene Person und auf eigene Schwächen und Unzulänglichkeiten, sondern die Konzentration liegt auf unmittelbar gegenwärtigen, sinnlich-körperlichen Erfahrungen. Störende, schmerzhafte Gedanken werden dadurch praktisch „ausgeschaltet". Im Zustand der kognitiven Dekonstruktion erlebt die Person eine veränderte Zeitwahrnehmung, in der sich die Gegenwart gleichsam ausdehnt und Vergangenheit und Zukunft bedeutungslos werden. Eine solche kognitive Dekonstruktion kann durch selbstschädigendes Verhalten (etwa Rauschzustände durch Alkohol und Drogen), aber auch durch diverse Meditationstechniken und religiösspirituelle Übungen erzielt werden.

Hat ein dysfunktionales Selbst einen Sinn?
Diese Frage wird vielen Lesenden nicht sehr einsichtig sein und möglicherweise sofort mit einem überzeugten „Nein" beantwortet werden. Und doch muss mit einem „Ja" widersprochen werden; genau genommen mit einem „Ja, unter bestimmten Umständen". Denn ihren Sinn bzw. ihre Funktion hatte das dysfunktionale Selbst möglicherweise in der Vergangenheit, wenngleich es in der Gegenwart längst mehr Nachteile als Vorteile mit sich bringt. Ursprünglich kann das störende Verhalten ein Versuch gewesen sein, ein bestimmtes Problem zu lösen bzw. noch Schlimmeres abzuwenden. Der Versuch, schwierige Lebensumstände zu bewältigen, gibt dem dysfunktionalen Verhalten einen (verborgenen) Sinn. Man denke etwa an ein Kind, das seinen Vater liebt, obwohl er es missbraucht. Es hat mit diesem irgendwie unverständlichen Verhalten eine Überlebensstrategie in einem kranken System entwickelt. Schließlich ist es viel weniger gefährlich für das noch schwache Kind, sich dem viel mächtigeren Vater zu ergeben, als gegen ihn einen sicherlich aussichtslosen Kampf zu führen. Es steckt also eine gewisse „Weisheit" dahinter, die jedoch nur eine eingeschränkte Zeit gültig ist. Ein erwachsener Mensch ist in der Regel nicht mehr hilflos und wehrlos. Er kann etwas tun und die Situation aktiv verändern. Es sind neue Möglichkeiten des Denkens, Fühlens und Handelns gegeben, die aber oft nicht mehr ergriffen werden. Wenngleich ein dysfunktionales Selbst seinen ursprünglichen Sinn darin haben mag, dass es sich um eine versuchte Problemlösung handelt, bleibt trotzdem festzuhalten, dass dabei in der Regel eine unan-

gemessene Problemlösung vorliegt. Ein Problemlösungsversuch gilt als unangemessen, wenn er mehr und kompliziertere Probleme erzeugt, als er aus der Welt schafft. Unangemessen ist eine Problemlösung ferner, wenn sie selbstschädigend und selbstzerstörerisch auf Körper, Geist und Seele wirkt und/oder für das soziale Umfeld von (großem) Schaden ist. Und schließlich ist eine unangemessene Problembewältigung nicht zuletzt deshalb von Nachteil, weil sie die Suche nach einer optimalen Problemlösung verhindert.

Nachfolgend werden mehrere dysfunktionale Selbstkonzepte anhand einiger häufig auftretender Störungsbilder kurz erörtert.

Dysfunktionales Selbst bei depressiven Störungen

Selbstbild eines depressiven Menschen[34]

Unrealistische Standards und ungünstige Vergleichsmaßstäbe führen zu großer Unzufriedenheit mit sich selbst und einem Gefühl des eigenen Ungenügens und Versagens. Man ist überzeugt davon, eigene Ziele und Ideale nie erreichen zu können. In einer massiven Selbsterniedrigung glaubt man, dass es überhaupt nichts gibt, worauf man stolz sein könne. Diffuse Schuldgefühle bewirken schwere Selbstkritik und Selbstvorwürfe. Das eigene Selbst wird abgewertet und entwertet. Das Selbstwertgefühl „rutscht in den Keller" und wird als nicht schützenswert erachtet. Enttäuschung, Frustration, Trauer und Sinnlosigkeitsgefühle breiten sich aus. Alles Tun hat letztlich keinen Sinn, denn man ist nichts und kann nichts. Passivität und Untätigkeit sind die Folge. Man verachtet sich selbst immer mehr. Als wertloser und unwürdiger Mensch fühlt man sich auch von anderen Menschen nicht geliebt bzw. glaubt, deren Liebe nicht würdig zu sein. Sozialer Rückzug führt schließlich in die Einsamkeit und Isolation...

Die depressive Störung bringt das gesamte Selbst in eine negative Dynamik. Sie ist ein Teufelskreis aus negativen Gedanken, Gefühlen, mangelnder Motivation, Antriebslosigkeit und Verhaltensdefiziten. Negative Gedanken bedingen negative Gefühle und umgekehrt, mangelnde Motivation und Antriebslosigkeit führen zu Inaktivität und Verhaltensdefiziten, diese wiederum verstärken die Antriebslosigkeit

---

[34] Folgende Beschreibung stellt ein über viele Fallbeispiele verdichtetes Selbstbild dar. Der konkrete Einzelfall wird mehr oder minder starke Abweichungen von diesem prototypischen Selbstbild eines depressiven Menschen aufweisen.

und intensivieren die negativen Gedanken und Gefühle. Egal wo bei diesem Rad angesetzt wird, es dreht sich in eine negative Richtung. Dabei gilt natürlich auch der Umkehrschluss. Wo auch immer dieser Teufelskreis aus Negativität und Passivität durchbrochen werden kann, stehen die Chancen gut, dass auch die anderen Aspekte des Selbst in eine positive Beschleunigung gebracht werden. Die kognitive Verhaltenstherapie (z.B. Beck et al., 1994) arbeitet vorrangig mit den negativen Gedanken und Einstellungen der Patientinnen und Patienten und versucht durch Hinterfragen und Umpolung der negativen Selbst- und Weltsicht auch Motivations- und Aktivitätslevel wieder in Schwung zu bringen. Psychopharmaka wirken stimmungsaufhellend und verbessern nach einer gewissen Zeit die emotionale Befindlichkeit und bauen auf diese Weise eine positive Dynamik auf. Wo auch immer im Selbstsystem angesetzt wird, die anderen Selbstaspekte sind automatisch mitbetroffen und beteiligt, da unser Selbst eine Ganzheit ist und Gefühle, Gedanken, Motivation und Verhalten in wechselseitiger Abhängigkeit und Bedingtheit zueinander stehen. Am günstigsten ist jedenfalls ein vielseitiger therapeutischer Zugang – also die parallele Berücksichtigung psychologischer, sozialer und biologischer Aspekte. Dies kann etwa durch die Zusammenarbeit von Ärztinnen und Ärzten mit Psychologinnen und Psychologen unter Einbeziehung des sozialen Netzes der Betroffenen gewährleistet werden.

Inflationäres, maßloses Selbst: Manie
Das manische Störungsbild stellt in vielerlei Hinsicht einen Gegenpol zur Depression dar. Die extreme, unrealistische Negativität des Selbstbildes in der depressiven Störung wendet sich in der manischen Phase in eine extreme, ebenso unrealistische Positivität des Selbstbildes. Das ideale Selbst stellt nicht mehr ein noch anzustrebendes – und wahrscheinlich nie wirklich vollständig zu erreichendes – Ziel dar, sondern es ist in der eigenen „großartigen" Person zur Wirklichkeit geworden. Eigene Möglichkeiten (z.B. finanzieller Natur) und Fähigkeiten werden krass überschätzt und führen in der Folge nicht selten zu einem bitteren Erwachen. Motivation und Antrieb sind stark erhöht und manifestieren sich in einem übersteigerten und rastlosen Aktivitätsstrom, dem häufig Zielorientierung und notwendige Konsequenz fehlen. Gedanken von der eigenen Größe, Grandiosität und Wichtigkeit dominieren Selbstbild und Selbstbewertung. Der Selbstwert er-

reicht inflationäre Höhen. Eine sinnvolle Auseinandersetzung mit Kritik von außen ist nicht möglich. Im Gegenteil, jede kritische Äußerung wird als massive Selbstwertbedrohung empfunden und entsprechend aggressiv von sich gewiesen (vgl. Baumeister, Smart & Boden, 1996). Durch die intensive Beschäftigung mit der eigenen Überlegenheit und Machtfülle geht das empathische Verständnis für andere Menschen verloren. In der manischen Phase wird von den anderen (maßlose) Bewunderung gefordert. Wird diese verweigert, so folgt aus gekränkter Eitelkeit der Rückzug in die Einsamkeit.

Dysfunktionales Selbst in der Schizophrenie

Die Selbstbilder werden in der schizophrenen Störung diffus und unscharf. Grenzen zwischen dem eigenen Selbst und dem der anderen bzw. der Umwelt beginnen sich aufzulösen. Ein Gefühl der Einheitlichkeit und Ganzheit der eigenen Person geht verloren und der innere Zusammenhalt löst sich zunehmend auf. Im eigenen Selbst herrscht ein Gefühl der Fremdheit und Sonderbarkeit vor. Gefühle sich selbst und anderen gegenüber flachen ab und werden indifferent. Wahrnehmungen von Fremdbestimmung lösen solche von Selbstbestimmung, Autonomie und Kontrolle ab. Ideale Selbstbilder mit Wünschen, Zielen und Standards werden (scheinbar) bedeutungslos. Einem fremdartigen Selbst in einer fremden Welt müssen auch an sich selbstverständliche Verhaltensmotive und Handlungsabsichten abhanden kommen. Das Selbstwertgefühl wird von negativen Selbstbewertungen eingefärbt, die ihre Wurzeln unter anderem in sehr kritischen bis abwertenden Verhaltensweisen der Familie haben (s. Barrowclough et al., 2003).

Fremd sein in einer feindseligen Welt: Paranoia
Eigene negative Selbstbilder werden in die Außenwelt verlagert und zu negativen Fremdbildern, welche in der Wahnvorstellung andere Menschen über die eigene Person haben. Selbstwertschädigende Informationen und Impulse im eigenen Selbst werden einer feindlichen Außenwelt als schlechte Absichten unterschoben. Fehlende Selbstakzeptanz und Selbstliebe wandeln sich in wahrgenommene Ablehnung der Außenwelt, gegen die sich das Selbst entschieden zur Wehr setzen muss. Der eigene Selbstwert wird rigoros gegen (scheinbare) Angriffe, Kränkungen, Beleidigungen und Drohungen von außen geschützt. Der

Selbstverteidigung liegt eine einfache Regel zugrunde: Das eigene Selbst ist gut und unschuldig, die anderen sind böse und schuldig (vgl. Bentall & Kinderman, 1999).

Dysfunktionales Selbst bei Suchterkrankungen

Selbstgespräch eines bzw. einer Süchtigen

Ich will und muss das sofort haben. Wozu warten? Ich lebe doch im Hier und Jetzt. Was kümmern mich irgendwelche Nachteile oder schädliche Folgewirkungen, die vielleicht in Zukunft eintreten. Ich brauche das jetzt und daher nehme ich es mir. Außerdem habe ich die Sache ohnehin im Griff. Wenn ich will, kann ich jederzeit aufhören. Meine Familie und auch einige Freunde und Freundinnen sehen das zu eng. Die glauben, ich schade mir selbst. Ihr Nörgeln und ihre Kritik gehen mir auf die Nerven. Die sind einfach überbesorgt und übertreiben, sehen alles zu negativ. Was ich mache, ist überhaupt nicht schlimm. Das hat es immer schon gegeben. Viele machen das und sind trotzdem normal. Ich will alles Negative einfach vergessen und mich wohlfühlen und entspannen. Was kümmert mich das Morgen?

Der suchtkranke Mensch vermeidet die unangenehmen Seiten des Lebens und seiner selbst. Kurzfristige Erleichterung und Lust-Erleben stehen im Vordergrund. Trauer und Schmerz werden nicht zugelassen und in ihrer Bedeutung für die eigene Person nicht ergründet, was zu Selbsterkenntnis und einem intakten Selbstwertgefühl führen würde. Stattdessen werden Trauer, Schmerz und Unlustgefühle „ertränkt", „weggeschnupft" oder „weggespritzt" und Wohlbefinden künstlich erzeugt. Da Alkohol und Drogen die Selbstaufmerksamkeit (→7.Inhalte des Selbst) reduzieren, werden mögliche belastende Gedanken und Gefühle auf ein Minimum reduziert. Differenzen zwischen dem tatsächlichen Verhalten und eigenen idealen und normativen Selbstbildern werden nicht mehr wahrgenommen (vgl. Baumeister, 1991, 1998a). Die Abschwächung der Selbstkontrollmechanismen bewirkt enthemmteres und selbstsichereres Verhalten, was zwar von der bzw. dem „Berauschten" als angenehm, von Außenstehenden (Nicht-Berauschten) aber zumeist als unangenehm erlebt wird. Die vermehrte Selbstsicherheit spiegelt sich zwar im Selbstbild wider, nicht aber im Fremdbild, das andere vom „berauschten" Menschen haben. Die Sucht wird zu einem Allheilmittel und andere Bewältigungsmechanismen und Selbstheilungspotentiale werden außer Kraft gesetzt. Langfristige

Risiken und Nachteile (körperliche, psychische und soziale Schäden) werden in Kauf genommen oder als für die eigene Person unzutreffend erachtet und verdrängt. Dabei nimmt die Sucht etwa bei schweren Fällen von Alkohol- und Drogenabhängigkeit überdurchschnittlich große Anteile des Selbst sozusagen in Geiselhaft. Denken, Fühlen und Handeln stehen ganz im Zeichen der Sucht.

Dysfunktionales Selbst bei Angststörungen

Einige Gedanken zur Angst

Hinter jeder Angst steht tiefenpsychologisch betrachtet eine Todesangst, die jedoch von den vordergründigen Ängsten gleichsam maskiert wird. Wer in der Angst gefangen ist, dem entgleitet alle Wirklichkeit. In der Angst wird der Mensch mit der Unausweichlichkeit des Todes und mit der möglichen Nichtigkeit der Welt konfrontiert. Jeder vorläufige Halt und alle vordergründigen Abdeckungen und Schutzeinrichtungen fallen weg. Der Mensch fällt in ein Nichts.

Ängste, denen keine realistische Bedrohungssituation zugrunde liegt, können zu selbstauferlegten massiven Einschränkungen und Beeinträchtigungen in der Lebensführung und Lebensqualität führen. Diskrepanzen zum normativen Selbststandard (→8.Emotionales Selbst; Selbstdiskrepanztheorie), wie sie etwa durch Vernachlässigung von selbst- oder fremdauferlegten Verpflichtungen und Verantwortlichkeiten entstehen, können als diffuse Schuldgefühle, Selbstkritik und Selbstbestrafung eine Rolle bei der Entstehung von Angststörungen spielen – eine Dynamik, die auch bei Zwangsstörungen von Bedeutung ist. Eine übersteigerte Form der Selbstaufmerksamkeit (→7.Inhalte des Selbst) spielt bei den meisten Angststörungen eine wichtige Rolle (vgl. Schwarzer, 1993). Der selbstbezogene Fokus bezieht sich auf körperliche Reaktionen (Herzjagen, Schweißausbruch etc.) und begleitende Gedanken, die regelrechte Katastrophen heraufbeschwören, welche die Angstgefühle weiter aufschaukeln. Äußere Hinweisreize und diverse Sicherheitssignale oder Möglichkeiten der konstruktiven Bewältigung werden hingegen nicht wahrgenommen. Im Sinne einer mangelnden Selbstwirksamkeit (→11.Handelndes Selbst) fühlt sich der angstgestörte Mensch einer bestimmten Situation nicht gewachsen. Er vermeidet und flieht die ihn ängstigende Situation und lernt daher auch nicht, sie aktiv zu bewältigen.

Befürchtungen, nicht liebenswert zu sein: soziale Ängste
Ein sozial ängstlicher Mensch befürchtet, nicht liebenswert zu sein und abgelehnt zu werden. Dahinter verbirgt sich häufig ein Mangel an Selbstsicherheit und Selbstakzeptanz, der nach außen projiziert wird. Die Umgebung wird als potentiell ablehnend wahrgenommen. Angst vor negativen Bewertungen, die einem ohnehin schon labilen Selbstwertgefühl weiteren Schaden zufügen würden, kann sich etwa in einer übertriebenen Beschäftigung mit nach außen sichtbaren Kennzeichen des Selbst (z.B. Kleidung, Mimik, Gestik, Art des Sprechens) manifestieren. Eine sozial ängstliche Person denkt beispielsweise in Gesellschaft ständig daran, ob sie denn passend gekleidet und ihr kein peinlicher Fehler bei der Begrüßung passiert sei. Im Grunde erachtet sie es als unmöglich, eine erfolgreiche Selbstdarstellung (→5.Soziales Selbst) betreiben und einen guten Eindruck auf andere hinterlassen zu können. Gedanken wie „ich komme hier nicht gut an, alle sehen, wie ungeschickt ich bin", stehen im Vordergrund. Parallel dazu werden die anderen Menschen nicht hinreichend genau wahrgenommen. Voraussetzung für zufriedenstellende soziale Begegnungen und eine gelungene Kommunikation ist aber ein Einfühlen in die Bedürfnisse der Gesprächspartnerin bzw. des Gesprächspartners. Da eine sozial ängstliche Person ihre Aufmerksamkeit vorrangig auf sich selbst richtet, übersieht und überhört sie viele wichtige soziale Hinweisreize. Sie kommuniziert daher in vielen Fällen regelrecht an ihrem Gegenüber bzw. der Zuhörerschaft vorbei und wirkt daher allein aus diesem Grunde weniger sozial kompetent als andere. Wenn sie jedoch, anstatt sich auf eigene (vermeintliche) Mängel zu konzentrieren, die ganze Aufmerksamkeit den Personen ihrer Umgebung schenken würde, so könnte sie nicht nur die eigenen Ängste vergessen, sondern auch mit den anderen einfühlsamer und besser kommunizieren.

Auf welche Art und Weise dysfunktionale Selbstbilder verändert bzw. gebessert werden können, wird nachfolgend dargelegt.

Stärkung und Heilung des Selbst

Unser Selbst braucht einerseits immer wieder Stärkung bei der Bewältigung von schwierigen Lebensphasen, Krisen und Veränderungssituationen (s. Fredrickson et al., 2003; Kling et al., 2003; Kwan C. et al., 2003; Wentura et al., 2002). Andererseits bedarf es der Heilung eines gestörten bzw. dysfunktionalen Selbst und des Aufbaus eines funktionalen Selbst und eines intakten Selbstwertgefühls. Psychische Probleme und Störungen werden oftmals lange Zeit nicht als solche wahrgenommen. Stattdessen werden sie auf körperliche Symptome (z.B. Kopfschmerzen, Schlafstörungen) reduziert, deretwegen der Arzt bzw. die Ärztin um Rat gefragt wird. Eine psychische (Mit-)Verursachung wird dabei häufig geleugnet. Der Mediziner bzw. die Medizinerin verschreibt in der Regel Medikamente, was bei zugrundeliegenden seelischen Problemen bestenfalls einer Oberflächenpolitur gleichkommt, weil psychologische Bedingungsfaktoren (z.B. ein niedriges Selbstwertgefühl) außer Acht gelassen werden.

Selbstheilung

Es gilt als bekanntes Phänomen sowohl in der Medizin als auch in der Psychologie, dass viele Symptome und Störungen von selbst abklingen, ohne dass sie medizinisch oder psychotherapeutisch behandelt worden sind. Viele Menschen scheinen sich ihrer Selbstheilungskräfte durchaus bewusst zu sein. Sie suchen nicht sofort nach dem erstmaligen Auftreten eines Symptoms einen Arzt oder eine Ärztin bzw. eine Psychotherapeutin oder einen Psychologen auf, sondern meist erst dann, wenn eine Beschwerde auch nach einer gewissen Zeit noch andauert. Jeder Mensch verfügt also über Fähigkeiten zur Selbsthilfe und Selbstheilung, die dafür verantwortlich sind, dass viele körperliche und seelische Probleme auch ohne professionelle Hilfe wieder gut werden (vgl. Bohart & Tallman, 1999).

Anpassungs- und Wandlungsfähigkeit des Selbst
Die Anpassungs- und Wandlungsfähigkeit des Selbst (→3.Selbstmodelle) ist maßgeblich an den Selbstheilungskräften des Menschen beteiligt. Sieht jemand das Besondere, Faszinierende und Anregende eines Neubeginns und hat den Mut zur Veränderung – und vielleicht sogar Spaß daran –, so fällt das Loslassen von alten, lieb gewordenen Ge-

wohnheiten gleich um vieles leichter. Der bloße Glaube daran, aus eigener Kraft Schwierigkeiten bewältigen und Veränderungen meistern zu können, kann schon (kleine) Wunder wirken. Bandura (1997) spricht in diesem Zusammenhang von Veränderungswirksamkeit, die als spezifische Unterform der allgemeinen Selbstwirksamkeit wesentlich zur Initiierung und Aufrechterhaltung von Verhaltensänderungen beiträgt (→11.Handelndes Selbst; Selbstwirksamkeit). Die Gefahr eines Rückfalls in alte (unangemessene) Verhaltensmuster ist besonders in Stress- und Belastungssituationen groß. Aber auch Rückfälle können von Nutzen sein: Wenn die gemachten Fehler genau analysiert werden, können ähnliche Vorfälle in Zukunft vermieden werden (vgl. Prochaska et al., 1992; Skinner, 1999).

Ermutigende und selbstbestärkende Redeweisen, die Menschen bei Veränderungen und sonstigen schwierigen Situationen verwenden (können)
- *Nur Mut, wird schon schief gehen – oder: Ich schaffe es!*
- *Frisch gewagt ist halb gewonnen – oder: Wer wagt, gewinnt!*
- *Kein Mensch ist perfekt – oder: Es ist noch kein Meister vom Himmel gefallen.*
- *Fehler sind normal – oder: Irren ist menschlich.*
- *Aus Schaden wird man klug – oder: Am meisten lernt man aus Fehlern.*
- *Probleme gehören zum Leben und können überwunden und gelöst werden.*
- *Ich meistere meine Probleme und ich weiß auch, wo ich mir Unterstützung und Hilfe holen kann.*

Nutzung sozialer Ressourcen
Viele Probleme können mit Hilfe eines intakten sozialen Netzwerkes bewältigt werden. Familienmitglieder, Nachbarn, Freundinnen und Freunde oder Kollegen und Kolleginnen, die den Betroffenen verständnisvoll zuhören und ihnen die Möglichkeit geben, sich auszuweinen und auszusprechen, ohne sie mit neunmalklugen Ratschlägen zu überfallen, können kleine Wunder wirken (vgl. Hobfoll, 1996; Wentura et al., 2002). Soziale Unterstützung stärkt den Selbstwert, fördert optimistische Haltungen und verringert depressive Symptome (s. Symister & Friend, 2003). Selbsthilfegruppen (z.B. Kelly, 2003), Ratgeber in Form von Audio- und Videokassetten, Selbsthilfebücher und computergestützte Selbsttherapien (z.B. Heinlen, 2003) zählen ebenfalls zu hilfreichen Ressourcen der Außenwelt, die genutzt wer-

den können, um positive Resultate für das eigene Selbst zu erzielen (vgl. Bohart & Tallman, 1999).

Inanspruchnahme professioneller Hilfe

Überfordern vorhandene Probleme und notwendige Veränderungen den Menschen und sein soziales Netzwerk, so sollten die Betroffenen nicht zögern, professionelle Hilfe in Anspruch zu nehmen. In vielen Fällen werden bereits durch einzelne psychologische Beratungsgespräche rasche und spürbare Verbesserungen erzielt. Bei schwerwiegenden Problemstellungen und massiven psychischen Störungen mit komplexen Ursachenverkettungen werden in der Zusammenarbeit verschiedenster Professionen (Psychologen, Ärztinnen, Therapeutinnen, Sozialarbeiter usw.) in der Regel die besten Ergebnisse erzielt.

Hilfe zur Selbsthilfe

Unter den Begriffen Selbstmanagement (z.B. Kanfer et al., 1991; Karoly, 1991), Aktivierung persönlicher Ressourcen (z.B. Fiedler, 2000) oder Hilfe zur Selbsthilfe (z.B. Batra et al., 2000) werden Fertigkeiten der selbständigen Problembewältigung subsumiert, die unter psychologischer Anleitung von den Klientinnen und Klienten erlernt werden. Sie sollen befähigt werden, diese Methoden in Zukunft zur selbständigen Bewältigung von Problemen anwenden zu können (→11.Handelndes Selbst; Selbstkontrolle und Selbstregulation). Selbstkontrollfähigkeiten sind für verschiedenste Belange von Bedeutung. Wenn sich jemand etwa das Rauchen abgewöhnen oder gesundheitsförderliche Aktivitäten aufbauen will, dann stellen sogenannte Selbstmanagementmethoden eine nützliche Hilfestellung dar. Der gewichtigste Vorteil liegt in der von anderen Menschen weitgehend unabhängigen Anwendbarkeit. Da die „Werkzeuge" zur Problembewältigung im eigenen Selbst liegen, stehen sie auch jederzeit zur Verfügung.

Funktionales Selbst: innere Ausgewogenheit und äußere Harmonie

---

Einige hilfreiche Grundthesen

I. *Menschsein bedeutet Vergänglichkeit.* *Das unumstößliche Gesetz des Lebens lautet, dass alles, was ist, einmal nicht mehr sein wird und jenes, was noch nicht gewesen ist, einmal sein wird. Veränderung bedeutet demnach Bewegung und Lebendigkeit; Stillstand und Beharren hingegen Leblosigkeit und Absterben. Neues kann sich dann entfalten, wenn das Alte und Überholte nicht krampfhaft festgehalten, sondern losgelassen wird.*

II. *Lebenskrisen sind Wendepunkte.* *Persönliche Krisen, ausgelöst durch den Tod Nahestehender, Krankheit und andere leidvolle Erfahrungen, stellen schwerwiegende Einschnitte im Leben dar. Als Wendepunkte eröffnen sie aber auch Chancen zu Neuorientierung und Neugestaltung. Wenn Entscheidungen für den neuen Lebensabschnitt so getroffen werden, dass sie im Einklang stehen mit dem eigenen Selbst, mit eigenen Bedürfnissen, Wünschen und Zielen, so befreien sie den Menschen gleichsam von dem ihm „auferlegten" Schicksal und er kann wieder zuversichtlich in die Zukunft blicken.*

III. *Die eigene innere Wahrheit suchen und auf die innere Stimme hören.* *Der Mensch trägt seine wesentlichen Wahrheiten in sich. Von einer persönlichen Wahrheit ergriffen zu werden, bedeutet, dass sie die Existenz zutiefst berührt und auch verwandelt. Sich von solchen persönlichen Gewissheiten leiten zu lassen, gibt dem eigenen Leben Halt und Orientierung. Die innere Stimme ist in der Regel eine weise Ratgeberin.*

IV. *Eigenes Leben und Bestimmung bejahen.* *Jeder Mensch hat ein einzigartiges Schicksal und geht auf einem nur ihm eigenen Weg durch das Leben. Wie jeder andere Lebensweg hat auch der eigene seine schönen und weniger schönen, seine guten und weniger guten Seiten. Das eigene Leben mit seinen vielschichtigen Höhen und Tiefen zu bejahen, heißt einen zentralen inneren Ruhepol gefunden zu haben und sich für den unerschöpflichen Reichtum des Lebens zu öffnen. Wenn wir die Unbegreiflichkeit des Daseins bejahen, erfahren wir uns selbst „im unbegreiflichen Aufgefangenwerden" (Karl Jaspers).*

Das Gesundheitswesen dient nicht nur der Bekämpfung und Heilung von Krankheiten, sondern auch der Krankheitsprävention und aktiven Förderung der geistig-seelisch-körperlichen Gesundheit des Menschen (vgl. Baumann & Perrez, 1998; Schwarzer, 1990). Ganzheitliche Gesundheit und umfassendes Wohlbefinden schließt natürlich auch diverse Selbstaspekte mit ein. Jahoda (1958) nennt etwa Selbstverwirklichung, Autonomie und Selbständigkeit sowie eine positive Einstellung zur eigenen Person im Sinne eines intakten Selbstwertgefühls. Becker (1995) kommt faktorenanalytisch auf ähnliche Aspekte und bezeichnet sie als Selbstaktualisierung sowie selbst- und fremdbezogene Wertschätzung (Selbstwert und Liebesfähigkeit).

Zeitperspektiven in der Selbstentwicklung: Es war und ist und wird gut sein
Das Selbst spannt sich von der Vergangenheit über die Gegenwart in die Zukunft. In seiner Ganzheit wird es nur erfahrbar und verstehbar, wenn alle drei Zeitperspektiven berücksichtigt werden: Aufarbeitung der Vergangenheit (woher kommt die Person?), eine Betrachtung der gegenwärtigen Erfahrungen, Problemstellungen und Bedürfnisse (wo steht jemand gerade jetzt?) sowie eine Erarbeitung von Lösungen, Plänen und Strategien für die Zukunft (wo soll es hingehen?). Aufarbeitung der Vergangenheit heißt Resümee zu ziehen, über Positives, weniger Positives und Negatives zu reflektieren, lehrreiche Schlüsse daraus zu ziehen und Abschied zu nehmen. Trauerarbeit gehört zum Abschiednehmen dazu. Gleichzeitig geht es um die Bereitschaft und schrittweise Öffnung für das Neue. Die Zukunft soll wieder ins Blickfeld rücken. Um die Vergangenheit als wertvollen Schatz und nicht als bedrückenden Ballast mit sich zu tragen, bedarf es eines angemessenen Umgangs mit eigenem Scheitern und Schuldgefühlen. Akte der Wiedergutmachung, sich zu entschuldigen und um Verzeihung zu bitten sowie anderen zu verzeihen – das alles setzt einen würdigen Schlussstrich unter Vergangenes und signalisiert gleichzeitig einen positiven Aufbruch in die Zukunft.

Eigene Grundbedürfnisse erkennen und wahrnehmen
Der Wunsch nach Liebe, Geborgenheit, Anerkennung, Vertrauen und Sicherheit ist allen Menschen gemeinsam (→13.Gesellschaft und Menschheit). Diesen und anderen Bedürfnissen im eigenen Selbst nachzuspüren und nach angemessenen Wegen zu ihrer Befriedigung zu suchen, ist ein erster, wesentlicher Schritt zur eigenen inneren Wahrheit. Wichtig ist dabei zu beachten, dass diese Bedürfnisse nicht nur in Begegnungen und Beziehungen mit anderen Menschen befriedigt werden können, sondern dass wir zunächst den entsprechenden „Quell" in uns selbst zum Sprudeln bringen müssen. Dazu bedarf es eines ausgewogenen Maßes an Denken und Fühlen, Sinnlichkeit und Ratio, Herz und Hirn.

Balance finden aus...

Viele gegensätzliche Strömungen ringen im Menschen um die Vorherrschaft und ergänzen sich doch zu einer sinnvollen Einheit. Innere Balance finden heißt ein (relatives) Gleichgewicht einander widersprechender Kräfte und Strömungen herzustellen.

... Veränderung/Stabilität

Eine Ausgewogenheit finden aus Entwicklung und Veränderung auf der einen Seite und Sicherheit und Stabilität auf der anderen Seite, bedeutet einerseits erfahrungsoffen und spontan zu sein, andererseits gleichförmig, bewahrend und beständig zu bleiben. Gibt es zuviel an Stabilität, sind gewisse Veränderungen unerlässlich. Mut zur Auslotung neuer Möglichkeiten verhindert unfruchtbare Erstarrung und Stagnation. Gibt es zuviel Veränderung, sodass das Selbst labil wird und keinen Halt mehr findet, bedarf es einer Stabilisierung des Selbst. Sicherheitsinseln und Stabilitätsanker (z.B. Rituale und Gewohnheiten) können in stürmischen Veränderungszeiten der schützende Fels in der Brandung sein.

... Aktivität/Passivität

Leben bedeutet einerseits aktives Gestalten und Eingreifen, andererseits passives Geschehenlassen und Hinnehmen. Wo der Mensch keine Möglichkeit hat, mit aktivem Handeln einzugreifen oder dies nicht will, kann er sich in Gleichmut und Demut vor dem Größeren, Unfassbaren üben, das die Welt letzten Endes immer bleiben wird. Viele unabänderliche Gegebenheiten und Konstanten in und um ihn selbst, die nicht verändert werden können, muss der Mensch akzeptieren lernen, um zu einer inneren Harmonie zu finden. Jemand kann sich aus freien Stücken dafür entscheiden, bestimmte Dinge einfach gut sein zu lassen, sie also so zu akzeptieren, wie sie sind. Er kann sich aber auch zu Aufbruch und Neubeginn entschließen und aktiv gestaltend – seinen Möglichkeiten und Fähigkeiten entsprechend – eingreifen und verändern. Vieles erfordert aber auch Zeit, Geduld und Gelassenheit. Oft muss man einen günstigen Augenblick und einen „richtigen" Zeitpunkt zum Handeln abwarten können. Den Puls der Zeit und des Lebens in uns und um uns zu spüren, kann uns bei so mancher Entscheidung helfen und die eine oder andere offene Lebensfrage beantworten. Innezuhalten, zur Ruhe zu kommen und einfach still zu sein, erscheint in einer lärmenden und hektischen Zeit zwar anachronistisch – und doch ist es als ausgleichendes Gewicht für eine innere und äußere Harmonie notwendig: Anspannung benötigt Entspannung, Tätigkeit erfordert Muße, Geschwindigkeit bedarf der Langsamkeit.

... Autonomie/Bindung

Wendung nach innen und individuelles Sein (Abgrenzung, Unabhängigkeit, Einzigartigkeit, Selbstverwirklichung und persönliche Entfaltung) auf der einen Seite – und Wendung nach außen und soziales bzw. kollektives Sein (Anpassung, Gemeinsamkeit, Verbundenheit, gemeinsame Werte und Ziele) auf der anderen Seite stellen weitere zentrale Pole des Selbst dar. Der Balanceakt zwischen Alleinsein und Gemeinsamkeit, zwischen Bindungswünschen und Autonomiebestrebungen, zwischen dem Bedürfnis nach sozialer Geborgenheit und dem Wunsch nach Unabhängigkeit ist besonders schwierig und muss laufend neu erarbeitet werden. Wenn er aber gelingt, so ist dies dem individuellen und kollektiven Wohlbefinden besonders zuträglich und führt zu Einheit und Harmonie mit der belebten und unbelebten Umgebung. Es kommt zu einem fruchtbaren Austausch von Geben und Nehmen, von Schenken und Empfangen, von Lieben und Geliebt-Werden. Der Mensch fühlt sich als Teil eines sinnvollen Ganzen, wenngleich sich der Sinn vieler Ereignisse und Begebenheiten im Leben nicht immer – oder oft erst wesentlich später – offenbart.

Implikationen für die psychologisch-therapeutische Behandlung

Bemühen um eine ganzheitliche Sicht des Selbst
In der Berücksichtigung emotionaler, kognitiver, motivationaler, sozialer und kultureller Selbstaspekte kann eine ganzheitliche Sicht der Person erzielt werden (→4-12.Facetten des Selbst). Die verschiedenen Facetten des Selbst können in allen drei Zeitdimensionen beschrieben und in ihren Entwicklungsverläufen von der Vergangenheit über die Gegenwart in die Zukunft gezeichnet werden: Aufarbeitung des Vergangenen, Beschreibung des Status quo und Entwurf möglicher Zukunftsszenarien.

Herkömmliche Psychodiagnostik mit Tests ist hilfreich bei konkreten Fragestellungen. Vom zugrundeliegenden Selbst fördern sie allerdings nur einen winzigen Ausschnitt zutage. Das diagnostische Instrumentarium muss hier also entsprechend erweitert werden. Der

Selbstfragebogen von Higgins (1987) erlaubt einen direkteren Einblick in vorhandene Selbstbilder, weil die Klientinnen und Klienten nicht vorgegebene Merkmale einstufen, sondern eigene, ihnen wichtige Merkmale spontan auflisten. Ausmaß der Selbstreflexionsfähigkeit und Differenziertheit der Selbstbetrachtung (Eigen- und vermeintliche Fremdperspektive) werden ersichtlich. Vorhandene Diskrepanzen zwischen den Selbstbildern geben einen Hinweis auf emotionale Befindlichkeiten depressiver oder angstbezogener Natur (→8.Emotionales Selbst; Selbstdiskrepanztheorie). Die angegebenen Merkmale in den idealen Selbstbildern (Wünsche und Hoffnungen, die man hegt) und in den normativen Selbstbildern (Werte und Normen, die man glaubt erfüllen zu müssen) können der psychologisch-therapeutischen Arbeit eine individuell „maßgeschneiderte" Richtung geben. Durch deren Offenlegung und Bearbeitung können sich neue Möglichkeiten der Selbst- und Weltsicht eröffnen, die sich in der Folge förderlich auf das individuelle Wohlbefinden auswirken werden.

Bemühen um Kräfteausgleich innerhalb des Selbst
Eine individuell „richtige" Balance aus Aktivität und Passivität, Autonomie und Bindung, Veränderung und Stabilität fördert Wohlbefinden und Gesundheit. Geraten die Dinge aus dem Lot, so sind Veränderungen angezeigt. Einseitigkeiten bzw. Ungleichgewichte innerhalb der Facetten des Selbst sollten aufgezeigt und bearbeitet werden. Bei Menschen mit einem extrem ausgeprägten Unabhängigkeitsbedürfnis sollte nach Bindungswünschen bzw. Bindungsdefiziten gesucht werden. Bei veränderungsängstlichen Menschen kann das dominierende Stabilitätsbedürfnis hinterfragt werden. Oder aber: Bei betont rational und vernunftorientierten Menschen können etwa die Gefühle besonders hervorgehoben werden. Erfahrungsgemäß fällt es aber vielen Menschen schwer, ihre Gefühle „korrekt" wahrzunehmen und in angemessene Worte zu kleiden. Emotionales Erleben und Ausdrucksfähigkeit stellen also besonders wichtige Lernfelder für viele Klienten und Klientinnen dar. Gefühle im Hier und Jetzt erlebbar zu machen (z.B. durch Rollenspiele), um sie anschließend in einem klärenden Gespräch zu reflektieren, oder die Aufstellung individueller Gefühlshistorien (in welchen Situationen waren und sind welche Gefühlszustände vorherrschend) fördert die „emotionale Weisheit" (→8.Emotionales Selbst). Dabei sollten nicht nur leicht zugängliche Gefühle besprochen

werden, sondern auch sehr häufig verdrängte Gefühle wie etwa
Scham- und Schuldgefühle berücksichtigt werden. Sind Verhaltensänderungen angezeigt, sollten auch die Selbstwirksamkeitsüberzeugungen (→11.Handelndes Selbst) der Klientin bzw. des Klienten mitberücksich-
tigt werden. Sind sie für den relevanten Verhaltensbereich defizitär,
was nicht selten der Fall ist, so wird als flankierende Maßnahme der
Aufbau von Selbstwirksamkeit von zentraler Bedeutung für den
(Selbst-) Heilungsprozess sein. Dabei ist zu beachten, dass stabile
Kernaspekte des Selbst, welche für Stabilität, Sicherheit und Kontinuität verantwortlich zeichnen, insgesamt schwerer zu ändern sind als variable Selbstaspekte, die für Flexibilität und situative Angemessenheit
„zuständig" sind (→3.Selbstmodell IV).

Selbstwert verdient besondere Beachtung
Es gilt als normal und gesund, einen positiven Selbstwert zu haben
(vgl. Mecca et al., 1989). Positiver Selbstwert wird im Zusammenhang mit psychischer Gesundheit, Zufriedenheit, Beziehungsfähigkeit
und Schaffenskraft gesehen. Auch der Umkehrschluss gilt: Ein
schwacher bzw. labiler Selbstwert zeigt sich bei sämtlichen psychischen Störungsbildern und Auffälligkeiten. Dabei kann nach den vorliegenden Forschungsergebnissen noch keine endgültige Aussage darüber gemacht werden, ob der niedrige Selbstwert Ursache, Folge oder
aber „nur" Begleitsymptomatik ist. Als zentraler Aspekt der Person
sollte das Selbstwertgefühl bei psychologischen Interventionen aber in
jedem Fall berücksichtigt werden. Erst wenn nach erfolgter Symptom-
und Krankheitsbekämpfung auch das Selbstwertgefühl wieder „in-
standgesetzt" wurde, kann eine Behandlung als erfolgreich abgeschlossen gelten.

Intaktem Selbstwert entsprechen intakte Selbstschutzmechanismen
Ist das Selbstwertgefühl in Ordnung, funktionieren auch die Selbstschutzmechanismen des Menschen. Man betrachtet sich selbst als
wertvoll und schützt sich, indem man etwa auf die eigene Gesundheit
achtet und potentiellen Risiken aus dem Weg geht. Die Gesundheits-
vorsorge könnte sich diesen Sachverhalt noch viel mehr zunutze machen. Menschen mit einem intakten Selbstwert neigen deutlich weniger dazu, ihre Gesundheit durch selbstschädigende Handlungen zu gefährden, und zeigen stattdessen eher gesundheitsförderliches Verhalten – nach dem Motto „das bin ich mir selbst wert und schuldig".

Selbstwert aufbauen

Die mannigfachen Quellen und Ursachenkonstellationen für unser Selbstwertgefühl können im therapeutischen Prozess beleuchtet und bearbeitet werden (→12.Selbstwert). Da Menschen unterschiedlich bedeutsame und wichtige Inhalte in ihrem Selbstbild vereinen, ist zu beachten, dass nicht alle Merkmale des Selbst von gleicher Wichtigkeit für das Selbstwertgefühl sind. Besonders wichtige und zentrale Merkmale beeinflussen unser Selbstwertgefühl in einem höheren Ausmaß als vergleichsweise unwichtige und periphere Merkmale. Wesentliche Kernaspekte des Selbst(wertes) müssen und sollen, sofern sie funktional sind, gegen bedrohliche Befunde besonders geschützt werden.

Negative, das eigene Selbst herabsetzende Gedanken sollten aufgedeckt und durch neutrale oder positive, selbsterhöhende Einstellungen ersetzt werden. Selbstwert entsteht ja – vereinfacht gesprochen – aus einer bewertenden Einschätzung des eigenen Selbstbildes. Zumeist beschreiben wir uns aber nicht neutral, sondern entweder auf- oder abwertend. Eigene Eigenschaften sind entweder gut oder schlecht, positiv oder negativ, vorzeigbar oder blamabel usw. Solche Wertungen besitzen in der Regel eine eindeutige emotionale Färbung und fördern oder schwächen das Selbstwertgefühl. Selbstbeschreibungen zu neutralisieren bzw. tendenziell ins Positive zu rücken, sollte demnach auch im Mittelpunkt psychotherapeutischer Arbeit stehen.

Soziale Vergleiche spielen beim Selbstwert eine bedeutende Rolle

Wir vergleichen uns gerne mit anderen und steigen je nach Vergleichsobjekt und Vergleichsdimension einmal besser, ein andermal wieder schlechter aus, was sehr unterschiedliche Auswirkungen auf unseren Selbstwert hat (vgl. Greve, 2000; Kanning, 2000; Wentura et al., 2002). Schneiden die Vergleichspersonen (unserer Meinung nach!) bezüglich Eigenschaften, Fähigkeiten, Einkommen usw. besser als wir selbst ab, so werten wir sie auf und uns gleichzeitig ab. Abgesehen von Neidgefühlen kann auch der eigene Selbstwert in Mitleidenschaft gezogen werden. Vergleichen wir uns mit Personen, denen es schlechter geht als uns, so werten wir diese ab und uns selber auf. Dies muss nicht unbedingt negativ sein und auf ein defizitäres eigenes Selbstwertgefühl hinweisen, also darauf, dass es jemand notwendig hat, andere klein zu machen, um selbst größer zu erscheinen. Soziale Vergleiche nach „unten" können auch Trost spenden, ohne abwertend im herkömmlichen Sinn gemeint zu sein. Wenn Veränderungen nicht mehr möglich sind, wie etwa im unheilbaren Krankheitsfall oder im hohen Alter, kann ein Vergleich mit (noch) schwächeren und kränkeren Menschen durchaus sinnvoll sein. Der oder die Kranke zeigt sich dann mit dem eigenen Los eher zufrieden und hadert weniger mit dem Schicksal, wodurch das subjektive Wohlbefinden deutlich angehoben wird (vgl. Wentura, Greve & Klauer, 2002). Nach oben gerichtete soziale Vergleiche können hingegen bei veränderbaren Selbstaspekten sinnvoll sein. Nämlich dann, wenn wir uns die „Besseren" oder Gesünderen zum Vorbild nehmen, von denen wir in Bereichen, die uns wichtig sind, etwas lernen können. Statt Neidgefühle stehen dann positive Lern- und Entwicklungsaspekte für das eigene Selbst im Vordergrund. Menschen, die es beispielsweise geschafft haben, eine schwere Krankheit zu überwinden, können anderen Kranken als Vorbilder dienen und ihnen für ihren Genesungsprozess Mut und Hoffnung schenken. Vergleichsprozesse mit anderen können also je nach Blickwinkel und Absicht sehr unterschiedliche Auswirkungen auf unseren Selbstwert haben. Es bleibt immer im jeweiligen Einzelfall zu erarbeiten und zu begründen, welche Sichtweise und Interpretation die individuell förderlichste ist. Außerdem wird es in vielen Fällen ratsam sein, wenn die eigene Vergangenheit als Vergleichsmaßstab herangezogen wird und Fortschritte und positive Veränderungen im Unterschied zu früher als Basis für den Aufbau des Selbstwertgefühls dienen. Der „richtigere" Maßstab liegt oft in der eigenen Person und nicht in anderen.

Intakter Selbstwert = Wellness für die Seele
Mit intaktem Selbstwert ist gemeint, dass das Selbstwertgefühl weder überhöht (im Sinne einer narzisstischen Anmaßung) noch zu niedrig ausgeprägt sein soll. Ein intakter Selbstwert beinhaltet vielerlei Ingredienzien: (1) Bejahung der eigenen Person. (2) Bejahung des eigenen (bisherigen) Lebens. (3) „Richtiger" Umgang mit Abschieden und Leistung von Trauerarbeit. (4) Bejahung von Entwicklung und Veränderung. (5) Mut zum Neubeginn. (6) Als Handlungsmaxime: „Nach besten Wissen und Gewissen handeln." (7) Erfolgreiche Zielerreichung. (8) Der Glaube an die eigene Selbstwirksamkeit (→11.Handelndes Selbst). (9) Eine ausgeglichene Zuwendungsbilanz aus Geben und Nehmen von Anerkennung, Wertschätzung, Zuneigung und Liebe.

(10) Eine geglückte Balance aus (a) Veränderung und Stabilität, (b) Aktivität und Passivität, (c) Unabhängigkeit und Zusammengehörigkeit (s. Schachinger, 2001).

Ultimatives Therapieziel
Ein Training oder Programm zur Stabilisierung und Erhöhung des Selbstwertgefühles kann und darf nicht bei der erreichten Wertschätzung der eigenen Person enden. Wenngleich dies bei bestimmten psychischen Störungen zunächst im Vordergrund stehen wird, kann ein positiver Selbstwert noch nicht das Endresultat einer psychologischen Therapie sein. Der einzelne Mensch muss letztendlich auch fähig sein, das Selbstwertgefühl anderer zu schützen und zu erhöhen. Erst die Wertschätzung der eigenen Person gepaart mit einer positiven Wertschätzung der anderen rundet den Entwicklungs- und Veränderungsprozess zu einer ausgewogenen Ganzheit ab.

Am Ende einer gelungenen psychologischen Intervention stehen positive Resultate für das Selbst:
- *Arbeits- und Liebesfähigkeit*
- *Selbstakzeptanz (i.e. Selbstliebe) und Akzeptanz anderer Menschen (i.e. Nächstenliebe)*
- *Geduld mit sich selbst und anderen*
- *Selbstvertrauen und Vertrauen in andere und die Welt – aber kein blindes Vertrauen*
- *Lösungsorientierung anstatt Schuldzuweisungen (an andere oder an sich selbst)*
- *Toleranz von Widersprüchlichkeit, Ungewissheit und Mehrdeutigkeit*
- *Zutrauen in die eigenen Fähigkeiten*
- *Zielorientierung und Problemlösungsfähigkeiten*
- *Neue Kompetenzen (z.B. im Umgang mit anderen Menschen)*
- *Sinnfindung usw.*

... aber gewiss nicht der perfekte Mensch oder gar ein Übermensch!

Anregungen zur Selbsterforschung

- Was bedeutet für Sie Veränderung? Wie gehen Sie damit um? Was ist für Sie schwierig an Veränderungssituationen? Was macht Veränderungen spannend und aufregend (im positiven Sinn)?
- Welche dysfunktionalen Aspekte hat Ihr Selbst? Welches Verhalten bringt Ihnen unterm Strich mehr Nach- als Vorteile? Welche

funktionalen Verhaltensweisen können Sie anstelle der dysfunktionalen setzen?

- Welche persönlichen Schwierigkeiten und Probleme haben Sie bereits in Ihrem Leben gehabt? Wie haben Sie diese überwunden? Wer oder was hat Ihnen bei der Problemlösung geholfen? Was hat Ihnen weniger geholfen? Warum?

- Was haben Sie bisher gemacht, wenn Sie bemerkt haben, dass Leute aus Ihrer (näheren) Umgebung (Familie, Freundinnen und Freunde) in Schwierigkeiten waren? Was war aus heutiger Sicht richtig? Was möchten Sie in Zukunft anders machen?

- Wie sieht es mit Ihrer inneren Balance aus Veränderung und Stabilität, Aktivität und Passivität sowie Autonomie und Bindung aus? Wo gibt es Ungleichgewichte? Welche Pole werden eher vernachlässigt? Was fehlt zur ausgewogenen Ganzheit? Mit welchen Verhaltensweisen können Sie Ihre Balance wiederfinden?

Zusammenfassung

Krankheit, Leid und die Bewältigung schwieriger Lebensumstände gehören zum Leben aller Menschen. Vieles davon kann der Mensch aus eigener Kraft und/oder mit Unterstützung seines sozialen Umfeldes meistern. Wenn Betroffene und deren soziales Netzwerk (Familie, Freundinnen und Freunde usw.) überfordert sind, sollte professionelle psychotherapeutische Hilfe in Anspruch genommen werden. Ein dysfunktionales, nicht ordnungsgemäß funktionierendes Selbst stiftet mehr Schaden als Nutzen und das kann sich im Denken, Fühlen, Wollen und Handeln manifestieren. In seiner extremen Form zeigt es sich in der psychischen Erkrankung (z.B. in depressiven Störungen, Suchterkrankungen). Im Gegensatz dazu ist das funktionale Selbst von einer inneren Harmonie und Ausgewogenheit zwischen (scheinbar) gegensätzlichen Polen geprägt, die einander zur Ganzheitlichkeit bedingen. Eine innere Balance zu finden heißt, ein individuell befriedigendes Gleichgewicht von Veränderung und Stabilität, Aktivität und Passivität, Autonomie und Bindung aufzubauen. In der psychologisch-therapeutischen Behandlung muss es daher um eine ganzheitliche Sichtweise des Selbst und um eine Wiederherstellung eines ausgeglichenen Kräfteverhältnisses innerhalb des Selbst gehen. Dabei verdient der Selbstwert ganz besondere Berücksichtigung, weil ein intaktes Selbstwertgefühl mit einem intakten Selbstschutzsystem einhergeht. Ist das Selbstwertgefühl intakt, so erachtet sich der Mensch als so wertvoll, dass er sich selbst und seine Gesundheit entsprechend schützt.

Nachwort

Wenn Sie, liebe Leserin, lieber Leser, mein Buch bis hierher gelesen – vielleicht sogar regelrecht studiert haben –, so werden Sie gewiss vielerlei Interessantes, Nachdenkenswertes und möglicherweise auch Erforschenswertes entdeckt haben. Wenn Sie die eine oder andere Selbst(er)kenntnis aus der Lektüre gewonnen haben und Sie dadurch in Ihrem Selbstverständnis und Selbstwert bereichert wurden, freue ich mich, weil dies einer (wesentlichen) Zielsetzung dieses Buches entspricht. Sollte auch noch Ihr Verständnis für andere Menschen gewachsen sein, freue ich mich ganz besonders – sämtliche Zielsetzungen sind dann erreicht worden.

Vielleicht sind Sie aber auch in bestimmten Bereichen etwas ratlos geworden und würden gerne noch Näheres wissen. Womöglich wünschen Sie sich ein „psychologisches Kochrezept", das Ihnen verrät, was genau zu tun und lassen ist, um ein intaktes Selbstwertgefühl aufzubauen, um einen Zustand der inneren Ausgewogenheit zu erlangen und Harmonie in sich selbst und mit anderen zu finden. Nun, es tut mir leid, wenn ich Ihren Wunsch nach dem „richtigen" Weg nicht erfüllen konnte. Diesbezüglich bleibt mir noch anzumerken, dass jeder Mensch seinen individuellen Weg (mit oder ohne Unterstützung) selbst finden muss. Auch wenn es einige allgemeingültige Grundsätze, Ziele und Prinzipien gibt, die ich auch in diesem Buch darzulegen versucht habe, muss deren Aneignung und Anwendung dennoch höchst individuell, in Abstimmung mit der eigenen Lebens- und Erfahrungswelt, erfolgen.

In diesem Sinne möchte ich Ihnen abschließend für Ihre persönliche Selbstentwicklung gutes Gelingen und für Ihren individuellen Lebensweg viel Glück wünschen.

Ihre

Helga Elisabeth Schachinger

Literaturverzeichnis

Aditya, R.N., House, R.J. & Kerr, S. (2000). Theory and practice of leadership: Into the new millennium. In C.L. Cooper & E.A. Locke (Eds.), *Industrial and organizational psychology. Linking theory with practice* (pp.130-165). Oxford: Blackwell.

Ajzen, I. (1987). Attitudes, traits and actions: Dispositional prediction of behavior in personality and social psychology. In L. Berkowitz (Ed.), *Advances in experimental social psychology* (Vol. 20, pp.1-63). San Diego: Academic Press.

Ajzen, I. (2002). Perceived behavioral control, self-efficacy, locus of control, and the theory of planned behavior. *Journal of Applied Social Psychology, 32, 4,* 665-683.

Ajzen, I. & Fishbein, M. (1977). Attitude-behavior relations: A theoretical analysis and review of empirical research. *Psychological Bulletin, 84,* 888-918.

Andersen, S.M. & Chen, S. (2002). The relational self: An interpersonal social-cognitive theory. *Psychological Review, Vol. 109, 4,* 619-645.

Aron, A. & Aron E.N. (1997). Self-expansion motivation and including other in the self. In S. Duck (Ed.), *Handbook of personal relationships. Theory, research and interventions* (pp.251-270). New York: Wiley.

Aron, A., Aron, E.N. & Norman, C. (2001). Self-expansion model of motivation and cognition in close relationships and beyond. In G.J.O. Fletcher & M.S. Clark (Eds.), *Blackwell handbook of social psychology: Interpersonal processes* (pp.478-501). Malden: Blackwell.

Baaren, van R.B., Maddux, W.W., et al. (2003). It takes two to mimic: Behavioral consequences of self-construals. *Journal of Personality and Social Psychology, Vol. 84, 5,* 1093-1102.

Backman, C.W. (1988). The self: A dialectical approach. In L.Berkowitz (Ed.), *Advances in experimental social psychology* (Vol. 21, pp.229-260). San Diego: Academic Press.

Bandura, A. (1997). *Self-efficacy. The exercise of control.* New York: Freeman

Bandura, A. et al. (2003). Role of affective self-regulatory efficacy in diverse spheres of psychosocial functioning. *Child development, 74, 3,* 769-782.

Barone, D.F., Maddux, J.E. & Snyder, C.R. (1997). *Social cognitive psychology. History and current domains.* New York: Plenum Press.

Barrett, K.C. (1997). The self and relationship development. In S. Duck (Ed.), *Handbook of personal relationships. Theory, research and interventions* (pp.81-97). New York: John Wiley & Sons.

Barrowclough, C. et al. (2003). Self-esteem in schizophrenia: Relationships between self-evaluation, family attitudes, and symptomatology. *Journal of Abnormal Psychology, Vol. 112, 1,* 92-99.

Batra, A., Wassmann, R. & Buchkremer, G. (Hrsg.) (2000). *Verhaltenstherapie. Grundlagen – Methoden – Anwendungsgebiete.* Stuttgart: Georg Thieme.

Batson, C.D. (1987). Prosocial motivation: Is it ever truly altruistic? In L. Berkowitz (Ed), *Advances in experimental social psychology* (Vol. 20, pp.65-122). San Diego: Academic Press.

Batson, C.D. et al. (1997). Is empathy-induced helping due to self-other merging? *Journal of Personality and Social Psychology, 73, 3,* 495-509.

Baumann, U. & Perrez, M. (Hrsg.) (1998). *Lehrbuch Klinische Psychologie – Psychotherapie.* Bern: Hans Huber.

Baumeister, R.F. (1989). The optimal margin of illusion. *Journal of Social and Clinical Psychology, 8,* 176–189.

Baumeister, R.F. (1990). Anxiety and deconstruction: On escaping the self. In J.M. Olsen & M.P. Zanna (Eds.), *Self-inference processes: The Ontario Symposium* (Vol. 6, pp.259-291). Hillsdale, N.J.: Erlbaum.

Baumeister, R.F. (1991). *Escaping the self. Alcoholism, spirituality, masochism, and other flights from the burden of selfhood.* Basic Books.

Baumeister, R.F. (1993). Understanding the inner nature of low self-esteem: Uncertain, fragile, protective, and conflicted. In R.F. Baumeister (Ed.), *Self-esteem. The puzzle of low self-regard* (pp.201-218). New York: Plenum.

Baumeister, R.F. (1997). Identity, self-concept, and self-esteem: The self lost and found. In R. Hogan, J. Johnson & S. Briggs (Eds.), *Handbook of personality psychology* (pp.681-710). San Diego: Academic Press.

Baumeister, R.F. (1998a). The self. In D.T. Gilbert, S.T. Fiske & G. Lindzey (Eds.), *The handbook of social psychology* (pp.680-740). Boston: McGraw-Hill.

Baumeister, R.F. (1998b). The interface between intrapsychic and interpersonal processes: Cognition, emotion, and self as adaptations to other people. In J.M. Darley & J. Cooper (Eds.), *Attribution and social interaction. The legacy of Edward E. Jones* (pp.201-223). Washington, DC.: American Psychological Association.

Baumeister, R.F. (2000). Ego depletion and the self's executive function. In A. Tesser, R.B. Felson & J.M. Suls (Eds.), *Psychological perspectives on self and identity.* (pp.9-33). Washington, DC: American Psychological Association.

Baumeister, R.F., Bratslavsky, E., Muraven, M. & Tice, D.M. (1998). Ego depletion: Is the active self a limited resource? *Journal of Personality and Social Psychology, 74, 5,* 1252-1265.

Baumeister, R.F. & Scher, S.J. (1988). Self-defeating behavior patterns among normal individuals: Review and analysis of common self-destructive tendencies. *Psychological Bulletin, 104,* 3-22.

Baumeister, R.F., Smart, L. & Boden, J.M. (1996). Relation of threatened egotism to violence and aggression: The dark side of high self-esteem. *Psychological Review, 103,* 5-33.

Baumeister, R.F., Stillwell, A.M. & Heatherton, T.F. (1994). Guilt: An interpersonal approach. *Psychological Bulletin, 115,* 243-267.

Baumeister, R.F., Stillwell, A.M. & Heatherton, T.F. (1995). Personal narratives about guilt: Role in action control and interpersonal relationships. *Basic and Applied Social Psychology, 17,* 173-198.

Baumeister, R.F. & Tice, D.M. (1986). How adolescence became the struggle for self: A historical transformation of psychological development. In J. Suls & A.G. Greenwald (Eds.), *Psychological perspectives on the self* (Vol. 3, pp.183-201). Hillsdale, N.J.: Erlbaum.

Beck, A.T., Rush, A.J., Shaw, B.F. & Emery, G. (1994). *Kognitive Therapie der Depression.* Weinheim: Psychologie Verlags Union.

Becker, P. (1995). *Seelische Gesundheit und Verhaltenskontrolle.* Göttingen: Hogrefe.

Beer, J.S. (2002). Implicit self-theories of shyness. *Journal of Personality and Social Psychology, 83, 4,* 1009-1024.

Bem, D.J. (1972). Self-perception theory. In L. Berkowitz (Ed.), *Advances in experimental social psychology* (Vol. 6, pp.1-62). New York: Academic Press.

Bem, D.J. (1979). Theorie der Selbstwahrnehmung. In S.-H. Filipp (Hrsg.), *Selbstkonzeptforschung. Probleme, Befunde, Perspektiven* (S.97-128). Stuttgart: Klett-Cotta.

Bentall, R.P. & Kinderman, P. (1999). Self-regulation, affect and psychosis: The role of social cognition in paranoia and mania. In T. Dalgleish & M.J. Power (Eds.), *Handbook of cognition and emotion* (pp.353-381). New York: Wiley.

Bernichon, T., Cook, K.E. & Brown, J.D. (2003). Seeking self-evaluative feedback: The interactive role of global self-esteem and specific self-views. *Journal of Personality and Social Psychology, 84, 1,* 194-204.

Bles, P. (2002). Die Selbstbestimmungstheorie von Deci und Ryan. In D. Frey & M. Irle (Hrsg.), *Theorien der Sozialpsychologie. Band III: Motivations-, Selbst- und Informationsverarbeitungstheorien* (2.erw. Aufl., S.234-253). Bern: H. Huber.

Bless, H. (2001). The consequences of mood on the processing of social information. In A. Tesser & N. Schwarz (Eds.), *Blackwell handbook of social psychology: Intraindividual processes* (pp.391-412). Malden: Blackwell.

Bless, H. & Schwarz, N. (2002). Konzeptgesteuerte Informationsverarbeitung. In D. Frey & M. Irle (Hrsg.), *Theorien der Sozialpsychologie. Band III: Motivations-, Selbst- und Informationsverarbeitungstheorien* (2.erw. Aufl., S.257-278). Bern: Hans Huber.

Bohart, A.C. & Stipek, D.J. (2001). What have we learned? In A.C. Bohart & D.J. Stipek (Eds.), *Constructive & destructive behavior. Implications for family, school, & society* (pp.367-397). Washington, DC: American Psychological Association.

Bohart, A.C. & Tallman, K. (1999). *How clients make therapy work. The process of active self-healing.* Washington, D. C.: American Psychological Association.

Bosson, J.K., Swann, Jr., W.B. & Pennebaker, J.W. (2000). Stalking the perfect measure of implicit self-esteem: The blind men and the elephant revisited? *Journal of Personality and Social Psychology, 79, 4,* 631-643.

Bourhis, R.Y., Moise, C.L., Perreault, S. & Senécal, S.(1997). Immigration und Multikulturalismus in Kanada: Die Entwicklung eines interaktiven Akkulturationsmodells. In A. Mummendey & B. Simon (Hrsg.), *Identität und Verschiedenheit. Zur Sozialpsychologie der Identität in komplexen Gesellschaften* (S.63-108). Bern: Hans Huber.

Boven, van L. & Gilovich, T. (2003). To do or to have? That is the question. *Journal of Personality and Social Psychology, 85, 6,* 1193-1202.

Bracken, B.A. (1996). Clinical applications of a context-dependent, multidimensional model of self-concept. In B.A. Bracken (Ed.), *Handbook of self-concept: Developmental, social, and clinical considerations* (pp.463-503). New York: Wiley.

Brandtstädter, J. (1999). The self in action and development: Cultural, biosocial, and ontogenetic bases of intentional self-development. In J. Brandtstädter & R.M. Lerner (Eds.), *Action & self-development. Theory and research through the life span* (pp.37-65). Thousand Oaks: Sage.

Brandtstädter, J., Rothermund, K. & Schmitz, U. (1998). Maintaining self-integrity and efficacy through adulthood and later life: The adaptive functions of assimilative persistence and accommodative flexibility. In J. Heckhausen & C.S. Dweck (Eds.), *Motivation and self-regulation across the life span* (pp.365-388). Cambridge University Press.

Brandtstädter, J., Wentura, D. & Rothermund, K. (1999). Intentional self-development through adulthood and later life: Tenacious pursuit and flexible adjustment of goals. In J. Brandtstädter & R.M. Lerner (Eds.), *Action & self-development. Theory and research through the life span* (pp.373-400). Thousand Oaks: Sage.

Breckler, S.J. & Greenwald, A.G. (1986): Motivational facets of the self. In R.M. Sorrentino & E.T. Higgins (Eds.), *Handbook of motivation and cognition: Foundations of social behavior* (pp.145-164). New York: Guilford Press.

Brewer, M.B. (1991). The social self: On being the same and different at the same time. *Personality and Social Psychology Bulletin*, 17, 475-482.

Brewer, M.B. & Gaertner, S.L. (2001). Toward reduction of prejudice: Intergroup contact and social categorization. In R. Brown & S.L. Gaertner (Eds.), *Blackwell handbook of social psychology: Intergroup processes* (pp.451-471). Malden: Blackwell.

Brown, J.D. (1991). Accuracy and bias in self-knowledge. In C.R. Snyder & D.R. Forsyth (Eds.), *Handbook of social and clinical psychology* (pp.158-178). New York: Pergamon Press.

Brunstein, J.C., Schultheiss, O.C. & Maier, G.W. (1999). The pursuit of personal goals: A motivational approach to well-being and life adjustment. In J. Brandtstädter & R.M. Lerner (Eds.), *Action & self-development. Theory and research through the life span* (pp.169-196). Thousand Oaks: Sage.

Camilleri, C. & Malewska-Peyre, H. (1997). Socialization and identity strategies. In J.W. Berry, P.R. Dasen & T.S. Saraswathi (Eds.), *Handbook of cross-cultural psychology* (Vol. 2, pp.41-67). Boston: Allyn and Bacon.

Campbell, J.D. (1990). Self-esteem and clarity of the self-concept. *Journal of Personality and Social Psychology, 59, 3,* 538-549.

Campbell, J.D., Assanand, S. & DiPaula, A. (2000). Structural features of the self-concept and adjustment. In A. Tesser, R.B. Felson & J.M. Suls (Eds.), *Psychological perspectives on self and identity* (pp.67-87). Washington, DC: American Psychological Association.

Campbell, J.D. & Fehr, B. (1990). Self-esteem and perceptions of conveyed impressions: Is negative affectivity associated with greater realism? *Journal of Personality and Social Psychology, 58, 1,* 122-133.

Campbell, W.K. & Baumeister, R.F. (2001). Is loving the self necessary for loving another? An examination of identity and intimacy. In G.J.O. Fletcher & M.S. Clark (Eds.), *Blackwell handbook of social psychology: Interpersonal processes* (pp.437-456). Malden: Blackwell.

Carver, C.S. (2001). Self-regulation. In A. Tesser & N. Schwarz (Eds.), *Blackwell handbook of social psychology: Intraindividual processes* (pp.307-327). Malden: Blackwell.

Carver, C.S. & Scheier, M.F. (1990). Origins and functions of positive and negative affect: A control-process view. *Psychological Review, 97,* 19-35.

Chang, E.C. & Asakawa, K. (2003). Cultural variations on optimistic and pessimistic bias for self versus a sibling: Is there evidence for self-enhancement in the west and for self-criticism in the east when the referent group is specified? *Journal of Personality and Social Psychology, 84, 3,* 569-581.

Chen, S., Chen, K.Y. Shaw, L. (2004). Self-verification motives at the collective level of self-definition. *Journal of Personality and Social Psychology, 86, 1,* 77-94.

Cheng, C.M. & Chartrand, T.L. (2003). Self-monitoring without awareness: Using Mimicry as a nonconscious affiliation strategy. *Journal of Personality and Social Psychology, 85, 6,* 1170-1179

Chirkov, V., Ryan, R.M., Kim, Y. & Kaplan, U. (2003). Differentiating autonomy from individualism and independence: A self-determination theory perspective on internalization of cultural orientations and well-being. *Journal of Personality and Social Psychology, 84, 1,* 97-110.

Cooley, C.H. (1902). *Human nature and the social order.* New York: Scribners.

Coopersmith, S. (1967). The antecedents of self-esteem. San Francisco, CA: Freeman.

Cremer, de D. (2003). Why inconsistent leadership is regarded as procedurally unfair: The importance of social self-esteem concerns. *European Journal of Social Psychology, 33,* 535-550.

Crocker, J. (1999). Social stigma and self-esteem: Situational construction of self-worth. *Journal of Experimental Social Psychology, 35,* 89-107.

Crocker, J., Karpinski, A., Quinn, D.M. & Chase, S.K. (2003a). When grades determine self-worth: Consequences of contingent self-worth for male and female engineering and psychology majors. *Journal of Personality and Social Psychology, 85, 3,* 507-516.

Crocker, J., Luhtanen, R.K., Cooper, M.L. & Bouvrette, A. (2003b). Contingencies of self-worth in college students: Theory and measurement. *Journal of Personality and Social Psychology, 85, 5,* 894-908.

Crocker, J. & Park, L.E. (2004). The costly pursuit of self-esteem. *Psychological Bulletin, Vol. 130, 3,* 392-414.

Cross, S.E., Gore, J.S., & Morris, M.L. (2003). The relational-interdependent self-construal, self-concept consistency, and well-being. *Journal of Personality and Social Psychology, 85, 5,* 933-944.

Cross, S.E. & Markus, H.R. (1990). The willful self. *Personality and Social Psychology Bulletin, 16, 4,* 726-742.

Csikszentmihalyi, M. (1982). Beyond boredom and anxiety. San Francisco: Jossey-Bass.

Dannefer, D. (1999). Freedom isn't free: Power, alienation, and the consequences of action. In J. Brandtstädter & R.M. Lerner (Eds.), *Action & self-development. Theory and research through the life span* (pp.105-131). Thousand Oaks: Sage.

Dauenheimer, D., Stahlberg, D., Frey, D. & Petersen, L.-E. (2002). Die Theorie des Selbstwertschutzes und der Selbstwerterhöhung. In D. Frey & M. Irle (Hrsg.), *Theorien der Sozialpsychologie. Band III: Motivations-, Selbst- und Informationsverarbeitungstheorien* (2.erw. Aufl., S.159-190). Bern: Hans Huber.

Deaux, K. (1992). Personalizing identity and socializing self. In G.M. Breakwell (Ed.), *Social psychology of identity and the self concept* (pp.9-33). London: Surrey University Press.

Deci, E.L. & Ryan, R.M. (1987). The support of autonomy and the control of behavior. *Journal of Personality and Social Psychology, 53,* 1024-1037.

Deci, E.L. & Ryan, R.M. (1990). *Intrinsic motivation and self-determination in human behavior.* New York: Plenum Press.

Deci, E.L. & Ryan, R.M. (1991). A motivational approach to self: Integration in personality. In R.A. Dienstbier (Ed.), *Nebraska symposium on motivation* (Vol. 38, pp.237-288). Lincoln: University of Nebraska Press.

Dennis, T.A., et al. (2002). Self in context: Autonomy and relatedness in japanese and U.S. mother-preschooler dyads. *Child Development, Vol. 73/6,* 1803-1817.

Derlega, V.J. (1989): Self-disclosure: Inside or outside the mainstream of social psychological research? In M.R. Leary (Ed.), *The state of social psychology. Issues, themes, and controversies* (pp.27-34). Newbury Park: Sage.

Derlega, V.J., Metts, S., Petronio, S. & Margulis, S.T. (1993). *Self-disclosure.* Newbury Park, CA: Sage

Deusinger, I.M. (1986). *Die Frankfurter Selbstkonzeptskalen (FSKN).* Göttingen: Verlag für Psychologie. Dr. C.J. Hogrefe.

Diener, E., & Diener, M. (1995). Cross-culture correlates of life satisfaction and self-esteem. *Journal of Personality and Social Psychology, 68,* 653-663.

Dijksterhuis, A. (2004). I like myself but I don't know why: Enhancing implicit self-esteem by subliminal evaluative conditioning. *Journal of Personality and Social Psychology, 86, 2,* 345-355.

Dindia, K. (1997). Self-disclosure, self-identity, and relationship development: A transactional/dialectical perspective. In S. Duck (Ed.), *Handbook of personal relationships. Theory, research and interventions* (pp.411-426). New York: Wiley.

Downey, G. & Feldman, S.I. (1996). Implications of rejection sensitivity for intimate relationships. *Journal of Personality and Social Psychology, 70, 6,* 1327–1343.

Duval, S. & Wicklund, R.A. (1972). *A theory of objective self-awareness.* New York: Academic Press.

Dweck, C.S. (2000). *Self-theories: Their role in motivation, personality, and development.* Psychology Press.

Dwyer, D. (2000). *Interpersonal relationships.* London: Routledge.

Eby, L.T., Cader, J. & Noble, C.L. (2003). Why do high self-monitors emerge as leaders in small groups? A comparative analysis of the behaviors of high versus low self-monitors. *Journal of Applied Social Psychology, 33, 7,* 1457-1479.

Ehrlinger, J. & Dunning, D. (2003). How chronic self-views influence (and potentially mislead) estimates of performance. *Journal of Personality and Social Psychology, 84,* 5-17.

Ellemers, N., Spears, R. & Doosje, B. (2002). Self and social identity. *Annual Review of Psychology, 53,* 161-186

Epstein, S. (1979). Entwurf einer integrativen Persönlichkeitstheorie. In S.-H. Filipp (Hrsg.), *Selbstkonzeptforschung. Probleme, Befunde, Perspektiven* (S.15-45). Stuttgart: Klett-Cotta.

Epstein, S. (1983). The unconscious, the preconscious, and the self-concept. In J. Suls & A.G. Greenwald (Eds.), *Psychological perspectives on the self* (Vol. 2, pp.219-247). Hillsdale, N.J.: Erlbaum.

Epstein, R. & Koerner, J. (1986). The Self-concept and other daemons. In J. Suls & A.G. Greenwald (Eds.), *Psychological perspectives on the self* (Vol. 3, pp.27-53). Hillsdale, N.J.: Erlbaum.

Epstein, S. et al. (1992). Irrational reactions to negative outcomes: Evidence for two conceptual systems. *Journal of Personality and Social Psychology, 62, 2,* 328-339.

Erikson, E.H. (1966). *Identität und Lebenszyklus.* Frankfurt a. M.: Suhrkamp.

Etzioni, A. (1993). *Spirit of community: Rights, responsibilities and the communitarian agenda.* New York: Crown.

Fehr, B. (2001). The status of theory and research on love and commitment. In G.J.O. Fletcher & M.S. Clark (Eds.), *Blackwell handbook of social psychology: Interpersonal processes* (pp.331-356). Malden: Blackwell.

Felser, G. (2003). Wahrnehmung und Kognitionen in Partnerschaften. In I. Grau & H.W. Bierhoff (Hrsg.), *Sozialpsychologie der Partnerschaft* (S.343-376). Berlin: Springer

Felson, R.B. (1993). The (somewhat) social self: How others affect self-appraisals. In J. Suls (Ed.), *Psychological perspectives on the self* (Vol. 4, pp.1-26). Hillsdale, N.J.: Erlbaum.

Fenigstein, A., Scheier, M.F. & Buss, A.H. (1975). Public and private self-consciousness: Assessment and theory. *Journal of Consulting and clinical psychology, 43,* 522-527.

Fernández-Ballesteros, R., Díez-Nicolás, J, Caprara, G.V., Barbaranelli, C. & Bandura, A. (2002). Determinants and structural relation of personal efficacy to collective efficacy. *Applied Psychology: An International Review, 51 (1),* 107-125.

Fiedler, P. (2000). *Integrative Psychotherapie bei Persönlichkeitsstörungen.* Göttingen: Hogrefe.

Figueroa-Sarriera, H.J. (1999). In and out of the digital closet: The self as communication network. In Á.J. Gordo-López & I. Parker (Eds.), *Cyberpsychology.* Houndmills, Hampshire: Macmillan.

Filipp, S.-H. (Hrsg.) (1979). *Selbstkonzeptforschung. Probleme, Befunde, Perspektiven.* Stuttgart: Klett-Cotta.

Fredrickson, B.L., Tugade, M.M., Waugh, C.E. & Larkin, G.R. (2003). What good are positive emotions in crises? A prospective study of resilience and emotions following the terrorist attacks on the United States on September 11th, 2001. *Journal of Personality and Social Psychology, 84, 2,* 365-376.

Freimuth, J. & Hoets, A. (1996) Feedbackregeln. In S. Greif & H.-J. Kurtz (Hrsg.), *Handbuch selbstorganisiertes Lernen* (S.223-230). Göttingen: Verlag für angewandte Psychologie.

Freud, A. (1980). *Das Ich und die Abwehrmechanismen.* München: Kindler.

Freund, A.M. (2000). Das Selbst im hohen Alter. In W. Greve (Hrsg.), *Psychologie des Selbst* (S.115-131). Weinheim: Psychologie Verlags Union.

Freund, A.M., Li, K.Z.H. & Baltes, P.B. (1999). Successful development and aging: The role of selection, optimization, and compensation. In J. Brandtstädter & R.M. Lerner (Eds.), *Action & self-development. Theory and research through the life span* (pp.401-434). Thousand Oaks: Sage.

Frey, D., Jonas, E., Frank, E. & Greve, W. (2000). Das Wissen über sich selbst und andere im eigenen Handeln nutzen. Zur Anwendungsrelevanz der Selbstkonzeptforschung. In W. Greve (Hrsg.), *Psychologie des Selbst* (S.338-359). Weinheim: Psychologie Verlags Union.

Fromm, E. (1980). *Die Kunst des Liebens.* Frankfurt: Ullstein.

Fromm, E. (1979). *Haben oder Sein. Die seelischen Grundlagen einer neuen Gesellschaft.* München: Deutscher Taschenbuch Verlag.

Fry, P.S. (2003). Perceived self-efficacy domains as predictors of fear of the unknown and fear of dying among older adults. *Psychology and Aging, 18, 3,* 474-486.

Fuhrer, U. et al. (2000). Selbstbildentwicklung in Kindheit und Jugend. In W. Greve (Hrsg.), *Psychologie des Selbst* (S.39-57). Weinheim: Psychologie Verlags Union.

Funder, D.C. & Colvin, C.R. (1997). Congruence of others' and self-judgments of personality. In R. Hogan, J. Johnson & S. Briggs (Eds.), *Handbook of personality psychology* (pp.617-647). San Diego: Academic Press.

Fung, H.H.; Abeles, R.P. & Carstensen, L.L. (1999). Psychological control in later life: Implications for life-span development. In J. Brandtstädter & R.M. Lerner (Eds.), *Action & self-development. Theory and research through the life span* (pp.345-372). Thousand Oaks: Sage.

Gaertner, L., Sedikides, C. & Graetz, K. (1999). In search of self-definition: Motivational primacy of the individual self, motivational primacy of the collective self, or contextual primacy? *Journal of Personality and Social Psychology, 76, 1,* 5–18.

Gardner, W., Gabriel, S. & Lee, A. (1999). „I" value freedom but „we" value relationships: Self-construal priming mirrors cultural differences in judgment. *Psychological Science, 10,* 321-326.

Gergen, K.J. (1982). From self to science: What is there to know? In J. Suls (Ed.), *Psychological perspectives on the self* (Vol. 1, pp.129-149). Hillsdale, NJ: Erlbaum.

Gergen, K.J. & Gergen, M.M. (1988). Narrative and the self as relationship. In L. Berkowitz (Ed.), *Advances in experimental social psychology* (Vol. 21, pp.17-56). San Diego: Academic Press.

Gist, M.E. & McDonald-Mann, D. (2000). Advances in leadership training and development. In C.L. Cooper & E.A. Locke (Eds.), *Industrial and organizational psychology. Linking theory with practice* (pp.52-71). Oxford: Blackwell.

Goleman, D. (1996). *Emotionale Intelligenz.* München: Hanser.

Gollwitzer, P.M., Bayer, U., Scherer, M. & Seifert A.E. (1999). A motivational-volitional perspective on identity development. In J. Brandtstädter & R.M. Lerner (Eds.), *Action & self-development. Theory and research through the life span* (pp.283-314). Thousand Oaks: Sage.

Gollwitzer, P.M., Bayer, U.C. & Wicklund, R.A. (2002). Das handelnde Selbst: Symbolische Selbstergänzung als zielgerichtete Selbstentwicklung. In D. Frey & M. Irle (Hrsg.), *Theorien der Sozialpsychologie. Band III: Motivations-, Selbst- und Informationsverarbeitungstheorien,* (2.Aufl., S.191-211). Bern: Hans Huber.

Goodwin, R. (1999). Personal relationships across cultures. London: Routledge.

Grau, I. (2003). Emotionale Nähe. In I. Grau & H.W. Bierhoff (Hrsg.), *Sozialpsychologie der Partnerschaft* (S.285-314). Berlin: Springer

Graumann, C.F. (1997). Die Erfahrung des Fremden: Lockung und Bedrohung. In A. Mummendey & B. Simon (Hrsg.), *Identität und Verschiedenheit. Zur Sozialpsychologie der Identität in komplexen Gesellschaften* (S.39-62). Bern: Hans Huber.

Greenberg, J. & Lind, E.A. (2000). The pursuit of organizational justice: From conceptualization to implication to application. In C.L. Cooper & E.A. Locke (Eds.*), Industrial and organizational psychology. Linking theory with practice* (pp.72-108). Oxford: Blackwell.

Greenwald, A.G. & Banaji, M.R. (1989). The self as a memory system: Powerful, but ordinary. *Journal of Personality and Social Psychology, 57,* 41-54.

Greenwald, A.G., Banaji, M.R., Rudman, L.A., Farnham, S.D., Nosek, B.A. & Mellott, D.S. (2002). A unified theory of implicit attitudes, stereotypes, self-esteem, and self-concept. *Psychological Review, Vol. 109/1,* 3-25.

Greenwald, A.G. & Farnham, S.D. (2000). Using the implicit association test to measure self-esteem and self-concept. *Journal of Personality and Social Psychology, 79, 6,* 1022-1038.

Greve, W. (Hrsg.) (2000). *Psychologie des Selbst.* Weinheim: Psychologie Verlags Union.

Guttmann, G. & Langer, G. (Hrsg.) (1991). *Das Bewusstsein. Multidimensionale Entwürfe.* Wien: Springer Verlag.

Hackman, J.R., Wageman, R., Ruddy, T.M. & Ray, C.L. (2000). Team effectiveness in theory and in practice. In C.L. Cooper & E.A. Locke (Eds.), *Industrial and organizational psychology. Linking theory with practice* (pp.109-129). Oxford: Blackwell.

Hannover, B. (1997). *Das dynamische Selbst.* Bern: Hans Huber.

Hannover, B. (2000). Das kontextabhängige Selbst oder warum sich unser Selbst mit dem sozialen Kontext verändert. In W. Greve (Hrsg.), *Psychologie des Selbst* (S.227-238). Weinheim: Psychologie Verlags Union.

Hardin, C.D. & Higgins, E.T. (1996). Shared reality. How social verification makes the subjective objective. In R.M. Sorrentino & E.T. Higgins (Eds.), *Handbook of motivation and cognition* (Vol. 3, pp.28-84). New York: Guilford Press.

Hart, D. & Fegley, S. (1997). Children's self-awareness and self-understanding in cultural context. In U. Neisser & D.A. Jopling (Eds.), *The conceptual self in context. Culture, experience, self-understanding* (pp.128-153). Cambridge University Press.

Harter, S. (1993). Causes and consequences of low self-esteem in children and adolescents. In R.F. Baumeister (Ed.), *Self-esteem. The puzzle of low self-regard* (pp.87-116). New York: Plenum.

Harter, S. (1996). Historical roots of contemporary issues involving self-concept. In B.A. Bracken (Ed.), *Handbook of self-concept: Developmental, social, and clinical considerations* (pp.1-37). New York: Wiley.

Heckhausen, H. (1989). *Motivation und Handeln.* Berlin: Springer.

Heckhausen, J. & Schulz, R. (1998). Developmental regulation in adulthood: Selection and compensation via primary and secondary control. In J. Heckhausen & C.S. Dweck (Eds.), *Motivation and self-regulation across the life span* (pp.50-77). Cambridge University Press.

Heckhausen, J. & Schulz, R. (1999). Selectivity in life-span development: Biological and societal canalizations and individuals' developmental goals. In J. Brandtstädter & R.M. Lerner (Eds.), *Action & self-development. Theory and research through the life span* (pp.67-103). Thousand Oaks: Sage.

Heinlen, K.T. et al. (2003). The nature, scope, and ethics of psychologists' e-therapy web sites: What consumers find when surfing the web. *Psychotherapy: Theory, Research, Practice, Training, Vol. 40, No. 1/2,* 112-124.

Herbst, K.C., Gaertner, L. & Insko, C.A. (2003). My head says yes but my heart says no: Cognitive and affective attraction as a function of similarity to the ideal self. *Journal of Personality and Social Psychology, 84, 6,* 1206-1219.

Herkner, W. (1991). *Lehrbuch Sozialpsychologie.* Bern: Hans Huber.

Hewitt, P.L., Flett, G.L., et al. (2003). The interpersonal expression of perfection: Perfectionistic self-presentation and psychological distress. *Journal of Personality and Social Psychology, 84, 6,* 1303-1325.

Higgins, E.T. (1987). Self-discrepancy. A theory relating self and affect. *Psychological Review, 94,3,* 319-340.

Higgins, E.T. (1989). Self-discrepancy theory: What patterns of self-beliefs cause people to suffer? In L. Berkowitz (Ed.), *Advances in experimental social psychology* (Vol. 22, pp.93-136). San Diego: Academic Press.

Higgins, E.T. (1996a). Knowledge activation: Accessibility, applicability, and salience. In E.T. Higgins & A.W. Kruglanski (Eds.), *Social psychology. Handbook of basic principles* (pp.133-168). New York: Guilford Press.

Higgins, E.T. (1996b). Shared reality in the self-system: The social nature of self-regulation. In W. Stroebe & M. Hewstone (Eds.), *European Review of Social Psychology, Vol. 7.* Wiley UK.

Higgins, E.T., Bond, R.N., Klein, R. & Strauman, T. (1986). Self- discrepancies and emotional vulnerability: How magnitude, accessibility, and type of discrepancy influence affect. *Journal of Personality and Social Psychology, 51, 1,* 5-15.

Higgins, E.T. & Silberman, I. (1998). Development of rgulatory focus: Promotion and prevention as ways of living. In J. Heckhausen & C.S. Dweck (Eds.), *Motivation and self-regulation across the life span* (pp.78-113). Cambridge University Press.

Higgins, R.L., Snyder, C.R. & Berglas, S. (1990). *Self-handicapping. The paradox that isn't.* New York: Plenum.

Hobfoll, S.E. (1996). Social support: Will you be there when I need you? In N. Vanzetti & S. Duck (Eds.), *A lifetime of relationships* (pp.46-73). ITP Brooks/Cole Publishing Company.

Hoffman, M.L. (2001). Toward a comprehensive empathy-based theory of prosocial moral development. In A.C. Bohart & D.J. Stipek (Eds.), *Constructive & destructive behavior. Implications for family, school, & society* (pp.61-86). Washington, DC: American Psychological Association.

Hofmann, W. (1983). *Hundertwasser.* Salzburg: Verlag Galerie Welz.

Hojat, M. & Crandall, R. (Eds.) (1989). *Loneliness. Theory, research, and applications.* Newbury Park: Sage.

Holladay, C.L. & Quinones, M.A. (2003). Practice variability and transfer of training: The role of self-efficacy generality. *Journal of Applied Psychology, Vol. 88, 6,* 1094-1103.

Horney, K. (1974). *Selbstanalyse.* München: Kindler Verlag GmbH.

Jahoda, M. (1958). *Current concepts of positive mental health.* New York: Basic Books.

James, W. (1890). *Principles of psychology.* New York: Holt.

James, W. (1920). *Psychologie.* Leipzig: Quelle & Meyer.

Janoff-Bulman, R. (1979). Characterological versus behavioral self-blame. Inquiries into depression and rape. *Journal of Personality and Social Psychology, 37,* 1798-1809.

Jennings, K.D. & Abrew, A.J. (2004). Self-efficacy in 18-month-old toddlers of depressed and nondepressed mothers. *Applied Developmental Psychology, 25,* 133-147.

Jones, E.E. & Pittman, T.S. (1982). Toward a general theory of strategic self-presentation. In J. Suls (Ed.), *Psychological perspectives on the self* (Vol. 1, pp.231-262). Hillsdale, NJ: Erlbaum.

Jordan, C.H., Spencer, S.J., Zanna, M.P., Hoshino-Browne, E. & Correll, J. (2003). Secure and defensive high self-esteem. *Journal of Personality and Social Psychology, 85, 5,* 969-978.

Jussim, L. (1986). Self-fulfilling prophecies: A theoretical and integrative review. *Psychological Review, 93,* 429-445.

Kagan, J. (1998). Is there a self in infancy. In M. Ferrari & R.J. Sternberg (Eds.), *Self-awareness. Its nature and development* (pp.137-147). New York: Guilford Press.

Kagitçibasi, C. (1997). Individualism and collectivism. In J.W. Berry, M.H. Segall & C. Kagitçibasi (Eds.), *Handbook of cross-cultural psychology* (Vol. 3, pp.1-49). Boston: Allyn and Bacon.

Kahneman, D., Slovic, P. & Tversky, A. (Eds.) (1982). *Judgment under uncertainty: Heuristics and biases.* New York: Cambridge University Press.

Kanfer, F.H.; Reinecker, H. & Schmelzer, D. (1991). *Selbstmanagement-Therapie.* Berlin: Springer.

Kanning, U.P. (2000). *Selbstwertmanagement. Die Psychologie des selbstwert-dienlichen Verhaltens.* Göttingen: Hogrefe.

Karoly, P. (1991). Self-management in health-care and illness prevention. In C.R. Snyder & D.R. Forsyth, (Eds.), *Handbook of social and clinical psychology: The health perspective* (pp.579-606). New York: Pergamon Press.

Kelly, J.F. (2003). Self-help for substance-use disorders: History, effectiveness, knowledge gaps, and research opportunities. *Clinical Psychology Review, 23,* 639-663.

Kernis, M.H. & Waschull, S.B. (1995). The interactive roles of stability and level of self-esteem: Research and theory. In M.P. Zanna (Ed.), *Advances in experimental social psychology* (Vol. 27, pp.93-141). San Diego: Academic Press.

Kersting, J. & Grau, I. (2003). Paarkonflikt und Trennung. In I. Grau & H.W. Bierhoff (Hrsg.), *Sozialpsychologie der Partnerschaft* (S.429-456). Berlin: Springer

Kihlstrom, J.F. et al. (1988): Information processing and the study of the self. In L. Berkowitz (Ed.), *Advances in experimental social psychology* (Vol. 21, pp.145-178). San Diego: Academic Press.

Kihlstrom, J.F., Marchese-Foster, L.A. & Klein, S.B. (1997). Situating the self in interpersonal space. In U. Neisser & D.A. Jopling (Eds.), *The conceptual self in context. Culture, experience, self-understanding* (pp.154-175). Cambridge University Press.

Kirchler, E. (1993). *Arbeitslosigkeit.* Göttingen: Hogrefe.

Klauer, T. (2000). Das Selbst und die Nutzung sozialer Ressourcen. In W. Greve (Hrsg.). *Psychologie des Selbst* (S.149-166). Weinheim: Psychologie Verlags Union.

Kling, K.C., Ryff, C.D., Love, G. & Essex, M. (2003). Exploring the influence of personality on depressive symptoms and self-esteem across a significant life transition. *Journal of Personality and Social Psychology, 85, 5,* 922-932.

Kohlberg, L. (1996). *Die Psychologie der Moralentwicklung.* Frankfurt: Suhrkamp.

Kramer, R.M. & Carnevale, P.J. (2001). Trust and intergroup negotiation. In R. Brown & S.L. Gaertner (Eds.), *Blackwell handbook of social psychology: Intergroup processes,* (pp.431-450). Malden: Blackwell.

Kristiansen, C.M. & Hotte, A.M. (1996). Morality and the self: Implications for the when and how of value-attitude-behavior relations. In C. Seligman, J.M. Olson & M.P. Zanna (Eds.), *The psychology of values: The Ontario Symposium* (Vol. 8, pp.77-105). Mahwah, N.J.: Erlbaum.

Kuhl, J. (1983). Motivation, Konflikt und Handlungskontrolle. Berlin Springer.

Kuhl, J. & Fuhrmann, A. (1998). Decomposing self-regulation and self-control: The volitional components inventory. In J. Heckhausen & C.S. Dweck (Eds.), *Motivation and self-regulation across the life span* (pp.15-49). Cambridge University Press.

Kühnen, U. & Hannover, B. (2003). Kultur, Selbstkonzept und Kognition. *Zeitschrift für Psychologie, 211(4),* 212-224.

Kwan, C.M.L. et al. (2003). The role of self-enhancing evaluations in a successful life transition. *Psychology and Aging, Vol. 18, 1,* 3-12.

Kwan, V.S.Y., Bond, M.H. & Singelis, T.M. (1997). Pancultural explanations for life satisfaction: Adding relationship harmony to self-esteem. *Journal of Personality and Social Psychology, 73,5,* 1038-1051.

Kwan, V.S.Y., John, O.P., Kenny, D.A., Bond, M.H. & Robins, R.W. (2004). Reconceptualizing individual differences in self-enhancement bias: An interpersonal approach. *Psychological Review, Vol. 111, 1,* 94-110.

Latham, G. & Latham, S. (2000). Overlooking theory and research in performance appraisal at one's peril: Much done, more to do. In C.L. Cooper & E.A. Locke (Eds.), *Industrial and organizational psychology. Linking theory with practice* (pp.199-214). Oxford: Blackwell.

Laucken, U. (1994). *Individuum, Kultur, Gesellschaft. Eine Begriffsgeschichte der Sozialpsychologie.* Bern: Hans Huber.

Leary, M.R. & Baumeister, R.F. (2000). The nature and function of self-esteem: Sociometer theory. In M.P. Zanna (Ed.), *Advances in experimental social psychology* (Vol. 32, pp.1-62). New York: Academic Press.

Leary, M.R., Tambor, E.S., Terdal, S.K. & Downs, D.L. (1995). Self-esteem as an interpersonal monitor: The sociometer hypothesis. *Journal of Personality and Social Psychology, 68,* 518-530.

Lefcourt, H.M. & Davidson-Katz, K. (1991). The role of humor and the self. In C.R. Snyder & D.R. Forsyth (Eds.), *Handbook of social and clinical psychology: The health perspective* (pp.41-56). New York: Pergamon Press.

Linville, P.W. (1987). Self-complexity as a cognitive buffer against stress-related illness and depression. *Journal of Personality and Social Psychology, 52,* 663-676.

Lockard, J.S. & Paulhus, D.L. (1988). *Self-deception. An adaptive mechanism?* Englewood Cliffs, N. J.: Prentice Hall.

Lockwood, P. & Kunda, Z. (2000). Outstanding role models: Do they inspire or demoralize us? In A. Tesser, R.B. Felson & J.M. Suls (Eds.), *Psychological perspectives on self and identity* (pp.147-172). Washington, DC: American Psychological Association.

Lösel, F. & Bender, D. (2003). Theorien und Modelle der Paarbeziehung. In I. Grau & H.W. Bierhoff (Hrsg.), *Sozialpsychologie der Partnerschaft* (S.43-76). Berlin: Springer

Luhtanen, R. & Crocker, J. (1991). Self-esteem and intergroup comparisons: Toward a theory of collective self-esteem. In J. Suls & T.A. Wills (Eds.), *Social comparison. Contemporary theory and research* (pp.211-234). Hillsdale, N.J.: Erlbaum.

MacDonald, G., Saltzman, J.L. & Leary, M.R. (2003). Social approval and trait self-esteem. *Journal of Research in Personality, 37,* 23-40.

Manstead, A.S.R. & Hewstone, M. (Eds.) (1995). *Blackwell encyclopedia of social psychology.* Oxford: Blackwell.

Markus, H. (1977). Self-schemata and processing information about the self. *Journal of Personality and Social Psychology, 35,* 63-78.

Markus, H. & Cross, S. (1990). The interpersonal self. In L. A. Pervin (Ed.), *Handbook of personality: Theory and research* (pp.576-608). New York: Guilford Press.

Markus, H.R. & Kitayama, S. (1991). Culture and the self: Implications for cognition, emotion, and motivation. *Psychological Review, 98, 2,* 224-253.

Markus, H.R., Kitayama, S. & Heiman, R.J. (1996). Culture and "basic" psychological principles. In E.T. Higgins & A.W. Kruglanski (Eds.), *Social psychology. Handbook of basic principles* (pp.857-913). New York: Guilford Press.

Markus, H.R., Mullally, P.R. & Kitayama, S. (1997). Selfways: Diversity in modes of cultural participation. In U. Neisser & D.A. Jopling (Eds.), *The conceptual self in context. Culture, experience, self-understanding* (pp.13-61). Cambridge University Press.

Markus, H. & Nurius, P. (1986). Possible selves. *American Psychologist, 41,* 954-969.

Markus, H. & Sentis, K. (1982). The self in social information processing. In J. Suls (Ed.), *Psychological perspectives on the self* (Vol. 1, pp.41-70). Hillsdale, N.J.: Erlbaum.

Markus, H. & Wurf, E. (1987). The dynamic self-concept: A social psychological perspective. *Annual Review of Psychology, 38,* 299-337.

Mascolo, M.F. & Fischer, K.W. (1998). The development of self through the coordination of component systems. In M. Ferrari & R.J. Sternberg (Eds.), *Self-awareness. Its nature and development* (pp.332-384). New York: Guilford Press.

Mascolo, M.F., Fischer, K.W. & Neimeyer, R.A. (1999). The dynamic co-development of intentionality, self, and social relations. In J. Brandtstädter & R.M. Lerner (Eds.), *Action & self-development. Theory and research through the life span* (pp.133-166). Thousand Oaks: Sage.

Mason, S. (1997). The self and contemporary theories of ethics. In U. Neisser & D.A. Jopling. *The conceptual self in context. Culture, experience, self-understanding* (pp.233-248). Cambridge University Press.

McGrath, E.P. & Repetti, R.L. (2002). A longitudinal study of children's depressive symptoms, self-perceptions, and cognitive distortions about the self. *Journal of Abnormal Psychology, Vol. 111, 1,* 77-87.

McGuire, W.J. & McGuire, C.V. (1988). Content and process in the experience of self. In L. Berkowitz (Ed.), *Advances in experimental social psychology* (Vol. 21, pp.97-144). San Diego: Academic Press.

Mecca, A.M., Smelser, N.J. & Vasconcellos, J. (Eds.) (1989). *The social importance of self-esteem.* Berkeley: University of California Press.

Mielke, R. (2000). Soziale Kategorisierung und Selbstkonzept. In W. Greve (Hrsg.), *Psychologie des Selbst* (S.167-185). Weinheim: Psychologie Verlags Union.

Mischel, W. (1968). *Personality and assessment.* New York: Wiley.

Mischel, W. (1974). Processes in delay of gratification. In L. Berkowitz (Ed.), *Advances in experimental social psychology* (Vol. 7, pp.249-292). New York: Academic Press.

Mischel, W.; Cantor, N. & Feldman, S. (1996). Principles of self-regulation: The nature of willpower and self-control. In E.T. Higgins & A.W. Kruglanski (Eds.), *Social psychology. Handbook of basic principles* (pp.329-360). New York: Guilford Press.

Mischel, W., Shoda, Y. & Peake, P.K. (1988). The nature of adolescent competencies predicted by preschool delay of gratification. *Journal of Personality and Social Psychology, 54,* 687-696.

Mitchell, T.R., Thompson, K.R. & George-Falvy, J. (2000). Goal setting: Theory and practice. In C.L. Cooper & E.A. Locke (Eds.), *Industrial and organizational psychology. Linking theory with practice* (pp.214-249). Oxford: Blackwell Publishers.

Moston, S. (1997). Social psychology and the forensic interview. In S.W. Sadava & D.R. McCreary (Eds.), *Applied social psychology* (pp.136-156). N. J.: Prentice-Hall.

Mueller, C.M. & Dweck, C.S. (1998). Praise for intelligence can undermine children's motivation and performance. *Journal of Personality and Social Psychology, 75, 1,* 33-52.

Mummendey, A. & Simon, B. (Hrsg.) (1997). *Identität und Verschiedenheit. Zur Sozialpsychologie der Identität in komplexen Gesellschaften.* Bern: Hans Huber.

Mummendey, H.D. (1995). *Psychologie der Selbstdarstellung.* Göttingen: Hogrefe.

Mummendey, H.D. (2000). *Psychologie der Selbstschädigung.* Göttingen: Hogrefe.

Muraven, M., Tice, D.M. & Baumeister, R.F. (1998). Self-control as limited resource: Regulatory depletion patterns. *Journal of Personality and Social Psychology, 74,3,* 774-789.

Murray, S.L., Griffin, D.W., Rose, P. & Bellavia, G.M. (2003). Calibrating the sociometer: The relational contingencies of self-esteem. *Journal of Personality and Social Psychology, 85, 1,* 63-84.

Murray, S.L., & Holmes, J.G. (2000). Seeing the self through a partner's eyes: Why self-doubts turn into relationship insecurities. In A. Tesser, R.B. Felson & J.M. Suls (Eds.), *Psychological perspectives on self and identity* (pp.173-197). Washington, DC: American Psychological Association.

Neisser, U. (1997). Concepts and self-concepts. In U. Neisser & D.A. Jopling (Eds.), *The conceptual self in context. Culture, experience, self-understanding* (pp.3-12). Cambridge University Press.

Nemeth, C.J. (1997). Beziehungen zwischen Majoritäten und Minoritäten: Der Wert von Vielfalt und abweichenden Meinungen. In A. Mummendey & B. Simon (Hrsg.), *Identität und Verschiedenheit. Zur Sozialpsychologie der Identität in komplexen Gesellschaften* (S.109-126). Bern: Hans Huber.

Nunner-Winkler, G. (2000). Identität aus soziologischer Sicht. In W. Greve (Hrsg.), *Psychologie des Selbst* (S.302-316). Weinheim: Psychologie Verlags Union.

Oettingen, G. (1999). Free fantasies about the future and the emergence of developmental goals. In J. Brandtstädter & R.M. Lerner (Eds.), *Action & self-development. Theory and research through the life span* (pp.315-342). Thousand Oaks: Sage.

Oettingen, G. & Gollwitzer, P.M. (2002). Theorien der modernen Zielpsychologie. In D. Frey & M. Irle (Hrsg.), *Theorien der Sozialpsychologie. Band III: Motivations-, Selbst- und Informationsverarbeitungstheorien* (2. erw. Aufl., S.51-73). Bern: Hans Huber.

Oettingen, G. & Mayer, D. (2002). The motivating function of thinking about the future: Expectations versus fantasies. *Journal of Personality and Social Psychology, 83, 5,* 1198-1212.

Oettingen, G., Pak, H. & Schnetter, K. (2001). Self-regulation of goal setting: Turning free fantasies about the future into binding goals. *Journal of Personality and Social Psychology, 80,* 736-753.

Osborne, R.E. (1996). *Self: An eclectic approach.* Boston: Allyn and Bacon.

Oyserman, D., Bybee, D., Terry, K. & Hart-Johnson, T. (2004). Possible selves as roadmaps. *Journal of Research in Personality, 38,* 130-149

Oyserman, D. & Markus, H.R. (1993). The sociocultural self. In J. Suls (Ed.), *Psychological perspectives on the self* (Vol. 4, pp.187-220). Hillsdale, N.J.: Erlbaum.

Parrott, W.G. (2001). The nature of emotion. In A. Tesser & N. Schwarz (Eds.), *Blackwell handbook of social psychology: Intraindividual processes* (pp.375-390). Malden: Blackwell.

Paulus, P. (1994). Selbstverwirklichung und psychische Gesundheit. Göttingen: Hogrefe. Verlag für Psychologie.

Pelham, B.W. (1991). On confidence and consequence: The certainty and importance of self-knowledge. *Journal of Personality and Social Psychology, 60, 4,* 518-530.

Peplau, L.A. & Perlman, D. (1982). Loneliness. *A sourcebook of current theory, research and therapy.* New York: Wiley.

Pinquart, M. & Silbereisen, R.K. (2000). Das Selbst im Jugendalter. In W. Greve (Hrsg.), *Psychologie des Selbst* (S.75-95). Weinheim: Psychologie Verlags Union.

Pöhlmann, C., Hannover, B., Kühnen, U., & Birkner, N. (2002). Independente und interdependente Selbstkonzepte als Determinanten des Selbstwerts. *Zeitschrift für Sozialpsychologie, 33, 2,* 111-121.

Prochaska, J.O., DiClemente, C.C. & Norcross, J.C. (1992). In search of the structure of chance. In Y. Klar, J.D. Fisher, J.M. Chinsky & A. Nadler (Eds.), *Self chance. Social psychological and clinical perspectives* (pp.87-114). New York: Springer.

Pyszczynski, T., Greenberg, J., Solomon, S., Arndt, J. & Schimel, J. (2004). Why do people need self-esteem? A theoretical and empirical review. *Psychological Bulletin, 130/3,* 435-468.

Raskin, R., Novacek, J. & Hogan, R. (1991). Narcissistic self-esteem management. *Journal of Personality and Social Psychology, 60, 6,* 911-918.

Robins, R.W. & John, O.P. (1997). The quest for self-insight: Theory and research on accuracy and bias in self-perception. In R. Hogan, J. Johnson & S. Briggs (Eds.), *Handbook of personality psychology* (pp.649-679). San Diego: Academic Press.

Rodler, C. & Kirchler, E. (2002). Führung in Organisationen. Wien: Facultas WUV-Universitätsverlag.

Rogers, C.R. (1994). *Entwicklung der Persönlichkeit. Psychotherapie aus der Sicht eines Therapeuten.* Stuttgart: Klett-Cotta.

Rogers, T.B., Kuiper, N.A. & Kirker, W.S. (1977). Self- reference and the encoding of personal information. *Journal of Personality and Social Psychology, 35,* 677-688.

Rohan, M.J. & Zanna, M.P. (2001). Values and Ideologies. In A. Tesser & N. Schwarz (Eds.), *Blackwell handbook of social psychology: Intraindividual processes,* (pp.458-478). Malden: Blackwell.

Rokeach, M. (1973). *The nature of human values.* New York: Free Press.

Rose, N. (1996). *Inventing our selves. Psychology, power, and personhood.* Cambridge: University Press.

Rosenberg, M. (1965). *Society and the adolescent self-image.* Princeton, N.J.: University Press.

Rosenstiel, L. v. (1993). Kommunikation und Führung in Arbeitsgruppen. In H. Schuler (Hrsg.), *Lehrbuch Organisationspsychologie* (S.321-352). Bern: Hans Huber.

Rosenthal, R. & Jacobson, L. (1968). *Pygmalion in the classroom: Teacher expectations and student intellectual development.* New York: Holt, Rinehart & Winston.

Ross, M. & Buehler, R. (2001). Identity through time: Constructing personal pasts and futures. In A. Tesser & N. Schwarz (Eds.), *Blackwell handbook of social psychology: Intraindividual processes,* (pp.518-544). Malden: Blackwell.

Rothermund, K. & Brandtstädter, J. (2003a). Depression in later life: Cross-sequential patterns and possible determinants. *Psychology and Aging, 18, 1,* 80-90.

Rothermund, K. & Brandtstädter, J. (2003b). Coping with deficits and losses in later life: From compensatory action to accommodation. *Psychology and Aging, 18, 4,* 896-905.

Rotter, J.B. (1966). Generalized expectancies for internal versus external control of reinforcement. *Psychological Monographs, 80,* 1.

Ryan, R.M. (1998). Commentary: Human psychological needs and the issues of volition, control, and outcome focus. In J. Heckhausen & C.S. Dweck (Eds.), *Motivation and self-regulation across the life span* (pp.114-133). Cambridge University Press.

Salovey, P., Woolery, A. & Mayer, J.D. (2001). Emotional intelligence: Conceptualization and measurement. In G.J.O. Fletcher & M.S. Clark (Eds.), *Blackwell handbook of social psychology: Interpersonal processes* (pp.279-307). Malden: Blackwell.

Schachinger, H.E. (1992). *Zur Selbstdiskrepanz-Theorie von Higgins: Neuerliche Überprüfung der Haupthypothesen mit neu entwickelter Formel und Selbstdiskrepanz unter dem Aspekt der Erfolgszuversicht.* Unveröffentlichte Diplomarbeit. Universität Wien.

Schachinger, H.E. (1996). *Comparing own and other views on the self: Alienation from a lack of shared reality.* Unveröffentlichte Dissertation. Universität Wien.

Schachinger, H.E. (2001). Intakter Selbstwert = Wellness für die Seele. *Wirtschaftskammer Österreich. Frau in der Wirtschaft 3/01.*

Schachinger, H.E. (2002). SelbstWertSchutz. Auf das Selbstwertgefühl der MitarbeiterInnen achten. *Sichere Arbeit, 4/2002.*

Schachter, S. & Singer, J.E. (1962). Cognitive, social, and physiological determinants of emotional state. *Psychological Review, 69,* 379-399.

Scheier, M.F. & Carver, C.S. (1988). A model of behavioral self-regulation: Translating intention into action. In L. Berkowitz (Ed.), *Advances in experimental social psychology* (Vol. 21, pp.303-346). San Diego: Academic Press.

Schiefele, U. (1990). *Einstellung, Selbstkonsistenz und Verhalten.* Göttingen: Hogrefe.

Schlenker, B.R. (1980). Impression management: The self-concept, social identity, and interpersonal relations. Belmont, CA: Brooks/Cole.

Schlenker, B.R. & Pontari, B.A. (2000). The strategic control of information: Impression management and self-presentation in daily life. In A. Tesser, R.B. Felson & J.M. Suls (Eds.), *Psychological perspectives on self and identity* (pp.199-232). Washington, DC: American Psychological Association.

Schlenker, B.R. & Weigold, M.F. (1992). Interpersonal processes involving impression regulation and management. *Annual Review of Psychology, 43,* 133-168.

Schmeichel, B.J., Vohs, K.D. & Baumeister, R.F. (2003). Intellectual performance and ego depletion: Role of the self in logical reasoning and other information processing. *Journal of Personality and Social Psychology, 85, 1,* 33-46.

Schneewind, K.A. (1977). Selbstkonzept. In T. Herrmann, P.R. Hofstätter, H.P. Huber & F.E. Weinert (Hrsg.), *Handbuch psychologischer Grundbegriffe* (S.424-431). München: Kösel.

Schroth, H.A. & Shah, P.P. (2000). Procedures: Do we really want to know them? An examination of the effects of procedural justice on self-esteem. *Journal of Applied Psychology 85, 3,* 462-471.

Schuler, H. (Hrsg.) (1993). *Lehrbuch Organisationspsychologie.* Bern: Hans Huber.

Schütz, A. (2000a). Das Selbstwertgefühl als soziales Konstrukt: Befunde und Wege der Erfassung. In W. Greve (Hrsg.), *Psychologie des Selbst* (S.189-207). Weinheim: Psychologie Verlags Union.

Schütz, A. (2000b). Psychologie des Selbstwertgefühls. Stuttgart: Kohlhammer.

Schwarzer, R. (Hrsg.) (1990). *Gesundheitspsychologie. Ein Lehrbuch.* Göttingen: Hogrefe.

Schwarzer, R. (1993). *Stress, Angst und Handlungsregulation.* Stuttgart: Kohlhammer.

Sedikides, C. (1993). Assessment, enhancement, and verification determinants of the self-evaluation process. *Journal of Personality and Social Psychology, 65, 2,* 317-338.

Sedikides, C., Gaertner, L. & Toguchi, Y. (2003). Pancultural self-enhancement. *Journal of Personality and Social Psychology, 84, 1,* 60-79.

Sedikides, C. & Skowronski, J.J. (2000). On the evolutionary functions of the symbolic self: The emergence of self-evaluation motives. In A. Tesser, R.B. Felson & J.M. Suls (Eds.), *Psychological perspectives on self and identity* (pp.91-117). Washington, DC: American Psychological Association.

Seligman, M.E.P. (1986). *Erlernte Hilflosigkeit.* Weinheim: Psychologie Verlags Union.

Showers, C. (1992). Compartmentalization of positive and negative self-knowledge: Keeping bad apples out of the bunch. *Journal of Personality and Social Psychology, 62, 6,* 1036-1049.

Simon, B. & Mummendey, A. (1997). Selbst, Identität und Gruppe: Eine sozialpsychologische Analyse des Verhältnisses von Individuum und Gruppe. In A. Mummendey & B. Simon (Hrsg.), *Identität und Verschiedenheit. Zur Sozialpsychologie der Identität in komplexen Gesellschaften* (S.11-38). Bern: Hans Huber.

Simpson, J.A., Fletcher, G.J.O. & Campbell, L. (2001). The structure and function of ideal standards in close relationships. In G.J.O. Fletcher & M.S. Clark (Eds.), *Blackwell handbook of social psychology: Interpersonal processes* (pp.86-106). Malden: Blackwell.

Skinner, E.A. (1999). Action regulation, coping, and development. In J. Brandtstädter & R.M. Lerner (Eds.), *Action & self-development. Theory and research through the life span* (pp.465-503). Thousand Oaks: Sage.

Smith, E.R. (1998). Mental representation and memory. In D.T. Gilbert, S.T. Fiske & G. Lindzey (Eds.), *The handbook of social psychology* (pp.391-444). Boston: McGraw-Hill.

Smith, J. (1999). Life planning: Anticipating future life goals and managing personal development. In J. Brandtstädter & R.M. Lerner (Eds.), *Action & self-development. Theory and research through the life span* (pp.223-255). Thousand Oaks: Sage.

Smith, P.B. & Bond, M.H. (1993). *Social psychology across cultures. Analysis and perspectives.* New York: Harvester/Wheatsheaf.

Smith, T.B., McCullough, M.E. & Poll, J. (2003). Religiousness and depression: Evidence for a main effect and the moderating influence of stressful life events. *Psychological Bulletin, Vol. 129, 4,* 614-636.

Snyder, M. (1987). *Public appearances/private realities: The psychology of self-monitoring.* San Francisco: Freeman.

Snyder, M. (1992). Motivational foundations for behavioral confirmation. In M.P. Zanna (Ed.), *Advances in experimental social psychology* (Vol. 25, pp.67-114). San Diego, CA: Academic Press.

Solomon, S., Greenberg, J. & Pyszczynski, T. (1991). A terror management theory of social behavior: The psychological functions of self-esteem and cultural worldviews. In M.P. Zanna (Ed.), *Advances in experimental social psychology* (Vol. 24, pp.93-159). San Diego: Academic Press.

Soros, G. (1998). Die Krise des globalen Kapitalismus: offene Gesellschaft in Gefahr. Berlin: Fest.

Städtler, T. (1998). *Lexikon der Psychologie.* Stuttgart: Kröner.

Stahlberg, D., Osnabrügge, G. & Frey, D. (1985). Die Theorie des Selbstwertschutzes und der Selbstwerterhöhung. In D. Frey & M. Irle (Hrsg.), *Theorien der Sozialpsychologie. Band III: Motivations- und Informationsverarbeitungstheorien* (S.79-124). Bern: Hans Huber.

Steele, C.M. (1988). The psychology of self- affirmation: Sustaining the integrity of the self. In L. Berkowitz, (Ed.), *Advances in experimental social psychology* (Vol. 21, pp.261-302). San Diego: Academic Press.

Stern, D. (1992). *Die Lebenserfahrung des Säuglings.* Stuttgart: Klett-Cotta.

Sternberg, R.J. (1986). A triangular theory of love. *Psychological Review, 93,* 119-135.

Strack, F. (1985). Urteilsheuristiken. In D. Frey & M. Irle (Hrsg.), *Theorien der Sozialpsychologie. Band III: Motivations- und Informationsverarbeitungstheorien* (S.239-267). Bern: Hans Huber.

Straub, J. (2000). Identität als psychologisches Deutungskonzept. In W. Greve (Hrsg.), *Psychologie des Selbst* (S.279-301). Weinheim: Psychologie Verlags Union.

Swan, Jr. W.B. (1983). Self-verification: Bringing social reality into harmony with the self. In J. Suls & A. G. Greenwald (Eds.), *Psychological perspectives on the self* (Vol. 2, pp.33-65). Hillsdale, NJ: Erlbaum.

Swan, Jr. W.B. (1990). To be adored or to be known? The interplay of self-enhancement and self-verification. In E.T. Higgins & R.M. Sorrentino (Eds.), *Handbook of motivation and cognition: Foundations of social behavior* (Vol. 2, pp.408-448). New York: Guilford Press.

Swan, Jr. W.B., Stein-Seroussi, A. & McNulty, S.E. (1992). Outcasts in a white-lie society: The enigmatic world of people with negative self-conceptions. *Journal of Personality and Social Psychology, 62, 4,* 618-624.

Symister, P. & Friend, R. (2003). The influence of social support and problematic support on optimism and depression in chronic illness: A prospective study evaluating self-esteem as a mediator. *Health Psychology, Vol. 22/2,* 123-129.

Tafarodi. R.W., Marshall, T.C. & Milne, A.B. (2003). Self-esteem and memory. *Journal of Personality and Social Psychology, 84, 1,* 29-45.

Tajfel, H. & Turner, J.C. (1986). The social identity theory of intergroup behavior. In S. Worchel & W.G. Austin (Eds.), *Psychology of intergroup relations* (pp.7-24). Chicago: Nelson-Hall.

Tangney, J.P. (1999). The self-conscious emotions: Shame, guilt, embarrassment and pride. In T. Dalgleish & M.J. Power (Eds.), *Handbook of cognition and emotion* (pp.541-568). New York: Wiley.

Tangney, J.P. (2001). Constructive and destructive aspects of shame and guilt. In A.C. Bohart & D.J. Stipek (Eds.), *Constructive & destructive behavior. Implications for family, school, & society* (pp.127-146). Washington, DC: American Psychological Association.

Tangney, J.P. (2002). Self-conscious emotions: The self as a moral guide. In A. Tesser, D.A. Stapel, & J.V. Wood (Eds.), *Self and motivation* (pp.97-117). Washington, DC: American Psychological Association.

Tangney, J.P., Wagner, P.E., Hill-Barlow, D., Marschall, D.E., & Gramzow, R. (1996). Relation of shame and guilt to constructive versus destructive responses to anger across the lifespan. *Journal of Personality and Social Psychology, 70, 4,* 797-809.

Taylor, S.E. & Brown, J.D. (1994). Positive illusions and well-being revisited: Separating fact from fiction. *Psychological Bulletin, 116,* 21-27.

Taylor, S.E., Lerner, J.S., Sherman, D.K., Sage, R.M. & McDowell, N.K. (2003). Portrait of the self-enhancer: Well adjusted and well liked or maladjusted and friendless? *Journal of Personality and Social Psychology, 84,* 165-176.

Tedeschi, J.T. & Norman, N. (1985). Social power, self-presentation, and the self. In B.R. Schlenker (Ed.), *The self and social life* (pp.293-322). New York: McGraw-Hill.

Tesser, A. (1988). Toward a self-evaluation maintenance model of social behavior. In L. Berkowitz (Ed.), *Advances in experimental social psychology* (Vol. 21, pp.181-227). San Diego: Academic Press.

Thompson, C.P. et. al. (Eds.) (1998). *Autobiographical memory.* Mahwah, N.J.: Erlbaum.

Trope, Y. (1983). Self-assessment in achievement behavior. In J. Suls & A.G. Greenwald (Eds.), *Psychological perspectives on the self* (Vol. 2, pp.93-121). Hillsdale, N.J.: Erlbaum.

Trope, Y. (1986). Self-enhancement and self-assessment in achievement behavior. In R.M. Sorrentino & E.T. Higgins (Eds.), *Handbook of motivation and cognition: Foundations of social behavior* (pp.350-378). New York: Guilford Press.

Trzesniewski, K.H., Donnellan, M.B. & Robins, R.W. (2003). Stability of self-esteem across the life span. *Journal of Personality and Social Psychology, 84, 1,* 205-220.

Turner, J.C. (1985) Social categorization and the self-concept: A social cognitive theory of group behavior. In: E.J. Lawler (Ed.), *Advances in group processes* (Vol. 2). Greenwich, CT: JAI Press

Turner, J.C. et al. (1987). *Rediscovering the social group: A self-categorization theory.* Oxford: Blackwell.

Twenge, J.M., Catanese, K.R. & Baumeister, R.F. (2003). Social exclusion and the deconstructed state: Time perception, meaninglessness, lethargy, lack of emotion, and self-awareness. *Journal of Personality and Social Psychology, 85, 3,* 409-423.

Vallacher, R.R. & Nowak, A. (2000). Landscapes of self-reflection: Mapping the peaks and valleys of personal assessment. In A. Tesser, R.B. Felson & J.M. Suls (Eds.), *Psychological perspectives on self and identity* (pp.35-65). Washington, DC: American Psychological Association.

Vohs, K.D. & Schmeichel, B.J. (2003). Self-regulation and the extended now: Controlling the self alters the subjective experience of time. *Journal of Personality and Social Psychology, 85, 2,* 217-230.

Vugt, van M. & Hart, C.M. (2004). Social identity as social glue: The origins of group loyalty. *Journal of Personality and Social Psychology, 86, 4,* 585-598.

Weiner, B. (1985). An attributional theory of achievement motivation and emotion. *Psychological Review, 92,* 548-573.

Wentura, D., Greve, W. & Klauer, T. (2002). Theorien der Bewältigung. In D. Frey & M. Irle (Hrsg.), *Theorien der Sozialpsychologie. Band III: Motivations-, Selbst- und Informationsverarbeitungstheorien* (2. erw. Aufl., S.101-125). Bern: Hans Huber.

Wicklund, R.A. & Frey, D. (1993). Die Theorie der Selbstaufmerksamkeit. In D. Frey & M. Irle (Hrsg.), *Theorien der Sozialpsychologie, Band 1: Kognitive Theorien* (S.155-173). Bern: Hans Huber.

Wicklund, R.A. & Gollwitzer, P.M. (1985). Symbolische Selbstergänzung. In D. Frey & M. Irle (Hrsg.), *Theorien der Sozialpsychologie. Band III: Motivations- und Informationsverarbeitungstheorien* (S.31-55). Bern: Hans Huber.

Wink, P. & Dillon, M. (2003). Religiousness, spirituality, and psychosocial functioning in late adulthood: Findings from a longitudinal study. *Psychology and Aging, Vol. 18, 4,* 916-924.

Wiswede, G. (1995). *Einführung in die Wirtschaftspsychologie.* München: UTB für Wissenschaft. Reinhardt.

Wood, J.V., Heimpel. S.A. & Michela, J.L. (2003). Savoring versus dampening: Self-esteem differences in regulating positive affect. *Journal of Personality and Social Psychology, 85, 3,* 566-580.

Wright, S.C. (2001). Strategic collective action: Social psychology and social change. In R. Brown & S.L. Gaertner (Eds.), *Blackwell handbook of social psychology: Intergroup processes,* (pp.409-430). Malden: Blackwell.

Wylie, R. C. (1961). *The self concept.* Lincoln: University of Nebraska Press.

Sachregister

Z

Ziele 10, 26, 39, 44, 47, 51,
52, 61, 64, 76, 77, 79, 99,
106, 110, 115, 127, 138,
143, 147, 148, 150, 151,
153, 154, 160, 163, 165,
167, 168, 173, 175, 176,
177, 178, 179, 181, 182,
184, 185, 192, 196, 200,
201, 207, 208, 219, 223,
224, 225, 228, 233, 240,
252, 259
Selbstziele 151
Unternehmensziele 168,
224
Zielerreichung 42, 62, 87,
99, 126, 149, 150, 152,
153, 163, 165, 167, 168,
169, 170, 177, 178, 179,
201, 208, 213, 224, 225,
256

Dolph Kohnstamm

Und plötzlich wurde mir klar: Ich bin ich!

Die Entdeckung des Selbst im Kindesalter

Aus dem Niederländischen übersetzt von Matthias Wengenroth.
2004. 156 S., 7 Abb., Kt
€ 19.95 / CHF 34.90
(ISBN 3-456-84089-6)

Eines Tages hebt sich im Bewusstsein des Kindes – von einem Augenblick zum andern – ein Schleier, und es wird überwältigt von der Einsicht: Ich bin ich – ich bin der einzige Mensch, den ich «von innen» kenne. Der Autor sammelt und kommentiert Berichte über diesen wunderbaren und manchmal auch schrecklichen Augenblick.

Verlag Hans Huber   http://verlag.hanshuber.com
Bern Göttingen Toronto Seattle